von Peter zum 6. Aug. 2000

»LIEBER MARCEL«

Briefe an Reich-Ranicki

»LIEBER MARCEL«

Briefe an Reich-Ranicki

herausgegeben
von Jochen Hieber

Deutsche Verlags-Anstalt
Stuttgart München

Die Deutsche Bibliothek – CIP-Einheitsaufnahme

Ein Titeldatensatz für diese Publikation ist bei
Der Deutschen Bibliothek erhältlich

2. erweiterte Auflage 2000

Satz: Dörlemann Satz, Lemförde
Druck und Bindearbeit: Friedrich Pustet, Regensburg
Printed in Germany
ISBN 3-421-05367-7

INHALTSVERZEICHNIS

THEODOR W. ADORNO

Frankfurt am Main, 7. Juni 1967

Sehr verehrter Herr Reich-Ranicki,

schönsten Dank für Ihren Brief.

Sehr gern möchte ich etwas über Böll formulieren, bitte mir nur noch wegen der Thematik, und auch wegen des Umfangs, etwas Bedenkzeit aus. Die Gelegenheit, mich öffentlich zu Böll zu stellen, ist mir hochwillkommen. Nur machen Sie sich schwer eine Vorstellung von dem Druck, unter dem ich im Augenblick stehe. Ich wäre Ihnen darum dankbar, wenn Sie mich wissen ließen, ob der 25. August wirklich der äußerste Ablieferungstermin ist oder ob es genügte, wenn Sie mein Manuskript im Laufe des September erhielten. Für baldigen Bescheid wäre ich Ihnen dankbar.

Mit den freundlichsten Grüßen, Ihr stets und aufrichtig ergebener

T. W. Adorno

Frankfurt am Main, 19. September 1967

Hochverehrter Herr Reich-Ranicki,

bitte entschuldigen Sie die Verspätung.

Hier erhalten Sie meinen kleinen Beitrag über Böll. Zu mehr hat's, leider, nicht gelangt, angesichts einer Arbeitsbelastung, über die ich mich nicht einmal beklagen darf, weil es die durch die eigene Produktion ist; die es mir aber einfach nicht möglich macht, etwas Substantielleres über die Werke selbst, etwa den »Clown«, zu schreiben. So kann ich nur, si parva licet componere magnis, sagen: von Herzen – möge es zu Herzen gehen.

Mit den freundlichsten Grüßen, Ihr stets ergebener

Adorno

Voraussetzung für den Abdruck ist selbstverständlich die absolut wörtliche, ungekürzte und unveränderte Wiedergabe; das bezieht sich auch auf etwaige Eigentümlichkeiten von Orthographie und Interpunktion. Dankbar wäre ich, wenn Sie mir Korrektur zukommen ließen.

RICHARD ALEWYN

Bad Godesberg, 3. Oktober 1965

Sehr verehrter Herr Reich-Ranicki,

seit mehr als zwei Jahren bedrückt mich die Versäumnis, Ihnen für die freundliche Zusendung Ihres – nun gar nicht mehr letzten – Buches nicht gedankt zu haben. Ich fand erst nach Monaten die Muße, darin zu lesen und mich wieder einmal an der klinischen Sauberkeit zu erfrischen, mit der Sie Ihre Opfer erst konturieren und dann sezieren und die nicht nur eine stilistische und eine intellektuelle, sondern auch eine moralische Labsal ist und die die Lektüre Ihrer Kritiken so ungleich erfreulicher macht als die von deren Gegenständen. (Entschuldigen Sie den Literarhistoriker, daß er dabei an Lessing denken muß.)

Den Anstoß, dies einmal zu sagen, verdanke ich Ihrer Rezension des neuen Johnson, durch den ich mich zur Zeit durchquäle, um meiner Zeitbürgerpflicht zu genügen. Sie haben den Finger auf den Konstruktionsfehler gelegt und werden schon damit wenig Dank geerntet haben. Sie haben sich heroischerweise enthalten, Ihrem Kontrahenten sein dilettantisches Gestammel, sei es pauschal um die Ohren zu schlagen, sei es Satz für Satz nachzuweisen, angefangen von der Konturen- und Knochenlosigkeit der Figuren und Situationen bis zu Syntax und Wortwahl – ein Blinder, der kein Deutsch kann.

Wenn ich etwas über die Ost-West-Situation erfahren will, greife ich tausendmal lieber zu einem gescheiten Soziologen oder einem Reisenden in ein fernes Land, und wenn ich einen Roman lesen will, greife ich lieber zu einem beliebigen englischen Detektivroman, wo jeder Strich sitzt und jeder Satz stimmt.

Sie haben bei unserer Diskussion in Bonn zu meinem großen Vergnügen eine Lanze gebrochen für das Prinzip Unterhaltung, ich kann mir nichts anderes denken, als daß Sie leiden müssen unter der völligen Nichtswürdigkeit dessen, woran Sie Ihre gute Tinte verschwenden müssen, ähnlich wie ich, wenn ich Seminararbeiten korrigieren muß.

Ich bitte Sie, dies als eine Sympathieerklärung zu verstehen und als einen Dank für die erfrischenden Stunden, die Sie uns in Bonn geschenkt haben.

Mit den freundlichsten Grüßen

Ihr ergebener Richard Alewyn

JEAN AMÉRY

Brüssel, 1. Juni 1970

Lieber Herr Reich-Ranicki:

Mit geradezu schändlicher Verspätung danke ich Ihnen heute für die Übersendung Ihrer Bücher »Die Ungeliebten« und »Lauter Verrisse«. Ich habe dafür schon beide Bände vollkommen und mit großer Aufmerksamkeit gelesen. Nehmen Sie meinen herzlichen Glückwunsch.

Besonders unter den Verrissen hat mir vieles ausgesprochen wohlgetan. Alles mußte einmal ausgesprochen werden – und es war mit der einzigen Ausnahme des Andersch, den ich im Grunde recht gern mag, Ihr fachmännisches Urteil gleich dem nichtfachmännischen meinen. Der Scherz mit der Aufnahme des Handke-Beitrags, der nur seinen schnöseligen Verfasser bloßstellt, war wohlgelungen!

Viele herzliche Grüße Ihres: Jean Améry

18. 1. 73

Lieber Marcel Reich-Ranicki:

Wenn wir nun auch über die gute Bachmann nicht einig werden konnten, so möchte ich doch nicht versäumen, Sie zu Ihrem brillanten Aufsatz über Benjamin (Zeit, 24. 11. 72), der mir zufällig erst jetzt vors Auge kommt, aufrichtig zu beglückwünschen. Sie haben da etwas Hochwichtiges unternommen.

Benjamin ist ein Mythos – nicht nur als Kritiker –, dem man unbedingt die Realität gegenüberstellen muß.

Ich habe viel gelernt aus Ihrem Essay, danke Ihnen dafür und begrüße Sie herzlich wie eh und je,

Ihr Jean Améry

Brüssel, 5. April 1973

Lieber Reich-Ranicki:

Haben Sie vielen Dank für Ihre »Ruhestörer«, die ich alsogleich nicht nur mit voller Zustimmung, sondern auch mit größtem Interesse gelesen habe. Ihre freundliche Widmung, nach der ich ein besserer Kenner dieses Themas sei, war wohl ein Scherz! »Wo sich Graf Dunois in die Schranken stellt, muß jeder andere Mitbewerber weichen.« So oder ähnlich sagt es der genialische Klassiker. Nur gut, daß ich gar kein Mitbewerber bin. Dank auch dafür, daß Sie mich freundlich unter die bedeutenden Essayisten eingereiht haben. Derlei tut dem lobesbedürftigen Herzen eines Autors wohl.

Und nun ganz ausdrücklichen Dank für Ihre Brecht-Besprechung in der »Zeit«. Was für ein trister Charakter doch, der Mann, wenngleich … Aber sogar nach dem »wenngleich« frage ich mich. War er wirklich so ein großer Dramatiker, wie man uns seit zwei Jahrzehnten einzureden versucht? Das zu untersuchen wäre eine Aufgabe, eines Reich-Ranicki wert!

Mit herzlichen Grüßen

Ihr: Jean Améry

ALFRED ANDERSCH

Berzona, 5. 8. 1972

Lieber Herr Reich-Ranicki,

ich freue mich sehr darüber, einmal direkt von Ihnen zu hören.

Selbstverständlich ziehe ich nach Ihrem Brief alle Zweifel und Kautelen gegen die Aufnahme von »Jesuskingdutschke« in Ihre neue Anthologie zurück. In meinem Brief an den Diogenes sprach ich ja nur vom vergifteten deutschen Literaturbetrieb im allgemeinen; für alles, was da auch nur im Entferntesten nach Unterstellung klingen könnte, bitte ich um Entschuldigung.

Als mildernden Umstand wollen Sie mir bitte anrechnen, daß ich kurz vorher die geradezu unglaubliche Rezension eines Herrn Behr gegen »Norden Süden« in der »Zeit« gelesen hatte. Seit der »Roten« ist ja, mit der einen und einzigen Ausnahme von »Providence«, jedes meiner opuscula im großen deutschen Intelligenzblatt (denn das ist es nun mal!) unter den Teppich gekehrt worden. Ich habe mich schon daran gewöhnt, ziehe nur jedesmal kurz den Kopf zwischen die Schultern, wenn ich unter die Dusche gerate. Immerhin: Karasek über »Tochter« und jetzt dieser Behr, das war nicht mehr Bücher-Verreißen, sondern Autoren-Killen, und ich mußte mich dagegen zur Wehr setzen. Ich beende mein Gejammere, will ja nur kurz darauf hinweisen, daß ich einige Gründe hatte, mich verfolgt zu fühlen.

Gegen Ihren »Geschlagenen Revolutionär« und gegen Ihre »Efraim«-Kritik habe ich nicht protestiert, weil sie Literaturkritik waren. (Ich bin überzeugt, daß Sie »Efraim« eines Tages noch ein wenig anders ansehen werden als seinerzeit.)

Sehr freue ich mich, daß Sie sich gerade des »Jesuskingdutschke« annehmen wollen. Ich bin ganz konsterniert, daß bisher kein einziger Kritiker herausgefunden hat, was hier doch – wie es mir jedenfalls scheint – ganz offen zu Tage tritt: die Transposition eines politischen Vorgangs in einen moralischen. Ich habe sogar Rezensionen gelesen, in denen gesagt wird, mit seinem Entschluß, wieder nach Ostia zu fahren, entschließe Leo sich zu sinnvoller Arbeit! Vielleicht liegt es an mir, an meiner Unlust, dem Leser die »Moral von der Geschicht« direkt aufs Brot zu schmieren.

Ich benütze die Gelegenheit, Ihnen den Text eines Interviews zu übersenden, das ein Herr Dr. Kersten kürzlich mit mir machte. Ich habe keine Ahnung, in welchem tatsächlichen Verhältnis Sie zur Redaktion der »Zeit« stehen, aber vielleicht haben Sie die Möglichkeit, es der »Zeit« vorzuschlagen. Es wäre eine kleine ›Wiedergutmachung‹ für Behr, von dem sogar Leonhardt mir geschrieben hat, es sei eine Schnapsidee gewesen, ihn mit der Besprechung von »Norden Süden« zu beauftragen. Wenn es nicht geht, bin ich keineswegs böse. Vielleicht interessiert Sie der Text ›einfach so‹.

Ich lasse Ihnen die Neufassung der »Roten« und sonst noch einiges zugehen. Von Ihren Anthologien kenne ich leider nur »Erfundene Wahrheit«. Da ich ein bekannter, aber leider kein reicher Schriftsteller bin, sind Ihrer und Pipers Mildtätigkeit keine Grenzen gesetzt. Mein Interesse brauche ich nicht besonders zu betonen.

Mit Dank und freundlichen Grüßen bin ich

Ihr Alfred Andersch

HANNAH ARENDT

New York, den 3. März 1975

Lieber Herr Reich-Ranicki,

es ist wirklich ganz undenkbar für mich, augenblicklich irgendeine Nebenarbeit zu machen, und noch dazu auf deutsch. Es tut mir wirklich sehr leid. Ich las zufällig eine ganz ausgezeichnete Besprechung in einem Käseblättchen von der West Side. Sie ist viel besser als das, was über das Herzl-Buch in der *New York Times* erschienen ist. Für den Fall, daß es Sie interessiert, lege ich es Ihnen ein.

Was nun den Thomas Mann betrifft, so fürchte ich, hätte ich Ihnen in keinem Fall etwas liefern können, denn ich gehöre zu der sehr winzigen Minderheit von Leuten, denen er wirklich sehr wenig bedeutet.

Nun habe ich Ihnen doch zwei Körbe auf einmal gegeben. Ich hoffe, Sie verstehen, dass ich das nur tue, weil ich mir wirklich nicht helfen kann.

Es grüßt Sie Ihre Hannah Arendt

ROSE AUSLÄNDER

[März 1979]

Sehr geschätzter, lieber Herr Reich-Ranicki,

das Schreiben fällt mir schwer, da ich sehr krank und bettlägerig bin.

Ich denke oft an Sie und Ihre wertvolle Arbeit.

Anbei mein soeben erschienener Gedichtband »Ein Stück weiter«. Auf Ihre Beurteilung dieser Verse lege ich großen Wert. Ich wäre Ihnen von Herzen dankbar, wenn Sie so lieb wären, ihn *ausführlich* besprechen zu lassen.

Ein paar Worte von Ihnen würden mich beglücken.

Mit allen guten Wünschen Ihrer gedenkend.

Stets Ihre Rose Ausländer

INGEBORG BACHMANN

Berlin, 20-5-65

Lieber Herr Reich-Ranicki,

dank für den Artikel, der mich zum Lachen gebracht hat. Ich bin eben aus Wien zurückgekommen und habe wieder Einblicke in das wunderliche Kulturleben unseres Landes getan. Nur glaubt einem fast niemand, wenn man Geschichten von dort zu erzählen anfängt.

Herr Piper hat leider Ihren Anruf oder Brief gründlich mißverstanden, er meinte, ich habe mich bei Ihnen beschwert über den Verlag, und es ist ihm offenbar entgangen, daß es sich bei meiner Äußerung um eine Replik gehandelt hat. Ich kann Ihnen nur nochmals versichern, daß eine Behinderung der Kritik, daß Zensur (auch eine wohlgemeinte von seiten unseres Verlags) mir unstatthaft erscheint, ja mir ein Greuel ist.

Mit besten Grüßen

Ihre Ingeborg Bachmann

LOTHAR BAIER

Frankfurt/Main, 28. 6. 1994

Lieber Herr Reich-Ranicki,

die gegenwärtigen Entwicklungen drängen mich, Ihnen ein paar Zeilen zu schicken, auch wenn es seit vielen Jahren keinen direkten Kontakt mehr zwischen Ihnen und mir gibt.

Ich wollte Ihnen ganz einfach sagen, daß ich alles an der derzeitigen öffentlichen Beschäftigung mit Ihrer Biographie abscheulich finde: den Zeitpunkt, den Ton mitsamt seinen Untertönen, die satte Selbstgerechtigkeit, die sich aus historischer Vorstellungsarmut nährt.

Warum sind die Leute jetzt auf einmal so furchtbar daran interessiert, was ein polnischer Konsul vor fünfundvierzig Jahren getan und gelassen hat, warum halten sie sich, wenn es schon um Marcel Reich-Ranicki geht, nicht an dessen hiesige literaturkritische Praxis und deren Prämissen? Sie wissen, daß beides mir nicht gefallen hat, und ich hätte mir manchmal gewünscht, daß sich dagegen etwas Einspruch rührt. Damals schwieg man, doch jetzt spielt man selbstzufrieden den Richter über die biographische Moral. Leute, die im Windschatten des Literaturblattchefs Reich-Ranicki großgeworden sind und manche sonstige Förderung entgegengenommen haben, werden auf einmal furchtbar mutig und unbestechlich und rufen »Lügner«. Ich kann mir nicht helfen, ich sehe die Bilder aus Veit Harlans scheußlichem »Jud Süß« vor mir, wenn ich jetzt verschiedene Artikel über Ihre Person lese: wenn der Verteiler so mancher Gaben ausgedient hat, wird er fallengelassen oder hochgezogen, je nachdem. Ich finde das empörend.

Letztes Jahr am Jahrestag des Warschauer Ghettoaufstands

sah und hörte ich Sie in Zanussis Film über Musik im Ghetto sprechen und war außerordentlich beeindruckt. Vergiß alles andere, sage ich mir dabei vor, diese Art des erklärenden Erzählens ist einmalig und unersetzbar. Nun haben wir hier demnächst einen Bundespräsidenten, der den Ghettoaufstand nicht vom Aufstand der Heimatarmee unterscheiden kann. Wenn ich in die Feuilletons schaue, habe ich den Eindruck, daß er mit seiner Ignoranz vielen aus der dumpfen Seele spricht. Es riecht nicht gut in diesem Land.

Lassen Sie mich Ihnen alles Gute wünschen,
mit den besten Grüßen Ihr Lothar Baier

DANIEL BARENBOIM

Berlin, den 17. August 1996

Lieber Professor Reich-Ranicki,

sicher steht es mir weder an noch zu, Ihre Beobachtungsgabe zu untergraben, da Sie doch äußern

1) ich sei gereizt gewesen
2) ich hätte mich auf kränkende Weise geäußert
3) ich hätte mich auf beleidigende Weise geäußert
4) ich wäre ungeduldig gewesen
5) ich wäre übermüdet gewesen

Ich bitte Sie doch freundlichst, meine Gegendarstellung zur Kenntnis zu nehmen.

Ich war am Premieren-Abend weder gereizt, noch wollte ich kränken, beleidigen schon gar nicht. Ungeduld kann schon mal passieren, Übermüdung kenne ich aber nicht.

Zur genauen Überprüfung meiner Gefühlswelt und deren Äußerungen bitte ich Sie zu einem weiteren, hoffentlich ebenso unvergeßlichen Abend, diesmal in die Staatsoper. Bei der Gelegenheit können wir ja auch über Tempo-Fragen sprechen …

Über Ihre Glückwünsche habe ich mich – ganz nebenbei – sehr gefreut.

Ihren Artikel habe ich mit großem Interesse gelesen.

Mit herzlichen Grüßen Daniel Barenboim

ARNULF BARING

Berlin, den 12. Februar 1988

Lieber, verehrter Marcel Reich-Ranicki –

Nun ist Ihr herrliches Buch schon eine ganze Weile im Hause, und ich lese täglich in ihm, aber immer nur ganz kurze Stücke, damit das Vergnügen, die große Freude, noch lange anhält. Ich habe seit meiner Kindheit mit TMs Büchern gelebt, später auch den Briefen und Tagebüchern, habe durch ihn die Welt, dieses Jahrhundert kennengelernt, sehe vieles noch immer mit seinen Augen. Später kamen die anderen Manns hinzu. Heinrich lag mir weit weniger. Klaus faszinierte eine Weile. Am Schluß habe ich Golo schätzen gelernt. Ich glaube diese Familie ganz gut zu kennen; viele glauben das vermutlich, es ist ja die deutsche Familie unseres Jahrhunderts. Aber wer kennt schon die eigene Familie? Gibt es nicht auch im engsten Kreis immer wieder Überraschungen? So lerne ich beim Lesen Ihres Buches unaufhörlich Neues.

TM und Adenauer: beider Bedeutung wächst immer weiter. Als ich kürzlich mit einigen Freunden unterwegs war, nannten vier der fünf anderen auf die Frage nach ihrem Lieblingsbuch, wie aus der Pistole geschossen, den Tod in Venedig. Das hat mich doch verblüfft! Gerade ihn?

Mit besonderer Anteilnahme habe ich Ihren Essay über Golo Mann gelesen. Sehr behutsam, taktvoll. Aber unter uns: Finden Sie wirklich, daß er sich befreit hat? Konnte er das, bei dieser Kindheit? Ich könnte Ihnen lange Geschichten über seine und meine Versuche erzählen, uns zu befreunden. Es ging nicht; ich habe es aufgegeben, mit großem Bedauern: Er hat großartige Seiten, ist unvergleichlich gebildet, besitzt einen souveränen

Geist. Aber als Mensch ist er doch ganz unerlöst geblieben – bis heute.

Lassen wir das. Ich wollte Ihnen ja vor allem danken! Ich bin glücklich mit diesem Buch, bin glücklich, den Autor ein wenig zu kennen, der so wunderbare Bücher schreibt. (Ich weiß, es stört Sie, wenn man schwärmt. Aber bei Ihnen und diesem Buch zumal kann ich es nicht unterlassen!)

Verehrungsvoll, herzlich – immer Ihr Arnulf Baring

ULRICH BECHER

Basel, am 15. Juni 69

Lieber und verehrter Herr Marcel Reich –

für Ihren freundlichen Bf. vom 22. Mai hatte ich Ihnen sogleich telegraphisch gedankt und mich einverstanden erklärt mit der von Ihnen vorgeschlagenen Kürzung der »Zwei im Frack«-Story. Nun möchte ich dazu noch das sagen: haargenau diese Kürzung hatte ich vor 11 Jahren erwogen, als Rowohlt den Band »Männer machen Fehler, Geschichten der Windrose« vorbereitete. Doch dann ließ ich es unverändert, soi disant aus Pietät gegenüber dem kleinen Jugendwerk: ich schrieb das mit 20.

Mit Ödön Horvath in einer Anthologie vereint zu sein (der Ostberliner Henschelverlag brachte kürzlich seine »Italienische Nacht« und meinen »Bockerer« in einer gut aufgemachten Ausgabe zusammen mit Pagnol, Rostow, de Filippo) ist für mich immer eine besondre Ehre: mit tragischem Akzent. Horvaths und meine Freundschaft umfaßte nur 3 Jahre, doch wurde sie ausgerechnet in seinen letzten Lebenswochen sehr intensiv, und jeden Juni kommt mir in den Sinn: Wie er mir seine Rückkehr aus Amsterdam – via Paris, wie er flüchtig auf einer Postkarte vermerkte – für den Abend des 1. Juni 38 ankündigte; wie ich auf ihn in Zürichs Hotel »Zum Sternen« wartete; wie die Nachricht durchkam, er sei bei einem Unfall schwer verletzt worden, kurz darauf: er sei tot und sein Bruder Lajos v. Horvath, mit dem er sich im »Sternen« verabredet hatte, sei nach Paris unterwegs; wie Zuckmayer zwei Abende drauf aus Chardonne, Waadt – wo ich ihm in dem Haus des ehemaligen Klavierlehrers meiner Mutter (des Liszt-Schülers Fritz Blumer) ein Heim zugeschanzt hatte, wie Zuck. kam und ich seine Frage, ob ich mit nach Paris zum Begräbnis komme, strikt verneinte und er seine eigne, offen bekannte Scheu, den »toten Freund wiederzusehn« mit Bellman-Liedern zu vertreiben trachtete, spätabends im Zürichberg-Wald gesungenen, und ich mußte ihn auf meiner Hohner-Ziehharmonika begleiten, eine fast irische Totenfeier.

Daß Rowohlt diesen großen Bühnenautor, nein Spielmacher, vor ein paar Jahren mit einem Paperback (zu dem ich das Nachwort schreiben konnte, »Stammgast im Liliputanercafé«) aus der deutschen Versenkung heben konnte, war gewiß eine hochnotwendige Tat.

Und jetzt danke ich *Ihnen* nochmals dafür, daß Sie die »Zwei im Frack« wieder hervorzaubern.

Mit schönen Grüßen

Ihr anonymer Schulkamerad Ulrich Becher

JUREK BECKER

Berlin, 21. 12. 77

Liebe Frau, lieber Herr Reich-Ranicki,

es existieren natürlich noch viel mehr Busch-Aufnahmen, aber die sind zur Zeit vergriffen. Auf alle Fälle werde ich den Vorgang weiter im Auge behalten.

Nachdem ich Ihr Verhältnis zum Auto beobachten durfte, verehrter Herr (es ist ein völlig unerotisches), scheint es mir geboten, Sie darauf hinzuweisen, daß Sie vor dem Abspielen der *kleinen* Platten die Geschwindigkeit des Plattenspielers auf 45 Umdrehungen pro Minute (45 U/min) stellen müssen.

Ich grüße Sie von ganzem Herzen und freue mich auf unsere nächste Begegnung

Jurek Becker

Berlin, 21. 3. 86

Lieber Marcel,

um die Wahrheit zu sagen – gern schick ich die Sache nicht. Als Du bei Elisabeths Geburtstag die Kassette angefordert hast, habe ich gleich zu hoffen angefangen, Du würdest es wieder vergessen. Aber Du vergißt ja nie etwas: von Elisabeth höre ich, daß Du Dich nach dem Verbleib Deiner Bestellung erkundigst. In Gottes Namen also.

Ich bitte Dich nur, beim Ansehen der Kassette zu bedenken, daß es sich bei diesen Filmchen weniger um das Resultat ernsthafter Arbeit als um einen Ausbruch von Erwerbssinn handelt. Und nicht einmal dazu wäre ich fähig gewesen, wenn nicht Krug mich an den Haaren in die Fernsehmaschine hineingezogen hätte. Die Filmfirma hat mir eine Kassette mit den ersten fünf Folgen geschickt, ich habe nicht nachgezählt.

Ich danke Dir sehr für Dein Hochzeitstelegramm und für den prächtigen Strauß der FAZ-Literaturleute.

Herzliche Grüße für Euch beide, auch von Christine

Dein Jurek

Den 10. September 88

Lieber Marcel,

wie Du Dir wohl denken kannst, hat es nie in meiner Absicht gelegen, Dich zu deprimieren, und ich hoffe sehr, daß Dir diese Mitteilung etwas zu gewaltig geraten ist (so wie ich selbst, wenn es darum geht, ein Unbehagen zu formulieren, meistens übertreibe). Was Du in unserem Gespräch am Stadtschreiberhäuschen in Bergen-Enkheim gesagt hast, glaube ich allerdings aufs Wort, und ich hätte nie behaupten sollen, daß Du den Heinrich-Mann-Essay geschrieben hast, um irgend jemandem gefällig zu sein. Dies war eine Dreistigkeit, ein im Durcheinander der Diskussion unbedacht geworfener Stein, sieh es mir bitte nach.

Dennoch glaube ich nicht, daß es sich bei meiner Behauptung, in der Bundesrepublik habe es die Exilliteratur von Anfang an schwer gehabt, um die stupide Wiederholung eines DDR-Klischees handelt. Da hat die DDR schon dümmere Klischees produziert. Du kannst mir noch so lang und breit aufzählen, was alles hier erschienen ist – an der Sache ist was dran. Ich meine ja nicht, Exilliteratur sei verboten oder je verboten gewesen. Ich meine, daß man ihr von Anfang an nicht besonders zugetan war. Oder, um es allgemeiner auszudrücken: Es galt noch nie in der Geschichte der Bundesrepublik als Vorzug, Antifaschist gewesen zu sein, es hat einem nichts als Ärger gebracht. (Die Kehrseite dieser Medaille ist, daß es noch nie ein großer Makel war, faschistischen Dreck am Stecken zu haben.) Dieser Sachverhalt ist den einen gleichgültig, andere ärgert er (zu denen rechne ich Dich), wieder anderen ist er unerträglich.

Was Du eine Forderung nach Preisnachlaß nennst, ist in Wahrheit Sympathie: Ich kann nicht leugnen, daß ich die einen mag und die anderen nicht, daß es so etwas wie Haltung gibt, die mich zwar nicht für ein Buch des jeweiligen Autors einnimmt, wohl aber für seine Person.

Noch einmal, Deine Abneigung gegen viele Texte Heinrich Manns ist zu verstehen, zum Teil beschreibst Du in dem Artikel Vorbehalte, die ich selbst habe. Doch für unzulässig halte ich Deine Schlußfolgerung (die ja auch eine Art Empfehlung ist), es sei nun an der Zeit, sich von diesem Autor zu verabschieden. Sie gehört sich nicht am Ende des Artikels eines Literaturkritikers, der zufällig auch der einflußreichste Literaturkritiker dieses Landes ist. Zu solchem Resultat mag der Leser Deiner Kritik kommen, und Du kannst nach Kräften dafür sorgen, daß das geschieht; aber es muß *sein* (des Lesers) Resultat sein, nicht das Deine.

Natürlich kannst Du fragen, wo denn geschrieben steht, daß solche Empfehlungen in einer Literaturkritik nicht ausgesprochen werden sollten. Darauf antworte ich, es steht nur hier, in diesem Brief, es ist meine Meinung. Von Proust stammt der Satz, daß ein Buch, in dem die blanke Meinung des Autors zu lesen ist, einem Gegenstande gleicht, an dem noch das Preisschild hängt. Sicher kann das nicht in gleichem Maße für Kritiken gelten, aber ein wenig, so glaube ich, doch.

Bei meinem Gespräch mit Dir und auch bei diesem Brief zehre ich von der Lektüre Deines Artikels, also von einer Erinnerung, die beinah ein Jahr alt ist. Genauer werde ich erst sein können, wenn ich den ganzen Essay gelesen habe. Heute, am Sonnabend, ist er eingetroffen, ich danke Dir sehr für das Buch. Nur leider fliege ich, verrückt und unbelehrbar, wie Du weißt, morgen ins wilde Korea und werde erst im Oktober wieder zurück sein. Dann wirst Du wieder von mir hören, hoffentlich nicht auf eine Weise, die von neuem Deinen Unmut erregt.

Die herzlichsten Grüße Jurek

Berlin, 6. Dezember 1988

Lieber Marcel,

Dein Hinweis auf das Grundgesetz der Bundesrepublik Deutschland hat mir die Augen über das Wesen der Literaturkritik geöffnet. Aber noch aufschlußreicher war Deine Bemerkung über die häufig anzutreffende Diskrepanz zwischen dem Edelmut eines Autors und der Qualität seiner Hervorbringungen. Da ich weiß, daß Du mich für einen anständigen Menschen hältst, kann ich mir den Rest leicht zusammenreimen.

Seit Jahren schon versuche ich herauszufinden, in welchem Loch das Talent (das ich wahrscheinlich einmal hatte) versickert, und plötzlich offenbart sich mir die Antwort: es ist mein guter Charakter. Dieser verfluchte gute Charakter treibt den mit ihm geschlagenen Autor dazu, etwas Gutes zu stiften, seinen Texten Nützlichkeit zu verleihen, und damit schaufelt er sich wohl sein eigenes Grab. Es wäre mir ein großer Trost, wenn Du wenigstens einräumen könntest, daß Anständigkeit und Talent einander nicht ausschließen. Du brauchtest das nicht auf mich zu beziehen, trotzdem hätte ich dann einen Strohhalm, an den ich mich klammern könnte.

Unter all meinen Bekannten bist Du der einzige, der geradezu störrisch darauf besteht, daß ich ein noch junger Mensch bin. In Deinem Brief tust Du das nicht zum erstenmal, ich erinnere mich an eine Bemerkung von Dir, ich reiste noch zum Studententarif durchs Leben. Selbst wenn man darüber hinwegsieht, daß ich mehr graue Haare auf dem Kopf habe, als Du vermutlich je besessen hast – nicht einmal Christine ist bereit, in mir den Jugendlichen zu sehen, der ich in Deinen Augen wohl auf ewig bin. Im Gegenteil, kürzlich hat sie den Umstand, daß ich jeden Morgen Stunden vor ihr aufwache, zu der Bemerkung genutzt, es handle sich dabei um eine fortgeschrittene »senile Bettflucht«.

Ich stehe zu meinem Wort, für die »Frankfurter Anthologie« ein Gedicht zu besprechen, ich bin sogar wild dazu entschlossen. Ich weiß nur noch nicht, welches. Ich bin alles andere als ein gründlicher Kenner der deutschen Poesie (Du wirst denken: Wem sagt er das?) und ich fürchte, daß die ersten zehn Gedichte, die mir einfallen, längst bei Euch besprochen sind. Sobald mir das elfte einfällt – und ich suche ab sofort –, melde ich mich bei Dir.

Ich danke Dir für die gute Laune, die mir Dein Brief gemacht hat und grüße Dich herzlich – Dein Jurek

THORSTEN BECKER

Ponta Delgada, S. Miguel, 23. März 1986, 18.10 h

Lieber Marcel Reich-Ranicki,

mühsam, aber es schreibt sich. Ich hoffe, Sie haben inzwischen meine Blitzaktion, für die ich die Frankfurter Rundschau dank des Entgegenkommens Ihres Kollegen Schütte benutzen konnte, einigermaßen verdaut. Eigentlich dürften Sie mir deswegen nicht böse gewesen sein, denn, was die Nation von mir erfahren soll und was nicht, das muß ich schon selbst entscheiden. Streng böllisch-moralisch gesehen, hätte sogar ich Grund, Ihnen böse zu sein, weil Sie meine Rede nicht in der *FAZ* gedruckt haben. Natürlich kann ich Ihnen schlecht böse sein, denn ich weiß sehr wohl, was Sie für mich getan haben und weiß es auch wohl zu schätzen. Fest steht für mich, daß ich auch weiterhin gegenüber Dritten nur eine gute Meinung von Ihnen habe. Ich hoffe, das gibt mir das Recht, Ihnen selbst gegenüber mit der Kritik nicht hinter dem Berg halten zu müssen.

Ich kann natürlich nicht, wie Sie neulich die Güte hatten, es mit mir zu tun, Ihnen die »Leviten lesen«. Das verbietet der Altersunterschied zu meinen Ungunsten, auf den Sie freundlicherweise in Ihrem letzten Schreiben an mich hingewiesen haben. Aber Ihre Lobrede kann nicht ohne Einspruch von meiner Seite durchgehen.

Zunächst: es ist keine Lobrede. Aber das muß ich verkraften, meine Dankrede war schließlich auch keine Dankrede. Nun war Ihr Vorhaben, etwas anderes als eine Lobrede vorzubereiten, schon aus der Einladung ersichtig. Ich hatte mir nach der dortigen Ankündigung etwas in der Richtung Ihres Morgenduftartikels erwartet. Ich nehme an, daß Sie bei Ihrer Arbeit über Heine auf den Gedanken gestoßen sind, auf den Sie gleich die Rede, die wir gehört und gelesen, aufgebaut haben. Sie haben dazu zwei Schriftsteller und Philosophen auf die Anklagebank gesetzt, denen ich durch eingehendes Studium verbunden bin, die auch älter sind als Sie und deshalb mit noch größerem Recht als Sie, Herr Reich-Ranicki, meinen Respekt verlangen können. Benjamin hat am Feuilleton teilgenommen, und es macht dementsprechend einen guten Teil von ihm aus. Das ist der Grund, warum ich Benjamin in meinem 2. Schreiben an Sie (dies ist also bereits das 4.!) mit Ihnen in Verbindung gebracht habe und weiter zu bringen versuchte, wenn ich nicht dabei auf Ihren Widerstand gestoßen wäre. Aber die Stelle aus dem Leskow-Essay, die Sie anführen, ist ganz gewiß etwas anderes als der Ohrwurm des Feuilletons. Geradezu als Unterschlagung muß es wirken, daß Sie an dieser Stelle die Aufnahme der Benjaminschen Theorie des Erzählens in die Einleitung der Bürgschaft nicht erwähnen. Sie loben mein Buch und behaupten das Gegenteil.

Bei Hegel haben Sie sicherlich entschieden mehr recht, was eine gewisse banausische Starre gegenüber den Entwicklungen der zeitgenössischen Kunst angeht. Aber wollen Sie allen Ernstes Joachim Fest auf eine Stufe mit dem Vollender des Deutschen Idealismus, mit dem Kopf der Neueren Philosophie stellen?! Nein, mit Hegel werden Sie nicht so einfach fertig. Ich darf doch auf die Passagen meiner essayistischen Unbegabtheit hinweisen, die sich auf differenziertere Art mit dem Problem des Hegelschen Klassizismus beschäftigen und übrigens auch mit der nicht weniger absurden Gegenposition, die ihren vorläufigen Höhepunkt im Surrealismus gefunden zu haben scheint. Entschuldigen Sie sich bloß nicht mit der Dummheit des Publikums: dieses Argument ist und bleibt ein Bumerang.

Nachdem dies von meiner Seele ist, möchte ich Ihnen noch mitteilen, daß es sich gut lebt mit dem *FAZ*-Literaturpreis. Mit der Arbeit, aber das wußten wir ja beide, ist es wie vorher: anstrengend.

Mein Schreiben hat, wie üblich, auch noch einen praktischen Grund: ich habe noch immer keine offizielle Einladung für Klagenfurt. Das ist mir sehr unangenehm, weil ich mich doch stark darauf einrichte. Wenn Sie nach wie vor Wert auf meine erfolgreiche Teilnahme legen, veranlassen Sie, bitte, umgehend die Absendung der Einladung an folgende Adresse: Thorsten Becker, No 85 Praia do Norte, Fayal, Açores, Portugal. Ich werde wahrscheinlich Anfang April mit der »Heinrich Heine« dorthin überwechseln. Derweil sitze ich kritzelnd und tippend in meinem Hotelzimmer mit Blick auf den Hafen, wo mein Schiff kommen wird.

Ich wünsche Ihnen alles Angenehme und Ehrliche

Herzlichst Ihr Thorsten Becker

Pankow am Ostersonntag, den 12. 4. 98

Lieber, sehr verehrter Marcel Reich-Ranicki,

nicht, unseren vor einer Dodekade mehr oder weniger friedlich entschlafenen Briefwechsel zu erwecken, spanne ich dies Blatt in die Maschine, sondern um Ihnen meinen allerherzlichsten Dank einseitig abzustatten. Wofür? Sie sind sich keiner Schuld bewußt? Dann muß ich Sie aufklären. Während meine Christenbrüder über den Seiten von Gebetbüchern und Bibeln sich wachhielten, am Morgen die Erstehung ihres Heilands zu begrüßen, ging ich gestern abend mit Ihrem »Thomas Mann und die Seinen« ins Bett, und, wirklich, als ich die letzte Seite davon gelesen hatte, stand die Ostersonne in meinem Küchenfenster.

Ich habe Ihr Buch also verschlungen mit einem Appetit, der noch denjenigen übertrifft, mit dem ich seit dem November des vergangenen Jahres die Werke des Gefeierten Stück für Stück zu mir nehme und sogar alles dort oben im Restaurant des Sanatoriums mit Erstaunen Registrierte weit in den Schatten stellt. Verzeihen Sie mir also, wenn ich Sie, den Koch, der das alles vor langer Zeit (was ist Zeit?) zusammengestellt hat, hier bei Cognak und Maria M. zum Zeugen meiner Verdauung mache.

Zunächst einmal: Selten ist mein stilles Kämmerlein so von Lachen erschüttert worden wie in der gestrigen Nacht. Es ging mir wie Hans Castorp, wenn er zum erstenmal von »Uns hier oben«, von Leichen auf Schlitten, vom Verein halbe Lunge usw. hört. Am lautesten war der Applaus meines Zwerchfells bei Peter Handkes Antwort auf Ihre Umfrage. Gefreut hatte ich mich auf das Buch, seit ich im Januar auf der Fähre, mit der man zum Tarif von einer Mark den Kontinent wechselt und die jetzt von meinem ehemaligen Verlag für den neuen Roman der mir näher als viele andere Kollegen befreundeten Emine S. Ö. so bedeutend gemacht wird, im Anhang eines in der deutschen Buchhandlung in Beyoğlu (dieselbe, in der vor langer Zeit (?) ein anderer meiner Verleger sein ekmek verdiente) erstandenen Erzählungsbandes auf die Anzeige stieß. Lassen Sie mich gestehen, daß ich, als ich Ihr Produkt Wochen später dann in den Händen hielt, reichlich, oder soll ich sagen reich-ranickilich? enttäuscht war. Gerechnet hatte ich mit einer groß und kühn gebastelten Saga und mußte dann mit einem Blick auf die Nachweise zur Kenntnis nehmen, daß es sich wieder einmal um nichts als eine Kompilation von Rezensionen aus der Tagespresse handelte. Entsprechend mürrisch begann ich die Lektüre, motzte über die Wiederkehr bestimmter Karteikarten, wollte bei »Alles Deutschtum ist betroffen« das Buch weglegen und die Nachttischlampe löschen, blieb dann nur, weil Sie schrieben: »Die Lektüre … erfordert viel Geduld und Hartnäckigkeit.«

Und wie wurde ich belohnt! Die Saga entsteht dem, der sie lesen will, dann eben doch, so wie an einer orientalischen Tafel – verzeihen Sie, wenn ich bei dem Vergleich bleibe, der zwar nicht für Sie, aber für den, den Sie bewundern, so typisch ist –, wo alle Speisen zugleich aufgetragen werden, so daß sich das Auge um die Effekte der Überraschung betrogen fühlen muß, der Gast am Ende aber doch glückerfüllt sich erhebt, weil beim Essen wie beim Lesen die Wirkungen im Inneren entstehen und das Okulare entgegen der verbreiteten Meinung unbeteiligt bleibt.

Alles, was Sie sagen, stimmt. Die populäre Überbewertung Heinrich Manns, der auch ich noch im letzten Sommer angehangen und die mir wie so vielen den Zugang zum Köstlichsten verstellt hielt, Ihre Charakterisierung des Selbstmords als höchsten Akt der Eigenliebe und des Selbsthasses im Porträt Klaus Manns (wobei Sie sich hier nicht zu jener Deutlichkeit durchringen, die ich bei Ihnen so über alles schätze, was vielleicht auch mit Ihrer auffälligen Skrupulosität im Umgang mit der Inversion zusammenhängt, die, wie ich vermute, daraus entsteht, daß das Phänomen nicht nur außer Ihrer Erlebnis-, sondern sogar außer Ihrer Vorstellungswelt liegt, – und, bevor ich die Klammer schließe, noch dies: Das »Noble« am Suizid, über das Sie stolpern, kommt von Hamlet: Whether 'tis nobler in the mind...), alsdann Ihre liebevolle Heroisierung der tapferen Erika, der wir es, wie Sie sehr schön herausarbeiten, überhaupt zu danken haben, daß wir ihren Vater so uneingeschränkt bewundern dürfen, weil sie ihn rechtzeitig dahin zu bringen vermochte, seine diplomatische Weichheit zu besiegen und den Bruch mit den Usurpatoren der deutschen Kultur in aller Endgültigkeit zu vollziehen. Nachdem Sie alle diese Lichter aufgesteckt haben, macht sich denn auch der Auftritt einer Nebenfigur zu einer weiteren Hauptsache, zeigt sich die Würde, was beim Leser eine besonders starke moralische Wirkung zeitigt, als Teil des Unterdrückten und Beleidigten, Golos Logos. Alles noch einmal überstrahlt von der Sonne, der Mutter. Da war ich einzig traurig, daß sie nur so kurz schien, aber ich habe natürlich die Möglichkeit, mir das Buch von der Plessen zu besorgen, was ich auch nächstens tun will. Aber auch dieses heiterste der Gestirne in dem Kosmos, den Sie bewegt haben, muß wieder untergehen, Dämmerung steht am Ende, Minervas Eule steigt auf. Wieder sieht in uns des Zaubrers Gesicht, so menschlich-unmenschlich wie das des Mondes diesmal.

Wie Sie Ihrem Kollegen Hans Mayer (nicht uneigennützig im übrigen, was Sie, wie ich finde, zu Recht, stets abgelehnt haben) zur Seite springen und, germanistischer als man das von Ihnen gewohnt ist, dem Genie, das sich von der Wissenschaft an seiner Aura verletzt fühlen mußte, mit anderen Zahlen es noch einmal vorrechnen und Mayers Befund bestätigen, daß er in einem ganz unpsychologischen Sinne ungeliebt war und es geblieben ist bis an den Tag, leitet, sehr, sehr geschickt, in dieser zufälligen Dramaturgie hin zu dem Satyrspiel mit der Umfrage unter den Dichtenden.

Hier blieb mir, ich sagte es bereits, und es war ja von Ihnen so wohl auch inszeniert und intendiert, nur noch das Lachen.

Franz Kafka und Bertolt Brecht, jeder für sich eine sprachliche Weltmacht, ein Symbol für eine Epoche, aber dann – wie begreife ich das? – nur noch murmelnde Gestalten, die sich in den Kulissen verlieren, läßt man erst ihn die Bühne betreten.

Vorläufig will ich vermuten – denn das Phänomen ganz unbegriffen weiter leben zu lassen in mir scheint doch unmöglich –, daran möchte es liegen, daß er unter den Dreien der einzige Mann war. Will heißen: Man kann ihn nicht lieben, man muß sich lieben lassen von ihm.

Noch einmal lieben und herzlichen Dank für das Vergnügen, das Sie mir bereitet haben mit Ihrem Buch, und für die Anregungen, denen ich zu folgen gedenke.

Und so fortan! Ihr Thorsten Becker

PETER BICHSEL

Frankfurt, 29. März 1982

Lieber Herr Reich-Ranicki,

es hat mich schon sehr traurig gemacht, was mir Ihre Frau sagte, und bitte reagieren Sie jetzt nicht so wie das letzte Mal, da sagten Sie: »Hören Sie nicht auf dieses Weibergeschwätz«, und meinten, daß ich Sie nicht anzurufen brauche.

Ich bin Ihnen nicht böse, ich bin Ihnen nur traurig. Für böse zu sein hätte ich keinen Grund, nicht den geringsten außer meiner Empfindlichkeit, die ich genauso zu pflegen habe wie Sie, auf die ich nicht verzichten kann und nicht verzichten will. Ich kann nicht glauben, daß Sie zynisch und gemein sind, und ich will es nicht glauben. – Ich weiß, daß ich Sie beleidigt habe, es tut mir auch leid, soweit das Ihre Person, die ich mag, betrifft, es ist nicht meine Art, zu beleidigen. Aber Sie sind mir in den letzten zehn Jahren immer nur mit dem größten Zynismus begegnet. Sie haben erfolgreiche Späße auf meine Kosten gemacht – »Das ist Bichsel, ein ganz großer Schweizer Autor«, ich mag Späße, ich mag auch Späße auf meine Kosten, sogar ganz besonders. Aber was ich nicht mag, das ist, wenn der andere glaubt, ich sei zu blöd, um es zu bemerken.

Ich wiederhole es nur noch einmal, aber bitte behalten Sie das im Kopf – ich mag Sie, und ich mag Sie, weil Sie ein empfindlicher Mensch sind, ein Leser, der ein beleidigter Leser sein kann – wären wir beide nur Leser, wir müßten uns verstehen, und mir tut es weh, daß wir es nicht tun, und ich fürchte mich davor, daß wir es nie tun werden – genau das und ein bißchen schlechtes Gewissen ist der Grund, daß ich Ihnen ausweiche – und ich glaube Ihnen sogar, daß Sie mich auch mögen.

Aber ich habe den Eindruck, daß es doch immer einen Irrtum zwischen uns gab – ich bin kein Naturtalent. Ich bin als Lebensuntauglicher zur Literatur gekommen, erst zum Leser geworden und dann auch zum Schreiber. Ich bin gebildet und ich bin intelligent – auch das unterscheidet uns beide nicht: Sie stehen nicht über mir und ich nicht über Ihnen – ich halte das, was Sie tun, für einen Teil der Literatur und nicht für etwas, das außerhalb von ihr, neben ihr oder über ihr steht. Wir sind im selben Geschäft – es macht uns Spaß, und es quält uns. Ich empfinde mich nicht als verantwortlich für die Literatur – es geht nichts verloren für die Welt, wenn ich es lassen sollte – ich fürchte mich ab und zu vor Ihnen, weil Sie sich so geben, als seien Sie verantwortlich für die Literatur und hätten sie mit aller Anstrengung zusammenzuhalten. Ich erkenne zwei Ranickis, wenn ich Sie lese, und ich erschrecke oft auch, wie exakt Sie das oft trennen: Ich erkenne einen absolut sicheren Ranicki, wenn es um die Würde und um die Relevanz der Literatur geht, einen aktiven Ordner – und ich erkenne einen leidenden und beleidigten Leser, einen Menschen voller Sehnsucht auf der anderen Seite, mir gefällt der zweite, und dieser Zweite hat meine Solidarität.

Ich kann offensichtlich – und das scheint auch meine Schuld zu sein – den zweiten nur erkennen beim Lesen und wenn ich Sie sehe von weitem. Ich habe den Eindruck, daß meine Anwesenheit den sentimentalen Ranicki zerstört – glauben Sie mir, ich tu das ungern.

Wissen Sie, ich rede nicht von Macht – ich bin da vorsichtig –, aber es gibt etwas anderes noch, was es mir so schwer macht mit Ihnen – auch dies wohl ohne Ihre Schuld: Ich möchte nicht Ihr Autor sein, und ich möchte nicht, daß Sie mein Kritiker sind. Ich kann Menschen in Ihrer Funktion nicht mehr als Menschen erkennen. Ich meine damit nicht Unmenschlichkeit. Ich bin mit meinem Erfolg nie zurechtgekommen – wer mich an meinen »Erfolg« erinnert, macht mich traurig. Mein Erfolg hat mich aber in nichts – darauf bin ich stolz – verändert. Ich bin ausgesprochen schüchtern und ängstlich, ich bin gern allein – am liebsten allein unter Menschen.

Ich habe mir vor zwanzig Jahren – ich gebe das zu – vom Erfolg persönliche Veränderung versprochen, totale persönliche Veränderung von allem, was ich hatte: Beruf, Wohnort, Familie, Gefühle, Ängste –

ich gebe zu, daß ich enttäuscht war, als sich nichts veränderte. –

Inzwischen bin ich 47 – ich bin inzwischen also älter als Sie waren, als wir uns zum erstenmal sahen – und inzwischen bin ich stolz darauf, daß ich noch fast alles habe, was ich hatte zuvor: Wohnort, Familie, Gefühle, Ängste. –

Ich leide hier in Bergen, und ich finde das sinnvoll und bin dankbar dafür – ich werde mir einiges überlegt haben, wenn ich zurückkehre.

Sie standen – lieber Reich-Ranicki – an der »Wiege« meines »Erfolges«, ich vergesse das nicht und ich bin nicht undankbar – aber irgendwo quält mich das Ganze, das ganze Geschäft – und wenn ich Sie sehe, dann erinnern Sie mich daran, und es baut sich in mir so etwas wie schlechtes Gewissen auf, und Sie merken das wohl auch.

Ich bin so vieles nicht, was ich sein mußte in diesem Geschäft – zum Beispiel nicht einmal ein Trinker –, ich habe alles angenommen in diesem Geschäft, was man von mir wollte – ich bin froh darüber, nur so konnte ich bleiben, wer ich war. Ich habe Schreiben nie als Wettbewerb und nie als Konkurrenz verstanden – ich war ein früh Beleidigter, ein Ungeschickter, der nicht mitspielen durfte – ich suchte einen wettbewerbsfreien Raum: Ich habe ihn gefunden bei Adalbert Stifter und bei Joseph Conrad, bei Heine und bei Goethe – ich habe Ihren Satz verstanden, als Sie einmal vor vielen Jahren sagten: »Ich möchte wieder einmal ein Buch lesen, das so beginnt: Eduard – so nennen wir einen reichen Baron im besten Mannesalter – Eduard hatte in seiner Baumschule die schönsten Stunden eines Aprilnachmittags …«, ich zitiere das auswendig, so gut hatte ich Sie verstanden. Ich werde es nicht leisten können dieses Buch, aber lesen kann ich es, so wie Sie lesen können –

und mit dem nicht leisten – ich lese gegenwärtig Mörikes »Maler Nolten«, der hat es auch nicht leisten können, der Mörike, und das macht ihn mir so lieb – man sucht halt doch Verbündete und kratzt das wenige zusammen, was es gibt.

Persönlich kennenlernen, den Mörike? Ich weiß nicht, ich möchte ihn nicht verlieren. Mag sein, daß ich mir die Menschen allzusehr nach meinem Willen forme und daß ich sie deshalb nicht mehr sprechen kann, weil ich doch Freunde brauche und mir nicht mehr leisten kann, sie zu verlieren.

Meine Freundlichkeit – und ich meine damit, meine Neigung zu Freundschaft – hat mich abgehalten davon – von was denn eigentlich? – nein, ich will freundlich bleiben, von was es mich auf immer abhält.

Ach wissen Sie, weil Sie ein Leser sind, nehme ich an, daß Sie gewillt sein könnten, mich zu verstehen – ich lege es in diesem Falle und hier nicht darauf an, mich verständlich zu machen, nur darauf an, vielleicht verstanden zu werden.

Oder ganz anders – ich habe in einer meiner Vorlesungen gesagt: »Ich verstehe Joyce eigentlich nicht, aber ich fühle mich von ihm verstanden.«

Ich weiß nicht, was wir tun sollen miteinander, mein lieber Reich-Ranicki – und es tut weh, ich weiß nicht, es liegt wohl schon an mir: ich halte mich selbst für katastrophal unehrgeizig und für unerträglich eitel.

Ich weiß, daß Sie überempfindlich sind – ich habe viel an Sie und viel über Sie gedacht –, ich weiß nicht, ob Sie machtgierig sind. Ich kann es eigentlich nicht glauben – aber ich fürchte mich schon nur vor dem Verdacht der Macht. Jene Stelle in den »Jahreszeiten«, die Sie lobend erwähnt haben, das ist die Stelle von der Angst vor der Macht – Sie kennen sie, diese Angst –, ich weiß es und ich schäme mich für meine Angst, wenn ich an Ihre denke. Ich weiß, ich schäme mich dafür, daß ich Sie beleidigt habe – ich habe es bewußt getan – ich schäme mich dafür, daß ich Sie nicht gegrüßt habe.

Wissen Sie, ich kenne Sie nicht, und Sie kennen mich nicht. Und es wird schwer sein, uns kennenzulernen. Sie glauben, ich sei der Bichsel – ich glaube, Sie seien der Ranicki – so weit haben wir es gebracht in unseren Bezugsnetzen, die nur und ausschließlich mit – jetzt wollte ich schreiben »Macht« – nein, mit Ohnmacht zu tun haben.

So –

was ich jetzt nicht ertragen würde, das wäre, wenn Sie mich nicht verstehen wollten – bitte seien Sie jetzt nicht zynisch, nur jetzt, wo Sie das lesen –

und ich wäre Ihnen auch sehr dankbar, im Ernst, wenn Sie auf diesen Brief nicht reagieren würden – es ist meine Schuld und es ist mein Brief.

Ich habe ihn auch für mich geschrieben und ich könnte nun, was ich meist tu, den Brief durchlesen, schlecht, aber nötig finden und ihn wegwerfen –

ich lese ihn nicht durch, weil ich ihn doch abschicken möchte.

Und im übrigen (werden, müssen, können, wollen) wir uns vielleicht doch wieder treffen und grüßen – ich Sie und Sie mich

mit freundlichen Grüßen – nicht Ihr Bichsel, sondern

Ihr Peter Bichsel

HORST BIENEK

München, 25/IV/68

Lieber Herr Reich-Ranicki,

nein, so schnell bekommen Sie mich nicht zum Feind (wie Sie es Krüger andeuteten), dazu kennen wir uns doch zu lange. Aber gestehen möchte ich es doch, daß mich Ihre Kritik getroffen hat; sie hat mich traurig gemacht. Sie haben die disziplinierte Sprache, Sie haben die kunstvolle Komposition, Sie haben das Vexierspiel mit Alban (das z.B. Hartung und Vormweg hervorheben) u.a. nicht richtig gesehen, wie ich glaube; schmerzlich für den Autor, noch schmerzlicher für den Reich-Ranicki-Sympathisanten; schlimm aber Ihre Unterstellung, zu der Sie zwei antiquierte Zitate herbeiholen, daß ich die Zelle nur als modische Attitüde benutze, wo Sie doch nicht nur aus der Kenntnis meiner früheren Bücher, sondern auch aus verschiedenen Gesprächen wußten, daß die Zelle für mich mehr ist, nämlich eine Obsession …

Mein nächstes Buch, das haben Sie richtig gedeutet, wird anders sein. Ich arbeite schon daran. Aber manchmal denke ich, ich müßte die Situation der Zelle noch einmal schreiben, und vielleicht sogar noch einmal und noch einmal, so wie Beckett vier Romane schreiben mußte, bevor die Kritik ihn begriffen hat, aber wahrscheinlich hätte man ohne den Godot seine Romane nicht verstanden. Merkwürdigerweise – aber vielleicht ist es nicht merkwürdig, sondern hängt mit unseren vertrauten Gesprächen zusammen – kränkt es mich ein wenig, daß gerade Sie meine Intentionen in der Zelle nicht verstanden haben. Ich könnte mich nun auf einige der besten deutschen Autoren berufen, die Sie ebenfalls nicht verstanden haben – aber so billig mache ich es mir und Ihnen nicht. Mir liegt gerade an Ihrem Urteil sehr viel, und ich hoffe, ich werde – vielleicht – eines Tages doch noch ein Buch schreiben, an dem auch Sie feststellen, daß daneben Brinkmann oder Fichte Abziehbilder einer modisch zurechtgemachten Wirklichkeit liefern – aber keine Literatur der Besessenheit, keine »lazarenische Literatur«, um noch einmal Cayrol zu zitieren ... das sind wirklich »verschiedene Schuhgrößen« ...

Wann kommen Sie wieder nach Deutschland? Ich gehe in einer Woche für drei Monate nach Rom, in die Villa Massimo, Roma, Largo di Villa Massimo 1, vor meinem Haus bauen sie nämlich einen U-Bahnhof, das macht einen solchen Lärm, daß ich fliehen muß ... Vielleicht bekomme ich einmal eine Karte von Ihnen? (Für die »Endstation Sehnsucht« danke ich Ihnen.) In Ihrem Böll-Buch lese ich gerade mit (gemischtem) Vergnügen.

Herzlich, wie vorher, Ihr Horst Bienek

Ottobrunn, 10/XI/81

Mein Lieber,

ich habe einen langen Brief an Dich geschrieben, sogar zwei, aber als sie fertig waren, habe ich gezögert, sie an Dich abzuschicken, und dies ist nun der dritte Brief, den ich an Dich schreibe, Du bist jetzt in solchen Höhen der Macht, daß Dich Signale alter Freunde wohl nicht mehr erreichen. Damit beschwere ich mich nicht; ich wollte nur etwas festhalten: unsere Beziehung ist eine langwährende, auch eine schwankende, gewiß komplizierte, von einigen wägbaren und von manchen unwägbaren Einflüssen bestimmt, im ganzen wohl überhaupt nur freudianisch zu verstehen – ich verstand und verstehe sie jedenfalls immer noch als eine freundschaftliche. Ich habe darüber mit Koeppen gesprochen, auch mit Tadeusz, und letzterer brachte den Vergleich mit jenem Vater, der die Kinder züchtigt, die er besonders liebt. Ich weiß nicht, ob das genügt, unser Verhältnis, über die Jahre hinweg, zu bestimmen. Ein erzieherisches Element ist von Deiner Seite gewiß dabei, und dagegen wehre ich mich auch nicht – aber oft bist Du darauf aus, mich zu verletzen. Und ich verstehe nicht, warum. Daß ich da, wo ich mich durchgesetzt habe, ich es eigentlich immer neben oder gar gegen Dich tun mußte, nun gut, das ist vielleicht richtig so, auch wenn es mich manchmal schmerzt … aber was nun konkret den Fall der Frankfurter Anthologie angeht, so möchte ich doch annehmen, daß es so ist, wie Du schreibst: »ich erinnre mich dunkel« … Denn meine Beiträge dazu, und das ist nicht nur meine Meinung, sondern auch von Autoren, die Du selbst sehr schätzt, zählen gewiß zu den besseren, wenn nicht zu den besten der Sammlung, und ich muß mich da weiß Gott nicht legitimieren, Du brauchst Dir nur mal meine Texte ansehen, die ich etwa über Eichendorff, Max Hermann-Neiße und die Kaschnitz geschrieben habe und sie eben mit anderen Texten, die den gleichen Autoren galten, zu vergleichen, im Fall Kaschnitz ist es eklatant, weil zwei Deiner Autoren genau dasselbe Gedicht interpretiert haben, da ist es augenfällig … Ich bin gerade bei der F. A. besonders kritisch, auch mir gegenüber, und Du erinnerst Dich, die Brentano-Interpretation, die wir vereinbart hatten, schien mir nicht gelungen, ich habe sie Dir also auch gar nicht geschickt und Dich gebeten, mich aus diesem Auftrag zu entlassen. Ich bin nicht gekränkt, lieber Marcel, das wäre Unsinn, dazu kennen wir uns zu lange, und ich schicke Dir auch den Grass in die Redaktion, ich mache ihn excellent – oder gar nicht. Den Gryphius bitte später …

Liebe Grüße, Dein Horst Bienek

Ottobrunn, 28/VI/88

Lieber Marcel,

Dein Brief hat mich erfrischt, der andere angerührt. Du siehst, man ist vor nichts sicher. Nicht einmal vor seinen Verehrern. Interessant dabei ist nur, daß solche Briefe aus Polen kommen. Die deutschen Oberschlesier, die im Westen leben, sind da eher gegen mich. Wie jetzt wieder Herr Hupka beweist, der mich wegen des Interviews in *Polityka* aufs widerlichste als Schlesien-Verräter beschimpfen läßt. Insofern war mir das eher eine Genugtuung. Ansonsten würde ich den großen Preis lieber Max Frisch gönnen als jener besagten Dame.

Ja, was Du zu Gregor-Dellin schreibst, macht betroffen. Ich weiß auch nicht, ob er sich darüber im klaren war – oder ob er das einfach ganz fest verdrängt hat. Das ging zwar in seine Seele, aber nicht in seinen Kopf. Im Grunde hat er es immer schwer gehabt, und auch die Anerkennung kam ja erst spät. Um ihn richtig zu begreifen, mußte man erst durch den Klavierlehrer aus Naumburg an der Saale hindurch. Jens hat das gesehen, schon früh. Sein Nachruf sehr würdig, sehr nobel!

Du hast mit Koeppen neulich gegessen? Wie fandest Du ihn? Wir haben gestern bei Boettner (!) seinen Geburtstag nachgefeiert. In dem Alter freut man sich über jede Wiederholung …

Wann kommt mein Text? Ich schicke Dir auch bald etwas für die Frankfurter-Anthologie.

Schönstens,

Dein Bienek

Ottobrunn, 30/XII/88

Lieber Marcel,

Du gehst weg und bleibst doch da … Immerhin: es ist ein Moment, sich daran zu erinnern, wie Du nach Frankfurt kamst, damals 1958, und wie sich seitdem unsere Wege gekreuzt, unsere Gespräche verbunden haben, in ferner Nähe oder in naher Ferne, mit Distanz und auch mit Sympathie, und nicht zuletzt in der gemeinsamen Bewunderung für einen großen alten Dichter … Ich habe Dich gestern gesehen, im TV, Du hast ein wenig Schwung in die müde Sache hineingebracht, und einmal war Toscha zu sehen, sie sah blendend aus und lachte ein herzliches Lachen, und, wahrhaftig, daß Du nicht nur Feinde hast, nein, nein, daran wollen wir uns doch jetzt auch einmal erinnern,

Dein Horst

WOLF BIERMANN

Hamburg, 21. Juli 79

Lieber Marcel Reich-Ranicki,

der Abend bei Ihnen hat mir weh getan und war mir auch gut. Und Sie werden wohl beides wissen. Es tut mir weh, daß ich mich von Wahrheiten trennen muß, die Lügen geworden sind. Es tut weh, weil in den Lügen noch so verzweifelt viel Wahrheit ist.

Kommunismus, Revolution, Kapitalismus, Fortschritt, Krieg und Frieden, Dinosaurier aus Stacheldraht und Elektronik, aus Bonzenarsch und Bankgeheimnis. Und der Frieden ist Krieg. Ja, und ich kann Ihnen kein Land zeigen, wo mehr blüht als nur die Hoffnung auf eine gerechtere Menschengesellschaft. Und hier in diesem westlichen Deutschland blüht nicht mal diese Hoffnung, außer bei ein paar verträumten und verkommenen Linken. Hier meinen ja die meisten, sie lebten längst in einer solchen guten Gesellschaft, die eben nur, wie alles Menschenwerk, unvollkommen ist – unvollkommen in diesem harmlosen Sinn, den auch die Stalinisten im Sinn haben, wenn sie vom real existierenden Sozialismus reden.

Ja, und Sie haben wohl recht: es gibt keine freiere und reichere Gesellschaft auf dieser katastrophalen Erde als die Bundesrepublik. Um so schlimmer für uns alle! Denn ist das nicht eine Freiheit von der Art, die uns in den ersten und zweiten Weltkrieg trieb? Ist das nicht die Wirtschaftsordnung, die uns für Hitler reif machte? Und daß ein alter Nazi Bundespräsident wurde und daß ein Mensch wie Strauß nach 30 Jahren bürgerlicher Demokratie Kanzler werden kann – das alles sind doch nicht Schönheitsfehler. Und auch der enorme Reichtum dieses halben deutschen Landes, er ist eben enorm, sehr außerhalb der Norm, nicht nur der elenden Menschen um uns herum, sondern auch ganz und gar außerhalb der Norm einer Vernunft, die uns vor den Katastrophen retten könnte, auf die wir alle, satt oder hungrig, zurasen.

Freilich, gemessen an den rotgetünchten Staaten steht die BRD glänzend da, und ist doch ein »glänzend Übel«. Und die Baracken in den Lagern des Lagers, das sich sozialistisch nennt, können mich nicht verzweifelt versöhnen, wie ich hier in meiner »roten Villa« (»Bild«) in Altona sitze.

Kurz: meine Hoffnung auf die Fähigkeit der kommunistischen Arbeiterbewegung, sich am eigenen Schopf aus dem Sumpf zu ziehn, mag so übertrieben sein wie Ihr Wohlgefallen, lieber Marcel Reich-Ranicki, an der Bundesrepublik Deutschland.

Vom Regen in die Jauche. Mein Lieber, mein sehr Lieber, ich fürchte, Sie haben recht, ich muß dieses Wort korrigieren, zumindest eines der beiden Wörter – und wie Sie schon sehn: das andere. Als Sie mir, assistiert von Ihrem Freund Fest, auf den faulen Zahn fühlten, taten mir all meine Zähne weh. Meine Argumente konnten mich nicht überzeugen, und es ist gut, daß Sie die höhere Freundlichkeit hatten, nicht zu freundlich mit mir in diesem heiklen Punkt zu sein.

Dies und das fiel mir im nachhinein noch ein, aber wohl nichts, was Sie hätte bedenklich machen müssen. Als ich so unverhofft im Westen gelandet war, wollte ich mit dem schroffen Wort von der Jauche mir auch falsche Freunde vom Halse halten – aber nun sehe ich, daß ich mir damit auch allerhand falsche Feinde zugezogen habe. Ich wollte überdeutlich zeigen, daß ich nicht freiwillig hier bin, wo so gefährlich viele DDR-Bürger hin wollen, ich wollte es den Herrschenden in der DDR schwerer machen und meinen Freunden dort etwas leichter, mich zu verteidigen. Kritik am Osten wird im Osten ja so lässig als Westgeilheit abgetan, Sie wissen das.

Der Abend mit Ihnen hatte für mich ein Nachspiel. Ihr

Freund brachte mich auf dem Nachhauseweg noch bei meiner Schlafstelle vorbei. Er erzählte mir dabei von deutschen Juden, sehr entfernten Verwandten, die nach Amerika emigrieren mußten. Deutschnationale Juden, die, so erzählte mir Ihr Freund, nur deutschen Wein tranken, um die deutsche Wirtschaft zu stärken. Der Mann also soll fünfzehn lange Jahre sich in den USA mit seiner deutschen Kultur herumgequält haben, er verbarrikadierte sich mit Heinrich Heine und Goethe – und soll erst glücklich geworden sein, als er sich eines schönen Tages entschloß, sich all das abzugewöhnen. Er soll sich einen Fernsehapparat gekauft haben, er hat sich das nächste Baseballspiel angeschaut und konnte am nächsten Tag mit seinen Kollegen auf Arbeit darüber reden … Diesen gutgemeinten Rat empfand ich als eine brutale Gedankenlosigkeit. Aber nun höre ich Sie lachen und sagen: aber lieber Freund, wer rät Ihnen denn, sich vor die Glotze zu setzen, an den Schreibtisch sollen Sie!! – Sie sehen: ich sitze und schreibe Ihnen, ja, und ich will schreiben, damit ich liefern kann, was Sie gute Ware nennen.

Herzliche Grüße, Ihr Wolf Biermann

PS! Der römische Philosoph Epiktet sagte mal: wir wollen vom Schaf ja auch nicht wissen, was es alles gefressen und gepißt und geschissen hat, wir wollen die Wolle! Also die russischen Romanzen und Zigeunerlieder aus der neuen Schallplatte meiner lieben Eva-Maria Hagen. Ich möchte nicht, daß die Texte jetzt in eine Zeitung kommen, denn sie sind ja nicht nur Texte, sondern auch »gute Ware« – für den Verkauf der Schallplatte wäre es günstiger, wenn die Texte veröffentlicht werden, erst wenn die Platte auf den Markt kommt (September) – und für die Menschheit ist es nicht so tragisch, wenn sie auf diesen gereimten (! gute Ware!) Wortefraß noch bißchen warten muß.

Ihr Wolf Biermann

Hamburg, 27. 12. 81

Lieber Marcel Reich-Ranicki,

in Paris las ich in irgendeinem deutschen Blatt das Dreckwort über »Reich-Ranicki, den immer noch einige für einen Literaturkritiker halten«. Es stammt von einem Mann, der sich selbst für einen Dichter hält und den viele nach diesem Affentheater für einen Friedensapostel halten. Hermlins Friedenskonferenz dient Honeckers Kriegsführung, diese dort versammelten westöstlichen Wölfe und Schafe, Schweine und Esel sollten mit ihrem Gequassel der authentischen, der niederen Friedensbewegung in der DDR den Wind aus den Segeln nehmen. So haben Honecker und Hermlin, wie in den alten guten schlechten FDJ-Zeiten halbe-halbe gemacht, der eine konnte seinem Affen Zucker geben und der andere seinen Untertanen Sand ins Gehirn. Die ehrwürdigen weißen Haare; die würdelose Devotion in der Pose des unabhängigen Geistes, der seiner Obrigkeit solch ein ost-westliches Treffen abtrotzt. Und so viele unter den wenigen Linken in Deutschland kamen bei dieser untertänigsten Aufmüpfigkeit ins Schwärmen. Der Militärputsch und das Friedensgeseiere, zwei Seiten ein und derselben Medaille.

– Polen. Und Polen und Polen. Seit dem Putsch kein Lebenszeichen von meinem Freund Adam Zagajewski. Von Michnik und Kurón weiß man wenigstens, daß sie leben, denn es ist bekannt geworden, daß man sie foltert. Und uns hier im Hohenzollernring Nr. 9 geht es so verheerend gut. Ich werde verrückt darüber, und immer diese dummen Grübeleien darüber, ob ich schuld bin, daß es mir so viel besser geht als meinen Freunden.

In Paris waren am 14. Dezember über 100000 Menschen auf der Straße, und die Proteste gegen das Pinochet-Regime in Polen gehen weiter und umfassen alle Schichten des französischen Volkes und alle Richtungen in der Regierung – mit Ausnahme der Kommunisten, die sich so schändlich und schamlos verhalten – wie Bundeskanzler Schmidt, der ja am Morgen des 13. Dezember mit Erich im Bett lag, als die Nachricht vom Putsch in Polen kam. Haben Sie das im Fernsehen gehört?

Schmidt sagte: Herr Honecker war genauso bestürzt wie ich, daß das nun notwendig geworden ist ... Wessen Not da gewendet wurde, sehen wir. Auch die der deutschen Banker, die nun hoffen, daß die Militärs zahlungskräftiger sind als die Proleten. Es ist mal wieder ein allzu lehrreiches, allzu blutiges Stück, und die lernfähigsten Köpfe werden mal wieder eingeschlagen. Und wir?

Herzlich Ihr Wolf Biermann

3. Jan. 83

Lieber Marcel Reich-Ranicki,

Ihren liebenswürdigen erpresserischen Parteiauftrag werde ich nicht ausführen. Der Zeichner A. Paul Weber mißfiel mir schon immer. Der Herausgeber Günther Nicolin, der in seinem Buch Paul Weber so keck neben Villon stellt, schreibt im Nachwort über den vorgezeigten Zeichner: »Wenig fand vor seinen Augen Gnade.« Na dann! Dann paßt es jedenfalls zum Walter Widmer, der gegen Paul Zech einen giftigen und höchst ungnädigen Artikel schrieb und bei dieser Gelegenheit sich selbst als Nachdichter des Villon empfahl. Es stimmt, Paul Zech hüpft dem Meister Villon oft allzu keck davon – aber Widmer selbst keucht ihm auf Krücken hinterher. Ich habe das mal genauer untersucht, als ich eine Radio-Sendung über François Villon machte. Brecht jedenfalls hatte eine glückliche Hand in der Hosentasche des Herrn Klammer.

Aber über diesen Weber könnte ich nur Schlechtes sagen, und das wäre mir nicht gut genug. Handkolorierte! spießige Anti-Spießerei! kein Strich, kein Punkt. Gemütlich hingepriemelte Fratzen, Goya als deutscher Gartenzwerg, Daumier als Däumling mit drolligen Gruselszenen. Aber kostbar gedruckt. Und es gäbe so gute Zeichner! Sogar der bei Hamburger Zahnärzten und anderen Abschreibungskünstlern beliebte Horst Janssen würde sich bei solcher Gelegenheit nicht so blamieren. Oder hätte Josef Hegenbarth den Villon – ich hör schon auf, Sie sehen, »wenig fand vor seinen Augen Gnade« – aber das ist nicht wahr. Es gäbe etliche Maler und Zeichner, die es könnten. Hat eigentlich Beckmann je was zu Villon gemalt oder gezeichnet? Dieser Weber ist mir auch zu lumpenhaft bescheiden, zu illustratorisch; Nuria Quevedo, die Katalanin in Ostberlin, sollte mal zu Villon-Texten was zeichnen – ja aber zu wessen Übersetzungen? Mir ist noch keine gelungen.

Herzlich, Ihr Wolf Biermann

Altona, 20. 4. 89

Sehr lieber und verehrter Marcel Reich-Ranicki,

in den letzten Monaten brachte ich »Dos lid funm oisgehargetn jidischn folk« ins Deutsche.

Mein Freund Arno Lustiger hatte mich in dieses Poem hineingelockt. Er schreibt an einem Buch über den jüdischen Widerstand und brauchte als Dokument nur ein paar Schlußstrophen des Werkes von Katzenelson, in denen der Dichter vom Aufstand im Warschauer Ghetto erzählt. Ich tat, wie ich sollte, und lieferte die Ware ohne Geld. Aber dann wollte ich das Ganze auf eigene Rechnung versuchen.

Mit Freude und größerer Scheu zeige ich Ihnen nun die erste Rohfassung. Ich bin mit meinem Katzenelson also in einer Phase, in der ich schon Lob ertragen kann und noch Tadel brauche.

Es gibt, wie Sie wahrscheinlich wissen, Übersetzungen ins Englische, ins Französische, Deutsche, Polnische und natürlich ins Iwrith. Die englische Übersetzung ist dröge, korrekt und kunstlos wie ein Telefonbuch, die französische ist schlampig zusammengeklitscht und unvollständig (es fehlen etliche Gesänge), die polnische von Jerzy Ficzowski soll hervorragend sein (behauptet Arno Lustiger), und die deutsche, weiß ich, ist schlecht. Sie ist nicht nur schlecht gereimt und schlecht gedichtet, sondern auch gefälscht an den peinlichsten Stellen. Der Übersetzer Hermann Adler, der in Basel lebt, ein sehr alter

Mann, hat damals nach dem Krieg seine Sache nicht gut gemacht. Katzenelson ist bei allem Pathos immer genau und deutlich und praktisch. Adler ist schwammig, Stefan-Georgig, heideggerisch verblasen in raunender Ungenauigkeit zum Höheren hin. Außerdem hat er Jizchak Katzenelson einen dicken Jesus Christus wie ein Kuckucks-Ei ins jüdische Nest gelegt, es ist zum Lachen und zum Weinen.

Ich weiß, daß Hermann Adler selber im Ghetto war, ich glaube in Wilna. Und sicher gab sein Leben ihm die Lizenz für diese Übersetzung. Aber er konnte eben weder jiddisch noch deutsch genug, und so wäre es gut, wenn dieses Werk in einer lebendigen Sprache zu den Deutschen kommt.

Sie wissen wie ich, daß man beim Übersetzen solch eines Gedichtes nur ein wirkliches Problem hat: die eigne Sprache. Bei der fremden kann man sich helfen und helfen lassen. Das habe ich getan. Und es kam mir mitten in der Arbeit oft so vor, als hätte ich dreißig Jahre nur trainiert, um dieser Aufgabe als Transportarbeiter gewachsen zu sein.

Als mich der alte polnische Pianist und Komponist Wladislaw Szpilman in Hamburg besuchte, behauptete er, daß der polnische Übersetzer F. ein mit einer katholisch aufgewachsenen Jüdin verheirateter Antisemit sei. Da dachte ich: die Konstellation kennste schon. Es gibt ja einen noch viel berühmteren jüdischen Autor, der von einem wütenden Antisemiten genial übersetzt wurde: Gott.

Ich muß diese Fassung nochmal überarbeiten und will dann in aller Ruhe ein Buch vorbereiten, in dem der Text des Poems dreimal gezeigt wird: im Faksimile das Manuskript des Autors, also in hebräischer Schrift, so wie es Katzenelson im sogenannten Vorzugs-KZ in Vittel in drei Flaschen vergrub, bevor er nach Auschwitz deportiert wurde und ermordet. Dieses Original soll auf besonderem Papier gedruckt und als Buch ins Buch eingebunden werden. Sodann soll die jiddische Fassung, übertragen in lateinischer Schrift auf der linken Seite stehn und rechts mein deutscher Text. Die jiddische Fassung will ich vollkrakeln mit all den Notizen, die ich mir während der Arbeit machte. Also: verschiedene Wortbedeutungen, Übersetzungen der aramäischen oder hebräischen Zitate, angesprochene Bibelstellen, Anmerkungen zu bestimmten Personen im Ghetto, zu Propheten oder Dichtern, Malern oder literarischen Werken oder Befehlen auf Anschlägen usw. Querverbindungen zu anderer Literatur, geschichtlichen Zusammenhängen – also alles Material, wie ich es mir zusammenholte, um meine deutsche Fassung zu schreiben.

Außerdem will ich einen kleinen Aufsatz über Katzenelson schreiben und einen kleinen Essay über die Erfahrungen beim Übersetzen aus einer Sprache, die ja schon deutsch ist. Welche Erleichterungen, Tücken und Erschwernisse sich daraus ergaben. Es zeigte sich, daß die zahlreichen slawischen und hebräischen Elemente leichter zu übersetzen waren als die deutschen. Der Grund ist klar: es wimmelt von »false friends«, also von deutschen Worten, die man längst kennt, die man zu kennen glaubt und die doch in den Hunderten Jahren in Polen, Weißrußland, in der Ukraine, Rußland, Lettland ... einen andern Weg nahmen als in Deutschland. Ihnen muß ich darüber keinen Vortrag halten, aber den arischen Leser wirds interessieren.

Ich bilde mir ein, daß Ihre Frau sich für grade dieses Werk nicht weniger interessiert als Sie, und so bitte ich Sie beide, mir beizustehn.

Herzlich, Ihr Wolf Biermann

MAXIM BILLER

München, den 15. 7. 95

Sehr geehrter Herr Reich-Ranicki,

nachdem ich in der *FAZ* Ihren Aufsatz »Die verkehrte Krone« gelesen habe, ist mir endgültig klar geworden, daß man in Ihnen den letzten, verspäteten Repräsentanten all jener deutschen Juden sehen muß, die erst von den Nazis daran erinnert wurden, daß sie Juden sind. Wie sonst ließe sich erklären, daß Sie die Literatur von Juden in Deutschland immer nur aus der Sicht von Selbstverleugnern deuten? Die Juden der Vorkriegszeit, für die das Judentum nur noch die lästige Religion ihrer Väter war, wollten um jeden Preis Deutsche werden – aber statt in Akademien und Enzyklopädien aufgenommen zu werden, landeten sie erst einmal in Birkenau. Das wissen Sie natürlich auch. Aber wütend und enttäuscht macht es Sie offenbar immer noch, und weil Sie sehen, daß es für Sie den Sieg, daß es die totale Assimilation nicht geben kann, wählen Sie – darin sehr deutsch übrigens – dann lieber gleich die totale Niederlage: Sie erklären die jüdische Periode in der deutschen Literatur auf immer für beendet.

Das ist aber schon deshalb ziemlich unlogisch, weil es eine jüdische Literatur in Deutschland, bisher jedenfalls, noch nie gegeben hat. Feuchtwanger oder Kafka, Wassermann oder Heimann, Joseph Roth oder Schnitzler waren alles Autoren, die, auch dann, wenn sie sich aus Sentimentalität für Momente ihres Judentums besannen, immer noch bis in jede Pore deutsch-christlich oder deutsch-weltlich schreibende Schriftsteller blieben. Nehmen Sie nur als Beispiel Ludwig Winders »Jüdische Orgel«, die bis heute paradoxerweise als »Portnoys

Beschwerden« der zwanziger Jahre gilt – es ist in Wahrheit ein urchristliches Erlösungsbuch und hat mit Judentum soviel zu tun wie eine Predigt von Karol Wojtyla.

Nun aber geschieht etwas, was Sie nicht begreifen: Zum ersten Mal entsteht in Deutschland eine Literatur von Juden, die wirklich Juden sind, insofern, als daß sie sich nicht anpassen wollen, als daß sie nicht den deutschen Bildungsgott anbeten und einfach nur die Geschichten ihrer Freunde und Feinde erzählen wollen – sehr jüdische, sehr aufklärerische, sehr unromantische Geschichten. Das kann vielen Deutschen natürlich nicht gefallen, für sie war, zu ihrer Erleichterung, das jüdische Kapitel für immer beendet, nur die toten Juden sind für sie gute Juden, tot in Birkenau, tot (da hat man sie dann doch wieder aufgenommen) in den Enzyklopädien. Und genau diesen Leuten erweisen Sie immer wieder, ohne es zu merken, Ihren Jud-Süß-Dienst, weil Sie mit jedem Ihrer Texte und jeder Ihrer Äußerungen zur jüdischen Literatur in Deutschland bekräftigen: aus und vorbei, Gefahr vorüber.

Sollten Sie sich doch dafür interessieren, wie man als nicht fremdbestimmter Jude im modernen Deutschland denkt und schreibt, können Sie einen Blick in die beiliegende Anthologie deutschsprachiger jüdischer Autoren werfen, die meine Schwester unter dem Titel »Jewish Voices, German Words« für einen amerikanischen Verlag in einer englischen Übersetzung herausgegeben hat, eine Anthologie, wie es sie bei uns bis jetzt nicht gibt.

Mit freundlichen Grüßen

Maxim Biller

Köln, 13. VI. 57

Lieber Ranicki,

ich war wieder einmal unterwegs und bin entsetzt über die Tatsache, daß man Ihnen Ihr Visum verweigert hat. Meine Frau hat in meiner Abwesenheit schon – gleich nachdem Ihr Brief kam – mit dem Auswärtigen Amt in Bonn telefoniert und korrespondiert, ich selber habe inzwischen dort angerufen und werde in den nächsten Tagen, sobald ich Zeit finde, hinfahren – aber es ist fast unmöglich, die Kompetenz festzustellen. Daran scheitert das meiste. Ich bin aufrichtig betrübt und hoffe immer noch, daß es mir gelingt, doch durchzusetzen, daß Sie herkommen.

Bitte schreiben Sie mir, was ich außerdem für Sie tun kann: Bücher, Zeitschriften, irgend etwas. Schreiben Sie mir wirklich über Ihre Wünsche. Ihre Visa-Angelegenheit lasse ich keinesfalls auf sich beruhen.

Ich hoffe, daß wir uns doch im Laufe des Sommers hier sehen werden; bis auf 14 Tage werde ich immer hier in Köln sein, und Sie können mich telefonisch oder telegraphisch jederzeit erreichen.

Mit den herzlichsten Grüßen Ihr Heinrich Böll

Gerra-Gambarogno, den 5. 5. 58

Mein lieber Ranicki,

wie Sie sehen, bin ich in Richtung Süden entflohen, werde aber von hier noch weiter westlich ziehen, um in Ruhe meinen Roman zu schreiben. Ich hoffe, daß ich im Herbst, Mitte September, mit einem guten Stück Arbeit werde nach Hause kommen. Ich muß mir alle anderen Reisen versagen, aber gewiß werde ich, sobald meine Arbeit es erlaubt, nach Warschau kommen. Vielleicht sehe ich Sie inzwischen hier (d.h. irgendwo westlich von Marienborn).

Mein Gott, die Schweiz: das ist ja wirklich kaum faßbar, Menschen, Städte zu sehen, die seit so vielen Jahren, fast könnte [man] sagen, seit so vielen Jahrhunderten keinen Krieg gehabt haben; jedes winzige Fleckchen Erde kultiviert, nirgendwo Spuren der Zerstörung; doch sah ich auf der Fahrt hierhin die Schweizer Armee am Werk: die Sprenglöcher wurden offenbar überprüft; an allen Brücken, an allen Stellen, wo die Berge steil von den Seen hochsteigen, sieht man Sprengkammern: offenbar sind die Schweizer entschlossen, sich, wenn es drauf ankommt, mit allen Mitteln zu verteidigen. Für uns Mittel- und Osteuropäer hat das alles etwas Gespenstisches: diese völlige Unberührtheit; es scheint tatsächlich alles »intakt« zu sein. Vielleicht sind wir zu sehr an das Unnormale – den Krieg – gewöhnt. Wenn Sie die Städte hier am See betreten: Ascona, Locarno – hier glaubt man sogar noch an Bohème, an das Unbürgerliche –, als ob's darauf ankäme; sind nicht in Auschwitz auch Bürger ermordet worden? Ich komme mir ein wenig wie ein sehr alter Papa vor, der den Fleiß seiner Kinder nicht so ganz ernst nehmen kann. Doch wenige Schritte vom Wege ab, hier auf den Bergen, nur 20 Minuten zu Fuß, gibt es Armut, Armut, sicher nicht geringere als in irgendeinem Tatra-Dorf. Wir haben uns hier zwei möblierte Zimmer gemietet, unterrichten unsere Kinder selbst, und ich arbeite. Meine Frau und die Kinder verlangten nach Sonne, und wir leben hier nicht teurer als in Köln; ich selber wäre lieber in nördlichen Gefilden.

Ihr Urteil über Anderschs Buch freut mich sehr; es ist wirklich gut, und ich finde auch Walser besser, als er gemeinhin gemacht wird; Ihre beiden Kinderbücher haben großes Entzücken bei unseren Kindern (und uns) hervorgerufen, und ich soll Ihnen sehr herzlich danken. Ich hoffe, auf bald – und grüße Sie sehr herzlich

Ihr Heinrich Böll

5. Juli 77

Lieber Reich Ranicki,

heilfroh, endlich über die Kompetenzen in der FAZ aufgeklärt zu sein, heilfroh auch darüber, daß ich Ihren Brief, wenn auch mit einer Woche Verspätung, nun habe (die tel. Ankündigung klang schlimmer, als sich Ihr Brief jetzt herausstellt), möchte ich Ihnen rasch antworten: Sie wissen natürlich, daß ich auf die Widmung nicht verzichten kann, wissen hoffentlich auch, daß Ihre Bitte um deren Streichung die Tendenz der Geschichte auf die fatalste Weise bestätigt. Nun will ich kein Kolleg über Kurzprosa halten (die vier Zeilen, die Sie mir aus meinem Weihnachts- oder Neujahrsbeitrag gestrichen haben, schmerzen noch immer!), möchte Ihnen aber doch wenigstens andeutungsweise klar zu machen versuchen, daß diese zwei Zeilen Widmung zum Text der Erzählung gehören, und zwar mit zu den *tragenden* Zeilen; man könnte gewiß auch an dieser Geschichte, obwohl ihre Kürze klassisch ist, noch streichen, kürzen, straffen (wohl auch ergänzen), aber diese beiden Zeilen geben dem ansonsten *rein* fiktiven Text eben jenen Hauch von bundesdeutscher Wirklichkeit, den Sie sonst so heftig begehren. Es ist ja nicht Zufall, daß in der Überschrift *nicht* Darmstadt, Mainz oder Homburg genannt werden, und so ist die Widmung ein architektonisch und auch rhythmisch notwendiger Bestandteil der Erzählung. Sie haben in diesen beiden Zeilen den klassischen Fall, daß ästhetische Notwendigkeit und »Moral« (oder Tendenz) bruchlos ineinanderfallen, und diese beiden Zeilen wollen Sie (ich erinnere mich eines Literaturkritikers, der eine Sammlung »Notwendige Geschichten« nannte!) wirklich opfern? Nein, mein Lieber; ich nehme Ihre Bitte natürlich nicht übel, setze aber voraus, daß Sie diese zwar äußern müssen und doch wissen, daß sie unerfüllbar ist.

Mir lag nicht das geringste daran, die Liberalität der FAZ zu testen, wenn Sie es aber so empfinden, muß ich dann nicht annehmen, daß diese Liberalität tatsächlich Grenzen hat – und sehr enge? Kann eine Zeitung von Weltgeltung diese beiden

Zeilen einer notwendigen Geschichte nicht schlucken? Es ist (ehrlich!) so, daß diese Geschichte die erste von einigen ist, die ich fertig schreiben konnte; sie war Ihnen versprochen, ich schickte sie Ihnen, mehr nicht. Ich wußte natürlich, daß die Widmung möglicherweise ärgerlich sein könnte, rechnete aber damit, daß eine Zeitung von Weltgeltung sich diesen Ärger nicht würde anmerken lassen. Ich *bitte* Sie! Nun rührt es mich geradezu, daß Sie tatsächlich diesem Ärger Ausdruck geben, aber die Rührung wird mich nicht schwach machen, weil die künstlerische Notwendigkeit der beiden Zeilen so unerbittlich vor mir steht. Von Mitleid mag ich nicht reden: das wäre zu herablassend, würde Sie möglicherweise sogar kränken – und das möchte ich nun auf keinen Fall.

Also, bitte: lassen wir diese *knapp* 2 Zeilen! Mit dem Publikationstermin bin ich einverstanden, wäre nur dankbar, wenn Sie auf das bevorstehende Erscheinen der Werkausgabe hinweisen könnten, für deren erste 5 Bände mit Erzählungen und Romanen (chronologisch geordnet) diese Erzählung den Abschluß bildet. Es würde mich sehr schmerzen, wenn die Publikation der Erzählung an diesen beiden Zeilen scheitern würde; für diesen Fall bitte ich um rechtzeitigen Bescheid, damit ich sie anderswo vorlegen kann; schmerzen würde es mich nicht nur wegen der beiden Zeilen, auch – und mehr! – weil damit eine Zusammenarbeit, die nun schon über ein Vierteljahrhundert andauert, beendet sein könnte. Ich rechne mit Ihrer Großmut. Im übrigen habe ich dem Herausgebergremium der Werkausgabe schon mitgeteilt, daß die Geschichte Ihnen vorliegt.

Mit herzlichen Grüßen, auch an Herrn Fest

Ihr alter Heinrich Böll

P. S.: Sollen denn weiterhin Kommunisten und »Kommunisten« ungekürzt in einer so liberalen Zeitung erscheinen – und ich nicht? Oder wollen Sie als »Zensor« in die Lit.-Geschichte eingehen?

Ihr H. B.

Kreuzau-Langenbroich, den 27. April 1981

Lieber Reich-Ranicki,

nicht nur betroffen, sehr tief betroffen (und nicht nur vorübergehend) hat mich in Ihrem Brief vom 23. 4. 81 Ihre tiefe Verletztheit über die »Knobel«-Bemerkung, eine Verletztheit, die ich – mögen Sie auch widersprechen – teile; ich frage mich nur, warum Sie *jetzt erst* diese Verletztheit zeigen, nicht schon, als wir miteinander über den Text telefonierten, den Sie so sehr lobten. Dieses »Knobeln« entspricht keineswegs meiner heutigen Stimmung oder Einsicht, es ist ein Versuch, die damalige Stimmung zu rekonstruieren, und unserer damaligen Stimmung entsprach dieser Ausdruck. Warum nur haben Sie mir Ihre tiefe Verletztheit verschwiegen? Und – von heute aus betrachtet – halte ich es für ziemlich gleichgültig, ob ich in der SA oder Wehrmacht war, in letzterer war ich ja, und das gibt mir Schuld genug; wie sehr die Wehrmacht an *allen* Verbrechen beteiligt war, stellt sich ja immer deutlicher heraus. *Damals* hätte ich mich wahrscheinlich auch dem potentiellen Knobelergebnis nicht gebeugt – aber das besagt nichts. Mein Bruder übrigens – der »weicher« war als ich – hat ganze Scharen von Kriegsgefangenen, die er in Italien zu bewachen hatte, einfach laufen lassen (das nebenbei, um möglicherweise anzudeuten, was SA-Mitgliedschaft bedeutet oder nicht bedeutet).

In allen anderen Punkten Ihres Briefes melde ich heftigen Widerspruch an. Ich habe mir das MS [Manuskript] inzwischen »rekonstruieren« lassen, d. h.: den Abdruck aufkleben, die herausgenommenen Partien einkleben lassen, und es bleibt, ja verstärkt sich für mich der Eindruck *absoluter Willkür*, und wenn es Ihnen viel Arbeit gemacht hat – was ich glaube –, dann war es eben willkürliche Arbeit: *so* kann man mit einem Text nicht umgehen, und zu dieser Art Eingriff waren Sie nicht andeutungsweise bevollmächtigt. Wenn die »Leser entsetzt« gewesen wären durch einen geschlossenen Abdruck – bitte, dann wären sie eben entsetzt gewesen, und woher wissen Sie so genau, ob sie wirklich entsetzt gewesen wären, und: was geht mich das an?

Ist es meine Aufgabe, oder Ihre, die Leser der FAZ *nicht* zu entsetzen? Ich wünschte mir, die Leser der FAZ wären etwas öfter entsetzt – und nicht übers Feuilleton, sondern etwa über Herrn Weinsteins unglaubliche, fast unfaßbare Verleumdung von Herrn Bastian, die so einfach mit einer Gegendarstellung und einem Leserbrief nicht beseitigt wird. Ein Beispiel – es gäbe deren mehrere. Wissen Sie nicht, daß uns »alten« Springerboykotteuren (man hat das lächerlich gemacht, obwohl es doch eindeutig Wirkung zeigt) gelegentlich vorgeworfen wird, wieso wir denn noch für die FAZ schreiben, die so vielen »linken« Autoren Platz gewährt? Haben Sie nicht auch Angst vor dieser fast perfekten Schizophrenie, an der wir alle (ich auch!) teilnehmen und die – in der zeitlichen Relativität gesehen, das Hinken von Vergleichen vorausgesetzt, wobei festzustellen ist, daß Hinken ja auch eine Annäherungsbewegung ist – die möglicherweise schlimmer ist als das Knobeln um den SA-Eintritt in einer 1933/34 total kaputten Familie? Schreiben in einer Zeitung, die fast täglich den Rechtsradikalismus verharmlost? Mein Lieber – und diese Anrede kommt mir überzeugt aus tiefster Brust – mein Lieber, wohin soll, wohin wird das alles führen?

Was die Kürzungen angeht, so betonen Sie das Wort *inhaltsreich* zu sehr; in dieser Prosa ist *alles Inhalt*, ist auch alles – möglicherweise partiell mißglückte – *Form*; diese Trennung, die auch eine Art Schizophrenie ausdrückt, mache ich nicht mit. Und: Lessing spricht von einer *Figurengruppe*, nicht von einem Bild, und – ich bin sicher – auch Lessing hätte es als Barbarei empfunden, wenn man diese Gruppe auseinandergeschnitten und neu zusammengesetzt hätte; im übrigen handelt es sich beim Laookon um eine *klassische* Plastik, und diese Art von sowohl ungebrochener wie bruchloser »Schönheit« ist nie meine Sache gewesen. Seltsamerweise hat nur einer meiner Freunde (bisher), ohne den gesamten Text zu kennen, bemerkt, daß er »zerrissen« ist, jedenfalls »zerrissen« auf ihn wirkte: Dieser Freund beschäftigte sich intensiv mit Malerei, nicht mit Literatur! Ich schicke ihm (und einigen anderen), noch bevor das

Buch erscheint, eine »Rekonstruktion«. Dieser Ihr Ausschnitt ist gewiß keine Fälschung, aber er gibt ein falsches Bild. Außerdem haben Sie ja nicht nur gekürzt, auch stilistisch eingegriffen: Klammern, die ein möglicherweise strittiges, aber von mir häufig angewandtes Stilmittel sind, auch da weggelassen, wo sie getrost hätten bleiben können; auch Anführungszeichen (zum Beispiel »dekadente« Literatur – »national zuverlässige Gelände«, das sind keine Ausdrücke von mir, sondern Nazi-Zitate – und die Weglassung der Anführungszeichen grenzt schon an Fälschung) – und ich muß mich gegen derartige Willkür doch wohl wehren dürfen, wie jeder Autor. Das sind Eingriffe, für die es keine Rechtfertigung gibt. Nun zu Hindenburg: es mag Ihrer Auffassung entsprechen, daß Sie Hindenburg für unwichtig halten: *meine* ist es nicht, und es ist schon mehr als eine bloße Manipulation, weil meine Ihrer Auffassung nicht entspricht, den Hindenburg herauszuoperieren. Ich mag mich irren, aber es ist *meine* Auffassung, und wenn Sie nicht (mehr?) wissen, was der »Osthilfeskandal« war, so erkläre ich mich auch an dieser Tatsache – Ihrem Unwissen – für unschuldig. Das Wort ist durchaus nicht zufällig in den Text hineingeworfen, das ist *Absicht*, weil eben dieser Skandal nie geklärt wurde und berechtigte Zweifel an Hindenburgs Korrektheit – und seine Korrumpierbarkeit durch die Nazis – mit diesem »Osthilfeskandal« zusammenhängen. Die Zeitgeschichtler in Ihrer Redaktion werden wissen, was »gemeint« ist: die »Osthilfe« war ein großangelegtes, reichlich finanziertes (und das in einer Zeit großer wirtschaftlicher Not!) Programm zur Sanierung der ostdeutschen Landwirtschaft, und es bestand der – wie uns damals schien – berechtigte Verdacht, daß der ostdeutsche Adel, einschließlich Hindenburg, sich ausgiebig aus diesem Fonds bedient hatte, für seine Güter (wie das ja mit »grünen Plänen« gewöhnlich so geht). Haben Sie denn 1932/33 keine Zeitungen gelesen, und wenn Sie über den »Osthilfeskandal« hinweggelesen haben, wer *nur* das Feuilleton liest, liest auch das nicht richtig!, so ist das nicht meine Schuld – und ob die Leser der FAZ etwas darüber wissen (sie könnten sich ja auch darüber informieren) ist mir scheißegal. *Aufgeklärt* worden ist diese Geschichte nie: da kamen ja dann die adeligen Herren von Papen und von Schleicher, nach ihnen kam Hitler – und kein Mensch sprach mehr von der »Osthilfe«. »Osthilfeskandal« und Hindenburg gehören zusammen, und Hindenburg und Papen bleiben für mich die Hauptverantwortlichen für die Nazi-Machtergreifung: ohne sie jedenfalls wäre Hitler nicht an die Macht gekommen – und vergessen Sie doch nicht die Wahlen vom November 1932: die Nazis waren im Abstieg! Wir brauchen uns nicht darüber zu streiten, wie naziverseucht die Deutschen waren (und sind!) – spätestens ab 1934. In diesem Punkt bin ich wahrscheinlich pessimistischer als Sie. Nun wollen wir hier keine zeitgeschichtliche Diskussion anfangen: was mich erstaunt (und auch rührt), ist Ihre politische Abstinenz (oder Unkenntnis? ich weiß nicht). *Vor allem*: es interessiert mich nicht, ob Sie Hindenburg für unwichtig halten (übrigens spielen Marionetten oft genug eine Hauptrolle – und eine *Rolle* hatte Hindenburg), es ist völlig gleichgültig; meine Ansicht, mein Eindruck als junger Mensch war anderer Art, und das drücke ich in meiner Arbeit aus. Darin – in diesem Eingriff – sehe ich eine Manipulation, keine begründbare Streichung mehr. Was Sie im übrigen Plauderton nennen, ist das Ergebnis einer halbjährigen, intensiven Arbeit, die sechs oder sieben Versionen hat – und das »Knobeln« (frivol, ich weiß, aber man muß aus der Optik von 33/34 sehen, wo es ums Fressen ging) finden Sie schon – und in einem vergleichbaren Zusammenhang – in »Entfernung von der Truppe«, auf das ich bewußt in diesem Text – nicht nur an dieser Stelle – anspiele.

Ganz und gar nicht überzeugt haben mich Ihre Ausführungen in Abschnitt 2 Ihres Briefes: woher soll ich wissen, daß die Seite 3 von Bilder und Zeiten der politischen Redaktion »gehört«? Was geht das mich an, dieses Kompetenzgerangel, und hat die politische Redaktion mehr oder andere Rechte als Ihre? Ein Quellenhinweis, und das wissen Sie so gut wie ich, *gehört unter den abgedruckten Text*; der Hinweis auf meine Kollegen überzeugt mich ebenfalls nicht; die mögliche Verwendung in einer späteren Autobiographie etc. – damit wäre kein Quellenhinweis gerechtfertigt, da es sich offensichtlich um ungekürzte Arbeiten handelt. Mein Gott, Sie habens einfach vergessen, oder? Warum also das Hin und Her? Und vom Verlag meines Sohnes habe nicht ich, sondern haben Sie gesprochen; außerdem hat ja mein Sohn wie jeder andere Verleger das Recht auf korrekte Quellenangabe. Und vergessen Sie nicht: die Söhne berühmter (außerdem noch berüchtigter) Väter haben es nicht leichter, sondern schwerer als andere (Beispiele genug liegen sozusagen vor der Tür!).

Auch das ist ein ernster Brief, und vielleicht gibt es einen ernsten Briefwechsel. Wenn Sie mir das »Knobeln« – im Jahr 33 oder 34! – vorwerfen, so bin ich ernsthaft und tief betroffen, ja, das sollen Sie wissen, und doch könnten Sie auch bedenken, daß ich alters- und sogar milieumäßig »historisch« sozusagen ein »Recht« gehabt hätte, ein Nazi zu werden. Daß ichs nicht geworden bin, macht den Umgang mit mir wahrscheinlich schwieriger.

Und nun nicht mehr »trotz allem«, sondern »überhaupt«: sehr herzlich Ihr Heinrich Böll

PS: Die beiden Leserbriefe von Herrn Helmut Engelmann und Herrn Dr. Lipp, die Sie mir zuschicken, verdanke ich Ihren Kürzungen, die genau die Passagen betroffen haben, die wichtiger sind als das, was Sie ausgewählt haben. In diesem Fall ist es der Abschnitt, der mit »Noch eine Voraussetzung« beginnt und mit »hin und wieder noch stellen« endet. Falls die Polemik über meinen Beitrag sich auf ähnliche Einwürfe bezieht, wie sie die beiden Herren vorbringen, *muß* ich Sie bitten, wenigstens diese Passage als eine Art Vorspann abzudrucken. *Diesen* Ärger wenigstens hätten Sie mir ersparen können, und Sie mögen an dieser Kürzung erkennen, wie fahrlässig Sie gehandelt haben. Was die Einwände der beiden Herren betrifft: Ich war natürlich *nicht*

Jungvolkführer, ich war *nicht* in der Zentrumsjugend (obwohl ich das PX-Abzeichen getragen habe), es mag durchaus sein, daß die Bibliotheksarbeit erst 1934/35 »einsetzte«. Ich habe nicht *eine* Stunde an irgendeinem »Dienst« einer Naziorganisation teilgenommen, und wenn Herr Dr. Lipp meine Formulierung »markig« findet, so ist das seine Sache: was er nicht wahrhaben will – seine Formulierung »für die jüngere Generation« ist ja verdächtig genug –, man konnte durchaus, und das, ohne auch nur andeutungsweise heroisch zu sein, der Mitgliedschaft in der Hitlerjugend entgehen. Im übrigen lese ich im Brockhaus (in der dtv-Ausgabe, dem einzigen Nachschlagewerk, das mir hier zur Verfügung steht), daß zwar die »Staatsjugend« 1936 eingeführt wurde – der »Staatsjugendtag« eben früher – die gesetzlich-pflichtgemäße Mitgliedschaft aber erst 1939.

Ich wiederhole: ich war *nicht* in der Zentrumsjugend, *nicht* in der HJ, war schon gar nicht »Jungvolkführer«.

Sie haben mir mal wieder überflüssigerweise durch Ihre Kürzungen Ärger eingebrockt. Ihr H. B.

PS: Ich lege Ihnen Abschriften meiner Briefe an die beiden Herren bei. Wenn es eben geht, will ich *diesen* Ärger möglichst früh stoppen.

SABINE BRANDT

Köln, 30. 5. 1990

Lieber Marcel,

zu Deinem Geburtstag gedenke ich Deiner mit den besten Wünschen, die sich einer nur ausdenken kann. Ich bin froh, während Deiner *FAZ*-Jahre Deine Mitarbeiterin gewesen zu sein und meine, daß dies in meiner eigenen Arbeitszeit meine besten Jahre gewesen sind. Überhaupt halte ich es für ein Glück, daß Du seinerzeit in unseren Breiten aufgetaucht bist. Die große Zeit der Intellektuellen und Publizisten in Deutschland, nämlich die der zwanziger Jahre, kennen wir ja alle – ich nehme an, auch Du – nur aus deren Hinterlassenschaften. Doch das hat gereicht, uns Hinterbliebene wehmütig zu stimmen. Du aber hast uns seit dreißig Jahren eine konkrete Vorstellung davon gegeben, wie das lebendige geistige Leben in der Gegenwart ausgesehen hätte, wäre es bruchlos tradiert worden. Du hast gegen die Verwüstung gestanden und Dein Publikum belebt, klüger gemacht und heiterer. Du hast die Leute angeregt, selbst im Widerspruch. Du warst Deinen Anhängern wie Deinen Widersachern ein Gewinn, und das wird Dir nicht vergessen werden.

Jetzt wünsche ich mir und dem Rest der Welt, daß Du uns lange erhalten bleibst, in Gesundheit und Schaffenslust, denn wir brauchen Dich. Lebe unzählige und glückliche Jahre.

Mit der Bitte, mich auch Deiner Frau freundlichst zu empfehlen, grüße ich Dich sehr herzlich.

Deine Sabine

WILLY BRANDT

Bonn, den 7. Juni 1990

Verehrter Herr Reich-Ranicki,

während ich in Asien war, haben Sie Ihren 70. Geburtstag hinter sich gebracht. Bitte, nehmen Sie meine nachträgliche Gratulation entgegen.

Für die kommenden Jahre möchte ich Ihnen Gutes wünschen. Vor allem aber möchte ich Dank sagen für das hohe Maß an geistiger Anregung und Bereicherung, das Sie Leuten wie mir haben zuteil werden lassen.

Den Mond in Nürnberg habe ich in guter Erinnerung.

Mit herzlichen Grüßen, Ihr Willy Brandt

FELIX BRAUN

Klosterneuburg: Krankenhaus [November 1973]

Sehr geehrter Herr Professor,

man schickt mir Ihren Aufsatz über Hofmannsthal, in dem viel Richtiges und manches zu Kritische steht. Das ist freilich Ihre Ansicht. Aber eines möchte ich richtigstellen: Die Bestattung Hofmannsthals als Franziskaner war durchaus nicht sein Wunsch. Sie ist in seinem Testament nicht zu lesen. Vielmehr war es so, daß er einmal scherzweise bei Tisch sagte, eine solche Bestattung wäre doch etwas Würdiges, und sein Sohn Reimund beging den Irrtum, diese flüchtige Äußerung als seinen Willen aufzufassen. Also ordnete er die Bekleidung des toten Vaters mit dem Gewand des Ordens *von sich selbst aus* an. Das ist der wahre Sachverhalt.

Nein, er war kein »Snob«. Ich habe ihn gut gekannt. Bitte, lesen Sie den Briefwechsel mit mir in den Bänden 68/69 des Frankfurter Hochstifts.

Verzeihen Sie diesen spontanen Brief. Ich bin Ihnen ja wohl unbekannt? Mit besten Empfehlungen

Ihr Dr. Felix Braun

JOSEPH BREITBACH

Paris, den 22. 10. 64

Lieber Herr Reich-Ranicki,

nach Erhalt Ihres Briefes vom 16. Okt. 64, der zuerst nach Braffy nachgeschickt wurde und von dort wieder hierher, mich also mit Verspätung erreichte, habe ich mit Prof. Colleville über meinen Wunsch, Sie bei uns – den »Etudes Germaniques« – als Vortragenden zu sehen, nochmals gesprochen. Sie sind jetzt in engster Wahl für unser nächstes Programm. Wie ich Ihnen bereits früher schrieb, müssen dort Interessen und Vorlieben in einem Gremium von Professoren ausgeglichen werden. Prof. Colleville meinte – und ich teile diese Ansicht –, ein Vortrag »Der deutsche Gegenwartsroman und die deutsche Wirklichkeit« wäre unter den von Ihnen vorgeschlagenen Themen der für uns interessanteste. Ich selber sähe aber noch lieber einen Vortrag, aus dem unser Publikum auch etwas über die Literatur der DDR erführe, wie in Ihrem Buch.

Ich habe nun M. Colleville *à titre privé* ein zweites Exemplar Ihres Buches geschickt, diesmal in seine Wohnung. Glücklicherweise hatte die *librairie* Flinker ein Exemplar vorrätig. Die Honorarfrage wird in Ihrem Sinne gelöst. Wie Sie aus dem Impressum der »Etudes Germaniques« sehen können, bin ich mehr oder weniger der Financier dieser Zeitschrift. (Ich sende Ihnen ein Exemplar – unser Hebbel-Heft – ich weiß nicht, ob ich Ihnen je eine Ausgabe gesandt habe oder nicht.)

Ich bedaure, daß meine Kritik an der Literatur-Kritik Sie entsetzt, glaube aber nicht, daß wir uns darüber verzanken werden. Ich kann mir nicht vorstellen, daß ein redlicher Mensch mir nicht zustimme, wenn ich erwarte, daß ein Kritiker die

Empfindlichkeit der von ihm Kritisierten mindestens zu 10 Prozent soweit schonen muß, wie er seine eigene Empfindlichkeit geschont zu sehen wünscht. In diesem Punkte allerdings lasse ich überhaupt nicht mit mir reden. Sowenig wie ich es durchgehen lasse, wenn ein Mensch von anderen ein Verhalten fordert, zu dem er selbst nicht bereit ist. Ich sehe zu oft die Kritiker sich aufführen wie Staatsanwälte und parteiische Richter, für die der Autor sich eo ipso im Anklagezustand befindet; bei völligem Vergessen, daß ohne die Existenz des Autors überhaupt keine Kritiker bestehen könnten. Was würde man sagen, wenn sich die Verteiler von Waren so schlecht bei dem Produzenten aufführten, wie dies der größte Teil der Kritiker tut. Der Bauer, der Handwerker, der Fabrikarbeiter, der Ingenieur usw., der verdient auf jeden Fall als allererstes von denen, die ohne ihn überhaupt nicht wären, respektiert zu werden. Diese Grundsituation wird von gar zu vielen Händlern, Bankiers und eben Kritikern zu oft vergessen.

Ich lege Ihnen eine Kopie meines Glückwunschtelegramms für Herrn Blöcker bei. Ich bin entschlossen, in Zukunft jeder unsachlichen Kritik, soweit meine Mittel reichen, auf den Leib zu rücken. Wie schwer das ist, weiß ich. Ich habe es mehr als einmal gesehen, wenn man in München nach maßlos ungerechten Angriffen gegen meinen Freund Fritz Kortner versuchte, zumindest sachliche Richtigstellungen von launischen Kritikern zu erreichen.

Sie bezweifeln, daß die Gruppe 47 sich unbeliebt mache, und meinen, daß dies nur bei alten Nazis der Fall sein könne. Zunächst einmal bin ich ein von den Nazis zum Tode Verurteilter, ein von ihnen ausgeplünderter Mann, und sie haben mir die literarische Produktion meiner besten Jahre gestohlen. Dennoch habe ich die größten Vorbehalte gegenüber der Gruppe 47. Denken Sie nicht, sie sei mir unbekannt, diese Gruppe. Ein großer Teil von ihnen war nämlich mein Gast in Paris. Und wenn ich sage Gast, meine ich das Wort wörtlich. René Wintzen hatte sie nämlich nach Paris geführt. Es war ihm aber nicht gelungen, irgendeine außeroffizielle Kontaktmöglichkeit zu bekommen. Da kam er hilfesuchend zu mir, ob ich nicht einen Empfang für die Gruppe geben könnte. Meine Wohnung war damals in den Händen der Maler und Klempner. Schließlich lieh mir meine alte Patin die ihre, so gab ich dort der Gruppe 47 einen großen Empfang, auf dem die Mehrzahl dieser Leute, die überhaupt zum erstenmal hier waren, den ersten wirklichen Kontakt zu hiesigen Persönlichkeiten bekamen. Dieser Empfang bot mir die Gelegenheit, meine ersten Beobachtungen zu machen. Nichts, was ich später über weitere Veranstaltungen der Gruppe mündlich oder aus den Zeitungen erfuhr, hat mich dann noch erstaunen können, wenn es sich um das handelte, was ich an dieser Gruppe als vollkommen negativ ansehe. Es würde zu weit führen, dies hier zu behandeln. Ich kann nur nicht verstehen, mir auch nicht vorstellen, daß Ihnen noch nie von loyalen und ernstzunehmenden Menschen negative Meinungen über diese Gruppe gesagt worden oder solche wenigstens zu Ihren Ohren gekommen sein sollen. Ich würde mich jedenfalls weigern, noch einmal für diese Gruppe von unerzogenen Menschen einen Empfang zu veranstalten. Selbstverständlich hat dies nichts mit den literarischen Leistungen jedes einzelnen, der dazu gehört, zu tun. Was mich abstößt, ist die Art des Auftretens dieser Personen als Gruppe: daß diese keine Cliquenwirtschaft im literarischen »Betrieb« treiben, wie es zuweilen geleugnet wird, soll man anderen erzählen als mir. Und vor allem kann man es sich schließlich nicht so einfach machen und hinter jedem Gegner dieser Gruppe einen Nazi suchen. Die Cliquenbetriebe habe ich als ganz junger Mensch schon in Sowjetrußland und in der Partei kennengelernt. Cliquen sind immer dieselben, gleich, ob sie ein ideologisches Hemd tragen oder nicht. Auch in Paris hatten wir jüngst Literaturcliquen, jene der Gruppe »Tel quel«, die einen wahren Terror bei Zeitungen und Zeitschriften anstrebte, bis ihnen seit neuestem durch die etwas zu weit gehenden Erklärungen des jungen Hallier der Hals gebrochen wurde. Dieser junge Mann wurde von der

Witwe Julliard zum Hauptlektor des Verlages ernannt; Hallier verkündete ganz Frankreich, daß er jetzt mit der Säuberung der Literatur begänne, worunter er den Ausschluß aller Literatur verstand, die sich nicht bedingungslos zu dem bekennen wollte, was man bei »Tel quel« unter »nouveau roman« verstand. Das Resultat war: die Mehrzahl der Autoren kündigte dem Verlag Julliard ihre Autorenschaft, womit dann die Regierungszeit Halliers nach ihrer eintägigen Pracht beendet war. Cliquenwirtschaft in Reinkultur! In Deutschland hatte die Gruppe 47 es noch nicht so weit gebracht, wird es wahrscheinlich auch nicht so weit bringen können, denn sie hat sich beim *Publikum* unbeliebt gemacht, und dieses ist ja letzten Endes etwas wichtiger als die Cliquenfreunde, die man in den Schlüsselpositionen beim Rundfunk, Fernsehen und in der Presse sitzen hat.

Sie können aber sicher sein, daß wir uns wegen meiner abweichenden Einstellung zu dieser Gruppe nicht verzanken werden; das ist mir die Gruppe nicht wert.

Sobald sich also die Professoren geeinigt haben, werden Sie, wenn ich mit meinem Wunsch durchgedrungen bin, von den »Etudes Germaniques« benachrichtigt. Wenn Sie nach Paris kommen, hoffe ich, daß ich Sie dann auch außerhalb der Veranstaltung der »Etudes Germaniques« in meinem Haus mit Freunden von »France-Observateur« zusammenbringen kann. Es ist heute die einzige linke Wochenzeitschrift von Belang, die übrigens ab Dez. in größerem Umfang als bisher erscheinen wird unter der Führung unseres neuen Chefredakteurs Jean Daniel, den Sie vielleicht aus zitierten Aufsätzen kennen, die er früher im »Express« veröffentlicht hat. Und dann müssen wir ein intimes Essen mit Erval und seiner Freundin machen. Nun muß ich noch die Gretchenfrage an Sie richten: wie haltet Ihr's mit der französischen Sprache? Das muß ich deshalb wissen, weil ich, wenn es damit haperte, Sie selbstverständlich nur mit Leuten zusammenbringe, die deutsch können. Unterhaltungen, bei denen übersetzt werden muß, sind das Langweiligste, was es gibt.

Ich bin mit den besten Grüßen, Ihr Joseph Breitbach

P. S. Vorgestern war Heinz von Cramer bei mir, der Ihnen offenbar besonders zugetan ist. Hier kam ein Buch von ihm in französischer Übersetzung heraus.

Paris, 25. Mai 1973

Lieber Herr Reich-Ranicki,

daß Sie mir Ihre »Ruhestörer« mit einer so herzlichen Widmung geschickt haben, nehme ich als ein Zeichen, daß das entstandene Mißverständnis nun nicht mehr besteht. Ich freue mich sehr darüber und um so mehr, als Ihr neues Buch meinen Auffassungen in weitem Maße entspricht.

Was Ihr Buch zuallererst auszeichnet, ist sein vollendeter Freimut. Auch ich bin bei meinen zahlreichen Aufenthalten in Deutschland oft geradezu angewidert von dem unglaubwürdigen Philosemitismus, den Sie als das entlarven, was er ist. Den habe ich aber so gut wie nie bei jüngeren Menschen getroffen; ganz im Gegenteil fiel mir noch bis in die Mitte der 60er Jahre auf, wie vorurteilslos, im besten Sinne harmlos, die während und nach dem Kriege Geborenen sich Juden gegenüber verhielten. Ich habe viel Gelegenheit, dies zu sehen, da bei mir viele jüdische Freunde aus- und eingehen. Mein Sekretär, ein junger Deutscher, ist diesen gegenüber niemals in irgendeiner Weise verklemmt, auch nicht dessen Freunde, die er zu mir einlädt. Dagegen habe ich seit 1968 bemerkt, daß sowohl bei den deutschen wie bei den französischen Zwanzig- bis Dreißigjährigen, wenn sie politisch links stehen, der Antisemitismus erschreckend groß ist. Vollkommen unnuancierte Identifikationen wie Jude = Kapitalist usw. sind bei denen gang und gäbe. Ich brauche Sie nicht darüber zu belehren, daß dies in Frankreich mit der affektbeladenen Situation der französischen Juden in der Auseinandersetzung mit den islamischen Völkern und besonders mit der islamischen Immigration zusammenhängt. (Wir haben fast 2 Millionen islamische Einwanderer, die politisch sowohl von der moskautreuen PK wie von den anderen Gauchisten-Gruppen einvernahmt sind.)

Besonders glücklich finde ich Ihren Hinweis auf Goethes Erwartung, daß er von den Juden hoffte, sie würden das Bekannte und Gewohnte neu sehen. Da stellt sich heute nun die Frage, ob man es sich mit dieser Erwartung einfach machen darf. Als Grenzmensch, Sohn eines Lothringers und zweisprachig aufgewachsen, selber in einer den Juden ähnlichen Situation lebend, habe ich folgende Beobachtung gemacht: der quasi episch ins innerdeutsche oder innerfranzösische Fühlen und Denken eingebettete Deutsche oder Franzose sieht in Elsässern und Lothringern atypische Deutsche und Franzosen. (Ähnliches gilt in Frankreich auch für Basken und Bretonen.) Analog dieser Haltung steht jeder der Aufgezählten den ins jüdische oder islamische Fühlen und Denken ebenso episch eingebetteten Juden und Islamen in einem unvermeidbaren Spannungsverhältnis gegenüber, sobald Verpflanzung und Nebeneinanderleben vorliegen. Keiner weiß, daß das epische Bett, in dem sich so gut schlafen läßt, ihn niemals ohne moralische und intellektuelle Anstrengung dazu kommen läßt, die Verlogenheiten zu erkennen, von denen jeder mitgeprägt ist, die der Zwang des heimatlichen Zusammenlebens in jeder Denk- und Fühlgemeinschaft erzeugt und die dann bei Verpflanzung und neuem Nebeneinanderleben das Verhältnis zu dem sogenannten Gastvolk (früher auch umgekehrt, zu den Kolonisatoren) so ungeheuer, für den Immigranten wie für die Eingesessenen gespannt machen. Der Fremde, also der Fremddenkende, sieht immer schärfer als der Eingeborene, übersieht aber oft zu leicht das Woher und Warum dessen, was er an den anderen lächerlich findet oder abstoßend. Damit macht er sich meistens zum unbequemen Kritiker.

Ich erinnere mich, als noch sehr junger Mensch war ich bei Verwandten, elsässischen Franzosen, die in Südmarokko eine Großlandwirtschaft und Großviehzucht betrieben. Dort hörte ich zum erstenmal von Kolonisierten, nämlich von Marokkanern, mich sehr nachdenklich stimmende Kritiken am europäischen Denken. Die Einwände meiner Verwandten (keine bösen

Kolonialisten, es waren Freunde von Martin Buber, von Curtius, Voßler und Romain Rolland) gipfelten immer wieder darin, daß die Lebensauffassung der Marokkaner und ihre Kritik an der europäischen Auffassung erst dann berechtigt wären, wenn sie, die Marokkaner, die mehr Lebensgenuß, sprich Faulheit, postulierten, so konsequent wären, den europäischen Kolonialisten nicht ihren größeren Wohlstand als etwas durch unlautere Mittel Erworbenes vorzuwerfen. (Naive Mohammedaner sagten sogar manchmal, Gott stehe zuweilen mehr auf seiten der Christen als auf ihrer und lasse die Halme des von Franzosen gesäten Weizens höher werden als die von ihnen gesäten.)

Ich brauche das wohl nicht weiter auszuführen, gerade dieses Problem ist ja heute rein topologisch abzulesen an der begrünten Landschaft Israels und der graugelben der meisten islamischen Länder. Die Mohammedaner machen den Juden dieselben ungerechten Vorwürfe für ihre Tüchtigkeit, die früher zum Beispiel die *kleinen* (mehr als eine Million) französischen Landwirte in Algerien von seiten der eingeborenen Algerier erfuhren.

Ich tippe hier diese außerliterarischen Probleme nur an – ihre Behandlung würde ja ein Buch füllen –, weil die Problematik der Juden in der deutschen Literatur ja nicht unähnlich gelagert ist. Sie stießen, selber episch eingebettet ins Jüdische, auch wenn sie nicht gesetzesgläubig waren, auf die ins Nicht-Jüdische ebenso eingebetteten Deutschen. Daß sie selber episch in Denk- und Fühlgewohnheiten eingebettet waren, wollten, so weit reicht meine eigene Erfahrung, viele »aufgeklärte« Juden nicht einsehen bei Diskussionen. Das erinnert mich an den seltsamen Chauvinismus, der auch die Innerfranzosen, wie man in Lothringen die Parishörigen oder auf ihre Latinität pochenden Franzosen nennt, annehmen läßt, daß außerhalb des lateinischen Frankreich nur Barbarei existiere und daß der liebe Gott französisch spreche.

Ihr Freimut läßt Sie ausdrücklich darauf hinweisen, daß das Ghetto ursprünglich nicht eine Erfindung der Christen, sondern eine der Juden war. Ähnliche Beobachtungen kann man noch heute machen, sowohl bei jüdischen wie bei islamischen Einwanderern in Frankreich. Sie machen selber ihr Ghetto. Ich habe in meiner allernächsten Umgebung erlebt, daß sich der Vater einer armen Jüdin vor einem sehr reichen Nachkommen des Fürsten Metternich auf die Knie warf und ihn beschwor, ihm nicht das Schrecklichste anzutun: seine Tochter zu heiraten. Die beiden haben es doch getan und führen seit über dreißig Jahren eine glückliche Ehe. Das befremdendste dabei war, daß der jüdische Vater, aus Deutschland in Griechenland eingewandert, ein ungewöhnlich gebildeter Mann war, der in Athen ein Denkmal hat, denn er war es, der, nach dem Ersten Weltkrieg, dem griechischen Volk die erste Grammatik des Volksgriechischen geschaffen hat. Aber die Vorstellung, daß seine Tochter einen Nicht-Juden heiraten würde, war ihm unerträglich. Es war der Bruder des berühmten, aus Mannheim stammenden New Yorker Bankiers O. H. Kahn, dessen Schwester den Herrn Deutsch von der AEG geheiratet hatte.

Mein Kahn war nur deshalb »arm«, weil er als junger Mensch mit Hofmannsthal nach Griechenland gereist war und dort so tief von dem Lande und einer schönen Griechin beeindruckt wurde, daß er sich weigerte, nach Deutschland zurückzukehren, Geld zu verdienen usw. Er begnügte sich mit dem, was er in dem damals armen Griechenland als Vertreter der AEG verdiente. Einer der originellsten Menschen, die ich je gekannt habe. Im Jahre 1933 befand ich mich eben bei jenem Ehepaar, blieb damals fast ein Jahr in Athen, lernte den Schwiegervater meines Freundes und Vater von dessen Frau kennen, die es mir gelang zu versöhnen, und ich selber freundete mich mit dem Alten so an, daß ich ihn fast täglich sah. Er las hinreißend die »Ilias« und die »Odyssee« vor und schrieb mir in Neugriechisch eine Zeitlang Liebesbriefe an die Person, an die ich dort mein Herz verlor. Ich trauere ihm noch heute nach.

Ich erzähle Ihnen dies, lieber Herr Reich-Ranicki, weil es meine Erfahrungen mit Juden illustriert, und die kann ich eigentlich dahingehend zusammenfassen: ob Juden nun sogenannte Assimilierte sind oder Strenggläubige, die sich im Gläubigen abgeschlossen haben, das war mir immer gleichgültig. Selbst für ein so hartes Verhalten wie das des alten Kahn habe ich ein, wenn auch nicht hundertprozentiges Verständnis aufgebracht, denn ich weiß ja nicht, wie ich mich Nicht-Juden gegenüber verhielte, wenn ich Jude wäre. Und damit bin ich eigentlich wieder bei dem, was mich an Ihrem Buch so ungemein positiv berührt: bei Ihrem Freimut! Sie verwischen nichts von dem Problem und zwingen gewiß manchen Leser, darüber nachzudenken, ob er nicht manchmal Andersartiges überbewertet hat als Besseres oder abgewertet hat als Minderes.

Seite 29 habe ich etwas gestutzt an der Stelle, wo Sie von der Vereinsamung und Verfremdung der Intellektuellen innerhalb der *bürgerlichen* Gesellschaft Deutschlands im Zusammenhang mit der besonderen Sensibilität der jüdischen Schriftsteller für diese Vereinsamung sprechen. Ich habe nämlich, als ich aktives Mitglied der KP war, beobachtet, daß es diese Vereinsamung nicht nur in der bürgerlichen Umwelt gibt, sondern auch in der klassenbewußten sozialistischen. Heute noch sind die antisemitischen Tendenzen in der französischen KP einfach nicht zu übersehen. Früher, vor Hitler, waren sie viel stärker. Das hat sich auch in der Gegnerschaft zu Léon Blum, den ich persönlich gut gekannt habe, immer wieder gezeigt.

Aber – und das ist ein »aber«, das mich schon oft beschäftigt hat – kann es nicht zu einer ungeheuren Verwechslung der Gründe für die Vereinsamung und Entfremdung des Menschen kommen, wenn ein vom Antisemitismus betroffener Jude diese Gründe auch für Nicht-Juden miteinbezieht und für diese mitgültig glaubt, sie also nur in dem Fremdsein zwischen Juden und Nicht-Juden sucht? Denken Sie aber an Kafkas Vereinsamung innerhalb der Prager Judenschaft, ja innerhalb seiner Familie. Sie haben dies ja erwähnt.

Da wäre, glaube ich, sehr viel zu bedenken, und ich würde Ihnen gerne vorschlagen, daß wir uns einmal mit meiner Freundin Marthe Robert bei Ihrem nächsten Aufenthalt hier in Paris zusammensetzen; niemand in Frankreich hat sich mit diesem Problem so tief auseinandergesetzt wie sie. Sie wissen, sie hat fast den ganzen Kafka übersetzt und ist eine bedeutende Essayistin. Ich glaube, eines ihrer Bücher ist deutsch bei Hanser erschienen. Der Titel müßte deutsch etwa lauten: »Das Alte und das Neue«.

Wie ich höre, gehen Sie zur FAZ. Ich bin am 7. Juni mit Herrn Fest zusammen und werde dann sicher einiges über die Änderungen, die dort bevorstehen, erfahren.

Darf ich noch ein Wort zu Torbergs Roman vorbringen: ich habe dieses Buch mehrere Male Ariern gegeben und damit insofern ein gutes Ziel erreicht, als diese jungen Leute von der behandelten Problematik ungemein betroffen waren. Neben einer solchen Wirkung scheint es mir nicht so schwerwiegend zu sein, daß das Werk Sie an Scheffels »Ekkehard« erinnert hat. Einen der jungen Leute, den das Buch sehr betroffen hat, kann ich, wenn wieder einmal die Gelegenheit eines Zusammenseins ist, an den Tisch bringen.

Ich habe Ihnen nun wenig zu dem gesagt, was an Literarischem der Gegenstand Ihres Buches ist, es schien mir für Sie vielleicht interessanter zu sein, Ihnen zu sagen, wie das Buch auf einen Nicht-Juden, unter dem Aspekt des von Ihnen klargestellten Unterschiedsverhältnisses Jude/Nicht-Jude, wirkt, nämlich absolut positiv.

Lassen Sie mich Ihnen noch einmal dafür danken, daß Sie es mir geschickt haben und empfangen Sie meine besten Grüße,

Ihr Joseph Breitbach

Paris, 7. September 1973

Lieber Herr Reich-Ranicki,

herzlichen Dank für Ihren Brief vom 30. August und für die beiden Sonderdrucke. Ihren Aufsatz über Feuchtwanger kannte ich bereits. Ich hatte mir die Mai-Nummer der »Frankfurter

Hefte« auf Grund einer Anzeige, die auf Ihren Aufsatz hinwies, bestellt. Ich bin mit Ihnen einig, daß man Feuchtwangers bestem Roman »Erfolg« gegenüber immer etwas ungerecht gewesen ist. Aber sonst ... selten habe ich einen Menschen von so entwaffnender Naivität getroffen wie Feuchtwanger. Wie so viele meiner Kollegen litt er an Größenwahn, etwas, wofür mir jedes Verständnis fehlt. Hohe Auflagen besagen weder etwas für noch gegen die Qualitäten eines literarischen Werkes, denn das Echo, das ein Buch in den Köpfen oder Herzen der Leser findet, ist in den meisten Fällen unabhängig von den formalen Qualitäten eines Werkes. Wer ist schon imstande, diese überhaupt noch wahrzunehmen, wenn er emotionell ergriffen ist! Von tausend Lesern einer vielleicht.

Eine Bemerkung zu Robert Musil in Ihrem Aufsatz kann ich leider nur als richtig bestätigen: Robert Musil war einer der neidischsten Menschen, die ich je gesehen habe. Er war zerfressen davon. Ich glaube nicht, daß es Verbitterung über »Erfolglosigkeit« war, denn so erfolglos war er gar nicht. Ich habe seinerzeit, als der »Mann ohne Eigenschaften« herauskam, André Gide, indem ich ihm den »Zögling Törleß« zuerst zu lesen gab, neugierig auf Musil gemacht – mit einem etwas unlauteren Mittel, wie Sie sehen, dessen Gebrauch mich aber sehr erheitert hat. Gide hat dann, als der erste Band des »Mann ohne Eigenschaften« erschien, auch prompt angebissen. Ich habe nie begriffen, warum Musil, der nicht gut französisch sprach, sich seinerzeit ausgerechnet in dem langweiligen und fremdenfeindlichen Genf niederließ. Emil Oprecht und ich hatten immer den Verdacht, es sei eine Trotzhandlung gegen Thomas Mann.

Über Heinrich Böll objektiver, also gerechter zu schreiben, als Sie es tun, ist kaum möglich. Böll war einer der ersten Deutschen, die ich nach dem Kriege in Paris versuchte bekannt zu machen. Ich liebte damals seine bei Middelhauve erschienenen Erzählungen, und auch der Mann, den Kesten mir ins Haus brachte, war mir sympathisch. Das Kleinbürgerliche war nicht zu übersehen, aber in meinen Augen bedeutet kleinbürgerlich niemals minderwertig. Es empört mich immer wieder, mit welcher Arroganz unsere linken, elitären Demokratieprediger vom Kleinbürger sprechen, der wahrscheinlich der letzte sein wird, auf den man sich verlassen kann, wenn die zwischenmenschlichen Beziehungen fortfahren, immer kälter zu werden.

Bei dem jüngst selbst von Mitscherlich zugegebenen, entsetzlichen Leistungsabfall bleiben die Kleinbürger Felsen an Leistungsbereitschaft und auch an Leistungsfähigkeit, und sie sind bestimmt keineswegs dümmer als jene Linken, die die ganze Menschheit vor die Schalter der Bürokraten treiben wollen ... unter der Bedingung, daß sie, die linken Sprecher, dabei leitende Posten und Pfründe erhalten. Ganz vorzüglich finde ich Ihre Feststellung, daß Böll der Dichter der unbewältigten »Gegenwart« und nicht der unbewältigten »Vergangenheit« ist. Wenn bei Bölls Anklagen, wie Sie sagen, die »präzise Adresse« fehlt, so erkläre ich es mir damit, daß er nicht den Mut zum Agnostiker oder Atheisten hat. Ich glaube, dort ist der Grund dafür zu suchen, daß Böll immer wieder das Traurige für das Tragische hält. Sie weisen darauf ja im Zusammenhang hin mit »Und sagte kein einziges Wort«, ein Werk, das ich dennoch sehr gern gelesen habe.

Mir aus dem Munde gesprochen – und das wird Sie ja wohl auch nicht verwundern – ist Ihr Bedauern darüber, daß im Teutoburger Wald die Falschen gesiegt haben.

Warum nehmen Sie an, daß ich bald nach Berlin käme? Hat Ihnen Hans Mayer schon früher als mir gesagt, daß er mich im Namen der Berliner Akademie für Beginn des nächsten Jahres einladen wollte? Mir hat er diese Einladung unter dem 3. 9. geschickt, sehr zu meinem Erstaunen, denn ich stehe mich alles andere als gut mit Hans Mayer. Ihm und Ernst Bloch verübele ich es, daß sie der deutschen Jugend niemals eindeutig gesagt haben, warum sie die DDR verließen. Ich habe dies beiden auch öffentlich (in der »Süddeutschen Zeitung«) vorgeworfen. Wer derart in der Öffentlichkeit steht wie diese Männer und gewiß viele junge Menschen auf das Glatteis der Utopie geführt hat, ohne den Preis genau zu nennen, muß, wenn er plötzlich selber den Preis als zu hoch empfindet, dies all den von ihm Verführten eindeutig mitteilen.

Ich habe eine ganze Bibliothek von Broschüren und Büchern bedeutender und weniger bedeutender, aus der KPF ausgetretener französischer Intellektueller und Politiker, in denen diese ihren Anhängern oder Wählern in vollkommen eindeutiger Weise die Gründe erklären, die sie zum Bruch mit der Partei geführt haben. In diesem Punkt haben Bloch und Mayer die Dinge im Zwielicht gelassen, es also an Sauberkeit fehlen lassen. Nachdem ich Hans Mayer auch in persönlichen Briefen zu einer solchen, öffentlichen Stellungnahme wiederholt ohne Erfolg aufgefordert habe, hat mich seine Einladung zu einer Lesung an der Berliner Akademie ungemein überrascht. Ich fand sie, als ich heute morgen nach Paris zurückkehrte.

Reisen nach Berlin sind für mich ein Problem. Ich habe vier Infarkte hinter mir und soll nicht das Flugzeug benutzen. Mit dem Auto dorthin zu reisen gefällt mir überhaupt nicht. Ich habe einmal die Reise im Wagen gemacht, und, obwohl ich doch französischer Staatsbürger bin, mein Chauffeur es auch war, haben die Sicherheitsbeamten mich bei der Kontrolle der Bücher und Manuskripte, die ich im Koffer hatte, bis zur Weißglut geärgert.

An sich würde ich gerne von Zeit zu Zeit nach Berlin reisen, ich hatte die Stadt vor 1933 sehr gern, aber wegen der Vorlesung eines Textes, den jeder selber in meinem Buch nachlesen kann, dorthin zu reisen und neuen Ärger an der Grenze zu riskieren, das scheint mir doch eine überflüssige Selbstbestrafung. Ich habe bis zum [heutigen] Tage alle Vorlesungen aus gedruckten Texten abgelehnt, weil ich es für Unsinn halte. Ein Vortrag, das ist etwas anderes.

Haben Sie im Buchhändler-Börsenblatt die Polemik verfolgt, die dort um das Kapitel »Genosse Copyright« aus Professor Schoecks Buch, »Die Lust am schlechten Gewissen«, Herderbücherei, geführt wurde?

Für den Fall, daß sie Ihnen entgangen ist, lege ich sie Ihnen bei und schicke Ihnen auch gleich das Herderbüchlein, in dem Sie das Kapitel finden. Das Ganze zeigte wieder einmal Feigheit vor klar zu beziehenden Stellungnahmen (Lattmann, der der Gewerkschaft Druck und Papier die Schriftsteller als Mitgift für seine SPD-Kandidatur mitgebracht hat) und bei anderen, wie Frau Mechtel, eine bestürzende Unredlichkeit in der Argumentierung: demnach kann ein Bestseller nur ein reaktionärer Autor sein (aber was macht sie mit Böll, Brecht und Frisch?), und zum Schluß kam noch heraus, daß der Ehegatte der Mechtel ein sonderbar kapitalistischer Verleger sein muß. Kurz: progressives Muckertum. Der Ausdruck stammt nicht von mir. Der SPD-Oberbürgermeister von Darmstadt, Sabais, gebrauchte ihn kürzlich in einem Brief an mich, in dem er beklagte, daß das Darmstädter Theater offenbar aus Angst vor der Linken nicht den Mut hat, meinen »Genosse Veygond« zu spielen.

Sie sehen, lieber Herr Reich-Ranicki, es wäre Zeit, daß wir einmal in einem *tour d'horizon* die ideologisch festgefahrenen Zustände, die in der bundesdeutschen literarischen Welt herrschen, beleuchten.

Mit den besten Grüßen bin ich herzlich,

Ihr Joseph Breitbach

München, 31. Januar 1979

Lieber Herr Reich-Ranicki,

nachdem Sie wiederum und wiederum an einem Ort, wo sich zahlreiche Personen befanden – diesmal also in Frankfurt – mir die Eigenschaften eines »Boche« zugesprochen haben, und zwar so laut, daß auch Umstehende, die an jenem Frankfurter Gespräch unbeteiligt waren, es hörten, muß ich Sie daran erinnern, daß Lothringen in der Folge französischer Niederlagen zwar von 1871 bis 1918, als eines der beiden »Reichslande«, dem Reich Bismarcks, dann, von 1940–45, dem Hitlers einverleibt wurde, daß es aber im übrigen, seit dem Jahr 1542, aus dem römisch-germanischen Reich losgelöst, selbständig oder französisch war. Also auch in den letzten sechzig Jahren! Daß die Lothringer nie gefragt wurden, zu wem sie gehören wollten, steht auf einem anderen Blatt.

Das Wort »Boche«, nach 1918 zuweilen in Paris gegen schlecht französisch sprechende Elsässer gefallen, ist, falls Sie es nicht wissen sollten, ähnlich belangbar wie die Beschimpfungsausdrücke »Makkaroni« für Italiener, »Polak« für Polen usw. Angesichts meiner politischen und militärischen Vergangenheit bin ich nicht bereit, mir diese Beschimpfung noch ein einziges Mal von Ihnen anhängen zu lassen.

Mich in dem Ihnen unterstellten Teil der F.A.Z. kürzlich ähnlich abschätzig behandelt zu sehen wie Sie persönlich in Gesellschaften von mir als Schriftsteller mehr als einmal gesprochen haben, das entringt der Mehrzahl der Literaturwissenschaftler, die meine Arbeiten kennen, nur ein Achselzucken. Man weiß, wie maßlos Ihre Belobigungen und Aburteilungen sind, doch sehe ich, den Sie aus der Literatur exkommunizieren, in Ihren Exzessen nur die – in meinem Fall sich allerdings negativ auswirkende – Kehrseite Ihrer leidenschaftlichen Hingabe an die Literatur und die Chose Littéraire, eine Passion, mit der Sie manchen lauen Minister der Literatur beschämen. Ebenfalls einzig aus dieser, bis zum Unfehlbarkeitsanspruch verstiegenen Hingabe an Ihr literarisches Richteramt ist Ihre Selbsternennung zum geistigen und moralischen Vormund der Deutschen erklärbar, denn Sie beschränken Ihre Aufsicht ja nicht auf das literarische Verhalten der deutschsprachigen Schriftsteller, sie gilt auch, aufs Politisch-Ideologische ausgedehnt, überhaupt den Bürgern der Bundesrepublik.

Fahren Sie also, meinetwegen, ruhig fort – freilich vorausgesetzt, daß Sie meine Arbeiten kennen –, mich bei Cocktails oder auf anderen Gesellschaften einen Mann zu nennen, der »überhaupt kein Schriftsteller« ist, oder exkommunizieren Sie mich von Ihrer Kanzel in der F.A.Z. herab als unwürdiges Mitglied der Literatur, aber unterlassen Sie es gefälligst, meinen Charakter anzugreifen und mich als »Boche« zu bezeichnen, ich werde es Ihnen nicht durchgehen lassen und mich bei einem Streit nicht mehr so zurückhalten wie neulich. Ob Sie dann begleitet sind oder nicht.

Ich werde Sie ebenfalls nicht noch einmal protestlos behaupten lassen, ich läge Ihnen, bei *jeder* Gelegenheit, mit Blöckers Kritik an »Bericht über Bruno« im Ohr. *Jeder* Gelegenheit! Wann denn? Sie sind es, der immer wieder davon anfängt.

Ich habe Sie seinerzeit, in der irrigen Annahme, daß Sie Leiter des Literaturteils der »Zeit« seien – eine von der Mehrzahl der »Zeit«-Leser geteilte Annahme –, darum gebeten, eine Gegenkritik zu bringen, weil diese ja auch anderen Autoren gewährt wurde, also erst recht einem einstigen Mitarbeiter des Blattes zukam, der diesem, als es sich keinen Pariser Korrespondenten leisten konnte, von 1949–51 *erflehte* Dienste geleistet hatte. Erzählen Sie also nicht mehr das Märchen, ich belästigte und beschuldigte Sie bei *jeder* Gelegenheit mit der Sache. Denken Sie lieber an Ihre eigenen Empfindlichkeiten, die jeder zu spüren bekommt, der nur schon nicht Ihrer Meinung ist.

Der ehrlose Blöcker hatte gegen mich in der »Zeit« den Verdacht ausgestreut, es sei bei den Vorschußlorbeeren für »Bericht über Bruno« nicht mit rechten Dingen zugegangen. Dies zu schreiben und es veröffentlichen zu lassen, ist eine Ungeheuerlichkeit gewesen, denn wie jeder Redakteur wußte Blöcker, daß die Vorausexemplare der Verlage schon im Juli an die Buchhändler und die Kritik geschickt werden. Ich will nicht die anderen, sachlich unrichtigen, mich und den Insel-Verlag bewußt verleumdenden Unrichtigkeiten Blöckers wiederholen, frage Sie aber, wie Sie denn reagiert hätten, wenn man gegen Sie den Verdacht der Bestechung, den des Titel-Plagiats und den der Kolportage ausgestreut hätte, ohne daß auch der geringste Anhalt für diese Behauptungen produziert wurde.

Am 21. Januar haben Sie mir in Bonn – zum erstenmal – erklärt, welches in Wahrheit Ihre Rolle in der »Zeit« war, aber am gleichen Abend haben Sie mir auch erklärt, daß, obwohl Sie nicht im Impressum stehen, alles, was die Literatur Betreffendes in der F.A.Z. steht, von Ihnen abhängt. Eben das, was heute jeder zu Recht annimmt, habe ich damals für die »Zeit« angenommen, für die ich ab 1952, wegen ihrer Islam-freundlichen Politik, nicht mehr schreiben wollte.

Also erzählen Sie doch bitte nicht immer wieder, ich ließe Sie mit der Affäre Blöcker nicht in Ruhe. Habe *ich* in Bonn davon gesprochen? Aber gerade das haben Sie schon am nächsten Tag auf dem Bahnhof erzählt.

Generell kann ich mich aber nur darüber wundern, daß Sie, bei Ihrer republikweit bekannten Empfindlichkeit für Ihre Person, kein Verständnis dafür haben wollen, daß für einen Autor, der als vermögend gilt, der Vorwurf, er habe die Kritik bestochen, schwerwiegend ist und daß es noch schwererwiegend für mich damals war, daß das Feuilleton der »Zeit« zwar Herrn Blöcker große Vorwürfe gemacht, aber ihn nicht gezwungen hat, die Sache so öffentlich, wie er sie geäußert hat, zurückzunehmen, und daß mir eine Gegenkritik oder ein Protest verweigert wurden.

Böse Stimmungsmache gegen mich erlebe ich, wie Sie, immer wieder, wenn auch aus anderen Gründen als Sie. Was sagen Sie zum Beispiel dazu, daß es Kritiker gibt, die von mir nur als vom »Millionär Breitbach« sprechen, und dies in der »Frankfurter Rundschau« drucken lassen. Warum so etwas geschieht, wissen Sie genauso gut, wie Sie wissen, warum man auf Ihre jüdische Konfession und Ihre polnische Herkunft hinweist.

Sie hätten Grund gehabt, damals mit mir etwas solidarischer zu sein in jener Affäre, statt sich derart gereizt gegen mich zu zeigen, nur weil ich Sie für den Chef des Feuilletons gehalten hatte.

Ich nehme es auch nicht hin, daß Sie – wie in Bonn explosiv geschehen – mir einreden wollen, das Wort »Unterhaltung« bedeute im deutschen literarischen Betrieb ein Lob. In jeder Rundfunkanstalt heißt die von Literaten und Germanisten verachtetste Abteilung »Unterhaltung«. Sie werden sich auch erinnern, daß ich nicht der einzige bin, der dem Literaturteil der F.A.Z. kleinlich-bösartiges Verhalten in jener Kritik vorgeworfen hat, die zwei meiner Bücher und ein Buch über mich auf minimalstem Platz brachte. Wenn Sie sehen, wieviel Raum die F.A.Z. zum Beispiel Rosei in der letzten Zeit eingeräumt hat, können Sie nicht guten Glaubens behaupten, man sei sachlich gewesen.

Im übrigen haben mich Bundespräsident Scheel, Innenminister Baum und Staatssekretär Frank, der erste eingeladen, die beiden anderen besucht, um mir zu sagen, wie beeindruckt sie vom »Blauen Bidet« sind.

Nach wie vor fasziniert von Ihrer turbulenten und temperamentvollen Persönlichkeit, grüße ich von Westen nach Osten als Ihr immer neugieriger Leser Joseph Breitbach

HANS CHRISTOPH BUCH

Berlin, 23. 9. 99

Lieber Herr Reich-Ranicki,

ich lese gerade Ihr Buch – vielen Dank für die Zusendung! – und bin sehr beeindruckt: von Ihrem stupenden Gedächtnis, von der knappen, kargen Sprache und natürlich von dem, *was* Sie beschreiben.

Ich kannte die Geschichte bisher nur in groben Umrissen und habe mich immer gescheut, Sie nach Ihren Erlebnissen im Warschauer Ghetto zu fragen, in der Annahme, Sie zögen es vor, lieber *nicht* darüber zu sprechen. Was für ein Irrtum! Dabei hätte ich, aufgrund meiner Erfahrungen in Krisengebieten – und aufgrund meiner Kenntnis Ihrer Person! – wissen können, daß es besser ist, die Dinge beim Namen zu nennen.

Jetzt, nach Lektüre Ihres bewegenden Buches – bilde ich mir ein, auch Ihre literaturkritischen Positionen besser zu verstehen. Die Einsicht kommt nie zu spät!

Mit freundlichen Grüßen

Hans Chr. Buch

HERMANN BURGER

Brunegg, den 12. November 1983

Lieber Herr Reich-Ranicki,

Der Nebel und Graumantel, der seit Tagen die Burg und das Schloß gut verhext, war seit je mein Inspirations- und Dozentenklima, in »Schilten« habe ich geschrieben: Nicht für die Schule, für den Nebel lernen wir. Oft, wenn ich eine Zigarre anzünde, sehe ich im stahlblauen Rauch Bilder der frühesten Kindheit, der Tabakkindheit, denn das Kraut, als Wundermittel der Euphorie wie als Gift, hat mein Leben bestimmt. Trockene Trunkenheit! Wir rauchen heißt bei uns in der Umgangssprache auch: wir »nebeln«. Nephele, die Schleiergöttin des halb Verborgenen. Vielleicht läßt sich Prousts Madeleine-Effekt auf den Tabak übertragen, denn Gerüche sind es, Düfte, welche die tiefsten Schichten der Erinnerung erschließen. Das Bouquet eines Havanna-Spiegels, wenn die Banderole durchschnitten, der grell geschmückte Deckel geöffnet wird! Kindheit im Stumpenland, unter Stümpern, als »Stumpen« wie im Lied »Ich bin ein kleiner Stumpen«. Wozu fahnden wir nach einem Kindheitsmuster? Das Beispiel Fontane: Jugendaufzeichnungen gegen die Depression. Ja, vielleicht hälfen sie, den Medikamentenschleier zu zerreißen. Die Zigarre mit dem Kopf- und Brandende als Symbol für Vitalität und Vergänglichkeit, der Rauch, eine Art Pneuma. Ich stelle mir Fragen, so beginnt es eigentlich immer. Und dann erkenne ich früher oder später, was mir an Leben fehlt: die Ausbildung zum Tabakkaufmann, ein Praktikum auf Cuba, eines in Brasilien. So viele Leben leben, als man Bücher schreibt. Das Verhängnis unserer Berufsschreiber-Literatur. Das Übersetzungsverhältnis stimmt nicht, der Widerstand ist weg. Was klage ich – ich brauche Zeit, Libido, Gesundheit und – das einzige, was zur Genüge vorhanden ist – Tabak!

Mit herzlichen Grüßen wie immer Ihr Hermann Burger

Basel: Psychiatrische Universitätsklinik, den 14. Mai 1984

Lieber Herr Reich-Ranicki,

Sie sehen, ich denke in jeder guten Stunde meines Basler Exils an Sie und die FAZ. Die erste Woche versank im Dämmerzustand der Spritzen, die zweite war relativ gut, die letzte von einem Tief durchzogen. Viel Zauberbergähnliches in dieser Pavillonsiedlung im Park, den edle Bäume ausgrünen und Kraniche bevölkern. Man redet medizinisch von einer Transmitter-Störung. Die Zellen, die den »Botendienst« zwischen zwei Nervenenden (Neuronen) versehen, funktionieren nicht mehr richtig. Herr Professor Kielholz ist überzeugt, mich rauszubringen, aber es dauert seine Zeit, da die erste Depression 5 Jahre zurückliegt.

Grüßen Sie mir alle im Büro und glauben Sie mir, daß ich mit allen Kräften zuversichtlich sein will.

Herzlich wie immer Ihr Hermann Burger

Brunegg, den 3. Oktober 1985

Lieber Herr Reich-Ranicki,

Mir geht es zur Zeit sehr schlecht, ich bin außerstande, etwas zu produzieren, deshalb habe ich meine Ärztin, Frau Dr. Padrutt, gebeten, eine kurze Bestätigung zu schreiben, die ich Ihnen beilege. In der Woche vom 11. bis 14. November treffe ich in Frankfurt zwei Spezialisten auf meinem Gebiet, einer leitet eine Klinik, möglich, daß er mich einweisen will. Im übrigen brauche ich die 20 Prozent Kräfte, die mir verblieben sind, für die Strapazen der Therapie. Ich will und muß jetzt aufs Ganze gehen und dieses schleichende Übel ein für allemal loswerden. Sie können mir sehr viel helfen dabei, wenn Sie mir Ihr Vertrauen und Wohlwollen bewahren. Nur müssen wir eine Lösung finden für unser Arrangement. Ich denke, es ist richtig, wenn die FAZ die Zahlungen einstellt, solange ich nicht arbeiten kann. Könnte ich Sie in der oben erwähnten Woche sehen? Ich rufe vorher an. Mündlich läßt sich alles besser besprechen.

Mit herzlichen Grüßen Ihr Hermann Burger

Aarau, den 4. Juni 1987

Lieber Herr Reich-Ranicki,

Sie haben [...] sehr lange, überlange Geduld mit mir gehabt, und ich sehe wohl ein, daß es im Moment so nicht weitergehen kann. Ich bin zur Zeit der Ausgestoßene der Schöpfung, überall falle ich durch, und zuunterst, wenn ich aufgekratzt bin wie eine hohle Konservenbüchse, wartet nur noch die Falltür: Exit.

Ich rate Ihnen – gegen mein Interesse –, daß die FAZ mir ab sofort kein Fixum mehr zahlt und darauf wartet, ob überhaupt und wann ich wieder für sie arbeiten kann. Tägliche Notspritzen zur Zeit, mir steht [...] die Klinik bevor, dort dämmere ich dann dahin wie Robert Walser, wenn ich nicht den Mut habe, mir ein besseres Ende zu geben.

Ich habe zur Zeit höllische Angst, einen Brief, ein Buch aufzumachen, ich sieche völlig leselos dahin. Bitte bewahren Sie mir Ihre Freundschaft.

Wenn ich je wieder kritisch arbeiten kann, arbeite ich zur Kompensation eine Zeitlang gratis für die FAZ, dies mein Versprechen. Der »Tractatus logico-suizidalis« – hier die ersten 30 Seiten –, die letzte Äußerung, zu der ich noch imstande war, steht Ihnen zum Abdruck gratis (ohne Verlagshonorar, das regle ich) zur Verfügung. Lassen Sie mich bald wissen, ob ich daran weiter schreiben soll, das geht auch in der Klinik.

In großem Schmerz, aussichtslos, ohne Perspektive

Ihr Hermann Burger

London, 18. März 1972

Lieber Herr Reich-Ranicki,

unter den kurzen satirischen Stücken, die sich in meinen Aufzeichnungen zerstreut finden, war nichts, das ich Ihnen guten Gewissens für Ihre Anthologie zur Verfügung stellen könnte. Ich habe viele von den Sachen wieder gelesen, sie sind ganz amüsant, aber sie haben kein rechtes Gewicht; es waren ja auch ›Fingerübungen‹, die nicht zur Veröffentlichung bestimmt waren und die ich zu meinem privaten Vergnügen schrieb.

Im Roman, an dem ich seit Jahren arbeite, – wieder eines meiner überheblichen größeren Unternehmen –, gibt es manches, das ich vertreten könnte. Aber bevor das Buch abgeschlossen ist, kann ich nichts daraus veröffentlichen, sonst ist die Weiterarbeit gefährdet.

So stehe ich wieder einmal mit leeren Händen da und habe nichts für Ihre Anthologie, es scheint mein Schicksal zu sein, ein ›Aussenseiter‹ der deutschen Literatur zu bleiben.

Meine einzige Hoffnung wäre, daß es Autoren geben könnte, die sich in Anthologien nicht wohl fühlen, weil sie sich nicht für sie eignen. Eine selbstbetrügerische Hoffnung, werden Sie sagen. Eine endgültige Entscheidung darüber werden Zeitgenossen wie Sie und ich vielleicht noch nicht treffen können.

Seien Sie herzlich gegrüßt von Ihrem Elias Canetti

London, 17. Dezember 1973

Lieber Herr Reich-Ranicki,

eben bin ich von meinem Arbeitsversteck auf dem Land nach London zurückgekommen und habe hier Ihren Brief gefunden.

Ich habe mich nicht wenig über ihn gewundert. Ich dachte, Sie wissen, daß ich nicht für Zeitungen schreibe. Sie haben schon so früh meine Außenseiter-Natur erkannt, und jetzt, mit 68, soll ich das plötzlich ändern? Ich kann nur schreiben, was ich *von mir aus* schreiben muß und nicht Vorschläge zum Schreiben von außen entgegennehmen. Bei der Vorstellung, daß ich anläßlich irgendeines 100. Geburtstags etwas schreibe, muß *ich* lachen (so wie Sie bei der Lektüre von ›Masse und Macht‹). Und dann noch über Hofmannsthal, der mir nie etwas bedeutet hat, den ich im Gegenteil für maßlos überschätzt halte! –

Ich fahre am 22. nach Zürich und bleibe da bis Mitte Januar. Falls es Sie lockt, einen mündlichen Versuch zur Überredung zu unternehmen, meine Adresse in Zürich ist:

Klosbachstrasse 88, 8032 Zürich, Tel. 47 09 36

Es wird mich auf alle Fälle interessieren zu hören, was für Pläne Sie mit der ›Frankfurter‹ haben.

Seien Sie herzlich gegrüßt von Ihrem Elias Canetti

MANFRED DELLING

Hamburg, 30. 5. 85

Lieber Marcel,

zu Deinem runden Geburtstag wünsche ich Dir alles, was man einem Menschen, für den man unverbrüchlich freundschaftliche Gefühle empfindet, wünschen kann. Als prosaisches Geschenk habe ich Dir angetan, daß ich die Gratulationscour, dtv 10415, von vorne bis hinten gelesen habe, ohne Unterbrechung bis in die Nacht, verschlungen, wie die deutsche Sprache sehr bildhaft und zutreffend sagt. Als die treffend amüsanteste Beschreibung des Themas empfand ich den ersten Absatz Deines Freundes Lenz mit dem büchmannreifen Zitat von Dir »Der Sturm geht vorüber, Wagner aber bleibt«. Und ist es auch nicht wahr, so ist es doch trefflich erfunden. Am sympathischsten den Hinweis von Jens »Wenn er Fehlurteile gefällt hat, dann immer zugunsten der Kritisierten«. Das stimmt zwar nicht (»Blechtrommel«), aber es ist wahr. Ach, und der Weigel. Auf dieser Höhe des Wiener Feuilletons möchte man schreiben können, und das in seinem Alter. (Deines scheint mir ohnehin unglaubwürdig.) Und was den von Dir »so gewaltig abgelehnten Karl Kraus« betrifft, so ist auch das nicht überzeugend – wie könnte man das, wo er doch den schlechthinnigen Aphorismus über Aphorismen geschrieben hat: sie seien entweder die halbe Wahrheit oder anderthalb. Ich will nicht weiter den unzulänglichen Versuch machen, literarisch zu werden.

Deine Zeilen vom 17ten haben mich berührt. Daß Du unser out of sight, out of mind als »Niederlage« empfindest, mag eine liebenswürdige Übertreibung sein, aber schon mit der Hälfte wäre ich zufrieden. Ich habe es vor Jahren, als Du mich während eines kurzen Hamburg-Aufenthalts anriefst, vermißt, daß Du Dich dann nicht bald wieder gemeldet hast. Ich war in einer Verfassung, die ich weder beschreiben kann noch will, und wenn auch die Zeit nicht alle Wunden heilt, mit den Narben kann man wenigstens überleben. Ich sah, nachdem ich über fast zwei Jahre das Ziel von Hannelores schizophrener Paranoia war und es – bei temporären Rückfällen – bis heute bin, keinen anderen Ausweg mehr, als mich von ihr zu trennen. Bald darauf haben wir dann wieder ein Jahr zusammengelebt, aber dann begannen wieder die schrecklichsten Verfolgungsängste bei ihr. Da ich mich auch als Ursache oder wesentlichen Teil ihrer Ursache verstehen mußte, leben wir seither nun wirklich getrennt, sehen uns aber bei Gelegenheit und stehen ständig in Kontakt miteinander. Meine große Hoffnung, daß meine Abwesenheit sie von ihrer grausamen Krankheit heilen würde, hat sich dennoch nicht erfüllt. Seitdem sie aber nun wenigstens die Einsicht hat, daß sie krank ist, helfen ihr nach vielen medikamentösen Experimenten nun Tabletten, ein äußerlich vernunftbegabtes Leben zu führen. Wie lange? Mein schlechtes Gewissen quält mich tags und auch nachts, obschon mein Verstand mir immer wieder sagt, ich müßte es nicht. Ich fühle mich wie ein Freigesprochener, der weiß, daß er schuldig ist. Aber was ist meine Schuld? Verletzungen, die man sich in jeder Ehe zufügt, führen doch nicht zu Geisteskrankheiten. Sind es die Gene? Die ehrlichen Ärzte sagen, daß sie es auch nicht wissen. Lieber ließe ich mich noch einmal im Krieg zusammenschießen.

Meinen Kindern, wenigstens, geht es bislang recht gut. Der Sohn hat nach dem Abitur eine Steinmetz(!)lehre gemacht und überlegt nun, ob er noch studieren will. Die Tochter studiert hier in Hamburg Wirtschaftswissenschaften und Literatur. Ab und an redigiere ich ihr eine Seminararbeit. Über Maximilian Harden, zum Beispiel. Welch grausiger Stil! Aber welche Gesinnung. Bei Rowohlt tritt am Montag ja nun Naumann an. Wie sehr ich den Weggang von Wegner bedaure. Seine Liberalität war zwar auch die Folge seiner Bequemlichkeit, aber ich vermisse ihn schon deswegen, weil wir manchmal über Marcel gesprochen haben. Er hielt mich auf dem laufenden.

Dafür, daß Du das kleine Büchlein von Klowski, das ich Dir schickte, an einen Rezensenten weitergegeben hast, bedanke ich mich. Natürlich weißt Du nicht, welches Urteil Du zurückbekommst. Aber bei dieser Gelegenheit erinnere ich mich immer an meinen alten Lehrmeister Adolf Frisé. Wenn er eine schlechte Kritik über einen Autor erhielt, den er kannte, schrieb er mit gleicher Post: Mein Lieber, ich bin untröstlich, ich weiß, Sie hätten eine gerechtere Würdigung verdient. Aber was soll ich machen? Im Konflikt zwischen meiner Neigung zu Ihrem Werk und der Pflicht zur Freiheit der Gedanken muß ich mich für die letztere entscheiden. In alter Verbundenheit, Ihr -sé

Sei gegrüßt, Marcel, und weiß Dich von dem Gedanken frei, daß Du mir bald eine Antwort schuldig bist.

Viele Grüße und Genesungswünsche auch an die Frau, die mit dem »unemanzipiertesten Mannsbild unter der Sonne« (S. 55) verheiratet ist.

Dein ! M.

30. April 92

Lieber Marcel,

für den gestrigen Abend möchte ich Dir nochmal danke sagen, ich denke, Du hast von allen schönen Vorträgen, die ich von Dir kenne, den schönsten gehalten. Ich habe noch lang gelesen heute nacht, und Deine These von der Liebe und dem Ausgestoßensein »leuchtete« mir immer mehr ein – im wahrsten Sinne des Worts. Ich denke, das gilt nicht nur für den Juden Heine, der sich fremd findet, wohin er sich auch wendet. Es ist dies überhaupt das Zerreißende an der Liebe: Das Fremde. Gestern habe ich ganz nebenbei auch begriffen, warum ich Homosexuelle nicht verstehe. Das Gleiche lieben ist feig und langweilig, nimmt der Liebe die wichtigste Dimension. Du siehst, es spukt mir noch im Kopf herum. Dafür danke.

Wegen des Buchs von der FVA melde ich mich nochmal.

Sei respektvoll und zärtlich umarmt von Deiner Eva

Grüße an Tosia, natürlich – sehr liebe!

FRIEDRICH DIECKMANN

Berlin, den 18. 4. 1994

Lieber Herr Reich-Ranicki,

anbei meine Besprechung der Erzählungen von Christoph Hein – in der gedruckten Fassung und in der ursprünglichen, die auf einige Erzählungen mehr eingeht. Vermutlich haben Sie beim Lesen den Fehler gemacht, mit der Titelerzählung zu beginnen, die mir tatsächlich nicht gelungen scheint. Am besten, Sie fangen bei »Krücke« an; in »Die Vergewaltigung« werden Sie ein Meisterwerk erkennen, das allein es rechtfertigt, den Band am 26. Mai zu erörtern. Nicht alles ist auf dieser Höhe, aber wenn einem so exzeptionellen Autor wie diesem etwas nicht oder nur teilweise gerät, ist das immer noch interessanter als die Stimmigkeiten minderer Kunstgeister.

Angeregt von unserm Telefonat, habe ich den Christa-Wolf-Band nun endlich zur Hand genommen (es schob sich immer wieder etwas dazwischen) und den Aufsatz über die Gesichter der Seghers gelesen – es ist auch nicht eine Spur von verdecktem Antisemitismus darin! In diesem Text ist, aus der Position befreundeter Nähe, alles gesagt, was zur Problematik dieser Autorin in einem solchen Rahmen gesagt werden kann; nichts ist ausgelassen, nichts mißdeutet. Natürlich: das ist keine knallig-pointengewisse Diktion, sondern eine, die mit leisen Mitteln deutlich ist; man sollte es unverzagt loben.

Ich habe dann auch Ihre Besprechung gelesen, die ich nicht vor näherem Einblick in den Band selbst zu mir nehmen wollte, und bin denn doch etwas bestürzt darüber, wie leicht Sie es sich mit dem Buch machen, namentlich im ersten Teil Ihrer Anmerkung. Das – im guten, manchmal auch irritierenden Sinn – Lehrerinnenhafte der Erscheinung zu bezeichnen gibt Sinn, aber nun gleich »Volksschullehrerin aus der Provinz«, also die dreifache Aufgipfelung der Charakterisierung! Det bringt nischt, würde der Berliner sagen, es wird unglaubwürdig in sich selbst, weil es den Leser schlicht für einen Idioten hält. Dieser darf sich sagen, daß Sie über die Aufsatzsammlung einer *so* zu bezeichnenden Autorin nicht eine drei »Spiegel«-Seiten lange Rezension schreiben würden!

Eher humoristisch berührt mich Ihre völlige Verkennung der Versammlung des 4. November 1989. Sie waren nicht dort, Sie haben keine Ahnung, was die siebenhunderttausend, die dort, auf lockere Weise, zusammenstanden, bewegte, was sie erhofften, was sie forderten, aber Sie geben sich die Miene, es besser zu wissen als eine Autorin, die, wenn sie Erwartungen und Seelenlage derer, die ihr zuhörten, verfehlt hätte, zweifellos dieselben Pfeifreaktionen geerntet hätte, die andern Rednern auf diesem Podium beschieden waren. Ich glaube, Ihr Problem ist (ich merke es an vielen Westdeutschen mit verjährtem, aber nicht vergessenem Ost-Hintergrund), daß Sie die DDR pauschal nach dem Maß der Zeit messen, in der Sie sie erlebt haben, also nach dem Maß der frühen fünfziger Jahre. Das Maß Ihrer damaligen Erfahrungen legen Sie an die Spätzeit dieses Staates, dieser Gesellschaft an und verfehlen auf diese Weise die Wirklichkeit, ja Sie setzen sich geradezu dem Verdacht aus, Kritik von primär ideologischen Positionen her zu betreiben – also vermutlich das Gegenteil von dem, was Sie wollen. Gerade, weil Sie ganz spezifische Erfahrungen mit dem regierenden Sozialismus gemacht haben, haben Sie es so schwer, der an seinem Ort entstandenen Literatur Gerechtigkeit widerfahren zu lassen; die Beziehung ist zu affektgeladen! Und das ist ganz natürlich – Sealsfield hätte gewiß nicht den geeigneten Kritiker für Grillparzer abgegeben. Das Verrückte ist, daß es solche Rezensionen sind, weit mehr als die Texte der Autorin, die Christa Wolf aufs neue in jene Rolle der Projektionsfigur einsetzen, die sie nicht sucht, weil sie weiß, daß sie damit zum »Prügelmädchen« wird. Aber indem sie es wird, wird sie auch wieder zur Projektionsfigur – ein circulus vitiosus, der bei den Rezensenten anfängt. Es lohnt, die im »Tagesspiegel« kürzlich abgedruckte Leipziger Laudatio von Schorlemmer zu lesen.

Ich ende diese nächtlichen Betrachtungen und tue alles dies in ein Kuvert! Die schönsten Grüße

Ihres Friedrich Dieckmann

CLAUDE DÖBLIN

Nice, den 8. August 1989

Sehr geehrter Herr Reich-Ranicki,

Mein Zeitungsausschnittbüro sendet mir Ihren Artikel »Unser Biberkopf und seine Mieze« in die Ferien, den ich mit großem Vergnügen gelesen habe. Ihre Empfindung von der Liebe Biberkopf-Mieze ist die Selbe, die die ersten Pressezuschauer von der Fernsehvorführung 1980 ihrerzeits, genau so wie Sie, fühlten. Das war besonders bei der Szene des ersten Treffens von Franz und Mieze bemerkbar.

Ihre Analyse des Buches wird sicher vielen Lesern Ihrer Zeitung die Lust geben, den Roman meines Vaters zu lesen, wenn sie ihn noch nicht kennen. Ich bin Ihnen dafür sehr dankbar.

Ich beschäftige mich seit 1957 mit der Herausgabe der Werke meines Vaters und bin sehr glücklich, daß die Gesamtausgabe bei Walter jetzt 28 Bände begreift und bis Ende 1994 mit 35 Bänden beendet werden soll. Alles, was er geschrieben hat: Bücher, Zeitungsartikel, Radiosendungen, Kritiken, usw. wird so herausgegeben.

Sein Name ist nun wieder ein Begriff und wird von Wissenschaftlern, Germanisten und Journalisten als einer der größten deutschsprachigen Schriftsteller dieses Jahrhunderts angesehen.

Nochmals vielen Dank!

Mit besten Grüßen

Claude Döblin

HILDE DOMIN

26. 3. 73

Lieber R. R.,

ich danke Ihnen für dies Büchlein, das ich als erstes bei meiner Rückkehr nach Heidelberg vom Buchberg nahm und las.

Sehr hat mich beschäftigt, ob die Juden anderer Länder wirklich konservativer sind (oder doch die jüd. Autoren) und ob es an der Art der Hardenbergschen Reformen lag, wie Sie suggerieren. [...] Ich freue mich über jeden extremen Theoretiker, der einmal nicht dazugehört: zu dieser Art Ruhestörer, den Messianikern.

Auch sonst wäre sehr viel dazu zu sagen. Aufgefallen ist mir z. B., daß es auch für Sie Ivan Goll nicht gibt, einen wirklich bedeutenden Autor, dessen Name Celan zuliebe tabuisiert wurde (wofür ich Beispiele mitteilen könnte). [...]

Ja, Sie wissen, ich bin Ihrer Meinung: es kommen keine nach uns. Da gibt es ein Schulbuch im Kösel Verlag, »Die Stimme Israels«, von Werfel bis Domin (Goll auch hier nicht!). Das Buch hört damit auf, daß ich ein Neuanfang bin. Das wurde als Vortrag auch im Rheinland angeboten, ich habe den Herausgebern geschrieben, daß sie die Unwahrheit sagen. (Das Publikum soll jedesmal erleichtert sein, wenn sie bei mir ankommen.) [...] Auch der Titel war ja bereits eine Lüge. Die »Stimme Israels« sind Amichai und die andern, dort.

Ich frage mich, was Sie von der Tragödie der Nelly Sachs wissen. Auf die Gefahr hin, Ihnen Bekanntes mitzuteilen: als ich das von Ihnen zitierte Gedicht schrieb, in Madrid, im Winter 59/60, da war ich erschüttert von den Friedhofsschändungen in Köln. Ich schrieb damals an Nelly Sachs, mit der ich gerade die ersten Bändchen ausgetauscht hatte (sie hatte 2, für mich ihre wichtigsten, ich erst eines), und bat sie, nach Deutschland zu fahren. »Du bist schon bekannt, geh hin, zeig Dich, die Menschen kennen ja keine Juden mehr, lies Deine Gedichte vor, alles ist so abstrakt.« Sie lehnte es ab, sie wollte nie wieder nach Deutschland. (Die Gründe, die sie gab, wiederhole ich auch heute nicht, weil sie mich darum bat.) Dann kam der Meersburger Droste-Preis. Sie flog nach Zürich, so brauchte sie nur über den See. Sie verlor die Fassung vor Glück über den herzlichen Empfang. Ich sah, als ich ihre Karte aus Meersburg las, daß sie das Gleichgewicht verlor. Hätte ich Geld gehabt, ich wäre sofort losgefahren. Dann kam schon der Brief aus dem Irrenhaus. Deutschland war wieder virulent für sie geworden, über ihr hörte sie plötzlich eine SS-Agentur, und das setzte sich auch fort, als sie aus der Anstalt kam, so daß man ihr dort ein Zimmer gab, nur dort unter den Irren fühlte sie sich sicher. Es war furchtbar, wie Deutschland wieder in ihr lebendig wurde. Aber ihre Gedichte verbanden sie doch damit, und das war eine sehr reale Bindung.

Ich weiß nicht, ob Sie meinen »Offenen Brief an Nelly Sachs« kennen, vermutlich nicht. Ich beschäftige mich dort ja mit dem Lebensparadox. Und der Brief endet mit dem, worauf Sie, am Schluß, verzichten und was ich unverzichtbar finde: der »Liebe, die die Sonne bewegt und die andern Sterne, wie der Vater aller Exildichter sagt«.

Sehr anders sieht sich ja Exil und Rückkehr an, je nachdem, wie alt einer war, als er wegging. Daß ich erst 20 war, das hat den ganzen Unterschied gemacht, als gehörte ich einer andern Generation von Emigranten an. Noch ein Unterschied ist es, Frau und Jude zu sein: zweimal ein Bürger zweiter Klasse. Nur mit sehr viel Glück läßt sich das gut überstehen. Was ich hierzu im einzelnen sagen könnte, das sollte ich vielleicht einmal aufschreiben, es ist paradigmatisch und auch grotesk. Haben Sie unterdes sehr herzliche Grüße

Ihrer Hilde Domin

HERBERT EISENREICH

Sandl, am 19. 2. 65

Lieber, geehrter Herr Reich-Ranicki!

Ich danke Ihnen für Ihre Einladung zu der geplanten Anthologie und darf dazu, was das Technische betrifft, folgendes mitteilen: An die erste Veröffentlichung kann ich mich nicht genau erinnern, es war im »Merkur«, etwa Mitte 1954, vorher wohl kaum, da ich diese Geschichte auf der Frühjahrstagung 1954 der Gruppe 47 gelesen habe. Es kann aber sein, daß sie vorher oder um diese Zeit halt im Radio war, da ich, wenn meine Erinnerung mich nicht trügt, damals dafür einen Erzähler-Preis des Süddeutschen Rundfunks bekommen habe. Der Text in »Böse schöne Welt« sollte in Ordnung sein, ich hab' ihn mir nach dem Korrekturenlesen freilich nie mehr angeschaut. Die Rechte sind jetzt bei Sigbert Mohn in Gütersloh. Bezüglich der biographischen und bibliographischen Daten muß ich Sie auf das neue Handbuch der »Nymphenburger« verweisen, da ich den Lennartz nicht besitze und grad auch nirgends einsehen kann, da wir momentan eingeschneit sind. In der Bibliographie des Handbuchs wäre zu korrigieren, bzw. zu ergänzen: Einladung nicht 1951, sondern o. J. (1952). Einl. zu Torberg nicht 1964, sondern 1965. Und: Sozusagen Liebesgeschichten. Erzählungen, Gütersloh 1965. (Wird dieser Tage ausgeliefert.) Eine wahrscheinlich richtige Liste der Preise finden Sie im Almanach der Gruppe 47, S. 454; die drei oder vier Körner-Preise waren aber nicht alle 1955, sondern auch in späteren Jahren, zuletzt 1963.

Ich wünsche Ihnen viel Freude und Erfolg bei Ihrem Unternehmen und bin mit den besten Grüßen

Ihr Herbert Eisenreich

PS.: Was haben Sie eigentlich gegen nationale Bedingtheit? Können Sie sich einen Tolstoi – ich meine den Erzähler, nicht den Ideologen Tolstoi – ohne sein Rußland, einen Stendhal ohne sein Frankreich vorstellen? Es ist eine doch wohl auch Ihnen bekannte Tatsache, daß alle Welt-Literatur aus nationaler, ja provinzieller Enge gewachsen ist, auch heute noch: ob das nun Lübeck ist oder der amerikanische Süden. Das ist ein langsamer und langwieriger Prozeß, das Heraus- und Hinauswachsen aus der nationalen Bedingtheit, und man darf da nichts forcieren, keine Phase überspringen; denn aus einer apriorischen Übernationalität kommt erfahrungsgemäß nur Allerweltsliteratur. In Deutschland ist man durch das Jahr 45 völlig konfus geworden, man betreibt da jetzt eine Art Wiedergutmachung, indem man das Nationale für völlig abgeschafft deklariert. Ein Engländer oder Ungar oder Franzose oder Slowene findet an dem, was ich bezüglich der nationalen Bedingtheit behaupte, nichts Verwunderliches; die Deutschen aber, Musterschüler heute genau so wie vor 45, sind degoutiert, ja empört. Mit Politik – Nazi oder Nicht-Nazi oder Anti-Nazi – hat das wenig zu tun, es ist ein dem übergeordnetes Phänomen.

Eins geb' ich freilich unumwunden zu: daß wir Österreicher mitunter besonders kräftige, auch polemisch überspitzte Formulierungen wählen müssen angesichts der Tatsache, daß nicht nur die Deutschen (vor, während und nach Hitler), sondern auch viele sogenannte Österreicher großdeutsch denken. Bitte halten Sie sich vor Augen, daß ich inmitten eines Volkes lebe, in dem just diejenigen, die den eigenen Staat negieren, die »Nationalen« sich nennen und genannt werden!

Und: Jener Essay war mein Beitrag zu einer viertägigen Veranstaltung (Vorträge von Doderer, Weigel und Eisenreich und Diskussion mit Lernet, Fink und ein, zwei anderen) zum Thema »Österreichische Literatur«, ist also nicht eigentlich zu jemandes Information verfaßt worden, sondern bis zu einem gewissen Grad als Provokation, nämlich als Provokation unserer eigenen »Nationalen«, der österreichischen Großdeutschen von den Nazis bis zu den linken Anschluß-Freunden. Also eine eigentlich interne Angelegenheit. Anderseits, da ich nun einmal ein österreichischer Schriftsteller bin, fühlte ich keine Veranlassung, diesen Essay nicht in den Sammelband aufzunehmen oder ihn zu ändern oder zu kommentieren.

Ich erzähle Ihnen das alles auch nicht, um mich zu »entschuldigen«. Ich hab' das publiziert, und nun halt' ich's mit unserm nationalen Vorkämpfer Grillparzer: Wer sich in die Öffentlichkeit begibt, muß jede Kritik akzeptieren. Ich sage das alles nur, weil ich's im beiderseitigen Interesse als bedauerlich empfinde, daß Sie offenbar über gewisse Bedingtheiten der österreichischen Literatur nicht recht im Bilde sind. Wie, übrigens, die meisten deutschen Kritiker und Literaturwissenschaftler. Wir, jedenfalls, wissen über die deutsche Literatur viel mehr als die Deutschen über die österreichische. Erst wenn ein Österreicher berühmt geworden ist, nehmen die Deutschen ihn zur Kenntnis und – nennen ihn einen deutschen Dichter. Mit der Schweiz erlaubt man sich solche »Anschlüsse« nicht ... Und was die angelsächsische Literatur betrifft, sind die Deutschen so pedantisch, einen Hemingway oder eine McCullers nicht etwa aus dem Englischen, sondern aus dem Amerikanischen zu übersetzen, obwohl das amerikanische sich von dem englischen Englisch nicht deutlicher unterscheidet als das österreichische Deutsch von dem deutschen.

Mag also leicht sein, daß wir ang'rührt sind. Auch ich hätte einigen Grund, ang'rührt zu sein, da Sie zwar meine Forderung, »das Wesen des Österreichischen treu zu bewahren«, expressis verbis zitieren, aber nicht einmal andeuten, wie ich (seitenlang) dieses »Wesen« zu charakterisieren versuche. Und daß ich das Nationale nicht um seiner selbst willen propagiere, sondern in der (freilich möglicherweise irrigen) Meinung, daß es die unerläßliche Voraussetzung für eine produktive Teilhaberschaft an höheren – wenn Sie wollen: an supranationalen – Organismen sei. Ich bin aber nicht ang'rührt, sondern nur traurig darüber, daß Sie die österreichischen Dinge nicht so sehen, wie sie sind –

etwa wenn Sie von der »Neigung zum Internationalen« der großen österreichischen Dichter sprechen. Da verwechseln Sie Internationalität mit Übernationalität, ganz abgesehen davon, daß Sie das Wort »Nation« im deutschen und nicht im österreichischen Sinn verstehn und gebrauchen. Die Deutschen hatten »ein Volk, ein Reich«, wir aber hatten »viele Völker, ein Reich«, und deshalb haben wir einen ganz ganz andern Begriff von »Nation« als Sie. Die Deutschen denken da biologisch, wir denken da kulturell. Und deshalb fühle ich mich in Laibach, Prag und Budapest zu Hause, in München, Hamburg oder Berlin aber nicht (daß ich Hamburg gern mag und Berlin liebe, ist natürlich eine ganz andere Sache). Nein, wirklich: Da Sie als Literaturkritiker deutscher Zunge nun einmal auch mit österreichischer Literatur befaßt sind, sollten Sie wirklich die Mühe nicht scheuen, die Voraussetzungen dieser Literatur zu studieren. Und halten Sie dabei, bitte, nicht bei der Feststellung: Kuriositäten-Kabinett, sondern schaun Sie diskret auch hinter diesen Vorhang. Jemand, der so erfreulich undeutsch denkt, daß er zwischen Unterhaltung und (erzählender) Literatur nicht eine unüberbrückbare Kluft sieht, sollte doch auch in anderer Hinsicht fähig sein, sich von gewissen deutschen Vorurteilen und Affekten frei zu machen.

Nach dieser langen Predigt erscheint mir ein persönliches PPS als unumgänglich. Also, erstens: Daß ich nicht erst im Mai 45, sondern schon im März 38, als dreizehnjähriges Büberl, gegen den Anschluß war. Und zweitens: Daß ich überhaupt keinen antideutschen Affekt habe, sondern mich dem heutigen Deutschland nicht nur durch zahlreiche berufliche Kontakte, sondern auch durch persönliche Freundschaft mit Deutschen und sogar – horribile dictu – durch eine vergnügte Ehe mit einer Deutschen verbunden fühle. Und daß ich, beispielsweise, in der Beurteilung eines Enzensberger doch lieber mit der FAZ als mit Andersch, Kaiser und verwandten Schmöcken übereinstimme, kann man mir doch wirklich nicht als Deutschenhaß auslegen. Nur in einer Hinsicht distanziere ich mich aufs ent-

schiedenste: Ein italienischer Kulturjournalist wollte kürzlich von mir unter anderem wissen, wodurch meiner Ansicht nach die österreichische sich von der deutschen Literatur unterscheide; und ich sagte darauf: »Wir Österreicher schreiben das bessere Deutsch.« (Ich vergaß nur, hinzuzufügen, daß dies Bessere wesentlich darin besteht, daß es sich nach Möglichkeit verheimlicht.)
H. E.

Sandl, am 4. 7. 67

Lieber Herr Reich-Ranicki!

Vielleicht habe ich Ihnen damals in Wien erzählt, daß ich in der letzten Zeit gesundheitlich nicht fit war und daß ich deshalb mit allen Arbeiten schwer im Rückstand bin. Deshalb darf ich, gerade auch im Sinn des jeweiligen Auftraggebers, nichts Neues annehmen – das heißt: nicht etwas versprechen, was ich dann nicht halten kann – und deshalb kann ich mich auch an dem Böll-Buch nicht beteiligen.

Aber selbst wenn ich es (zeitlich und arbeitsmäßig) könnte: ich würde es nicht tun. Und ich will Ihnen, in ein paar Stichworten, erklären, warum nicht:

Ich muß vorausschicken, daß ich Herrn Böll bei einigen flüchtigen Begegnungen als einen äußerst angenehmen, unaufdringlichen, kurz: anständigen Menschen kennengelernt habe. Und weiter: daß es zwischen uns nie die geringste Streitigkeit gegeben hat. Was ich im folgenden sage, das sage ich mit einem irgendwie schmerzlichen Gefühl (während ich, beispielsweise, bei einer Polemik gegen Herrn Enzensberger den tiefsten Genuß empfände, denn das ist ein aufgeplustertes Nichts).

Böll ist, durch einige Kritiker und durch das Leserpublikum im In- und Ausland, in eine Situation hineinmanövriert worden, für die er nicht geschaffen ist und die er im tiefsten Herzensgrund auch gar nicht beansprucht hat. In einer normalen – zu Fleiß möchte ich sagen: gesunden – literarischen Hierarchie würde Böll als aktuelle Unterhaltung gelten, wie Pearl S. Buck in gewissen Büchern, nie aber als offizieller oder zumindest offiziöser Nobelpreis-Kandidat. In dem in Germanien herrschenden geistigen Chaos aber *mußte* er weit über seine wahre Bedeutung hochgeschwemmt werden: weil er, kurz gesagt, Pseudokritik betreibt und damit alle Schuldigen entlastet. »Böll gelesen – nicht dabei gewesen!« Thematisch geht er mit nachtwandlerischer Sicherheit an den Problemen vorbei, bleibt aber in deren Dunstkreis. Und sprachlich stellt er an den Leser genau die Ansprüche, die ihn akzeptabel machen; nämlich keine. Von der »Dienstfahrt« habe ich ja nur den Anfang gelesen; aber da schon sagte ich mir: So darf allenfalls der Gerichtssaalreporter der »Oberösterreichischen Nachrichten« schreiben. In diesem Deutsch nun, das keines ist, Probleme zu wälzen, die keine sind: das *muß* in Germanien ein Bombenerfolg sein, und zwar eben dadurch, daß man in der Identifikation ein Alibi gewinnt. Böll liefert dem deutschen Spießer das moralische Ruhekissen. Böll ist also für mich kein Gegenstand der Literatur, und deshalb kann ich mich nicht einmal kritisch zu ihm äußern. Und von Soziologie verstehe ich (angeblich) nichts.

Und noch etwas andres: Ich bin – zumindest eigener Meinung nach – ein Rationalist und deshalb politisch ein Anhänger des Parlamentarismus, des demokratisch organisierten Staates. Und das bedeutet zweierlei: erstens das Bekenntnis zur Freiheit der Kritik und zweitens die Achtung vor dem Staat (als Idee und damit aber auch als Realität). Ich kann nun zwar, als Ausländer, nichts dagegen sagen, wenn Böll und Konsorten ihren Staat ruinieren, indem sie einen wesentlich anarchistischen Freiheitsbegriff haben (das heißt: indem sie nicht bloß die jeweiligen Erscheinungsformen, sondern die Substanz des demokratischen Staates kritisieren). Aber wenigstens durch Schweigen will ich mich von diesem nicht bloß deutschen, sondern im Endeffekt europäischen Unglück distanzieren. Wenn Herr Böll – ich zitiere aus der Erinnerung – sagt, er kenne diesen Staat nicht, dann, bitteschön, kenne ich Herrn Böll nicht. Die wahre Alternative heißt ja nicht: Faschismus oder Anarchie, sondern Bewußtheit oder Unbewußtheit. Und Böll steht leider, wie die Faschisten und wie die Anarchisten, auf der Seite der Unbewußtheit. Oder anders ausgedrückt: Ich, als moderner Mensch, mag eine Emotion auch dann nicht, wenn deren Inhalt zufällig mit gewissen Inhalten meines Bewußtseins übereinstimmt.

Ich weiß nicht, ob Sie diese fragmentarische Argumentation verstehen können (wenn nicht, ist es nicht Ihre, sondern meine Schuld). Zum Vergleich möchte ich nur sagen, daß ich mit Grassens Ansichten keineswegs immer übereinstimme, ihm aber trotzdem nahe bin, weil wir beide, wenigstens meiner Ansicht nach, den Kodex anerkennen und nicht verletzen wollen.

Trotz alledem wünsche ich, daß Ihnen mit dem Böll-Buch eine lesenswerte Publikation gelingt – und bei dieser Gelegenheit fällt mir ein, Ihnen endlich für die »Notwendigen Geschichten« zu danken, deren Nachwort gewisse Dinge enthält, die gerade deshalb wieder gesagt werden mußten, weil man nichts so leicht vergißt wie das eigentlich Selbstverständliche: hier etwa die uns alle überdauernde Kontinuität der Sprache.

Herzlichst

Ihr Eisenreich

Wien, am 21. 12. 1971

Lieber Herr Reich-Ranicki!

Über doch relativ viel Zeit und Raum hinweg waren mir Ihre Bücher, die gestern angekommen sind, eine sehr lebhafte Erinnerung; und erfreulicherweise konnte ich nachts zwei Stunden lang nicht schlafen und deshalb gleich darin lesen. Besonderen Dank für Joseph Roth, zu dem ich aber doch eine Marginalie machen möchte: Es mag wohl sein, daß er wesentlich kein homo politicus war, aber seine in das Haus Habsburg gesetzte Hoffnung war völlig irreal nicht: Otto wäre doch wahrscheinlich der einzige Mann gewesen, der eine Aussöhnung zwischen Bürgertum und Sozialdemokratie hätte initiieren können, und auch der einzige, der im März 1938 dem Bundesheer befohlen hätte zu schießen. Und wenn damals, und sei's auch nur zwei Tage lang, geschossen worden wäre, dann – aber das wissen Sie genauso gut wie ich.

Aber ich wollte ja nur danken, und ich möchte Ihnen mitteilen, daß ich mich im kommenden Jahr mindestens mit einem neuen Erzählungsband revanchieren werde.

Bis dahin und stets Ihr Herbert Eisenreich

AUGUST EVERDING

München, 15. 4. 1997

Mein noch verehrungswürdigerer Professor Reich-Ranicki,

welchen Artikel können Sie denn in welcher Zeitung gelesen haben, wo sich einer erfrecht hat, sich meines Namens zu bedienen, um Sie frech zu beschimpfen. Das kann es doch nicht geben. Ich kenne nur einen sehr zweifelhaften Autor August Everding, der in der »Welt am Sonntag« einem sehr zu verehrenden Marcel Reich-Ranicki angekreidet hat, Wagner nicht genannt zu haben bei der Aufzählung seiner Lieblingskomponisten.

Da muß dieser Everding entweder falsch informiert oder verblödet gewesen sein. Ich jedenfalls war das nicht. Es kann sich auch gar nicht um mich handeln, da dieser schreckliche Everding Ihnen zur Eröffnung des Prinzregententheaters eine Einladung geschickt hat und vergeblich auf eine Reaktion gewartet hat, eine Einladung für den Eröffnungsfestakt und für »Tristan und Isolde«. War da Strindberg in der Leitung? Wer wollte uns entzweien? Das schafft keiner.

Ich umarme Sie ebenso herzlich und freue mich auf unser nächstes Zusammentreffen, noch mehr auf einen öffentlichen Disput.

Ihr August Everding

IRING FETSCHER

Frankfurt, 16. 11. 1973

Lieber Herr Reich-Ranicki,

erst jetzt – nachdem meine Frau und ich Ihre beiden Bücher gelesen haben – wage ich, Ihnen herzlich zu danken. Die Verrisse haben uns beide köstlich amüsiert, obwohl es natürlich ein ernstes Geschäft ist, das Sie mit Anmut und Verantwortungsbewußtsein übernommen haben. Am meisten gefallen hat uns die Entmystifizierung von Eich und die nüchterne Sezierung des Hagelstangeschen Edel-Kitschs, aber auch der Aufweis der Dürftigkeit von Walsers belangsloser Zimmerschlacht.

Die Essaysammlung »Über Ruhestörer ...« habe ich mit großer Zustimmung gelesen. Noch einmal wurde mir bewußt, was alles die deutsche Kultur durch die Vertreibung und Vernichtung so vieler ihr verbundener jüdischer Menschen verloren hat. Es wird nie mehr so sein wie zuvor. Die merkwürdige und noch immer nicht voll begriffene Symbiose jüdischer Geistigkeit mit der deutschsprachigen Kultur (von der noch am ehesten etwas in Haifa oder Jerusalem anzutreffen ist) läßt sich nicht wiederherstellen. Vielleicht gab es so viele Gemeinsamkeiten zwischen einem heimatlosen Volk und einer staatslosen Kultur, einer vergeistigten Religiosität Verfolgter und der im bloß-geistigen bleibenden Bürgerlichkeit (unterdrückter Untertanen), daß beide Seiten zueinander finden mußten? Vielleicht gab es auch so viel Ähnlichkeit, daß aus nationalistischem Ressentiment heraus Selbsthaß (wegen der eignen Schwäche) in Fremdenhaß, und zwar Judenhaß, umschlagen konnte? Aber warum gab es dann nicht jüdischen Deutschenhaß? Oder warum gibt es ihn nicht einmal heute?

Aber vielleicht entwickelt er sich gerade jetzt – in Israel. Ich habe gerade ein paar Briefe von Bekannten (ehemaligen Studenten von mir) aus Israel bekommen, in denen Willy Brandt wegen der EWG-Erklärung der 9 schlicht als Halbfaschist apostrophiert wird.

Eben schlage ich noch einmal Ihr Buch auf. Da gibt es einige Stellen, wo ich doch abweichende Eindrücke habe. Z.B. S. 33: »Außenseiter und Randfiguren sind sie (Fried, Lind, Celan) *trotzdem*«. Ich weiß nicht, ob das zutrifft. Einmal kannte ich Gedichte von Celan und bewunderte sie wie vermutlich viele andere, ohne zu ahnen, daß er jüdische Eltern hatte, und dann sind da nicht andere, nichtjüdische Autoren oft ebensosehr »Außenseiter und Randfiguren«? Die drei Genannten sind es auch auf ganz verschiedene Weise: Fried ein »Angehöriger« der unabhängigen radikalen Linken (wie Zwerenz, Nenning oder sonst einer), Celan vom Literaturestablishment vereinnahmt, aber als empfindsamer Lyriker vereinsamt wie – sagen wir, die Bachmann, Lind endlich eher ein Nachfahre Villons und Wedekinds als Heines, ein Bohèmien, Abenteurer und betonter Nicht-Intellektueller. Alle drei doch auf ganz andere Art »außerhalb« oder am »Rande« der Gesellschaft. Vielleicht *muß* jeder Künstler das bis zu einem gewissen Grade sein. Selbst der typische Bürger Thomas Mann hat ja diese Exzentrizität schmerzlich empfunden. Gab (und gibt?) es aber daneben nicht auch ganz »integrierte« jüdische Geschäftsleute, Beamte, Anwälte, Ärzte? Die von der sozialen Umwelt dem heranwachsenden jüdischen Kind aufgezwungene Außenseiterstellung hat sicher bei begabten Kindern zu erhöhter Problembewußtheit und zu dem Bedürfnis beigetragen, die Wirklichkeit künstlerisch zu bewältigen (sei sie noch so alptraumhaft wie bei Kafka). Die Produktion war dann Folge – nicht Ursache – der Exzentrizität und zugleich ein Mittel, um sie wenigstens mental aufzuheben. An Adornos affektiver Bindung an die eigne Formulierungskunst empfand ich immer ein Moment der Suche nach »Geborgenheit« ohne Abhängigkeit. In der Sprache, die er so souverän beherrschte, war er zu Hause und geborgen, und es befriedigte ihn mehr, als daß es ihn gestört hätte, wenn andre sich seinen sprachlichen Gestus abborgten (was oft genug geschah).

Ich hoffe sehr, daß Sie bald eine schöne Wohnung in Kronberg oder Königstein finden und wir uns dann öfter sprechen und sehen,

mit herzlichen Grüßen Ihr Iring Fetscher

OTA FILIP

München, 13. 6. 1994

Geehrter und lieber Marcel Reich-Ranicki,

ich kann diese aggressiv-dummen Verleumdungen über Sie nicht mehr lesen und nicht mehr hören. Alles erinnert mich an einen zeitgenössischen Pogrom, diesmal organisiert von einem intellektuell zurückgebliebenen Sohn eines deutschen Schulmeisters, wie er im Buche steht.

Diese Heuchler!

Diese widerliche »Ehrlichkeit«, mit der sie jetzt gegen Sie losziehen!

Ich will Sie heute nur herzlich grüßen!

Ihr Ota Filip

ERICH FRIED

18. Januar 1966

Lieber Marcel Reich-Ranicki!

Es wäre nicht ehrlich, wenn ich Ihnen nicht sagen würde, daß ich doch sehr enttäuscht bin. Dafür, daß man außerhalb seines eigenen Bereiches, bei Ihnen das Erzählende im engeren Sinn, als Kritiker nicht so gerecht sein kann, habe ich volles Verständnis. Daß die Formulierung vom Amokläufer am Rande der Literatur nicht geringschätzig gemeint war, weiß ich auch, obwohl die Tatsache besteht, daß Ihre Formulierungen höchst mißverständlich waren und nachweisbar von sehr vielen mißverstanden wurden. Wieso es zu solchen Formulierungen kommt – und zu irrigen Urteilen –, das verstehe ich jetzt etwas besser, nach dem heiteren Intermezzo der Beurteilung meiner Shakespeareübersetzung. Ich soll Ihnen ausdrücklich von Miss Furtmuller bestellen, es sei furchtbar gewesen, wie Sie Blitzurteile gefällt haben, ohne dabei auf den englischen Text genügend zu achten. Aber ich fand das gar nicht so schlimm. Als ernste kritische Arbeit war es ja nicht gedacht, und trotz einiger Fehlurteile haben Sie auch sehr Richtiges gesagt, zum Beispiel den Vorschlag, Caesar sein Gesicht nur in den Mantel graben und nicht *ein*graben zu lassen, was ich gerne in den Text übernommen habe. Allerdings, aufschlußreich war Ihre Art, sich auf Ihren raschen Verstand zu verlassen, schon.

Aber nun kommt die Enttäuschung! Sie scheinen die gleichen Methoden auf alles anzuwenden. Einige Tage nach Ihrer Rückkehr rief ich Sie an, Sie sagten mir, von Hamburg aus könne man das deutlicher sehen, in der DDR sei die Sache nicht ganz so arg und überhaupt schon beendet, und ich würde sehen, daß Ihr Artikel in der *Zeit* alles Nötige enthalten wird.

Ich habe das Gegenteil gesehen. Daß Ihre politische Einschätzung der Lage (zum Unterschied von Kai Hermanns und meiner) falsch war, brauche ich Ihnen jetzt nicht mehr zu sagen. Das kann vorkommen. Weniger verzeihlich finde ich, daß Sie das Festbleiben der Schriftsteller drüben gerühmt haben, denn das hatte natürlich nur die Folge, daß die Funktionäre den Schriftstellern sagten: »So! Im Westen schätzt man eure feindliche Haltung völlig richtig ein. Deshalb heißts jetzt: Wer nicht für uns ist, ist gegen uns!« Da ich dieses Thema schon in London angeschnitten hatte, als ich Ihnen sagte, es sei nicht so gut, im Fall Biermann zu fragen: »Wer ist stärker, ein Dichter oder ein System?«, wenn der Dichter unter diesem System lebt und die Vertreter des Systems sich dadurch provoziert fühlen. Aber offenbar fällt es Ihnen schwer, so etwas zu beherzigen.

Außerdem, obwohl ich finde, daß Havemann wirklich lieber in der *Zeit* als im *Spiegel* veröffentlichen sollte, fand ich Ihre Erklärung, Havemann sei einfach nicht seriös, doch etwas leichtfertig. Nun, das kann man einem am Telefon sagen, aber daß Sie dann nicht ein Wort in Ihrem Artikel für Havemann übrig haben, enttäuschte mich.

Ihre Information: »Wir werden Ihren Havemannartikel nicht veröffentlichen«, nahm ich ohne Enttäuschung zur Kenntnis, denn ich hatte Ihnen ja diesen Artikel und die anderen Sachen nicht unbedingt zur Verwendung als Artikel mitgegeben, sondern als Material für die politische Redaktion.

Ich war erstaunt, 7 bis 10 Tage später, im Gespräch mit Dr. Sommer (Ferngespräch), der in Abwesenheit Gräfin Dönhoffs die Arbeit tat und den ich auf den Unita-Artikel aufmerksam machte, zu erfahren, daß dieses Material die politische Redaktion gar nicht erreicht hatte.

In weniger freien Ländern wird man für so etwas wegen Sabotage verfolgt. Ich weiß genau, Sie hatten keine schlechte Absicht, aber ich fürchte sehr, Sie haben nicht nur vorschnell politisch geurteilt, sondern Ihre eigene Kompetenz, über das Material zu verfügen, doch einigermaßen überschätzt. Wenn das in so lebenswichtigen Angelegenheiten geschehen kann, kann ich natürlich auch nicht mehr ohne weiteres darauf vertrauen, daß Ihre gute Absicht, meine literarischen Vorschläge mit Herrn Zimmer zu erörtern, den raschen Wechsel von Eindrücken und Stimmungen unverändert überstanden hat.

Es hat keinen Sinn, mir auf diesen Brief Antwort nach London zu schicken, denn ich fahre nach Bremen, wo ich am Sonnabend sein werde. Aber wir werden darüber noch sprechen müssen, denn so etwas soll nicht so, bloß als Enttäuschung oder als Sammlung von Vorwürfen, versteinern.

Sehr schöne Grüße Ihr Erich Fried

London, 14. November 1979

Lieber Marcel,

Dein Brief, für dessen Schreiben ich Dir danken muß, hat mich überrascht, denn Du bist mir eigentlich längst einen von Dir versprochenen Brief schuldig (Dein letzter war kurz und stellte damals einen ausführlicheren in Aussicht, den ich nie bekam).

Natürlich hatte ich Deinen Angriff in der FAZ nicht gelesen, weil ich meinen Leserbrief, einem ersten Impuls folgend, sofort und in aller Eile geschrieben hatte, als ich den Raddatz-Aufsatz gelesen hatte. Ich habe aber natürlich mittlerweile Deinen Artikel schon gelesen, schon ehe Dein Brief kam.

Nun, ich könnte es mir so einfach machen, wie Du es Dir mit meiner Gollwitzerrede gemacht hast, und kurz vermerken, wie Du es tatest, daß ich Deine Äußerungen für schädlich halte. Aber das wäre durch solche Kürze ebenso ungerecht und falsch, wie Du es in meinem Fall warst (außer, der versprochene längere Brief wurde von Dir doch geschickt und ist auf mysteriöse Weise verlorengegangen). Also will ich ausführlicher sein:

Inhaltlich muß ich wohl von den bisherigen Beiträgen am

ehesten Hans Mayer zustimmen, der die vielen richtigen Einzelheiten in Deinem Essay ja anerkennt, gleichzeitig die Arbeit abstoßend findet. Es ist die abstoßendste Arbeit, die ich bisher von Dir kenne. Warum, frage ich mich? Wahrscheinlich, weil es Dir irgendwie zugestoßen ist, einen Stil zu entwickeln, der Menschen gegen Dich einnimmt. Du stößt immer mit solcher Freude und Zufriedenheit nach, wenn Du Dich Deiner Sache sicher und im Vorteil weißt oder glaubst. Du wirst dann so erbarmungslos selbstgerecht lehrhaft, daß es einem so schwer wird, sich Deiner freundlicheren, liebenswerteren Eigenschaften zu erinnern. Nicht, daß nicht auch Raddatz manchmal erzböse und erbarmungslos sein kann, z.B. in seiner Zwerenzrezension. Da hatten sich in Sachen Tucholsky Raddatz und Zwerenz gegenseitig Stilblüten an den Kopf geworfen, bei beiden wirklich gewichtige, aber mit Tucholsky hatte das wenig zu tun. Und da Zwerenz Raddatz scharf – und zum Teil sehr ungerecht – angegriffen hatte, hätte Raddatz natürlich klarer machen müssen, daß er seinen Verriß auch in eigener Sache schrieb. Dennoch waren beider Artikel – und dennoch sind auch die argen Entgleisungen, die Du mit Recht jetzt aufgezählt hast, in dem neuen Raddatzessay »Wir werden weiterdichten ...« für mich lange nicht so beklemmend wie viele Stellen Deines Angriffs auf Raddatz. Ich frage mich, ob ich Dir da nicht einfach Unrecht tue, weil Du mich mündlich und schriftlich so ungerecht (und wonnig-selbstgerecht) abgekanzelt hast, aber ich glaube – hoffe –, es ist doch nicht das. Ganz kann ich davon vielleicht nicht absehen, Marcel, Du weißt, wie das ist. Aber ich versuche es. Ich habe über Deinen Raddatzangriff auch schon mit mehreren Menschen gesprochen, die eigentlich alle meinten: »Leider hat er in vielen Einzelheiten recht, aber wie kann er nur *so* schreiben?!« – Ich meine, weil Du älter bist als Raddatz und Zwerenz, dürftest Du nicht so böse, so existenzvernichtend losschlagen. Nein, mich macht die ganze Sache nur traurig. Und Frau Dönhoff, zwar gewiß wohlwollend, mit ihrer dummen Furtwänglerstelle über Musik »als Botschaft und Auftrag« und ihrer Gleichsetzung DDR und Nazideutschland geht auch nicht ...

Ach, Marcel!! – Habt Ihr von Wagenbach schon meinen Band »Liebesgedichte«? Und werdet Ihr ihn rezensieren?

Seite zu Ende: – Gottesurteil.

Alles Liebe! Dein Erich

MAX FRISCH

Berzona, 21. 7. 67

Lieber Herr Reich-Ranicki,

es freut mich, daß der verehrte Heinrich Böll endlich auch 50 wird. Wie kürzlich auch Hildesheimer. Und Eich ist 60 geworden. Es wäre ja auch nicht kollegial, wenn die andern einfach jung blieben. So würde ich für Heinrich Böll, den ich auch als Person, also Boccia-Spieler in Rom, in sympathischer Erinnerung habe, gern etwas Kollegiales schreiben – aber ich habe schon vorausgesehen, daß kollegiale Geburtstage sich häufen werden, Fünfziger und Sechziger und dann Siebziger, und als wir für Hans Mayer (60) zu schreiben eingeladen worden sind, ahnte ich schon, wohin das in den nächsten Jahren führen wird, und entschloß mich zum Generalstreik. Der Gedanke, daß infolgedessen mein 70. Geburtstag – so alt will ich nämlich nicht werden ... Ich habe verstanden, verehrter Herr Reich-Ranicki: nicht Gratulationen und Grußgedichte und so, das eben nicht, sondern Untersuchungen zum Phänomen Böll. Ich halte Böll im moralisch-politischen Bezirk für eine öffentliche Figur ersten Ranges. Darüber etwas zu sagen, wenn ein Anlaß es verlangt, halte ich für möglich; nur habe ich mich eben entschlossen, Geburtstage nicht als Anlässe anzuerkennen.

Hoffentlich sind Sie mir nicht lange böse deswegen.

Mit freundlichsten Grüßen

Ihr Frisch

FRANZ FÜHMANN

Berlin, den 11. 1. 1957

Lieber Kollege Ranicki,

wie könnte ich Ihnen böse sein, zumal nach Ihrem Brief. Daß Ihnen die Erzählung nicht gefällt, freut mich natürlich nicht; was mich aber ehrlich freut, ist der offene Ton Ihres Briefes. Es gibt ja sonst nur 2 Möglichkeiten: entweder Sie würden einige nichtssagende höfliche Floskeln gebrauchen, oder Sie müßten gegen Ihr besseres Wissen schreiben, und das würde natürlich zu merken sein. Es kann also gar keine Rede davon sein, daß ich irgendwie verärgert oder gekränkt wäre; ich versichere nochmals: das Gegenteil ist der Fall.

Meine Arbeit hat bei meinen Kollegen und Freunden hier sehr heftige und sehr entgegengesetzte Eindrücke hervorgerufen; einig waren sich allerdings alle darin, daß die Arbeit formal gut gelungen sei. Ich gebe Ihnen einfach einmal eine Aufzählung der verschiedenen Einschätzungen:

Georg Maurer: »Ebenso stark wie ›Kameraden‹«

Bodo Uhse: »zu bedenklich, um veröffentlicht werden zu können«

Max Schroeder: »eine tolle Geschichte«

Louis Fürnberg: »reinster Existenzialismus, unmöglich, sie zu veröffentlichen«

Günther Caspar: »ebenso stark wie ›Kameraden‹«

Meine Frau: »wenigstens 20 Jahre liegenlassen«.

Nun will ich meine Meinung sagen, wobei ich natürlich zugebe, daß ich in der Sache parteiisch bin.

Selbstverständlich brauche ich Sie, lieber Kollege Ranicki, nicht davon zu überzeugen, daß der Faschismus finster und grausam war; es wäre höchst vermessen und dumm, dies gerade gegenüber Ihnen zu tun. Leider muß ich aber die deutsche Jugend davon überzeugen. Der Faschismus ist in Deutschland nicht tot, und der Faschismus greift wieder nach der Jugend.

Ich habe daher nach dem furchtbarsten Bild gesucht, das zu finden ich fähig war, um der Jugend meines Volkes vor Augen zu halten, wohin sie kommt, wenn sie sich mit dem Faschismus einläßt. Nun gibt eine gut gemeinte politisch-moralische Absicht natürlich deswegen noch lange keine gute Erzählung ab. Auf einzelnes will ich im Augenblick nicht eingehen, denn ich habe nicht die Absicht, die Erzählung jetzt umzuarbeiten. Ich werde sie wirklich ein paar Jahre im Schreibtisch liegen lassen und dann nochmals ansehen. Ich bin jetzt noch zu nahe daran, um etwas anderes zu sehen, als das, was ich geschrieben habe. Ich hatte bislang immer geschwankt, ob ich die Sache veröffentlichen soll oder nicht. Nun hat Ihr Brief den Ausschlag gegeben, und ich werde also zunächst einmal warten.

März/April wird ein Band Gedichte von mir erscheinen; außerdem noch eine kleine sommerliche Gelegenheitsarbeit. Augenblicklich sitze ich an einem Filmstoff, und zwar an einem Film nach dem Märchen »Der getreue Johannes«. Das ganze soll so eine Art Traumgebilde werden, es macht mir wirklich großen Spaß und ich hoffe, daß die DEFA auch durchhält, denn es gibt einiges Problematische darin. Dann möchte ich noch 1 oder 2 Erzählungen schreiben und mit den »Kameraden« (ohne die Käfiggeschichte) als Bändchen herausbringen. Dies wären meine Pläne für dieses Jahr.

Wann sehen wir uns wieder? Ich hoffe, nächstes Jahr mit meiner Frau ein paar Tage Urlaub in Polen verleben zu können. Es wäre aber sehr schön, wenn wir uns früher wiedersehen würden.

Ich bin mit den herzlichsten Grüßen und vielen guten Wünschen

Ihr Franz Fühmann

Berlin, 5. 1. 78

Lieber Herr Reich-Ranicki,

das wäre also die Geschichte, und davor noch ein herzlicher Neujahrsgruß. – Sarah hat mir sagen lassen, daß Ihre Sendung angekommen ist; jemand wird sie mir bringen, so wie jemand auch diesen Brief in 01 Berlin statt in DDR 10 Berlin aufgibt, damit es schnell geht.

Entschuldigen Sie das gräßliche Farbband, ich hab kein andres.

Diese Geschichte ist eine von bisher 4 Geschichten mythologischen Zeichens, es sollen ihrer noch mehr werden. Sie ist unveröffentlicht, gerade die letzte Silbe ins Reine geschrieben. Sollten Sie sie nicht brauchen wollen (hoffentlich ist sie nicht doch zu lang, aber es ging nicht kürzer), würde ich Sie herzlich bitten, die Manuskripte der Elisabeth Borchers von Suhrkamp zu geben. Natürlich bin ich *sehr* an Ihrer Meinung interessiert. Hier findet das, was ich dieser Art bislang der Öffentlichkeit vorgestellt habe, in Lesungen und im letzten Heft von »Sinn und Form«, ein ganz zwiespältiges Echo, sehr zustimmend und ganz schroff ablehnend, und dies schräg durch die politischen Fronten, nicht gleichlaufend mit ihnen.

An den Uwe Greßmann denke ich, das Gedicht, d.h. ich hab schon die Skizze dafür, es wird schon werden.

Wenn Sie mir 1 Zeile schreiben wollen, bitte p. A. DDR 1605 Märkisch Buchholz 85, dort bin ich die meiste Zeit, das ist ein Haus mitten im Wald, mit Mäusen und Wildschweinen und Spechten und ohne Telefon, und für Fremde unfindbar. Allerdings steht manchmal in der Nähe ein Auto, mit Pilzsammlern, die sammeln eifrig, sogar in der Nacht.

Alles Gute für Sie in dem schönen neuen Jahr

Ihr Franz Fühmann

MANFRED FUHRMANN

Überlingen (Bodensee), den 4. 4. 1999

Sehr verehrter Herr Reich-Ranicki,

Sie haben mir das Geschenk zweier Bücher gemacht und vor allem in dem zweiten eine Widmung angebracht, die ich als Auszeichnung betrachte: Sie hätten viel von mir gelernt. Was soll ich jetzt Ihrer Meinung nach tun: schweigen und abwarten, bis mein nächstes Buch erscheint (im Herbst, bei Insel), oder Sie, den Vielbeschäftigten, mit der Lesepflicht eines Briefes belasten? Ich habe mich, wie Sie sehen, für das letztere entschieden – es ist ja Ihnen freigestellt, wann und wie gründlich Sie besagter Pflicht nachkommen wollen.

Es gibt bekanntlich die Kategorie des decorum, des Angemessenen, eine Kategorie, deren genaue Beachtung auch versierten Rednern schwerfallen kann. Ich möchte es für angemessen halten, daß Sie, König im Reich der lebendigen deutschen Literatur, sich für durch mich, den Verwalter eines entlegenen Literatur-Friedhofes, belehrt erklären (die Tmesis zwischen ›für‹ und ›belehrt‹ ist zu groß geraten – das kommt davon, wenn man am Ostersonntag einen feierlichen Brief zu schreiben versucht) – ich halte es hingegen für unangemessen, Ihnen dieses Kompliment mit gleicher Münze zurückzugeben. Allerdings habe ich viel von Ihnen gelernt, und ich werde, hoffe ich, noch manches von Ihnen lernen, aber dies noch eigens zu versichern würde bedeuten, daß daran Zweifel möglich sind.

Ich setze also diesen Umstand als gegeben voraus und komme Ihnen mit einem Eindruck, den Ihre beiden Bücher auf mich, den Altertumsgelehrten, gemacht haben und der vielleicht eher etwas Neues für Sie enthält als die Versicherung des

Belehrtwordenseins. Ihr Kosmos – so etwa könnte eine kurze Formel für meinen Eindruck lauten – ist räumlich und zumal zeitlich eng begrenzt; die zeitlichen Grenzen reichen von Lessing bis heute. Mein Gefühl für diese Begrenztheit wird – vielleicht paradoxerweise – gerade dadurch noch gesteigert, daß Sie diesen Kosmos so unbezweifelbar souverän beherrschen; bis in die entlegensten Winkel, bis ins scheinbar noch so belanglose Detail kennen Sie sich aus und urteilen Sie nach einheitlichen Kriterien.

Dieser scharfe Kontrast ist es also, der mich hat aufmerken lassen: Hier die Literatur-Galaxie der letzten zweihundert Jahre, ringsum aber die abgründige Dunkelheit des leeren Weltraums. Ich glaube zu wissen, was Sie sofort einwenden: Sie seien Kritiker, und für die Literaturgeschichte seien wir Professoren da. Gewiß. Und doch, wenn es z.B. im ›Doppelten Boden‹ (S. 38f.) um die Alternative Weltdeutung – Unterhaltung als mögliche Zwecke der Literatur geht: da stimmt es mich nachdenklich, wenn bei diesem seit den griechischen Sophisten diskutierten Thema der Resonanzboden so flach ist, daß lediglich Brechts ›Organon‹ darin Platz hat.

Oder soll ich einräumen, daß meine Betrachtungsweise die Folge einer déformation professionelle sei: ein Altphilologe sagt nun einmal seit den Tagen Lichtenbergs immer ›Agamemnon‹ statt ›Angenommen‹? Doch wozu bin ich dann, ist mein Fach noch da: Ihr literarischer Kosmos ist autark; er bedarf keiner Ergänzung nach rückwärts in die Tiefen der Vergangenheit. Lessing glaubte noch, sich auf Aristoteles berufen zu müssen, als er ›die Franzosen‹ (was immer das war – jedenfalls nicht Racine; Ihre Charakteristik des ›Vaters der deutschen Kritik‹ hat mir ein ganz besonderes Behagen bereitet) attackierte – doch dann kamen Sturm und Drang und die Genieästhetik und fegten den ganzen Krempel beiseite, und dabei ist es bis zum heutigen Tage geblieben.

Ich nehme den Einwand, den Sie jetzt erheben könnten, nicht vorweg, sondern belasse es bei diesem offenen Schluß. Darf ich noch anfügen, daß Sie ein kleines Gedankenräderwerk in mir in Bewegung setzten, als ich Sie zum ersten Male als Kritiker vernahm? Es war am 2. Dezember 1981, im Industrie-Club-Haus gegenüber dem Palmengarten, und Sie kritisierten das Programm des Deutschen Klassiker Verlages: wodurch sich denn die geplanten Ausgaben von den bei Hanser, Winkler usw. vorhandenen unterscheiden würden. Ich hielt Ihre Skepsis für berechtigt und schrieb Honnefelder einen langen Brief – und hieraus ging mein Beitrag ›Kommentierte Klassiker? – Über die Erklärungsbedürftigkeit der klassischen deutschen Literatur‹ im ›Almanach zur Eröffnung der Bibliothek deutscher Klassiker‹ hervor.

Nehmen Sie bitte freundliche Ostergrüße entgegen von Ihrem ergebenen Manfred Fuhrmann

GERTRUD FUSSENEGGER

derzeit Hall in Tirol, am 9. August 1994

Sehr geehrter Herr Dr. Reich-Ranicki,

Sie werden in diesen Wochen viele Briefe bekommen haben, gute, weniger gute, böse. Mein Brief soll nichts anderes sein als der Ausdruck einer Zeitgenossin, die – zwar um etliches älter und unter verkehrten Vorzeichen – Betroffenheit mitempfindet, wo Zeitgenossenschaft zu nichts anderem zu dienen scheint, als selbsternannten Anklägern Punkte zu liefern.

Wir haben uns die finsteren Zeiten nicht ausgesucht, in die uns die Ungnade unserer Geburt hineinwachsen ließ.

Sie dürfen sich jedenfalls damit trösten, daß Sie jahrzehntelang die deutsche Literatur davor gerettet haben, dem nur allzu bekannten deutschen Extremismus und Exorzismus völlig ausgeliefert zu sein. Das war keine »moralische«, aber eine ästhetisch wichtige und, wenn ich so sagen darf, auch demokratische Tat im Geist des Widerspruchs und damit auch der Freiheit.

Ich grüße Sie mit guten Wünschen, Gertrud Fussenegger

HANS-MARTIN GAUGER

Freiburg i. Br., den 2. 6. 90

Lieber Herr Reich-Ranicki,

auch von mir, trotz unseres kleinen Zwists von vor einiger Zeit, meine herzlichen Wünsche. Denn schließlich freue ich mich ja *auch* darüber, daß Sie da sind. Und ich weiß ja auch, daß die »Deutsche« oder »Darmstädter Akademie« einen beträchtlichen Fehler gemacht hat, Sie nicht zum Mitglied zu wählen. Zweimal hab ich darüber mit Sternberger gestritten. Ich meine dies nicht, weil Sie dann vielleicht gnädiger wären mit dieser Akademie, sondern einfach, weil Sie da aufs selbstverständlichste hineingehören. Und vielleicht wären Sie uns dann wirklich auch etwas gewogener, schon deshalb, weil wir dann ja etwas anders wären ... Ich war damals sauer (anläßlich der Verleihung des Büchner-Preises an Drach), weil ich annehmen mußte, daß Sie da wider besseres Wissen geschrieben haben. – Der »Erwählte« ist auch mir eines der liebsten, lesenswertesten Bücher von Thomas Mann. Angefangen mit dem Sprachlichen. Da geht's freilich weniger um »Kauderwelsch« (auch wenn's so herauskommt) als um eine Sprache *über* den (einzelnen) Sprachen: »über den Sprachen«, sagt Clemens, »ist *die* Sprache«. Wahrscheinlich ist das mit dem Religiösen doch auch wichtiger. Das Religiöse als Problem – es muß ja nicht immer gleich »der Glaube« sein ... Da ist bei Ihnen, auch wenn's um andere geht, doch vielleicht eine gewisse »metaphysical stubbornness« (ein Ausdruck, glaube ich, von Auden). Und »Kultur« ist ja für Th. M. auch etwas von quasi religiöser Weihe. Also: ich freue mich, daß Sie den »Erwählten« so herausgestrichen haben. Gerade auch seinen Unterhaltungswert! Die Reaktion der Germanistik damals war wohl weit negativer, als Sie dies andeuten. Einer sagte gar, Th. M's »Sprachgefühl« sei »slippery« geworden (so, wenn ich mich recht entsinne, H. Weigand). Übrigens mag Golo Mann den »Erwählten« auch ganz besonders. Heckmann und ich besuchten diesen anläßlich unserer (harmlosen) Züricher Tagung. Es scheint ihm wirklich besser zu gehen. Jedenfalls war er in bester Form. – Behalten Sie Ihre Vitalität mit allem, was zu ihr gehört! Herzliche Gratulation und einen ebenso herzlichen Gruß von

Ihrem Hans-Martin Gauger

P. S. Wie ich diesen Brief überlese, erinnere ich mich nun plötzlich, daß Sie, Heckmann gegenüber, öffentlich, in einem SWF-Gespräch von »mittelmäßigen Romanisten« sprachen, die in der Akademie seien. Das hab ich Ihnen nun wirklich nicht übelgenommen. Es sind nur 2 Romanisten drin. Der andere ist Harald Weinrich. So mittelmäßig ist *der* jedenfalls nicht! Aber das können Sie ja nun auch nicht wissen, was wir beide als Romanisten, romanistische Linguisten, taugen! Mir macht es Spaß, via Akademie Leute zu treffen, die keine Professoren sind!

ALBRECHT GOES

Stuttgart, am 2. Juli 1962

Verehrter Herr Reich-Ranicki,

Ihr Brief war eine große Freude für mich, seien Sie ganz herzlich dafür bedankt, und mit Freuden schick ich ein paar Sachen – die beiden Erzählungen, die Sie vielleicht zufällig auch in der Polnischen Ausgabe gesehen haben, es gibt sie auch dort (und sonst noch in zehn Sprachen, ganz merkwürdig, wie sie so herumkamen ...): in Ostdeutschland haben sie diese Lizenzausgabe gemacht, in der man sie ganz geschickt beieinander hat, darf ich Ihnen die geben? Dann die »Rede auf Goethes Mutter« und ein paar neue Gedichte, von denen das von Gandhis Grab in der *Zeit* stand, das von der »Unablösbaren Kette« in Israel in einem Forum gedruckt wurde, die meisten anderen sind nur eben gerade einmal in einem Privatdruck hier für Freunde dargereicht – zu einem »Band« reicht es nicht aus; und Sie haben ganz recht: es ist nicht viel da. An Essays wäre kein Mangel, das gäbe wohl noch so einen Band wie die Bändchen »Von Mensch zu Mensch« und »Ruf und Echo«, aber ich möcht selbst gern jetzt zuerst wieder mit einer ordentlichen Erzählung unter die Leute kommen, eh ich noch einmal einen Essayband bringe, und zu dieser Erzählung gibt es seit langem viele Notizen, ich hoffe sehr, im nächsten halben Jahr ein gutes Stück voranzukommen. Daß mir der widrige Wind, der mir aus der Öffentlichkeit entgegenweht, manchmal Mühe macht, ist dumm; doch kann ichs nicht ändern ... Ich habe vor Jahr und Tag zwei, drei Mal etwas Unfreundliches in Sachen unsrer blühenden Renazifizierung und zum Antikommunismus als Morgen-Mittag-und-Abendcredo gesagt, das haben mir die mächtigen Herren (etwa in der »Welt« oder der FAZ) so übel genommen, daß ich seither nicht mehr für sie vorhanden bin; ich weiß, man muß sich, wenn man was zu tun hat, darum nicht kümmern, aber es bekümmert mich halt.

Noch zu Luise Rinser ein Wort: nein, keine Einwände gegen Ihre Rezension. Ich hätte Luisen, die ich früher gut kannte, ein gutes Buch gegönnt: Ihre Rezension habe ich mit dem Schauder, oder sag ich: mit der Gänsehaut, gelesen, mit der einen die Wahrheit anrührt: ja, so ist es ... Ich schrieb im Zusammenhang mit der Gratwanderung in meinem Brief davon und wollte sagen: es scheint nichts zu helfen, daß man einmal – neben schwachen und schlechten Büchern auch gute geschrieben hat – ich denke an die kürzeren Erzählungen von ihr; daß man gescheit ist – das ist sie; wenn man eben nicht höllisch aufpaßt, das Höhere-Töchter-Pedal nicht spart, wie man nur kann, und zu allem hin zuviel einpacken will, dann ist eben der »Seelenkrimi« fertig (bitte machen Sie davon keinen Gebrauch, es ist halt doch ein bißchen ein böses Wort), und in der Luft (der »Zeit«) zerrissen, eh man sichs versieht. Und die Bereiche »Eros« und »Deus« sind offenkundig am ärgsten gefährdet, weil sie sehr hohe Bereiche sind.

Ich habe, nachdem ich von 1930 bis 1953 Dorfpfarrer im Württembergischen war, seither noch ein Predigtamt hier in Stuttgart, das mich zweimal im Monat bindet; wissen Sie, so eine Art Schleiermacher-Auftrag; »Reden über die Religion an die Gebildeten unter ihren Verächtern« – hieß es 1810 oder etwas früher, heute heißt es natürlich ganz anders, aber die Mühe der Aufgabe ist groß, wenn man es so gut machen möchte, wie nur irgend möglich: vorgestern sagte ein junger Germanist, der regelmäßig kommt, er habe die Vorstellung, ich müsse eigentlich vierzehn Tage lang ununterbrochen auf so eine Dreißig-Minuten-Predigt arbeiten, und da ist viel Wahres dran. Wie man das mit den anderen Dingen in eins bringt, das ist eine tägliche Crux, etwas wie die Quadratur des Zirkels aus vielen Gründen: aber das wäre nun auch wieder ein Diskussionsthema.

Ich danke sehr für die freundliche Aufforderung, in Hamburg bei M. R.-R. Guten Tag zu sagen; noch sehe ich keinen Termin, aber wenn ich einmal komme, dann komme ich auch zu Ihnen.

Mit herzlichen Grüßen   Ihr Albrecht Goes

Stuttgart-Rohr, am 20. Februar 1965

Verehrter Herr Reich-Ranicki,

Ihr Anpfiff »Das unbegreifliche Schweigen« drang mir ins Ohr, und ich möchte wenigstens für mich antworten; man kann es ja nur für sich allein tun.

Ich hatte – wie Sie und wohl viele andere auch – vor Weihnachten das Rundschreiben einer Stelle aus Wien bekommen, in dem Zustimmung zu einer Petition gegen die Verjährung erbeten war; es hätte freilich dieses Anstoßes nicht bedurft, um sorgfältig und nicht ohne Leidenschaft mit der Sache befaßt zu sein: zu quälend war und ist für mich die Vorstellung, daß der gutgekleidete Zeitgenosse, der einem im Sommer 65 beim Kofferverstauen in der Eisenbahn hilft, zum Mordbubenhaufen des Krumey oder zur Sadistenclique Boger-Kaduk gehören könnte, und wir hätten nicht alles getan, um dergleichen – wo nicht unmöglich zu machen, so doch zu erschweren oder zu verzögern.

Aber nun war mir ein Zuruf gegenwärtig, den ich schon vor Jahr und Tag von einem jüdischen Richter, der nach der Vertreibung durch Hitler in England lebt, erhalten hatte: der hatte mich damals im Blick auf die Prozesse geradezu beschworen, meinen Einfluß geltend zu machen (falls ein solcher Einfluß vorhanden wäre), daß doch in diesem Land neben dem Gedanken der Gerechtigkeit auch der »tief jüdische Gedanke der Gnade« – so wörtlich in jenem Brief – nicht außer acht gelassen würde.

Es war etwas in diesem Anruf, das mich zögern ließ, nun so eindeutig Ja und Nein zu setzen. In einer Funksendung am Morgen des Silvester 64 hatte ich dann gesagt: »Niemand kann erwarten, daß hier, wo nur wenige Minuten zur Verfügung stehen, Stellung genommen wird zu einem Problem, das mit dem Recht und mit der Gnade zu tun hat, mit dem Gewissen und mit der Verschlagenheit, mit dem dunklen Geheimnis der Zeit und mit dem hellen Geheimnis, das nicht von dieser Zeit ist.«

Ich möchte gewiß *nicht* aus Mitleid mit den Wölfen posthum am Los der Schafe schuldig werden; ich möchte aber auch nicht dem Recht der Rache das Wort reden.

Eines noch: das Abscheulichste von allem scheint mir jenes Schielen zu sein: »Die andern haben auch ...«, das Vergleichen und Aufrechnen; wer weiß, was Schuld und Schuldbezeugung ist, der weiß, daß dies nur jeder für sich – ohne diesen tödlichen Seitenblick – aussprechen kann. In der »National- und Soldatenzeitung« *diesen* Tönen zu begegnen – nun, das wundert niemanden; dort gehört es zur Couleur. Aber daß es in das Denken ernsthafter Menschen eindringt, ist schlimm.

Ich habe Ihnen geantwortet, weil Sie wissen wollten, was »in den Köpfen der Schriftsteller vorgeht« – ich kann es nur von meinem Kopf sagen: ich habe mich gründlich besonnen, aber ich fürchte mich vor dem schnellfertigen Wort; das Schweigen – ich will nicht sagen, es sei in solchem Fall – um Schlegels Wort aufzunehmen – eine Tugend; aber es ist doch wohl auch keine Infamie.

Mit ergebenem Gruß Ihr Albrecht Goes

Stuttgart-Rohr, am 23. März 1965

Verehrter Herr Reich-Ranicki,

über Ihre Glosse »Goes, Grass und Weiss« mag ich mich nicht beklagen, auch wenn ich den Freunden nicht ganz unrecht geben kann, die mir sagten: ganz gerecht ist Marcel dir nicht geworden dadurch, daß er die Stelle mit dem englischen Richter und den Passus vom Schluß deines Briefes nicht mitzitiert hat ...

Die abgekürzte Mitteilung aus meiner Rundfunkarbeit läßt – da haben Sie recht – den Verdacht aufkommen, ich würde eine metaphysische Besinnung zum Plüschsofa degradieren, um so als seelenvoller Zuschauer beim Weltgeschehen hospitieren zu können; davon kann – so glaube ich mich zu kennen – bei mir keine Rede sein; mich hat metaphysische Besinnung, die Erfahrung des Novalis, daß wir »mit dem Unsichtbaren stärker verbunden sind als mit dem Sichtbaren«, nie am differenzierten Denken gehindert und auch nicht am verbindlichen Ja- und Nein-Sagen, nicht am Handeln – sowenig wie es die chassidischen Meister daran hinderte.

Wäre ich Abgeordneter, hätte ich also zu entscheiden, so wüßte ich meinen Platz: es wäre der Platz an der Seite des Abgeordneten Arndt.

Es dauert, wie man mich wissen läßt, noch vier oder fünf Tage bis zum Erscheinen meiner Erzählung »Das Löffelchen«; ich schicke das Buch Ihnen gleich, und Sie werden mir zugeben, daß ich mich dort unmißverständlich ausgedrückt habe zum Gegenstand.

Mit herzlichem Gruß Ihr Albrecht Goes

Stuttgart-Rohr, 3. Okt. 1973

Lieber Herr Reich-Ranicki,

Ihre Hesse-Rezension habe ich mit dem leicht beklommenen Vergnügen gelesen, mit dem ich Sie meistens lese, meistens im Grundton einig, dies diesmal durchaus, und meist dann bei ein paar Formulierungen recht zur Rebellion geneigt, weswegen ich Ihnen denn gleich noch ein paar Strophen ins Haus schicke, die ich vor Jahren einmal bei einem mich besonders berührenden Abschied zu schreiben hatte und die dann ein Sonderdruck geworden sind.

Ganz recht: ich bin unter Umständen auch geneigt, nach einem Himbeergeist zu greifen oder einem Kirschwasser, wenn ich das Wort »Seele« und nun gar in so grausigen Composita höre, aber abusus non tollit usum,

es *kann* dann auch einmal – nicht nur im Russischen und nicht nur im Französischen – das rechte Wort sein; ich selbst spare es sehr; aber ausnahmsweise mags dann auch einmal aus der Vitrine hervorgeholt werden. Das geben Sie vielleicht auch zu.

Zu Hesse: er war ein Jugendfreund meines Vaters, ich habe sehr merkwürdige Briefe des 21jährigen, und wir kannten einander dann auch fünfunddreißig Jahre lang, so ist der Akzent meiner Rezension durch dieses Stück Freundschaft mitbestimmt, es gibt da eine schwäbische Unterströmung, eine Art Golfstrom der Nähe: aber die Humorlosigkeit, das bestürzend Unfontanische – da haben Sie recht, ganz recht. Er hatte im Privaten einen Charme, der auch lachen und lächeln konnte, und über den Geschichten aus »Diesseits« und dem »Knulp« liegt ja ein Hauch davon. Mit meinem Wort von der »Nummer kleiner« hab ich ja angedeutet, daß ich die Mythosbildung nicht verstehen und nicht goutieren werde; aber Sätze, wie sie bei Hans Habe in den Erfahrungen über HH vorkommen, sind dann auch wieder humorlos und treffen nicht genau.

Mit herzlichen Grüßen Ihr Albrecht Goes

Stuttgart, am 12. März 1978

Sehr geehrter Herr Reich-Ranicki,

es wäre nicht recht, wenn ich Ihnen nicht spontan gratulieren wollte zu Ihrem großen Thomas-Mann-Aufsatz in der FAZ von gestern. Ich war in den ersten siebzig Tagen dieses Jahres ziemlich krank, hatte viel Fieber und viele Fiebernächte, und unter den 4, 5 Büchern, die mir die Nachtwache vertrieben, waren ausdrücklich auch die Tagebücher von TM, weswegen ich das Buch jetzt wirklich gründlich, in- und auswendig kenne, und da ich ja 50 Jahre lang das ganze Opus als Kontext viele Male gelesen habe, kann ich als Experte gelten, ohne zu übertreiben. Es ist sehr schön, daß Sie sich ziemlich lange Zeit gelassen haben zur Rezension und die nicht ganz leichte Arbeit der Gerechtigkeit, Geduld so geleistet haben, wie sie in uns nur die Zeit, die langsam vergehende, leistet: die ersten und die zweiten Eindrücke liefern die Emotionen, erst später spielt sich die Waage ein, und diese Ruhe inmitten der Leidenschaft ist in Ihrer Arbeit sehr schön. Auch in den antisemitischen Partien. Ich hätte vielleicht die homoerotische Komponente noch um eine Nuance zurückhaltender gesetzt; das Wort »monologisch« bei Ihnen trifft es natürlich – mir wollte noch stärker das Zuschauerhafte in dem Bereich zu Gefühl kommen, Gustav Aschenbach sieht und ist bewegt – aber die Bewegung ordnet sich dann doch dem Gestalterverlangen unter, und der berühmte Kapitelschlußsatz im »Tod«, das »Ich liebe dich« – war doch eigentlich das, worauf es ihm ankam. Vielleicht doch – in der Summa – kein sehr starkes Engagement – an keiner Stelle – weder bei K. noch bei den Kindern noch in diesem Bezirk?

»Wie, Herr Goes, unsre alte Liebe, die *Form*?« – das war das letzte Wort, das ich von ihm gehört habe … es war am Abend des 6. Juni 55 im Zunfthaus zum »Rüden«, als wir uns um Mitternacht Lebwohl sagen … Das kommt mir nicht aus dem Sinn.

Mit freundlichen Grüßen Ihr Albrecht Goes

GEORGES-ARTHUR GOLDSCHMIDT

Tremeaux, am 21. IX. 91

Sehr verehrter Herr Reich-Ranicki,

entschuldigen Sie bitte, daß ich nicht auf Ihre freundliche Sendung vom Juni eingegangen bin, ich wollte aber erst Ihr Buch ganz lesen. Über Ruhestörer ist ein schönes Buch, vor allem sind mir die beiden ersten Kapitel wichtig, grundlegend gewesen, denn sie bestätigen, was ich selber auch schon immer gedacht habe.

Was Sie z.B. S. 34 über die unheimlichen Dichter sagen und über die Halbwüchsigen, die erst im Exil, ich würde sogar sagen aus dem Exil schreiben, gehört zu dem Schönsten, was ich darüber gelesen habe. Ja, Sie haben völlig recht, wer Grauenvolles erlebte, versucht es immer wieder, das Grauen zu erkunden, ich würde sagen, er ist fast dazu verpflichtet.

Alles was Sie sagen, auch z.B. über die Unzufriedenheit der Deutschen und Juden mit sich selbst, über die verblüffende Ähnlichkeit beider Völker ist mir auch immer wieder aufgefallen. Hier ist vor kurzem ein Buch erschienen, das großartig zeigt, daß Heidegger alles Jüdische, das ja sein Denken ausmacht, geradezu ausrottet, ver*nichtet.*

Aus Ihrem Buch ist noch viel, sehr viel zu schöpfen, das Heinekapitel ist ganz großartig.

Ich habe von Ammann gehört, Sie hätten im Fernsehen mein Buch gelobt, ich danke Ihnen herzlichst dafür. Zu gleicher Zeit schrieb ich ein Buch auf Französisch »La Forêt interrompue«, das Handke wieder ins Deutsche übersetzen wird. Irgendwie habe ich von ihm bereits am Anfang schon gewußt, daß der Antisemitismus für ihn etwas wie eine fast leibliche Unmöglichkeit war, irgendwie, vielleicht werden Sie das komisch finden, habe ich das bei ihm herausgelesen.

Eins ist doch bei Heine – Sie schreiben so schön von Hans Mayer – eigenartig ist sein fast antisemitischer Haß auf Platen – so ging es auch mit dem Bruder von Rahel Varnhagen: komisch, daß auch die Verfolgten zu Verfolgern werden.

Es grüßt Sie sehr herzlich in Dankbarkeit

Ihr G. A. Goldschmidt

THOMAS GOTTSCHALK

München, 17. November 1999

Sehr geehrter Herr Reich-Ranicki,

selten schwinge ich mich dazu auf, Gästen, die in »Wetten, dass…?« aufgetreten sind, hinterherzuschreiben. In Ihrem Falle melde ich mich sogar schon in vorauseilender Besorgnis.

Meine Frau, meine Mutter und ich haben Ihr Buch, das ich ordnungsgemäß zweifach zum vollen Preis im Buchhandel erstanden habe, mit Begeisterung gelesen. Eine ausführliche Kritik erspare ich mir, das ist Ihre Sache. Meine ist es, Sie und Ihre verehrte Frau Gemahlin noch einmal nachdrücklich davon zu überzeugen, daß Ihr gemeinsamer Auftritt in »Wetten, dass…?« richtig und wichtig ist. Ich weiß, Sie kommen gerne und freiwillig, denn Sie wissen, daß ca. 15 Millionen Zuschauer (so viele waren es beim letzten Mal) von einem bestens vorbereiteten Moderator (der ich selten bin) kurz vor Weihnachten noch einmal nachdrücklich auf Ihr Buch hingewiesen werden. Sollte es einer zusätzlichen dunklen Drohung bedürfen: Ihr Herr Vater hätte die geschäftliche Bedeutung dieses Auftrittes nicht erkannt.

Sie dürfen versichert sein, daß es keine unerwünschten Begegnungen mit anderen Gästen gibt, die unter Ihrem Niveau wären, oder daß wir Ihnen Dinge zumuten, bei denen Sie sich unwohl fühlen müßten. Dazu kommt, daß ich mich auf keinen anderen Gast dieser Show so freue wie auf Sie. Ich sage das nicht leichtfertig, wo doch in der gleichen Ausgabe auch der von mir hochverehrte ehemalige Beatle Paul McCartney auftritt. In meinen Kreisen hat er ungefähr die Größenordnung eines Thomas Mann. Je länger der Brief wird, um so eher schreibe ich mich noch um Kopf und Kragen. Deswegen hier die abschließende Bitte: Werden Sie nicht anderen Sinnes, erkälten Sie sich nicht und erfinden Sie keine Ausreden, wir sehen uns am Samstag, den 11. Dezember in Böblingen.

Bis dahin bin ich mit meinen allerbesten Wünschen

Ihr Thomas Gottschalk

P. S.: Falls Sie vor der Sendung noch persönlich mit mir sprechen möchten, bin ich bereit, mich jederzeit zu jedem von Ihnen gewünschten Termin noch einmal persönlich bei Ihnen zu melden.

GÜNTER GRASS

Berlin, am 12. Februar 1965

Mein lieber Herr Ranicki,

ich habe nur zwei nennenswerte Erzählungen geschrieben; die eine heißt »Die Linkshänder« und ist schon oft abgedruckt worden, die andere heißt »Meine grüne Wiese« und wurde 1956 in *Akzente* veröffentlicht. Nachgedruckt ist sie – soviel ich weiß – in Deutschland noch nie. Falls sie Ihnen gefallen sollte, was ich bezweifle, steht sie Ihnen zur Verfügung.

Gestern las ich mit wenig Vergnügen, was Marcel wieder einmal den deutschen Schriftstellern als Gruppe vorzuwerfen hat. Diesmal ist es ihr angebliches Schweigen zur immer näherkommenden Verjährungsfrist. Herr Habe hat natürlich ähnliche Töne gesungen, und auch er meinte, dieses Schweigen lasse sich auf die Furcht der Schriftsteller zurückführen, Leser zu verlieren. Lieber Herr Ranicki, ich halte das schlicht für eine Diffamierung. Es wird Ihnen wohl aufgefallen sein, daß öffentliche Deklamationen in den letzten 15 Jahren wenig genützt und oft genug geschadet haben. Jeder noch so berechtigte öffentliche Protest, der nicht mit der notwendigen Macht, dem Protest Nachdruck zu geben, ausgestattet ist, entlastet allenfalls den Bundestag und seine Mitglieder, wie ja auch die lautstarke Forderung, es möge der Schriftsteller das Gewissen der Nation sein, nur dazu angetan ist, anderen Leuten das Gewissen abzunehmen.

Selbstverständlich wehre ich mich auf meine Art gegen die Verjährung ungesühnter Verbrechen. Aber es wird wohl so sein: was Ihnen nicht zu Ohren kommt, ist nicht geschehen. – Wenn Sie mit dem Brechtstück mein Stück *Die Plebejer proben den*

Aufstand meinen, kann ich Ihnen die freudige Mitteilung machen, es ist fertig. Und wenn sich das Schiller-Theater nicht schrecklich in die Hosen macht, wird es wohl hier im Herbst über die Bretter gehen.

Ich grüße Sie in alter Freundschaft Ihr Günter Grass

Berlin-Friedenau, am 27. 1. 1982

Lieber Marcel Reich-Ranicki,

Ihr Brief hat mich überrascht, hatte ich doch erwartet, daß Sie nicht nur Kritik austeilen und zur Polemik fähig sein könnten, sondern auch bereit wären, Kritik und Polemik auszuhalten.

Um zum Kern Ihres Briefes zu kommen: jener Marcel Reich-Ranicki, den ich 1958 in Warschau kennenlernte, war, wann immer er über Literatur sprach (und eigentlich sprach er nur über Literatur), geprägt von den Normen des sozialistischen Realismus. Und diese aus der Zeit des Stalinismus herrührende Verengung der Literatur bestimmt ihn auch heute noch, sosehr er sich außerhalb oder im Gegensatz zur leninistisch-stalinistischen Ideologie sehen mag.

Ich habe mich immer bemüht, Ihren Begriff von Literatur als Gegebenheit zu akzeptieren, und oft genug haben mich Ihre vitalen Mißverständnisse amüsiert. Doch schlimm und in gewissem Sinne bedrohlich wird es, sobald Sie beginnen, die oft genug doktrinären Normen Ihres Literaturverständnisses in den Bereich der Politik zu übertragen. Dieses Gefühl, unter Druck gesetzt zu werden, haben etliche Schriftsteller empfunden, die der Einladung von Stephan Hermlin folgen wollten und die sich der anhaltenden Kampagne der FAZ gegen das geplante Schriftstellertreffen ausgesetzt sahen. An dieser Kampagne haben Sie sich maßgebend beteiligt.

Zu den betroffenen Schriftstellern gehöre ich; und als das Treffen endlich und dennoch zustande gekommen war, nahm ich Gelegenheit, in einem Interview auch jene mir bekannt gewordenen Versuche aufzuzählen, die das Treffen verhindern wollten. Es ist die reglementierende Art Ihrer politischen Parteinahme, die mir wie ein Rückfall in ungute Zeiten vorkommt; so väterlich-besorgt und drohend zugleich habe ich auch die Herren Kurella und Hager im Ohr. Diesen (wahrscheinlich gutgemeinten) Versuch der Entmündigung angeblich naiver und verführbarer Schriftsteller haben schon andere vor Ihnen gemacht. Doch ich möchte mich dagegen verwahren.

Jedenfalls haben die aus Westdeutschland und Ostberlin angereisten Schriftsteller während der dann doch endlich stattfindenden Tagung Ihrer Belehrungen und Verwarnungen nicht bedurft.

Ich hoffe, daß auch Sie das inzwischen eingesehen haben, und grüße Sie freundlich.

Ihr Günter Grass

ULRICH GREINER

Hamburg, den 17. Juli 1995

Lieber Herr Reich-Ranicki,

als ich Sie am Abend Ihrer Geburtstagsfeier darum bat, mir Ihr Buch zu signieren, sagten Sie mir, es hätten sich einige Gäste gewundert, daß ich überhaupt zu dieser Feier eingeladen worden sei. Ich gestehe, daß ich mit dieser Bemerkung zunächst nichts anfangen konnte. Es ist ja etwas merkwürdig, nach gehabtem Speis und Trank zu hören, man sei nicht unbedingt willkommen gewesen. Heute aber scheint mir, als hätten Sie mir mit dieser unmotiviert wirkenden Äußerung Ihren möglicherweise von mir nicht ganz verdienten Großmut bedeuten wollen. Lassen Sie mich deshalb einen Blick zurückwerfen.

Im Mai vergangenen Jahres äußerte Tilman Jens im WDR den Verdacht, Sie hätten dem polnischen Geheimdienst angehört. Sie wiesen die Vorwürfe zurück. Ich entschloß mich, Sie um ein Interview zu bitten. Thema sollte Ihre polnische kommunistische Vergangenheit sein. Sie stimmten dem zu, und das Interview erschien in der *ZEIT* vom 10. Juni 1994. Ich fragte Sie nach der Geheimdienstsache, und Sie gaben auf diese Frage eine Antwort, die sich fünf Tage später, als der »Spiegel« gleichfalls mit einem Reich-Ranicki-Interview erschien, als falsch und irreführend erwies. Im »Spiegel« stand zu lesen, daß Sie tatsächlich als Offizier des polnischen Geheimdienstes nach London gegangen sind. In der *ZEIT* bestanden Sie auf der Version, Sie hätten als polnischer Konsul routinemäßig mit dem Geheimdienst zu tun gehabt, *ihm aber nicht angehört.* Ich schrieb daraufhin in der *ZEIT* vom 24. Juni 1994 einen Kommentar, der unter anderem die folgenden Feststellungen traf.

1. Reich-Ranicki habe gelogen. (Ich habe nicht geschrieben, wie Lothar Baier in seinem Brief behauptet, Sie seien »ein Lügner«. Ich habe gesagt, daß sie in einem zentralen Punkt nicht die Wahrheit gesagt haben. Dies festzustellen war deshalb geboten, da den Lesern der *ZEIT* zwei Wochen zuvor Unzutreffendes mitgeteilt worden war.)

2. Der Angriff von Tilman Jens sei gleichwohl eine »antisemitisch riechende Attacke« und denunziatorisch gewesen.

3. Reich-Ranicki wäre besser beraten gewesen, beizeiten die Wahrheit zu sagen, unter anderem deshalb, »weil *einer, der Schriftstellern ihre Verstrickung in den kommunistischen Machtapparat mit Recht vorhält, gut daran tut, von der eigenen, wenn auch lange zurückliegenden Verstrickung zu berichten*, was ja seiner Kritik ideologischer Verblendung zusätzliches Gewicht gäbe«.

4. Es sei geboten, zwischen dem Lebensweg eines Reich-Ranicki, dessen Eintritt in KP und Geheimdienst die längste Zeit zurückliege und aus seiner Geschichte verständlich sei, und dem von Intellektuellen wie Christa Wolf zu unterscheiden, die noch 1989 öffentlich vom wahren Sozialismus geträumt hätten.

Sie wissen, daß in der Feuilleton-Redaktion der *ZEIT* Ihre Freunde rar sind. Den Geburtstagsgruß zum Fünfundsechzigsten mußte ich mit einer gewissen Energie durchsetzen, ebenso die Veröffentlichung des Fragebogens aus Anlaß des Siebzigsten. Die Tatsache, daß zwei Seiten des *ZEIT*-Feuilletons mit einem Reich-Ranicki-Interview gefüllt waren, und dies in einer schmalen Sommer-Ausgabe, weckte Kritik, der ich guten Gewissens entgegentrat, aber nicht mehr guten Gewissens entgegentreten konnte, als sich zeigte, daß Sie mir in einem wichtigen Punkt nicht die Wahrheit gesagt hatten.

Nicht genug damit, daß ich, dies feststellend und kommentierend, Ihren Zorn und den Ihrer Freunde mir zuzog – ich zog mir auch den Zorn *von Herrn Jens sen. zu, der seine alten Verbindungen zur ZEIT spielen ließ, um den Abdruck einer Entgegnung von Herrn Jens jun. zu erpressen*, die ich dann am Urlaubsort las und als demütigend empfand. Es war der Sommer, in dem ich mich entschloß, von meinem Amt zurückzutreten.

Ich wäre mit dem Band »Lieber Marcel« nicht zu Ihnen gekommen, hätte ich den Brief Lothar Baiers gelesen. Er nennt mich darin einen Mann, der im »Windschatten Reich-Ranickis großgeworden« sei, sich jetzt mit satter Selbstgerechtigkeit undankbar zeige und »furchtbar mutig ›Lügner‹« rufe. Baier fühlt sich an Harlans »Jud Süß« erinnert und empfindet bei der Lektüre der Feuilletons: »Es riecht nicht gut in Deutschland.« Behutsamer kann man den Vorwurf des Antisemitismus kaum formulieren.

Lothar Baier, den ich früher schätzte, habe ich in den letzten Jahren als einen Mann kennengelernt, der öffentliche Debatten so lange scheinbar unbeteiligt verfolgt, bis er mit einem gut plazierten Zwischenruf moralischen Mehrwert einstreichen kann. Den zu erzielenden Profit garantieren Antifaschismus und Antisemitismus-Verdacht immer noch am ehesten.

Von Ihnen weiß ich, daß Sie Lothar Baier nie geschätzt haben, und ich erinnere mich an früheren Streit, ob Baier überhaupt wert sei, in der *FAZ* schreiben zu dürfen. Ich fand damals, ja, sie waren dagegen. Baier könne nicht schreiben, sei ein Langweiler und Ideologe.

Ich kann nicht glauben, daß dieser Brief beiläufig in den Band gekommen ist. Sie nehmen Tröstungen sogar von Lothar Baier entgegen. Er bestätigt Ihre Lesart, Sie seien Opfer einer Kampagne geworden, während Sie allenfalls das Opfer Ihrer eigenen Zögerlichkeit gewesen sind. In Wahrheit erschleicht sich Baier mit seinem ebenso dummen wie infamen Brief einen moralischen Bonus, der ihm nicht zusteht und den Sie, indem Sie Jochen Hieber den Abdruck des Briefes erlaubten oder gar anregten, verstärken.

Soweit der Rückblick. Mir scheint demnach, daß Sie und Ihre ungenannten Freunde, was diese Affäre betrifft, keinen Grund hätten, mir Vorwürfe zu machen. Ich gebe diesen Brief, da er auch sie betrifft, Lothar Baier und Jochen Hieber zur Kenntnis. Damit ist in meinen Augen die Sache erledigt, und wir sollten wieder miteinander reden können, falls etwas ansteht.

Beste Grüße Ihr Ulrich Greiner

PETER HAMM

Tutzing, 18. 9. 84

Lieber Marcel Reich-Ranicki,

gleich nach unserem Telefonat ließ ich Ihnen an Ihre Privat-Adresse nochmals ein Exemplar meiner »Poetischen Arche Noah« senden, in der großen Hoffnung, daß Sie doch noch die Zeit finden, sich davon überzeugen zu lassen, daß meine Intention für dieses Unternehmen, zu dem ich jahrelang Material sammelte, keiner bloßen Laune, keinem Spleen und keiner Sentimentalität entstammt. Ich war, ehrlich gestanden, schon ein wenig betroffen, als Sie am Telefon sagten, Sie hätten kein Interesse an Tieren, weil für mich in diesem Satz auch schon so etwas wie ein Urteil über mein Buch mitschwang und ich die FAZ-Rezension im Geiste schon in irgendeine werktägliche Feuilleton-Ecke verbannt sah.

»Mit zunehmender Erkenntnis werden die Tiere den Menschen immer näher sein. Wenn sie dann wieder so nahe sind wie in den ältesten Mythen, wird es kaum mehr Tiere geben.« Diese beiden Sätze des von Ihnen auch nicht sonderlich geschätzten Elias Canetti sind eines der Motti zu meiner Arche, in der Sie, wenn Sie nur wollen, auch – dafür garantiere ich – viele Texte von Autoren, die Sie schätzen oder sogar wiederentdeckt haben (wie etwa Polgar), finden werden. Und vielleicht gibt es Ihnen dann doch zu denken, daß so viele der größten Dichter, Maler und Philosophen sich immer wieder mit dem Tier auseinandergesetzt haben. Klabund war dann der erste, dem der Plan einer Anthologie wie der jetzt von mir vorgelegten vorschwebte, also ein Buch, in dem die Tiere nicht mehr lediglich als Fabel-Verkörperungen für Menschliches, sondern autonom, fremd, als Subjekte und nicht nur als Objekte erscheinen. Nach allem, was Menschen den Menschen – und auch den Tieren – angetan haben, mag man im Menschen ja nicht mehr unbedingt die »Krone der Schöpfung« erblicken. Doch das wußten schon Spinoza, Montaigne oder Schopenhauer und Nietzsche – und die Dichter formulieren es auf ihre Art mindestens seit der zweiten Hälfte des 19. Jahrhunderts. Jetzt, um nochmals Canetti zu zitieren, sind »alle Geschöpfe vorsintflutlich, aus der Zeit vor der Atombombe«! Dieser möglichen neuen Sintflut eingedenk, errichtete ich meine »Poetische Arche Noah«.

So, lieber Marcel Reich-Ranicki, ich habe Sie genug hingehalten. Wenn Sie jetzt trotzdem noch das Nachwort meiner Anthologie lesen, würde es mich aber schon sehr freuen.

Herzliche Grüße bitte auch an Ihre Frau, und bis zur Messe!

Ihr Peter Hamm

PS. Dank, daß Sie mir für Ende Oktober einen Buchtip in Aussicht stellten! Wie wär's mit einer Joseph-Roth-Empfehlung? Von Roth gibt es ja stets Neu-Ausgaben.

WOLFGANG HARICH

DDR-104 Berlin, d. 3. Juli 1974

Mein lieber Marcel!

Mein Absagetelegramm hast Du erhalten. Ich möchte es aber nicht dabei bewenden lassen, sondern es begründen und Dir bei der Gelegenheit sehr herzlich danken, einmal natürlich für den höchst ehrenvollen Auftrag und zum anderen, besonders, dafür, daß Dein Telefonanruf neulich mir den Anstoß gab, mich mehrere Tage lang ausschließlich mit Goethe zu beschäftigen – was äußerst wohltuend war.

Die Gründe für meine Absage bitte ich Dich zu verstehen:

1.) Ich möchte nach dem dicken Jean Paul-Buch möglichst *fürs erste* nicht mehr als Literarhistoriker in Erscheinung treten, sondern mich lieber einmal wieder rein philosophisch profilieren, und zwar am liebsten ganz streng, mathematisch-logisch oder so, mit Formeln, damit ich nicht ganz in eine falsche Kategorie abrutsche. Es geht mir da wie der May, wenn sie »Hallo, Dolly« gesungen hat. Dann ist bei ihr wieder die Barrikade fällig.

2.) Beim besten Willen fällt mir zum Goethe-Jubiläum nichts ein, was für Euch lohnend, weil originell und brillant genug, wäre. So eine Art Abusch-Aufguß wollt Ihr doch wohl nicht, und das käme vermutlich heraus. (Es steckt in unsereinem nämlich drin.)

3.) Dummerweise habe ich im Rowohltschen »Literaturmagazin 1« es dem Hartmut Lange, in Erwiderung auf seinen Angriff vom 6. Juli 1973, als ganz besonderes Verbrechen angekreidet, daß er überhaupt für die FAZ schreibt (siehe »Literaturmagazin 1«, Reinbek 1973, Seite 122, Zeile 18 von oben).

Muß darüber nicht jetzt noch *ein bißchen* Gras wachsen, ehe ich dasselbe Verbrechen begehe? (Die Sache passierte vor Deiner Zeit, ich weiß, ich weiß. Trotzdem meine ich: ein *bißchen* Gras – und dann ein Beitrag von mir zu einem Thema, das mir prononciert klassenbewußt-linkes Auftreten ermöglicht. Goethe gibt derartige Themen *für mich* nicht her, im Zusammenhang mit ihm werde ich eher bildungsbürgerlich-konservativ.)

Dies, wie gesagt, sind die Gründe, die für mein Absage-Telegramm neulich maßgebend waren. Inzwischen ist vielleicht eine neue Lage insofern eingetreten, als dem Vernehmen nach das »Rowohlt-Magazin 2« dem Thema »Kann man von Goethe heute noch etwas lernen?« gewidmet sein soll. Ich habe dieses Heft im Moment noch nicht. Aber es kann natürlich sein, daß, wenn ich es gelesen haben *werde*, es mich zu einer Rezension für Euch – oder zu einer Äußerung über irgendeine Passage darin – reizen *könnte*. Ich sage: *»könnte«*. Aber versprechen kann ich das vorderhand, in Unkenntnis des Hefts, nicht. Sollte es der Fall sein, dann melde ich mich wieder bei Dir – nach der Rückkehr aus dem Urlaub (22. Juli). Aber auch dann käme sicher kein regelrechter Jubiläumsartikel von mir zustande, den Du Dir auf jeden Fall woanders bestellen solltest.

Im übrigen bin ich leider zur Zeit gesundheitlich gehandikapt. Mit Nierenkoliken, einem scheußlich schmerzhaften Leiden, das ich, vorbeugend und lindernd, mit dem Konsum von Unmengen warmen Biers behandeln soll, wobei mir andererseits der Herzspezialist, im Hinblick auf meine angina pectoris, Flüssigkeitskonsum untersagt hat. Als einstigem volksdemokratischen Ideologen wird Dir der Umstand geläufig sein, daß man so etwas einen »dialektischen Widerspruch« nennt, und daran zu siechen gehört sich zweifellos für einen Marxisten, wenn er die 50 überschritten hat.

Auf Eure Rezension meines Jean Paul-Buchs bin ich sehr gespannt.

Sei herzlich gegrüßt von Deinem Wolfgang Harich

Grüße unbekannterweise auch an Herrn Fest. Du kannst ihm erzählen, daß ich mir seinen dicken Wälzer, auf Grund des – desorientierenden – Hörensagens darüber, besorgte in der Absicht, ein Pamphlet gegen ihn zu schreiben, den Wälzer dann aber mit wachsender Bewunderung las und den Plan definitiv fallenließ. Ich bin nicht mit allem einverstanden, aber mit vielem sehr, und im ganzen ist es ein grandioses und verdienstvolles Werk und, weiß Gott, alles andere als beschönigend. Nur: Die Vorurteile bei den Nicht-Lesern, den aus zweiter Hand Informierten und Aufgeschnapptes-Nachschwätzern, hat Fest sich mit manchen *ungeschickten* Formulierungen des Vorworts ein bißchen selbst verdient. Manchmal denke ich aber auch: Vielleicht hat er gar nicht ungeschickt, sondern bewußtermaßen so formuliert, um Nazis erst einmal anzulocken und sie dann einer desto gründlicheren antifaschistischen Gehirnwäsche zu unterziehen. Ich verfahre in meinem Wälzer ähnlich mit der Nach-APO, indem ich sie mit scheinbar Anti-Goetheschem zu ködern und dann, auf dem Umweg über den linken Jean Paul, zu Goethe hinzuführen versuche.

W. H.

DDR-1017 Berlin, d. 4. 10. 1985

Lieber Marcel!

Habe vielen Dank für Deinen Brief vom 3. September. Es hat mich gefreut, wieder einmal von Dir zu hören. Wenn Du mich mit »Sie« anredest, so kann ich das weder auf Vergeßlichkeit noch auf menschliche Entfremdung Deinerseits zurückführen, sondern nur darauf, daß Du mir irgendwie »nicht schaden« möchtest. Das ist gut gemeint von Dir, es ehrt Dich. Aber weil Du es bist, möchte ich mich dazu bekennen, mit so einem wie Dir auf dem Duzfuß zu stehen – trotz allem oder wegen alles (allem? allens? – wie man diesesfalls den Genitiv hinkriegt, weiß ich nicht; in Polen oder England wirst Du es besser gelernt haben).

Zur Sache. Ich möchte *nicht*, daß mein Beitrag über Thomas Mann von 1975 nun noch einmal erscheint, sei es mit, sei es ohne Nachtrag. Erstens bin ich beim nochmaligen Durchlesen nach so langer Zeit entsetzt über mein damaliges schamloses, taktloses Eitelkeitsgespreize, über meine Renommage mit antifaschistischer Vergangenheit, mit naher Beziehung zu Eisler, aber auch mit japanischer Diplomatie und manchem anderen mehr. Das Wiederlesen des Artikels hatte insofern einen geradezu psychotherapeutischen Effekt auf mich. Nun geniere ich mich. Erspare es mir, bitte, das in Buchform verewigt zu wissen. Es soll im Zeitungsarchiv weitermodern. Ich will jetzt in meine seriöse, menschlich ernstzunehmende Altersphase eintreten; es wird höchste Zeit. Und andere brauchen in den Selbsterkenntnisprozeß, der dahin führt, nicht hineinzuriechen. Er möge, bitte, unter Datenschutz stehen. Zweitens: Wie schrecklich reaktionär, proamerikanisch, antikommunistisch, antigewerkschaftlich, sogar antifriedlich die FAZ ist, das ist mir erst in den Jahren, in denen ich im Westen war, durch regelmäßige, informiert sein müssende, aber täglich mich anwidernde Lektüre voll bewußt geworden, und es bestätigt sich mir jedesmal aufs neue, wenn ich von hier aus, via Rundfunk, in eine Zeitungsschau hineinhöre. Das ist ja noch viel schlimmer als Springers »Welt«, wo dieselbe Linie wenigstens noch durch Dummheit und Niveaulosigkeit gemildert wird. Ich weiß, ich weiß: Du mit dem Literaturteil steuerst da eine besondere Linie, auf liberale Kulturrepräsentanz bedacht, objektiv sogar auch zu Kommunisten, nur mit der Niveauelle messend etc. pp. Durch viele Jahre habe ich das gegenüber Linken verteidigt. Die zweieinhalb Jahre im Westen haben mich eines Besseren belehrt. Jetzt sage ich: Dein Niveau macht die Sache um so schlimmer!! Nenne mich borniert, einen Dogmatiker, einen Sektierer; es hilft alles nichts: Ich kann und ich will bei Deiner Kulturfassadenbauerei nicht mehr mitmachen, nie mehr. Du bist herzlich zu mir zum Tee geladen, Thomas Mann würde sagen: ein lieb erwünschter Gast; aber für Dein Blättchen kriegst

Du keine Zeile mehr von mir, und auch nicht für ein S. Fischer-Buch, das aus Deinem Blättchen was nachdruckt. Drittens: Du möchtest noch einen Nachtrag 1985 haben, einen möglichst langen. Marcel, ich kann das aus Gründen der Zeit- und Kräfteökonomie nicht mehr schreiben, weil ich vollständig absorbiert bin von der Arbeit an einem umfangreichen, ungeheuer schwierigen Buch, das keinerlei Ablenkung, keinerlei sonstigen Kräfteverzehr duldet.

Und jetzt will ich Dir beweisen, daß ich – trotz allem, wegen allem (allens? alles?) – noch in Dir den vertrauten Freund sehe, und das tue ich, indem ich Dir anvertraue, was ich vorhabe. Ich sitze seit zweieinhalb Jahren an einem umfassenden philosophie*historischen* Opus über Nicolai Hartmann, habe aber den Ehrgeiz, damit in Wirklichkeit ein Stück *systematische* Philosophie beisteuern zu helfen, und zwar so, daß der Torso gebliebene Versuch des ganz späten Lukács, N. Hartmanns Gedankenerbe – kritisch angeeignet, versteht sich – in die Weiterentwicklung des Diamat hineinzunehmen, weitergeführt und, wenn möglich, vollendet wird. (Unberufen toi, toi, toi, eine abergläubische Wendung, die Lukács »religiösen Atheismus« genannt hätte.) Darüber rede und schreibe Du bitte auch nicht; ich sage es Dir unterm Siegel der Verschwiegenheit respektive des Datenschutzes; aber nicht, weil ich da was zu fürchten hätte, sondern weil auch das zu meiner jetzigen Altersweisheit gehört, nicht über ungelegte Eier zu gackern. Und nun schau: Es geht mir gesundheitlich gut. Aber ich bin nun mal nicht mehr der Jüngste, und der Herzknacks ist durch die Operation zwar sehr gemildert, aber eben nicht behoben. Und wenn ich da so an meinem Schreibtisch sitze, geht mir oft das Wort von Ernst Troeltsch durch den Kopf, der in meinem Alter schon seit vier, fünf Jahren unter der Erde lag: »Wenn man an die letzten Hauptsachen kommt, pflegt das menschliche Leben nicht mehr auszureichen …« Und dann schiebe ich alle Versuchungen, etwas mich von N. Hartmann und Lukács Ablenkendes zu schreiben, zu unternehmen, rigoros weg. Dieser Brief, Marcel, ist eine Ausnahme, eine der ganz, ganz, ganz seltenen Ausnahmen. Laß es Dir gut gehen und sei gegrüßt!

Dein Wolfgang Harich

PS.: Ich habe eine 36jährige Frau, einen Stiefsohn von 15 und eine Stieftochter von 10 Jahren. Ich kämpfe gegen die Fernsehgier der Kinder an, indem ich sie zum Bücherlesen verführe. Bei dem Stiefsohn gelang mir der Durchbruch mit Hilfe von »Felix Krull«. Mehr kann ich für Th. Mann nun nicht mehr tun. Seine Briefe? Seine Tagebücher? Bei dem, was ich vorhabe, kann ich sie mir nicht mehr leisten. Aber auch das, bitte, bleibe unter Datenschutz.

PPS.: Was Eisler, laut Harich, über Th. Mann 1949 gesagt hat, *stimmt* sinngemäß genau. Einem Eislerarchiv (oder der Th. Mann-Forschung) steht es zur Verfügung – *auch ohne Neudruck.*

Berlin, d. 1. 6. 92

Mein lieber Marcel!

Das mir mühsam anprobierte Westschlafmittel (statt DDR-Dormutal) heißt Lendormin. Es half mir wenig in der Schlafwagennacht, weil mir Gedichte von Brecht und Agnes Miegel durch den Kopf gingen. Und nach der Ankunft in Berlin kam ich auch nicht zum Schlafen; denn der Spargelgeruch im Urin ließ mich sofort nach dem Libretto der »Meistersinger« greifen (die Assoziationspsychologie von Wilhelm Wundt ist doch die einzig wahre geblieben). Danach fand ich – und las ich – im neuesten »Spiegel«, S. 98 ff. – den Artikel »Trophäen für die Sieger«, und das ließ meine Wahl auf das wunderschöne, tief humane, gegen das Trauma hiesiger Frauen oft und oft als hilfreich bewährte Miegel-Gedicht »Das Kriegskind« fallen. Nur: Dieses Gedicht (in: Gesammelte Gedichte, Jena – Diederichs –1936, S. 145 ff.) hat 82 Zeilen, mitsamt den unerläßlichen

Leerzeilen zwischen seinen 8 Strophen. Kannst Du da eine Ausnahme durchgehen lassen? Ich denke, nein. Wie wäre es, demnach, nun doch mit Brecht; nämlich mit dessen Nationalhymnentext (»Anmut sparet nicht etc.«, von 1949 und damals zugunsten des Becherschen »Auferstanden etc.«, von Pieck, Grotewohl und Ulbricht verworfen)? Mein Kommentar dazu würde gegen die 3. Strophe des Deutschlandliedes von H. v. F. polemisieren, die so abstrakt-doof ist wie sonst nur noch »Brüder, zur Sonne, zur Freiheit« und »Wann wir schreiten Seit' an Seit'«; beides hatten die Nazis ohne jede Textänderung aus dem Arbeiterliederrepertoire übernehmen können; eine Probe aufs Exempel von Heines Kritik an Herwegh und – teils wohl auch – Freiligrath in »Die Tendenz« (… »Aber halte Deine Dichtung nur so allgemein wie möglich!«). Aus solcherart primär ästhetischem Motiv könnte ich dann für Brechtsche Neubetextung der schönen Haydnschen Kaiserhymne plädieren. Und das wieder würde, vielleicht, DKP-Leser der »FAZ« heute, S. 2 (»Strenge Marxisten …«), zu mir versöhnlich stimmen helfen.

Für den gestrigen Abend Dir und auch Deiner lieben Frau sehr innigen Dank. Herzliche Grüße, auch an sie,

Dein Wolfgang Harich

LUDWIG HARIG

1. Dezember 1994

Lieber Herr Reich-Ranicki,

Haben Sie herzlichen Dank für Ihre »Rede über das eigene Land«, die ich mit großer Aufmerksamkeit und wachsendem Interesse gelesen habe. Es offenbaren sich in ihr über die liebe-, aber auch lust- und leidvolle Darstellung Ihres Lebens hinaus die Unter- und Hintergründe dessen, was sich in den letzthin bekannt gewordenen Vorwürfen Ihnen gegenüber verbirgt.

Ich stand dabei von Anfang an auf Ihrer Seite, wenn es in Gesprächen mit Freunden und Bekannten darum ging, diese Vorwürfe auszulegen. Was Ihre Haltung betrifft: Ich respektiere nicht nur die Beschaffenheit der menschlichen Natur, ich trete vor allem dafür ein, daß man verständnisbereit die Eigenschaften und Besonderheiten jedes Menschen achtet und seine Motive toleriert. In Ihrem Fall gibt es für uns Deutsche überhaupt keinen Grund, Ihnen – mit Ihrer Herkunft, Ihrer Familie, Ihrem Schicksal – auch nur das geringste vorzuwerfen. Auf besserwisserische, ja heuchlerische Weise mit Begriffen wie Wahrheit und Wahrhaftigkeit umzugehen ist mir ein Greuel, wie vor allem, wie all dies Ihnen gegenüber geschah. Sie haben deutsches Pharisäertum mit Ihrer »Rede über das eigene Land« auf die allereinfachste Art entlarvt – ohne nämlich auch nur ein Wörtchen darüber zu verlieren.

Es kommt darauf an, meine ich, zu fühlen, wie es in einem anderen Menschen aussieht, was ihn bewegt und leitet in den wechselvollen Ereignissen der Zeit, und sich hineinzuversetzen, so als sei man selbst dieser andere Mensch.

Ich freue mich auf unser Wiedersehen am 12. Februar in Frankfurt beim Feiern der »Frankfurter Anthologie«.

Alles Liebe, mit herzlichen Grüßen,

Ihr Ludwig Harig

PETER HÄRTLING

Berlin, 16. 12. 64

Werter Herr Reich-Ranicki,

wo kämen wir hin?! Meinen Sie wirklich, die Autoren sollten den Kritikern ihre Bücher schicken und den Verlagen diese Aufgabe abnehmen? Hat der Rezensent Anspruch darauf, das Büchlein frisch aus des Autors Hand zu empfangen? Sollen also die Lyriker, die Essayisten, die Romanciers den Vertrieb von den Verlagshäusern übernehmen, auf daß die Verleger noch mehr einsparen können? Könnte nicht auch ein durchaus vernünftiger Rezensent, dem vom Autor »persönlich« ein Werkchen zugesandt wird, auf den Gedanken kommen, der wolle unbedingt etwas von ihm? Sie legen, was ich als Bescheidenheit und Zurückhaltung betrachte, als hochmütige Herausforderung, schmerzhafte Beleidigung und eigentlich als eine Art »Kriegserklärung« aus. Da ich ein Pazifist bin und nichts mehr als Frieden wünsche, schicke ich Ihnen mein Buch. Doch hoffe ich, daß Sie fürderhin den nicht mehr für hochmütig erachten, der sich schlicht in Zurückhaltung übte: In der Annahme, daß diese Eigenschaft auch von Literaten gepflegt werden kann!

Auch mit einem Gruß,
mit einem freundlichen Ihr Peter Härtling

Walldorf, 2. 8. 1975

Lieber Marcel Reich-Ranicki,

solche Kritiken wie die über den »Niembsch« haben mich schon vor Jahren dazu gebracht, selbst kaum mehr – und wenn, dann unter Skrupeln – zu rezensieren. Sicher – ich bin betroffen, getroffen. Ich habe als Autor nach den ungeschriebenen Spielregeln auch zu schweigen. Darum ist dieser Brief allein an Sie und nicht »an die Herausgeber« gerichtet. Betroffen also, getroffen. Wäre ich's doch. Hätte M. Z. – wer immer das auch ist – genau gezielt. Aber nichts ist genau, alles verwaschen. Da wird angedeutelt. Gesummt und geflüstert. Da spielt Unrat Persil. Und nach zweifacher Lektüre frage ich ganz schlicht: von wem und wovon leitet sich das »Epigonal« ab? Wessen Sprache habe ich im »Niembsch« geschrieben, wessen Gedanken gedacht? Warum bleibt mir M. Z. darüber die Auskunft schuldig? Nicht nur mir, sondern den geneigten FAZ-Lesern? Solche zielstrebige Ungenauigkeit nennt man im ordinäreren, dem feinen Literatenleben entzogenen Umgang Denunziation. Nein, bewiesen muß nichts werden, die Verdächtigung genügt.

Im Grunde kann's mir egal sein. Die Kritiker der ersten Ausgabe können nicht alles Idioten gewesen sein, und die Franzosen auch nicht, die, zehn Jahre, nachdem der »Niembsch« in Paris erschienen ist, noch immer meinen, daß dieses Büchlein eine Zukunft habe. Autoren müssen sich auch trösten dürfen, nicht wahr? (siehe beigefügten Artikel aus Le Nouvel Observateur vom 9. 12. 74)

Gleichwohl: können Sie die Dame oder den Herrn M. Z. dazu veranlassen, mir in einem ganz privaten Brief den Vorwurf zu begründen, zu belegen. Die Mühe sollt's lohnen. Man kann auch ohne Öffentlichkeit denken lernen.

Herzlich Ihr Peter Härtling

Mörfelden-Walldorf, 26. 9. 92

Lieber Herr Reich-Ranicki,

in einem vom *Neuen Deutschland* publizierten Gespräch teilen Sie dem Publikum mit, daß »der Antisemitismus« nur »so aus mir herausspritze«. Das ist eine böse Nachrede, die Sie sich aufgrund einer bösen Nachrede erlauben. Ich bitte Sie herzlich, dies zu unterlassen, mich – den »Härt-ling« (wie albern!) – auch nicht als Feind zu betrachten. Wie sollte ich, dem durch eine journalistische Gemeinheit übel mitgespielt wurde, unversehens zu Ihrem Feind werden? Und wie kommen Sie, ebenso unversehens, darauf, mich als einen Antisemiten anzusehen? Wie wenig Sie auch immer meine Bücher schätzen mögen – vom ersten Roman »Im Schein des Kometen« über »Eine Frau«, »Für Ottla«, »Felix Guttmann« bis zu »Waiblingers Augen« habe ich den Antisemitismus bekämpft, gegen die Verdrängung, das Vergessen angeschrieben. Sie wissen es ja. Darum bitte ich Sie, mit dieser Nachrede aufzuhören – nicht zuletzt um das Andenken von Menschen nicht zu beleidigen, die mir leben halfen: Alexander Besser und meine Mutter (über deren Herkommen Sie sich in »Eine Frau« unterrichten können).

Nein, ich kann nicht Ihr Feind sein.

Sagen Sie, bitte, Ihrer Frau einen herzlichen Gruß, und seien Sie selbst bestens gegrüßt von Ihrem Peter Härtling

Freiburg i. Br., 19. Juni 1967

Sehr geehrter Herr Reich-Ranicki,

Ihr Plan »In Sachen Böll« entspricht durchaus diesem Phänomen, das sogar rechtfertigt, schon den fünfzigsten Geburtstag in der bezeichneten Weise zu feiern.

Aber zu meinem großen Bedauern muß ich Sie bitten, von meiner Mitwirkung absehen zu wollen. Denn ich kenne nichts vom Werk H. Bölls – eine der vielen Lücken, die ich in meinem Alter auch nicht mehr ausfüllen kann. Außerdem habe ich seit Jahren die Mitarbeit an Festschriften für meine nächsten Schüler abgelehnt, erst recht Festschriftbeiträge für andere Autoren.

Ich denke, Sie haben das rechte Verständnis dafür, daß ich bei meinem Alter die noch verbleibende Zeit dafür spare, eigene Versuche noch etwas von der Stelle zu bringen.

Mit bestem Gruß

Martin Heidegger

GERT HEIDENREICH

Hechendorf, 10. Januar 2000

Sehr geehrter Herr Professor Reich-Ranicki,

kürzlich habe ich Ihnen ein kleines Bändchen zugesandt, als Gruß nach Lektüre Ihrer Autobiographie – aber ich will Ihnen noch etwas mehr dazu schreiben, weil die Eindrücke nachwirken. Beim Lesen Ihrer Rezensionen war ich nicht selten anderer, zuweilen gegensätzlicher Ansicht, gelegentlich habe ich mich geärgert. Ganz anders diesmal:

Die Haltung des sich soeben erinnernden Erzählers, die Sie das ganze Buch hindurch bewahren, sorgt nicht allein für die große Lebendigkeit; sie macht es auch möglich, Ihre Erfahrungen so anzunehmen, als säßen Sie persönlich im Zimmer und sprächen von Ihrem Leben, und lesend wären wir die Zuhörer. Ich vermute, es ist Ihre Entscheidung für eine mutige Vorsicht, die dies bewirkt. Im Entsetzlichen ist nichts Klagendes oder Anklagendes, im Komischen kein Hervortun, im Betrachten von Welt und Literatur keine pauschale Geste; statt Selbstgewißheit Vergewisserung, Ironie – und Fragen, Vermutungen, Überlegungen, die es ermöglichen, mitzusehen, mitzufolgen, auch in jene Bilder, vor denen man entsetzt zurückschreckt.

Ich habe etwa seit meinem fünfzehnten Lebensjahr, zunächst angeleitet durch meine Eltern, vieles über die Nazizeit gelesen, ich habe versucht zu begreifen, was geschah, Dokumentarisches in mir versammelt, die Dichtung nach Auschwitz, Autobiographien und autobiographische Romane, bis jetzt, bis hin zu Louis Begley, Roman Frister, Solly Ganor, habe viele Gespräche geführt, auf meinen Reisen für's Goethe-Institut durch Polen und nach Israel – und ich muß zugeben, daß ich um so weniger begreife, je mehr ich weiß. Das ist mit Mitte fünfzig eine ratlose Bilanz.

Ihre Lebenserzählung aber verweist mich darauf, daß die Wahrheit nicht in einem überblickenden Verstehen und schon gar nicht in irgendeiner Mitte liegt, sondern in Shakespear'schen Gegensätzen: Sie lenken den Blick auf die konkrete Beobachtung mit all ihren Widersprüchen – das heißt natürlich, daß Sie selbst sich diesen Blick bewahrt haben: Mozart mitten im Grauen, die Liebe in einem Zimmer voll Tod, Anstand in physischer Not und seelischer Zerstörung, Trauer in äußerster Wortkargheit, Entschiedenheit in der Verzweiflung. Und am Ende kann ich aus all dem eine erstaunliche Ermutigung ableiten: Das Leben verläßt sich auf den Augenblick.

Vielleicht werden Sie befremdlich finden, daß ich Ihr Buch mit Vergnügen gelesen habe, mit literarischem Vergnügen freilich, zu dem das Vergnügliche nicht notwendig gehört. Aber Ihr Mut und die Eindrücklichkeit Ihrer Erzählweise gehören unbedingt dazu.

Ich grüße Sie freundlich und mit Hochachtung.

G. Heidenreich

GÜNTER HERBURGER

Berlin, den 31. 10. 67

Sehr geehrter Herr Reich-Ranicki,

vielen Dank für Ihr neues Buch »Literatur der kleinen Schritte«, das mich jetzt über Umwegsadressen erreichte.

Ich lese, lese wieder, was ich schon kannte, aber auf einen Haufen gepackt, beeindruckt mich doch die Entschiedenheit Ihrer Kritiken. Immer geht es um Literatur, aber meistens wird sie fast unliterarisch gesehen, d.h. ohne Umschweife, direkt zum Inhalt vordringend, die Form als etwas notwendig Dazugemachtes entschlüsselnd, jedoch nichts Überdienstliches deutend. Eifer und Wut freuen mich ja immer besonders.

Wenn ich da an Blöcker denke, wird mir schlecht. Denke ich an Heißenbüttel, den ich schätze, dann merke ich, daß er eben doch noch ein Geheimnis aus Literatur macht oder sie als Geheimwissenschaft sehen will. Es gibt eigentlich nichts Ekelhafteres, als Literatur übergeordnet zu sehen. Sie ist eines der vielen Mittel, die Masse des Realen zu bewegen und darin herumzustochern. Vielleicht findet einer mal Schlüsse, die einiges verbinden. Das kommt aus Ihrem Buch klar heraus. Konsequenz beeindruckt mich.

Aber der Aufsatz über Arno Schmidt hat mich sehr geärgert. Ich weiß nicht, da sehen Sie mehr den Schmidt als den Schreiber. Für mich ist er der einzige unter den lebenden deutschen Schreibern, bei dem ich gelernt habe und bei dem ich immer noch klaue. Gerade seine hochmütige kleinbürgerliche Rechthaberei dokumentiert die genaue Mitte des typisch Deutschen. Ein Roman wie das »Steinerne Herz« mit seiner Karl-May-Spannung ist für mich der beste deutsche Roman seit 45. Da erzeugt einer Abenteuer mit bürgerlichen Kleinigkeiten hinterm Haus und triumphiert auch noch, daß er als Amateurmünzensammler den natürlich dümmeren Kapitalisten in Hannover, der auch Münzen sammelt, hereinlegen kann. Ich lese es immer wieder. Oder im »Schwarzen Spiegel«, daß ausgerechnet Schmidt nach dem Atomschlag in Deutschland übrigbleibt, alle anderen sind, welch ein Triumph, zerstrahlt. Schmidt baut ein Haus, kann es, legt die Frau um, die aus Rußland kommt, schickt sie weg, hat Kraft und Mut, allein weiterzumachen. Bosheit und Genauigkeit überwältigen. Daß der hochmütige Kleinbürgermeister sich jetzt wiederholt, ist nur eine Phase, ich glaube, er haut uns doch noch einen Packen auf den Tisch. Allerdings sind seine Beobachtungen nicht mehr von heute, da haben Sie recht. Ich habe das Gefühl, daß er zwischen 45 und 50 sich umgeschaut hat, dann setzte er sich in die Bargfelder Klause, und seitdem zehrt er von diesen Jahren. Ich war mal dort, schlich ums Haus, hinein traute ich mich nicht.

Die letzte Geschichte in der »Gleichmäßigen Landschaft« zum Beispiel ist direkt von Schmidt beeinflußt. Ich saß damals bei Celle in derselben Gegend auf dem Land, begriff endlich genau, was Schmidt mit seiner Niedersachsenschreibe meinte, und nahm mir vor, für meinen Teil alles zusammenzufassen und in die Gegenwart, meine Gegenwart 1964, als ich die Erzählung schrieb, hineinzudrängen. Utopie, wie sie dann Schmidt betreibt wie z.B. in der »Gelehrtenrepublik«, scheint mir mäßig interessant.

Vielen Dank fürs Buch

Herzlichst — Ihr Günter Herburger

Fällt mir noch das Wichtigste ein. Schmidt ist übrigens der einzige, der eine neue Literatursprache macht, die nicht nur aus Hochsprache, sondern auch den vielen Verschleifungen, Jargonbewegungen und Fremdsprachenfetzchen besteht, die das Deutsche so leicht assimiliert. Schwierig, aber reich an Genauigkeit, denn mit der z.B. für mich fast antiquarischen

Hochsprache von Walser und Grass lassen sich Waren und Gefühle von heute, die wir alle kennen, meiner Meinung nach nicht mehr präzise ausdrücken. Über Schmidt im Gegensatz zur deutschen Literatur als Thema könnte ich lange reden, ohne Schmidt zu schonen. Im SDS-Jargon würde es heißen: Schmidts Fehler sind positiv notwendig systemimmanent.

Grüß Gott

STEPHAN HERMLIN

Berlin, 25. März 1975

Geehrter Herr Ranicki,

Was täte ich wohl lieber, als an einer solchen Thomas-Mann-Umfrage teilzunehmen?

Leider steht dem Ihre Person oder vielmehr der unqualifizierbare Blödsinn entgegen, den Sie vor Jahren über mich verbreiteten.

Dies also sei die »kurze, rasche Mitteilung«, die Sie erbaten. Freilich macht mein Glaube an die Menschheit auch vor Ihnen nicht Halt. Warum sollte der Erfinder einer Literaturbetrachtung, die von – nach großem Vorbild entlarvten – Pseudonymen ausgeht, nicht zu besser fundierten Einschätzungen hinfinden …

Bis dahin warten wir halt ein bißchen. Wenn es sein muß, bis zum nächsten Thomas-Mann-Jubiläum in fünfzig Jahren.

Mit vorzüglicher Hochachtung

Stephan Hermlin

WOLFGANG HILDESHEIMER

Poschiavo, 16. 11. 79

Lieber Ranicki,

herzlichen Dank für Ihre Zeilen und für die Zusendung Ihrer Polemik. *Natürlich* habe ich sie inzwischen gelesen (Raddatz hat sie mir selbst zugeschickt), aber eben erst einen Tag, nachdem ich meinen Beitrag geschrieben habe: ich dachte, er eile. In Wirklichkeit erschien er erst eine Woche später, als ich annahm.

Die Frage ist nun: wäre mein Beitrag anders ausgefallen, wenn ich Ihren Aufsatz gelesen hätte? Die Antwort ist wohl: in der Formulierung ja, nicht aber im Stoff. Vieles, was Sie sagten, hat mir eingeleuchtet, nämlich – ich zitiere aus dem Gedächtnis, denn ich kann das ganze Zeug nicht nochmals durchexerzieren – daß man Sekt trank, nicht *obwohl* einer fehlte, sondern *weil* einer fehlte, daß man sich die Last des »Weitermachens« versüßen mußte. Im allgemeinen aber stehe ich auf Raddatz' Seite: soweit man überhaupt auf einer Seite stehen kann, denn wie ich betont habe: ich habe Raddatz' Artikel als Feststellung und nicht als Zündstoff gelesen, und schon gar nicht als »Verleumdung«. Da sind *Sie* zu weit gegangen!

Wo aber ist Raddatz zu weit gegangen? Doch nur in der Feststellung von Fakten, die nicht mehr genau zu belegen sind. Sollte das verwerflich sein? Unvorsichtig war es gewiß. Aber Sie wissen doch genauso gut wie ich, daß es besser ist – und daß es uns auch leichtfällt – Vergangenheiten unserer (zum Teil toten) Freunde zu vergessen. Warum sollte ein schuldloser Mann sie, zumal ohne Affekt, nicht erwähnen? Ich wohnte 1948 in Ambach, lernte Walter Kolbenhoff kennen (der nun, wenn wir so reden wollen, *wirklich* eine makellose Vergangenheit hat), durch ihn Horst

Lange und andere: da wurde mir denn einiges zugetragen, was ich längst verdrängt habe. Wenn wir uns wiedersehen, kann ich Ihnen vielleicht noch ein paar Gesprächsfetzen geben. Aber schreiben kann ich darüber nicht. Und ich bin sicher, daß auch Raddatz mehr weiß, als er schreiben darf. Sie meinen aber, daß er mehr schreibt, als er wissen konnte.

Sie schreiben – ich zitiere aus der Erinnerung – etwa: was sollte dagegen sprechen, daß Bense während der Nazizeit Kierkegaard herausgab? Ich erinnere mich – ich habe die Ausgabe leider längst weggeschmissen – daß ich mich damals über seine Einführung sehr aufgeregt habe, es war ein Nazitext. Man müßte also, sofern es sich *lohnt*, alles nochmals überprüfen. Vielleicht hat Walter Jens es getan. Ich schreibe dies wieder, bevor ich die Fortsetzung – und hoffentlich den Schluß – der Debatte in Händen habe.

Mich interessierte überhaupt nur, ob meine Freunde Nazis waren. Das habe ich beantwortet. Wie es stilistisch aussah, interessiert mich nicht. Ob Borchert der schlechteste oder der zweitschlechteste Dichter seiner Zeit war, ist mir egal, ich würde sagen der schlechteste.

Entschuldigen Sie den etwas wirren Brief, ich komme gerade aus Berlin, und hier liegt ein Haufen Post. (A propos Berlin: Gerold Späth ist eine »echte« Entdeckung)

Herzlichst — Ihr Hildesheimer

Poschiavo, 8. 12. 80

Bester,

nun ist er also doch gekommen – entschuldigen Sie, das ist ein Horst-Krüger-Anfang –, der Brief. Wo ich so gehofft hatte, daß Sie mich – d.h. mich in Beziehung zu Broch – vergessen hätten. Deshalb habe ich auch nicht geschrieben, daß ich das Gewünschte nicht liefern kann: ich kann nicht.

Wochenlang habe ich nachts im Bett in Verzweiflung – sagen wir: wachsender Verzweiflung – den »Tod des Vergil« gelesen, viele Sätze – und das bedeutet ja immer Seiten – mehrmals – wie oft habe ich, als ich zum Prädikat kam, das Subjekt schon vergessen gehabt, es war eine entsetzliche Mühe. Und doch bin ich nicht weiter gekommen als bis zu Seite 349 meiner Ausgabe (Sonderausgabe Rhein Verlag 1958) bis zu der Frage »warum willst Du die Äneis vernichten«. Da fragte es in mir, weshalb ich gern die Äneis vernichtet hätte, und die Antwort lag auf der Hand.

Das Buch ist einfach ein Unding. Es hätte nie geschrieben werden dürfen. Schlimm daran ist nur, daß es nicht schlecht ist, sondern unlesbar. »Auf höchster Ebene mißlungen«. Man müßte es zur Harfe singen, jeden Abend eine Seite. Nur eben, und das kommt dazu, müßte der Hörer auch seinen Vergil parat haben, und das kann man von einem Sterblichen nicht verlangen! Ich *habe* sogar in der Äneis zu lesen versucht, weil ich wußte, es entgeht mir da was, aber was mir entging, habe ich nicht gefunden, nur die tödliche Langeweile der Schule – ein déjà-vu –, zur Zeit als wir das lasen. Heute denke ich, daß meine schlechte Note in Lateinisch der Äneis zu verdanken ist, denn in Griechisch war ich besser, und das mag der Ilias zu verdanken sein.

Es tut mir leid. Ich habe noch lange gedacht, ich würde es schaffen, zumal ich ja die ersten beiden »Kapitel«, »Wasser« und »Feuer« schon bewältigt hatte, das heißt, die Rhapsodien lagen schon hinter mir, aber dann ließ es nach. Noch ein paar Nächte, und die Langeweile wäre letal gewesen, und darauf wollte ich es nicht ankommen lassen, da ich noch etwas vorhabe.

Ich muß es also lassen. Aber glauben Sie mir, das ist kein Schaden. Ich hätte niemanden bekehrt, dieses Buch nochmals zu lesen. Wenn Broch nichts als dies geschrieben hätte, er wäre – sagen wir – der Klopstock unserer Zeit geworden, aber da sind ja auch noch die »Schlafwandler«, die dieses Schlafmittel an Lesbarkeit um einiges überragen.

Es tut mir leid.

Herzliche Grüße Ihr Wolfgang Hildesheimer

Lieber Ranicki,

Gemacht! Ich nehme den »Tod des Vergil«. Ich habe ihn seinerzeit schon schwer ertragen. Wie werde ich ihn jetzt ertragen?!

Herzlichst — Ihr Hildesheimer

Lieber Ranicki,

ich habe mich geirrt. Der »Tod des Vergil« ist ein *großartiges* Buch.

Herzlichst — Hildesheimer

WALTER HINCK

Rösrath, 29. Juli 1996

Lieber Herr Reich-Ranicki,

aus den Ferien in Kärnten zurückgekehrt, finde ich die Dokumentation der Börne-Preis-Veranstaltung 1995 vor. Herzlichen Dank, daß Sie an mich gedacht haben. So habe ich Ihre Dankrede, die ich in der Paulskirche hörte, noch einmal nachlesen können. Niemals ist so deutlich erklärt worden, daß Schriftsteller nicht die besten Literaturkritiker sind und Literaturkritiker nicht selber Literatur produzieren müssen; nie sind Literaturkritiken schreibende Germanisten so ihres Schreibens wegen gelobt worden.

In der Dokumentation des Steidl Verlags zum »Fall Fonty« finde ich mich in einer nicht mutwillig herbeigeführten Konfrontation mit einer breiten Front der Ablehnung des Romans. Tatsächlich habe ich den Roman anders gelesen als Sie. Aber der abgedruckte Brief ist ein Dank an Günter Grass und keine Rezension. Wir hatten im Sommer zuvor in München mit Lew Kopelew und anderen beim Mittagessen zusammengesessen, und er hatte von seiner Arbeit am Roman erzählt. Mein Brief an Grass ist eine frühe, ganz spontane Äußerung, die ich machen konnte, weil ich wußte, daß ich den Roman nicht zur Besprechung bekommen würde. Aber nun nachträglich mich von der Phalanx der negativen Kritiken einschüchtern zu lassen und die Genehmigung für den Abdruck des Briefes zu verweigern kam denn doch nicht in Frage. Im übrigen: über die unglaubliche Fahrlässigkeit der »Treuhand« haben die Presseberichte über den Werften-Skandal Kritischeres gesagt als Grass. Daß ich über die »Wiedervereinigung« ganz anders denke als Grass, hat mir das Vergnügen an manchen Partien des Romans nicht geschmälert. Wer »Wilhelm Meisters Wanderjahre« ›überstanden‹ hat, den können auch langatmige Partien des Fonty-Romans nicht schrecken.

Noch einmal Dank und ganz herzliche Grüße von Haus zu Haus,

Ihr Walter Hinck

ROLF HOCHHUTH

Basel, 20. 2. 72

Lieber Herr Reich-Ranicki,

zunächst herzlichen Dank für die Buchgeschenke. »Lauter Verrisse« hatte ich schon. »Sieben Emigranten« kannte ich noch nicht – muß aber milde widersprechen: Wieso sind Mann, Tucholsky, Werfel – Ungeliebte? Der Autor des »Tonio Kröger« war nicht nur mir, sondern auch mindestens vier anderen Klassenkumpanen ungefähr 1948/50 ein *Gott*, und zwar ein lieber Gott. Nie ist ein Dichter so geliebt worden von uns ehemaligen Jungvolkjungen (Jahrgang 31). Und neulich sprach ich Sonntagnachmittag im Hamburger Operettenhaus das Telefonmädchen an; wir hatten dort die letzten »Stellvertreter«-Tournee-Proben. Was las dieses Mädchen? Roro-Tucholsky: »Den lese ich immer!« Das ist nicht nur der Ruhm – das ist Liebe. Und fragen Sie Leonhardt vom Lesering: wie viele hunderttausend, wahrscheinlich Millionen Bände Werfel er verkauft hat. Der schlug an Beliebtsein durchaus die Ina Wunschkind-Seidel, von Bergengruen und ähnlichen gar nicht zu reden. Übrigens, wenn Sie mit Leonhardt sprechen sollten: hat er Ihnen mal die 2 Bände 77 deutsche Erzähler gegeben, die ich ungefähr 1962 für den Lesering machte – unsere Erzähler von Eduard Keyserling bis Hartlaub. Es wäre mir eine Ehre, wenn Sie als der meisterfahrene Anthologist dort einmal hineinblickten: im Sortiment nie erschienen, aber im Lesering wurden mehr als siebenhunderttausend verkauft, von *jedem* der zwei Bände. Wie kam eigentlich das unausrottbare Vorurteil in die Gegend, Erzählungen seien unverkäuflich?

Meine Freude ist groß, daß Sie nun Flake aufnehmen – ich

habe ihn sehr vermißt in »Notwendige Geschichten« und in »Erfundene Wahrheit«, gebe aber zu, daß er des Umfangs wegen es Ihnen auch schwer machte, ihn dort zu plazieren. Zu Ihrer Frage: »Der Brief« ist höchstens einmal im Funk erschienen – in Buchform zuerst in »Finnische Nächte«. (Vergessen Sie nicht: kein Mensch außer dem genannten Leonhardt druckte um diese Zeit Flake, *keiner.* Flake sagte mir einmal: »Ich habe noch ein knappes Dutzend guter Geschichten – doch wozu sie aufschreiben, niemand will sie.« Man muß die Deutschen einfach lieben.)

Natürlich schätze ich Penzoldt auch, nahm ihn auch auf in meine Sammlung, staune aber, daß Sie den »Mombour« wählten: er enthält den schauerlichsten Nazi-Satz, der jemals einem deutschen Dichter in die Feder kam – und ist der Beleg, daher so interessant, daß ein absolut verläßlicher Nicht-Nazi – natürlich war Penzoldt *kein* Nazi – einfach durch eine Zeitströmung für Augenblicke den Verstand verlieren kann. Der Satz heißt ungefähr, ich mag ihn nicht wieder hervorsuchen: im Grunde sei es jedem Manne bestimmt, einmal im Leben einen anderen Mann zu töten. Dieser Satz ist erschütternd idiotisch – und seit ich ihn da fand bei diesem Unpolitischen: ahne ich, wie Nietzsche zu seinen Bestialitäten, die man ihm ein bißchen gar zu rasch verziehen hat, gekommen ist.

Geben Sie bitte als Quelle für die Erzählung aus »Finnische Nächte« nicht mehr Bertelsmann an (das Buch ist vergriffen), sondern jetzt S. Fischer, wohin Flakes Werk soeben zurückkehrt. Man wird dort seine Gesammelten Werke herausbringen.

Da Sie schon fragen, so sage ich freimütig, daß mir die zwei Sammlungen: »Anbruch der Gegenwart« und »Gesichtete Zeit« fehlen. Herr Piper möge sie mir mit Kollegenrabatt zukommen lassen, das könnten Sie ihm freundlicherweise sagen, wenn Sie ihm wegen meiner Anekdote schreiben.

Ihre Biographie bringt mich zu der Frage, ob Sie zum heutigen Polen, speziell zu seiner Filmindustrie, noch Beziehungen haben. Das beiliegende Exposé verlangt nach einer Verwirklichung durch Koproduktion mit Polen. Denn diese Bundesrepublik Deutschland könnte und wollte einen solchen Film nicht machen: sie ist ja, diese Republik, der einzige zivilisierte Staat, der sich nicht schämt, schlechtere Filme zu machen als die Nazis.

Entschuldigen Sie diesen viel zu langen Brief, es gäbe noch viel zu sagen anläßlich der 2 übersandten Essaybände. Ihre glanzvolle Einleitung zu »Lauter Verrisse« stimmt einen durch *ein* Zitat, weil Sie das nicht zurückweisen, doch ärgerlich, durch Friedrich Schlegels Behauptung: »Goethe ist zu sehr Dichter, um Kunstkenner zu sein.« Sollte einer »Wahlverwandtschaften« und seine frühen freien Rhythmen und den zweiten »Faust« und die »Novelle« machen können – ohne Kunstkenner zu sein? Absurd. Wenn auch vermutlich wahr ist – und betrüblich –, daß Schriftsteller als Kritiker Sinn und Verstand nur haben für das ihnen Verwandte.

Seien Sie bedankt und gegrüßt — Rolf Hochhuth

Basel, 1. Nov. 75

Lieber Herr Reich-Ranicki,

Ihre Hemingway-Interpretation ist aufregend, der Hinweis auf die Verwandtschaft mit Schiller großartig und grotesk – und da ich immer ein Dieb war, muß ich das haben! Natürlich sage ich immerhin, daß ich es bei Ihnen fand; ich rief gestern, als ich's gelesen hatte, noch beim »Zeit-Magazin« an, mit der Bitte, einen Zusatz aufzunehmen, aber es war zu spät, sie drucken schon am 7. Nov., nein: da veröffentlichen sie schon mein Vorwort, sehr schade. Denn was ich bei Ihnen abschrieb – zitierte –, das hätte auch diesem Vorabdruck noch zur Zierde gereicht, ich hadere sehr mit diesem Frl. von Harlinghausen, das ich vor einem Jahr bei der »Zeit«-Redaktion bat, mir Ihren Essay zu schicken, die fand ihn aber nicht. Ich rief an, sobald Sie mir davon erzählt hatten. –

Am interessantesten war mir, ich sagte das auch: daß Sie trotz allem den Meister einen Meister bleiben lassen, ihn so hoch wie nur denkbar stellen, obgleich ja sein Preislied des Tötens, das Sie zitieren, wahrhaft ekelerregend ist. Ich denke, es kann eben keiner durch seine Zeit hindurchgehen, ohne ihren Schmutz anzusetzen, grade die Schiffe mit tiefstem Tiefgang müssen am meisten in den Schlund der Brackwasser – wie sonst hätte Thomas Mann die »Gedanken im Kriege« und Benn seine Huldigungen an Hitler-Deutschland schreiben können, von Nietzsche gar nicht zu reden. –

Haben Sie mal drüber nachgedacht, daß der politisch harmloseste aller nichtfaschistischen deutschen Poeten im 3. Reich, Ernst Penzoldt, in der doch wirklich nicht bösartigen Novelle vom Korporal Mombour den meistnazistischen Satz – nicht beiläufig, sondern als Credo – geschrieben hat, den ich je las: daß es nämlich nun einmal *jedem* Manne im Leben zukomme, einen zu töten! So weit ging nicht mal unser Großwildjäger wie dieser gutwillige Sanitäter Penzoldt. Also, wir nachfaschistische Zeitläufe genießende, glückverdummte Autoren: dürfen keinen Stein werfen, meine ich. Aber auch nicht verschweigen, wie Hemingway sich *auch* gebärdete. –

Hier ist mein Text, mit der Bitte um Genehmigung.

Grüße und Dank — Ihr R. Hochhuth

Zu den Widersprüchen und Zwiespältigkeiten, die seinen Selbstinszenierungen dreißig Jahre lang die Aufmerksamkeit der Mitwelt sicherten, gehört auch die Merkwürdigkeit, daß in jenem Lande, dessen Intellektuelle zeitweise nahezu einstimmig diesen Verächter des Denkens als Klassiker kreierten und den Stilisten in ihm zu kopieren suchten – daß in Deutschland der schärfste seiner Kritiker zugleich der ihn meistpreisende war! Marcel Reich-Ranicki, der Todesfabrik Auschwitz entkommen, kann nur mit Trauer und Ekel den Parteitagjubel registriert haben, mit dem eine Generation, die für Hitler getötet hatte, sofern sie nicht in Hitlers Krieg getötet worden war, einem Autor huldigte, der so unverantwortliche Sätze wie vor ihm nur Nietzsche in Druck gegeben hat, etwa: »Sauber zu töten und auf eine Art und Weise, die einem ein ästhetisches Vergnügen und ein Gefühl von Stolz gibt, war immer einer der stärksten Genüsse für einen Teil der menschlichen Rasse ... Eine der größten Freuden ... dabei ist das Gefühl der Rebellion gegen den Tod, das man erlebt, wenn man ihn verursacht« – eine Bemerkung, so logisch wie die Behauptung, Haß auf Autos drücke am besten aus, wer eines benutze. Und tatsächlich zieht auch Reich-Ranicki den Amerikaner sofort unter das Schutzdach der Unzurechnungsfähigkeit, indem er das schaudererregende Quantum Faschismus, das der Chicagoer im Leibe und in der Feder hatte, mit der Ausrede entschuldigt, daß eben »dieser Schriftsteller seinem Talent geistig nicht gewachsen war« – ein Schriftsteller, den er nichtsdestotrotz dann krönte durch die ironische Ausstellung eines Ahnenpasses, in den er Homer und Schiller eintrug! Ahnenpaß oder Ahnen-Spaß, was vermag Ironie gegen das Zeugnis: »Kein Risiko war ihm zu groß, um die Synthese von Leben und Literatur zu verwirklichen. Wie dieser Odysseus sein eigener Homer war, so wollte dieser Homer um jeden Preis sein eigener Odysseus sein: Er hat zunächst erzählt, was er erlebt hat, während er später zu erleben bemüht war, was er erzählen wollte.« Das Verdachtsmoment, wir Deutschen hätten diesen Amerikaner vergottet, weil in seinem Werk einige Figuren und zahllose Maximen Schillers wiederkehren, wird begründet durch nahezu wörtliche Übereinstimmungen der meiststrapazierten Sentenzen beider Autoren: daß ein Mann nur ist, wer »dem Tod ins Angesicht schauen kann«, ist noch die harmloseste der vielen Falschmeldungen dieser zwei Klassiker über Männer und Kriege. Spricht der Geist des verstorbenen Königs zu Hamlet von den »Verbrechen meiner Zeitlichkeit« und spricht damit nur aus, daß noch nie ein Sterblicher unbefleckt lebte – so mag es das Verbrechen dieser zwei großen Schriftsteller gewesen sein, daß in ihrem Werk jeder Goebbels, früher oder künftig, für seine Hetzreden Kernsätze genug findet, ganze Gymnasialklassen umzuputschen zu Mitläufern in den Tod ...

Basel, am 9. 9. 89

Lieber Herr Reich-Ranicki, der sich die Anrede: »hochzuverehrender Herr Professor« verbittet, weil er »in solchen Fällen immer Ironie wittert«,

– nun, Ironie war das nicht, sondern gelber Neid, wie ihn auch Felix Krull, der ebenso wie ich ohne Abitur durch die Welt gehen mußte, empfunden hat, sooft von seinem Patenonkel Schimmelpriester die Rede war: eben weil *der* den Professor-Titel hatte! »Putzt« doch auch mich »ganz ungemein«, mit einem Professor korrespondieren zu dürfen!

Danke herzlich für Ihre Genehmigung, Ihren lustig gebliebenen Essay aus dem Jahre 64 vor meinen Essays abdrucken zu dürfen. Wenn ich das Honorar nicht erwähnt habe, so nur deshalb, weil ich es ebenso für selbstverständlich halte wie Sie, nichts mehr ohne Honorar herzugeben! Als ich 1965 in Demut meinen Antrittsbesuch bei den Herren Frisch und Andersch im Tessin machte, wiesen mich beide in gesetzten Worten auf meine Ungehörigkeit hin – weiß nicht, wieso sich das rumgesprochen hatte –, daß Rowohlt für den »Stellvertreter« nur fünf Prozent Honorar zahle – inzwischen sind über 600 000 für 5 % verkauft worden, aber seither verlange und bekomme ich zehn, brauche die auch als Vater dreier in der Ausbildung faulenzender Söhne … Schreiben Sie unverblümt, bitte, wieviel Honorar Sie fordern!

Schon als ich Ihren Brief las, mehr noch, als ich Ihre Unterschrift wieder einmal sah – ein mit solchem Elan ausgeteilter Peitschenhieb, daß zweifellos das Leder dem Peitschenden um die eigenen Ohren fliegt –, mußte ich lachen, freute mich natürlich auch, daß Sie's »beinahe bösartig« fanden, als ich von Ihrer »pontifikalen Hochnasigkeit« geschrieben hatte: Ja, halten Sie das für eine *Übertreibung* angesichts der Tatsache, daß nunmehr *vierzehn* Bände Ihrer Frankfurter Anthologie gedruckt wurden, ohne daß Sie den Herren Krolow und Kunert auch nur *einmal* gestattet hätten, ein Gedicht von R. H. bei Ihnen zu interpretieren? Beide Lyriker, die Sie dadurch auszeichnen, daß Sie denen Zugang zur FAZ geben, haben Essays über meine Gedichte geschrieben, dürfen aber bei Ihnen – so wenig wie Ihr ständiger Mitarbeiter in der Frankfurter Anthologie, der Germanist Walter Hinck – meinen Namen nicht erwähnen, wollen sie in der Gnade verbleiben ... Das berühmteste Wort Burckhardts – er hat's beim alten Schlosser gestohlen –, »nun ist die Macht *an sich* böse, gleichviel, wer sie ausübt« – wie sollte es nicht auch auf *Sie* zugetroffen haben? Jetzt, als Rentner, am Rande der siebzig, werden Sie wieder fast sympathisch – so wie die Großmächte, wenn ihnen ein Weltkrieg sämtliche Zähne ausgeschlagen hat, wieder human werden! Beißen können Sie immer noch, aber keinen mehr totbeißen.

Um Sie noch mehr zu ärgern, lege ich Ihnen das Inseltaschenbuch: »Rom im Gedicht« bei, das ebenso wie jenes: »Venedig im Gedicht«, auch mehrere von mir enthält – denn auch ich habe mich natürlich – was Sie freuen wird – geärgert, daß Sie pauschal erklären, »kein Verständnis« für meine Gedichte zu haben. Wie viele kennen Sie denn? Drei – oder gar dreieinhalb?

Nun wär's ja ganz egal, ob Sie die verstehen, wären Sie nicht der Herr über die Frankfurter Anthologie: ich krieche – Sie haben's gelesen, im »Stern« – ja auch nicht Herrn Generalintendant Professor Dr. h. c. Soundso *deshalb* in den Hintern, weil er die weitaus bedeutendste Kirschgarten-Inszenierung der letzten drei Wochen gemacht hat, sondern weil er Hausherr des Staatstheaters Posemuckel ist – und ich nur ein »freier« Bühnenschreiber. Wissen Sie noch, wie die Leute über uns zweie lachten, als wir uns zu Alpach, Tirol, in der Sommerakademie zankten über die Situation des sogenannten »freien« Autors, von der natürlich Sie überhaupt keine Ahnung haben als Pensionsgenießer der FAZ? Wir sollten uns wieder zanken, ja sogar periodisch, es verjüngt und »lädt auf«! Finden Sie nicht? Immerhin steht von Ihnen der *denkwürdig* dumme Erlaß im Raum, ja hängt über uns armen Autoren der BRD wie das

Schwert des Damokles: »Die Politisierung der Literatur hat nicht nur der Politik nichts genützt, sondern die Literatur ruiniert« – ich glaube, Sie schrieben diesen gemeingefährlichen Quatsch – »Nathan«, »Kabale und Liebe«, »Professor Bernhardi« sind auch *politische* Literatur! – in Ihrem sonst wundervollen Rilke-Essay zu dessen Zentenarium –, sollten wir uns nicht in eine Streit-Korrespondenz einlassen, öffentlich? Ich werde meinen Freund Thomas Schröder bitten, Sie zu überreden, einmal in vierzehn Tagen einen Brief über das Kulturleben unserer komischen Republik, über Bücher, Theater, Fernsehen, Architektur gegen mich zu schreiben – und in der kommenden Woche mich antworten zu lassen. Die Briefform ist so erfrischend, und ich muß lachen, und mir fällt einfach mehr ein, wenn ich mir beim Schreiben Ihr wütendes Gesicht unter der klugen Glatze vorstelle. Der Brief *ist* die polemische Form der Literatur. Wollen wir das nicht beleben, zum Spaß für andere und uns?

Sehr herzlich Ihr M. R.-R.-geschädigter Hochhuth

Basel, 7. 11. 90

Hochzuverehrender Herr Professor Reich-Ranicki,

ich wollte Ihnen nur sagen, wie mich beeindruckt hat, daß Sie vorvorgestern gewagt haben, im – ziemlich ekelhaften – bundesdeutschen Fernsehen Ihren *Dank* an die Rote Armee auszusprechen, die allein Sie vor Auschwitz gerettet hat: Wir leben ja in einem Lande, das bereits wieder diskutiert, russische Kriegerdenkmäler auf deutschem Boden zu *beseitigen*, so wie unser Führer die Namen der zwölftausend für Kaiser und Reich gefallenen Juden – die österreichischen noch gar nicht mitgezählt – von Kriegerdenkmälern hat abkratzen lassen … Sogar Piscator, dem ich verdanke, als Autor zur Welt gebracht worden zu sein – bei Gründgens und Hilpert lag der »Stellvertreter« ein volles Jahr im Vorzimmer, ohne daß die einmal hineingesehen hätten –, sogar Piscator bat mich am Vorabend der Uraufführung, im letzten Satz »Rote Armee« durch russische Soldaten ersetzen zu dürfen: »... wurden die letzten Häftlinge durch russische Soldaten befreit.« Daher ich Ihnen *danke*, daß Sie so mutig der Wahrheit die Ehre gegeben haben. Bedrückt sagte Stalin zu Churchill: »Die Rote Armee verliert am Tag: Zehntausend Mann!« Daß wir frei atmen können, das verdanken wir den gefallenen Russen!

Ihr Hochhuth

Basel, am 23. 7. 93

Hochzuverehrender Herr Professor Reich-Ranicki,

Rowohlt hat Ihnen ein *sehr* dickes Buch geschickt, entschuldigen Sie, ich ahne ja, wieviel Sie lesen müssen. Daher ich Ihnen vorab sage, wenn Sie allein die 2 Seiten 745 und 750 einmal ansähen: so wäre das genug.

Denn ich bin so anmaßend, Sie zu bitten, diese zwei Gedichte zu lesen – das dritte, für Sie schon zu »lange«, auf dem beiliegenden Gedenkblatt der »Welt« zum 50. Jahrestag der Entfesselung des Hitler-Krieges –, weil es mich kränkt und beschämt, daß ein genuiner, ja besessener Berufsleser wie Sie, dem Eltern und Bruder von uns Deutschen ermordet wurden, ausgerechnet von *dem* Autor niemals eine Gedichtzeile zur Kenntnis zu nehmen geruht, der – von Paul Celan abgesehen, »Todesfuge« – als einziger überhaupt Heydrichs »Endlösung« in mehreren Gedichten thematisiert hat ... Wie ich der erste Mensch war, der Eichmann und Auschwitz auf die Bühne stellte – so der einzige (mindestens deutsche) bis heute, der in einem Gedicht (Seite 745) der Ärmsten gedenkt, die je geboren wurden: Jener Juden, die zehn Stunden täglich Juden verbrennen mußten in Nazi-Krematorien ...

Sich vorzustellen, daß Sie, Reich-Ranicki, zwanzig dicke Leinen-Bücher mit Gedichten füllten, die umfassendste Anthologie, die je gemacht wurde – aber nicht ein einziges Gedicht von mir der Aufnahme für würdig erachteten –, sich vorzustellen, daß Sie der gleiche sind, der mir da oben die Widmung schrieb, das läßt nur den Schluß zu, daß Sie entweder ein barbarischer Ignorant sind oder ein bösartiger Heuchler!

Warum geben Sie vor, mich zu »bewundern«, wenn Sie mich seit zwanzig Jahren derart unterdrücken, ja beseitigen aus dem Kanon der zur Kenntnis zu nehmenden Autoren? Habe ich wirklich verdient, daß Sie nur Walter Hinck ein einziges Mal beauftragten, vier Zeilen über Einstein von mir zu interpretieren, obgleich Sie mit mir einer Meinung waren, diese Zeilen seien überhaupt kein Gedicht, sondern höchstens ein Aperçu? Ich wollte, daß die FAZ mein Gedicht »Fontana di Trevi, 16. Oktober« in Ihre Anthologie aufnimmt, aber Hinck wollte ja den Edlen von Weizsäcker nicht beleidigen – und *Sie*, Angehöriger zahlloser Ermordeter, machen das mit? Widerlich! (Lesen Sie Seite 339)

Ihr Hochhuth

Grenzach, am 27. Juli 99

Lieber Herr Reich-Ranicki,

aus Ihren Seiten 163–297 *müssen* Sie ein *Stück* machen! Was ist: ›Eingeschlossene von Altona‹ – gemessen an dieser Silbe für Silbe mit Todesgefahr »geladenen« Prosa – geladen, denkt man dauernd beim Lesen, wie ein KZ-Zaun mit elektrischem Strom! Und die dokumentarisch nachgewiesene Authentizität, die aufs Herz drückt, ist der Nachweis, daß Epik nach Auschwitz läppisch wirkt, wenn nicht sozusagen jeder Satz überschattet ist von alltäglich-allnächtlicher Todandrohung. Was ich als Autor am meisten bewundere: Wie Sie Ihre Retter Bolek, sogar dessen miesen Bruder, *nicht* idealisieren, aber dennoch zu Denkmälern aufbauen! Nein, nicht dennoch – sondern deshalb. Sie *müssen* das noch als Drama schreiben. Sonst tun's andere, aber Unbetroffene, die's *nicht* können.

Grüßen Sie Ihre Frau: Die Heldin des Stücks!

Ihr Hochhuth

IOAN HOLENDER

Wien, am 10. Februar 1997

Sehr geehrter Herr Reich-Ranicki!

Im *Spiegel* habe ich Ihren Artikel über die Frankfurter Oper gelesen, und es ist mir ein Bedürfnis, Ihnen für Ihre mutigen, offenen und leider allzu wahren Zeilen zu danken!

Seit fünf Jahren leite ich die Wiener Staatsoper und bin daher auch Mitglied der Deutschen Opernkonferenz. Nicht nur dort, auch in Anwesenheit von Herrn Cambreling, habe ich darauf hingewiesen, daß ein Theater, welches mehr Schließtage als Spieltage hat, langsam aber sicherlich sein Publikum verliert, weil diesem abgewöhnt wird, ins Theater zu gehen. Cambreling antwortete mir bei der Wiener Opernkonferenz wörtlich, daß ihm »Proben wichtiger sind als Vorstellungen«. Ich meinte, daß dieser Standpunkt für einen Dirigenten wohl möglich, für einen Theaterleiter aber vollkommen unzulässig sei, genauso übrigens wie seine persönliche Abneigung gegen einen Komponisten wie Puccini. Es steht uns Direktoren nicht zu, mit fremdem Geld zu tun oder zu lassen, was uns persönlich zusagt oder nicht zusagt. Wir sind bestellt, um einen öffentlichen Auftrag zu erfüllen.

Wenn ein Theater einerseits sinkende Besucherzahlen aufweist und andererseits immer mehr Geld verlangt, reagieren Politiker – welcher Couleur auch immer – ablehnend. Und das ist auch verständlich.

Das bedeutet aber keineswegs eine Krise der Kunstgattung Oper; wenn wir uns immer mehr von unserem »Abnehmer«, dem Publikum, abwenden, wenn dieses nicht mehr versteht, was wir auf unseren Bühnen vorführen, dann produzieren wir selbst eine Krise, die keine ist – bloß ein Zeichen unserer Verantwortungslosigkeit und Egozentrik.

Es ist wirklich entmutigend, wenn wichtige Zeitungen – zumeist das sogenannte »deutsche Feuilleton« – ausgerechnet ein Opernhaus wie Frankfurt zum besten des Jahres hochjubeln. Die These »leeres Theater – gutes Theater« scheint immer noch ihre Adepten zu finden.

Ich weiß, sehr geehrter Herr Reich-Ranicki, daß viele bösartige und abwertende Reaktionen auf Ihren Artikel erschienen sind und daß jene Theatermacher, die meinen, daß man nur mit grenzenlosem Budget gutes Theater machen kann, aufgeheult haben. Auch kenne ich allzugut die Einstellung mancher Regisseure und Bühnenbildner, daß ihnen alles, was sie sich vorstellen, ermöglicht werden muß – sei es an zeitlichen oder finanziellen Mitteln.

Frankfurt ist leider kein atypisches Beispiel der heutigen Entwicklung, im Zuge derer sich die Verursacher als Opfer gerieren. Hoffentlich wird die Warnung wahrgenommen.

Ihnen nochmals Dank für Ihre wichtigen und, wie stets, so prägnant formulierten Zeilen.

In respektvoller Hochachtung

Ioan Holender

HANS EGON HOLTHUSEN

New York, den 26. Januar 64

Hier, verehrter Zeit-Genosse, mein Dank für Ihre Nachricht vom 17. Januar. Es hat mich gefreut, so unmittelbar und spontan von Ihnen zu hören. Sie glauben, sagen Sie, daß wir uns doch noch einmal würden verständigen können. Das ist ja genau das, was ich in meinen einleitenden Bemerkungen zum Berliner Colloquium zu artikulieren versucht habe: daß ein richtiger Kritiker mehr versteht als die Position, die er eben vertritt, daß er auch für die Denkbarkeit und Vertretbarkeit der gegnerischen Position wenigstens Sinn haben muß. Nun ist es ja seit neuestem offenbar nicht mehr so ausgemacht, daß wir in entgegengesetzten Lagern zu Hause sind: nachdem Herr Heißenbüttel uns beide über ein und denselben »konservativen« Leisten geschlagen hat. Dieser Mensch muß von einer geradezu galoppierenden Fortschrittlichkeit besessen, um nicht zu sagen geschleift sein, wenn er es nicht nur mit der heimatlosen Rechten, sondern auch mit der (im deutschen Literaturbetrieb) regierenden Linken aufnimmt, also sozusagen sein Jahrhundert in die Schranken fordert – meiner Meinung nach ist sein Begriff von »konservativ« ebenso unmaßgeblich wie seine und seiner Freunde Lyrik, von der Hohoff behauptet, daß sie versuche, »der Tautologie ein Geheimnis zu entlocken«. Oder, anders ausgedrückt: alle Kritiker, die Qualität noch für ein Kriterium halten, sind konservativ …

Das ist ja doch eigentlich ganz lustig, daß die Dinge, die vor ein, zwei Jahren noch so ausgemacht und festgefahren schienen (Sie links und fortschrittlicher Sozialkritiker, ich angeblich rechts und bismärckischer Kürassierstiefel usw. usw.), daß das alles so ins Kreiseln und Changieren gekommen ist. Nachdem Sie Herrn Baumgart und Herr Baumgart Sie im »Spiegel« und all das. Im Augenblick geht mich das alles noch nicht so übermäßig viel an, da ich ja hier noch abendfüllend den Manager zu spielen habe, aber im Sommer dieses Jahres will ich ja zurück nach München und endgültig wieder an meinem Schreibtisch seßhaft werden. See you soon. Und: three cheers to Lessing!

Mit freundlichen Grüßen und allen guten Wünschen für Ihre Arbeit und Ihr persönliches Wohlergehen:

Ihr Hans E. Holthusen

München, den 29. August 1965

Verehrungswürdiger!

In Ihrem neuen Buch »Literarisches Leben in Deutschland«, in dem ich manches treffende Urteil, manche erfrischende Zurechtweisung gefunden habe, lese ich auf Seite 103 unten folgendes: »Siedler meint, es hätte keinen Sinn, sich draußen ›mit den für eine intellektuelle Auslandsjugend nicht sonderlich attraktiven Holthusen und Thiess‹ zu behelfen …« Was mich an diesen Worten irritiert, ist nicht, daß Sie mich angreifen, sondern daß Siedler mich angegriffen haben soll. Vor mir liegt ein Artikel, den Siedler am 17. Mai 1962 im »Tagesspiegel« veröffentlicht hat (unter dem Titel »Plädoyer für einen großen Magen«). Darin heißt es: »Unsere Auslandsinstitute aber behalfen sich mit den für die intellektuelle Auslandsjugend nicht sonderlich attraktiven *Edschmid* und Thiess …« (Kurz vorher wird mein Name in einem durchaus wohlwollenden Ton genannt: »Man scheute sich nicht, zeitgenössische Autoren für die Auslandsarbeit heranzuziehen, womit sowohl die intellektuelle als auch die sozusagen personelle Gegenwart gemeint ist: nicht nur Bücher, sondern auch Dichter reisten zu Werbezwecken ins Ausland – wenn sie nicht sogar in die diplomatischen Dienste Bonns traten wie der Romancier Bruno E. Werner, der deutscher Kulturattaché in Washington wurde, und der Lyriker Hans Egon Holthusen, der dem ›Goethe-Institut‹ in New York vorsteht.«)

Der »Zeit«-Artikel vom 1. Juni 1962, auf den Sie sich beziehen, dürfte ja doch wohl ein Nachdruck jener Veröffentlichung im »Tagesspiegel« sein, oder nicht? Wenn ja: wer hat also die betreffende Stelle zu meinen Ungunsten verändert, um nicht geradeswegs zu sagen: gefälscht? Die Redaktion der »Zeit«? Sie? Siedler selbst? Es wäre doch ganz interessant, das einmal festzustellen – zum Beispiel als Beitrag zum Problem der guten Sitten im literarischen Leben der Bundesrepublik, oder finden Sie es nicht interessant? Wenn es sich also wirklich um eine – sagen wir: Manipulation handeln sollte, fänden Sie das vertretbar?

Zur Sache selbst darf ich en passant noch anmerken, daß unter meiner Leitung im New Yorker Goethe House weder Stefan Andres noch Rudolf Hagelstange, weder Edschmid noch Thiess aufgetreten sind, daß aber z.B. Günter Grass und Ingeborg Bachmann, Reinhard Lettau, Günter Eich und Johannes Urzidil bei mir gelesen haben und daß im laufenden Jahr auch Johnson (Uwe) und Enzensberger zu Wort gekommen sind. Was die Anziehungskraft meines Instituts auf die »Auslandsjugend« angeht, so ist das Gegenteil von dem, was Ihr Siedler behauptet, richtig. Wir hatten in der »Village Voice«, dem Organ der ziemlich »radikalen« und angenehm verwilderten Jugend von Greenwich Village, eine besonders gute Presse, und die bärtigen Beatniks (inklusive Allen Ginsberg) waren viel und gern bei uns im Hause.

Mit artigen Empfehlungen und allen guten Wünschen:

Ihr H. E. Holthusen

P. S. »Holthusen und Thiess«?? Hätte Ihnen doch eigentlich auffallen müssen!

München, den 12. 9. 1970

Mein Lieber,

wie lange schon bin ich Ihnen den Dank schuldig für Ihren freundlichen, reizenden, munteren und gescheiten Brief vom 1. August! Ich hätte postwendend antworten mögen, mußte mich aber zwingen, während des ganzen Monats August so gut wie alle Post liegenzulassen und mich ganz auf mein Manuskript zu konzentrieren. Ich hab das Ding dann auch noch – samt einer recht ansehnlichen Notbibliothek aus primärer und sekundärer Literatur – mit in die Ferien geschleppt (Wallis, Muzot) und dieselben (die Ferien) bis auf wenige Tage drangegeben, um bloß endlich fertig zu werden – gegen den hartnäckigen Widerstand meiner – rasch alternden – sterblichen Hülle, die sich alles nur irgend Erdenkliche einfallen ließ, um den Abschluß der Arbeit zu verhindern, erst eine Art allergische, stark juckende Krätze, die sich von den Füßen ausgehend nach oben verbreitete und nur die Visage freiließ, dann stark anschwellende Fuß- und Handgelenke, offenbar eine Form von »Wassersucht«, einen überschweren Schnupfen und schließlich rheumatische Erscheinungen, die das Gehen zur Tortur machten und mich schließlich dazu zwangen, mit beiden Händen zu schreiben, d.h. mit der Linken die Rechte übers Papier zu schieben, übrig blieb schließlich nur ein schorfbedecktes, überäugiges Restsubjekt, das mit verbissener Hartnäckigkeit weiterkritzelte. Aber nun ist es seit acht Tagen endlich ausgestanden, und ich kann mich wieder unter Menschen blicken lassen. Sie fragen mit professioneller Neugier, worum es sich eigentlich handelt, und ich muß wiederholen, Sie werden enttäuscht sein, denn es ist wirklich nichts Besonderes, nur – eine Monographie über meinen Liebling Eduard Mörike für die bekannte Rowohlt-Reihe. Natürlich hab ich mir auch »was dabei gedacht«: Mörike als Gegenfigur gegen den grassierenden Politizismus in der Literatur seiner (Jugend-)Zeit (das Junge Deutschland), und natürlich weiß ich auch, daß ich damit nicht »durchdringen« und wieder manchen Tadel ernten werde. (Aber das bin ich ja gewöhnt.) Ein Antiwindmühlenstreiter läßt grüßen.

Wär schön, wenn wir mal wieder miteinander reden könnten. Ich war in der ersten Augusthälfte sogar mal für zwei Stunden in Hamburg, auf der Durchreise nach Lübeck, war aber müde und wollte Sie nicht »überfallen«, außerdem wäre ein Zweistunden-»Termin« (und am nächsten Tag noch einer) doch allzu unbefriedigend gewesen. Über »Isolierung« müßten wir mal reden. Vor sieben oder acht Jahren schrieb mir Ernst Schnabel einmal in einem Brief nach New York: »Sie sind isoliert«, und es klang wie doomsday. Das war die Zeit, als die Gruppe 47 – noch – blühte. Ich hatte mehr Aufträge denn je zuvor, mein Goethe House florierte, Schnabel hatte recht und auch wieder nicht. Nun kommen auch Sie in das Alter, wo man von den Nachwachsenden (den Handkes) für einen ausgemachten Trottel gehalten wird, das ist der Lauf der Welt, und in zehn Jahren sind die jetzt Nachwachsenden auch so weit. Man wird als Kritiker, ob man will oder nicht, mit der Zeit zur »Institution«, aber dazu gibt es keine Alternative. Sie können nicht plötzlich anfangen, mit langen Haaren und Vollbart herumzulaufen und sich, wie Chotjewitz, nackt fotografieren lassen. Sie sind, der Sie sind, und die entscheidende Frage ist, ob man sich ab fünfzig noch zu behaupten vermag. Sie werden das schaffen, davon bin ich überzeugt. Wie schafft man das? Indem man – jetzt werde ich platt – auch nicht um Haaresbreite von seiner Wahrheit abgeht. Mit anderen Worten: Lessing war auch isoliert, der sogar sein Leben lang.

Mit größtem Interesse las ich, was Sie über das Verhältnis Lukács–Solschenizyn geschrieben haben. Vortrefflich! – »Ein großer Schriftsteller … ist so etwas wie eine zweite Regierung. Darum hat auch keine Regierung je die großen Schriftsteller geliebt, sondern nur die kleinen.« Wenn ich diesen aus dem Zusammenhang gerissenen Satz von Solschenizyn überdenke, frage ich mich, wie L. es wagen kann, Solschenizyn für seine öde Propaganda in Anspruch zu nehmen. L. ist mir nach wie vor ein Rätsel. Wie ist es möglich, daß jemand, der so entsetzlich schlecht schreibt (auf deutsch) und der beinahe so etwas wie ein Spezialist für literarische Fehlurteile geworden ist, daß ein solcher Mensch Weltruhm genießt? (Neulich las ich, was er in seiner Jugend über Paul Ernst gesagt hat. Man hält das nicht für möglich.)

Lassen Sie uns in Kontakt bleiben. Ich fliege am 24. 9. wieder nach Evanston.

Mit allen guten Wünschen für Ihre Arbeit und mit herzlichen Grüßen!

Ihr Hans Egon Holthusen

ANGELIKA HURWICZ

Bergen aan Zee, 3. Juni 1985

Lieber Marcel,

zufällig las ich in der letzten »Zeit«, daß Du dieser Tage Geburtstag hast. Obwohl wir einander nur wenig kennen, habe ich das Bedürfnis, Dir zu der nach unseren Sitten bedeutsamen Jahreszahl meine herzlichsten Glückwünsche auszusprechen. Natürlich fühle ich mich darüber hinaus Dir irgendwie verbunden, auch ich eine Überlebende, auch ich fast der gleiche Jahrgang (1922). Je älter ich werde, je mehr kommt mir übrigens das Überlebthaben als unwirklich vor, Tod und Verderben als wirklich.

Ich sehe uns noch bei Dir zu Hause (war es die Güntzelstr. im Bayerischen Viertel Berlins?). Du zeigtest mir stolz Deinen Bücherschrank und fragtest mich, ob ich sehen könnte, nach welchen Kategorien Du die Bücher geordnet hättest. Da es sich nicht um eine alphabetische Ordnung handelte, konnte ich zu meiner Beschämung nichts entdecken. Es handelte sich aber, wenn ich mich richtig erinnere, um »Gebiete«, also Lyrik, erzählende Prosa usw.

Schon damals war ich wohl vom Theater besessen – und so fühle ich mich mit meinen Glückwünschen Dir noch durch ein Drittes verbunden: beide sind wir unseren ersten geistigen Lieben treu geblieben, natürlich auch durch die Gunst der Umstände war es uns vergönnt. Und wenn man in dem geistigen Zwischenreich leben darf, schwächt sich dieses merkwürdige »Überlebenssyndrom« etwas ab.

Alle guten Wünsche für die weiteren Jahre, herzlichst

Angelika Hurwicz

ERNST JANDL

Wien, 27. Mai 1981

Lieber Herr Reich-Ranicki,

heute fand ich in der Post Ihren liebenswürdigen Brief vom 19. Mai, worin Sie mir eingangs Ihre Betrübnis und Enttäuschung mitteilen, die ich verursacht habe. Es ist heute, finde ich in meinem Kalender, fast auf den Tag zwei Monate her, daß Sie mir nach meiner Lesung in Darmstadt voll Sympathie begegneten und mich zur Mitarbeit an der F.A.Z. einluden, vor allem zum Verfassen eines Beitrags zur Serie »Meine Schulzeit im Dritten Reich«. Meine Freude darüber war groß, meine Zusage aufrichtig. Um so bestürzter erkenne ich jetzt, daß mein zwei Monate währendes Schweigen Sie verletzen muß.

Daß ich seit einigen Jahren mit dem Schreiben zuweilen große Schwierigkeiten habe, habe ich in meinen letzten drei Büchern (»Mütze«, »Fremde«, »Gelber Hund«) nicht verschwiegen. Dazu tritt das beunruhigende Gefühl, ich hätte in meinem Leben nur selten zurückgeblickt, und wenn, dann immer nur starr auf einige wenige Punkte, als ob ich über ein einigermaßen zusammenhängendes Vergangenheitsbild gar nicht verfügte. So schob ich während der letzten zwei Monate das Thema »Schulzeit« vor mir her, es nie völlig aus dem Sinn verlierend, doch ein wenig ratlos.

Ich werde die beste Zeit der nächsten Tage dazu benützen, aus meiner von mir selbst eher defekt empfundenen Sicht von Vergangenheit das gestellte Thema zu behandeln, und Ihnen das Ergebnis schicken. Erst dann werde ich, falls das nötig ist, nach einem Schulfoto aus jener Zeit zu suchen beginnen bzw. andere danach fragen; es ist unsicher, ob sich eines findet.

An Effizienz vielleicht zuviel mir zumutend, hatten Sie mir damals keinen Termin genannt. Ich stelle mir selbst nun drei für die Fertigstellung und Ablieferung: Montag, 1. Juni; Montag, 15. Juni; Montag, 22. Juni. Sollte der zweite oder dritte Termin zu spät sein, bitte ich um Nachricht. (Ich selbst werde bestrebt sein, einen möglichst frühen Termin zu erreichen.)

Sie fragten mich in Darmstadt, im Zusammenhang mit meiner »Sprechoper«, wie viele Flaschen Whiskey pro Tag ich benötige. Ich blieb Ihnen die Antwort damals schuldig. Im allgemeinen komme ich mit einer Flasche Whiskey drei bis vier Tage aus, was nicht heißen soll, daß ich während dieser Tage, etwa beim Essen im Restaurant, auf Bier und Wein, in angemessener Menge, verzichten würde. Jede Flasche Whiskey wird normal an aufeinanderfolgenden Tagen geleert, doch gibt es immer wieder eine Reihe von Tagen ohne harte Getränke, also bloß mit Wein. Eine Flasche Wodka, ein sehr angenehmes Getränk, überdauert hingegen oft Monate im Kühlschrank. (Die Duty-Free-Shops auf den Flughäfen haben mit dem Whiskeykonsum zu tun; billiger als irgendwo erhalte ich dort »Johnny Walker, Black Label«, Scotch Malt Whiskey oder »Tullamore Dew« aus Dublin, die bevorzugten Marken.)

Auch die neuen Gedichte, für die F.A.Z., und die »Frankfurter Anthologie« vergesse ich nicht. Bitte, lassen Sie mir dafür ein wenig Zeit.

Friederike Mayröcker und ich grüßen Sie herzlichst; wenn Sie wieder einmal nach Wien kommen, würden wir uns gerne ganz privat mit Ihnen treffen.

Ihr Ernst Jandl

Wien, 29. 7. 1991

Sehr verehrter, lieber Herr Reich-Ranicki,

die einvernehmlich gesetzte Frist läuft ab, ohne daß es mir bisher gelungen wäre, das von mir vorgeschlagene Gedicht »Was ich liebe« von Felix Dörmann für Ihre Frankfurter Anthologie zu interpretieren. Ich weiß auch nicht, ob es überhaupt möglich sein wird – zuviel an Jugenderinnerung hängt für mich an diesem Gedicht, zuwenig läßt sich heute für mich daran entdecken. Es macht mich traurig, Sie zu enttäuschen. Hätten Sie doch ein wenig Verständnis für eine solche Zwangslage.

Sehr herzlich grüßt Sie Ihr Ernst Jandl

Wien, 5. September 1991

Sehr verehrter, lieber Herr Reich-Ranicki,

immer freut es mich, von Ihnen zu hören, und in diesem Sinne danke ich Ihnen auch für Ihren Brief vom 6. August 1991.

Ja, ich werde zu dem Gedicht von Dörmann für Ihre Frankfurter Anthologie etwas schreiben. Ich werde es tun, sobald es mir möglich ist, ohne daß ich mich an einen Termin gebunden fühlte.

Ihr zuweilen geäußerter Unwille darüber, daß es mir nicht leichter falle, über ein deutsches Gedicht zwei Maschinenseiten zu schreiben, bringt mich in der Tat ein wenig in Verlegenheit. Kann der Grund für meine Schwierigkeiten, es zu tun, vielleicht daran liegen, daß ich als Oberschullehrer in den Fächern Deutsch und Englisch mich durch jahrelange Übung immer weiter von der Vorstellung entfernte, ein Gedicht sei interpretierbar oder würde nach einer Interpretation verlangen?

Ich weiß, Ihre Frankfurter Anthologie hat ganz andere Voraussetzungen, aber ich wollte Ihnen doch einmal sagen, daß von meiner Zeit als Lehrer immer noch einiges an mir hängt.

Mit sehr herzlichen Grüßen Ihr Ernst Jandl

Wien, 19. Oktober 1991

Hochverehrter, lieber Herr Reich-Ranicki,

heute habe ich den Text zum Gedicht »Was ich liebe« von Felix Dörmann für Ihre »Frankfurter Anthologie« geschrieben. Heute war das für mich ein Vergnügen, ohne daß ich Ihnen sagen könnte, wieso gerade heute. Freilich umfaßt auch dieser Text jetzt, von dem ich mir wünsche, er möge Ihre Zustimmung finden, eine Unzahl von Verstößen gegen die drängendsten Verpflichtungen eines mit seiner Welt längst nicht mehr zurechtkommenden Pedanten. Dieser weiß: das meiste gehörte einfach von den Tischen gefegt, doch deren Belagerung dauert an.

Der Titel mag Sie befremden und ist auch nicht unumstößlich; es ist eine Zeile aus meinem Gedicht »lebensbeschreibung« aus dem Jahr 1952, Dietrich Burkhard gewidmet und in meinem Repertoire immer noch aktiv.

Ich denke an Ihre liebe Frau, ich denke an Sie, ich grüße Sie beide, wünschend, daß es Ihnen gut geht.

Einmal höre ich von Ihnen.

Es grüßt Sie in Verbundenheit Ihr Ernst Jandl

HORST JANSSEN

12. 12. 71

... ich gebe zu, daß ich gegenüber dieser Spezies Lebewesen meine Nüchternheit verliere + angemessene Reaktion ist mir unmöglich. Für den Beobachter muß es so scheinen, als döste ich bei einschlägiger Lektüre so vor mich hin. – In Wirklichkeit fürchte ich, der Beobachter durchschaue die Fassade, hinter der ich mit irren inneren Verrenkungen Rumpelstilzchen im letzten Akt seines Dramas nachzuahmen versuche. *Es ist ganz schlimm mit mir in solchen Momenten.* Ich werde einfach überwältigt von der Penetranz – der Selbstverständlichkeit, mit der diese Schreiberlinge lediglich die Tatsache ihrer Existenz mitteilen.

Was heut gewerblich betriebene Kritik ist, war früher Marginalie + diese Marginalien waren von Interesse, weil's Marginalien von Schriftstellern waren.

Der professionelle Kritiker bekommt heute 30 Pfennig pro Zeile – und bar jeder Talente, sonstwie sein Brot zu verdienen, muß er seinen armseligen Einfall zu einem Existenzminimum ausdümmeln.

Dieser ganze Berufsstand ist auf die Dummheit des Konsumenten fixiert – die es wahrscheinlich gar nicht gibt –, sollte es sie aber geben, so *lebt* er von dieser Dummheit, denn er wird ja nicht jemandem etwas mitteilen wollen, was der schon weiß – er lebt von dieser Dummheit mit der scheinheiligen oder anmaßenden Zielsetzung, dieselbe zu verringern – mit dem Ziel also, den Ast abzusägen, auf dem er sitzt. (Klar?)

II. Lieber Herr Reich-Ranicki,

dies ist im Abschnitt aus meinem Traktat über die Kritik, ich hab's abgeschrieben für Sie aus Eitelkeit: ich bin tief betroffen, daß Jockel Feté (Joachim Fest) *Ihnen* meine Marginalie vorlas. Es war nämlich die Marginalie eines *Zeichners* + so gar nicht für Sie bestimmt. Wie gesagt: aus Eitelkeit.

Herzlich

Ihr Janssen

KARL JASPERS

Basel, 22. 6. 1967

Sehr geehrter Herr Reich-Ranicki,

schönen Dank für Ihren Brief vom 2. 6. und Ihre Aufforderung, an einem geplanten Band »In Sachen Böll« teilzunehmen. Leider kann ich es nicht. Vielleicht werden Sie erschreckt sein: Ich habe von Böll keine Zeile gelesen. Man muß sich auf das, was einem persönlich wesentlich ist, beschränken, um überhaupt etwas zu tun. So kann man sich leider manchmal den allgemeinen öffentlichen Interessen der Schriftsteller nicht fügen. Ich hoffe, Sie werden dafür ein freundliches Verständnis haben.

Mit den besten Empfehlungen und Grüßen

Ihr Karl Jaspers

WALTER JENS

[Herbst 1990]

Mein sehr Lieber,

schau auf die Widmung, lies noch einmal meine Rede auf Dich – das allein zählt … wobei ich keineswegs leugne, daß ich mich nach meinem letzten Anruf *tief* getroffen fühlte. Was würdest *Du* sagen, wenn ich einen Anruf von Dir mit dem Satz eröffnen würde: »Ich hatte Dich schon vergessen«??

Nun, eingedenkendes Schweigen ist am Ende das Schlechteste nicht, für eine Weile, wenn man einander so nah ist wie wir.

Umarme Tosia.

Herzlichst Dein Walter

GERHARD KAISER

Freiburg, d. 11. 11. 99

Verehrter Herr Reich-Ranicki,

eben habe ich die Lektüre Ihrer Autobiographie abgeschlossen. Ich habe sie in mich hineingefressen wie selten ein Buch. Noch nie habe ich ein historisches oder autobiographisches Werk zum Zeitraum meines eigenen Lebens gelesen – ich bin Jahrgang 1927 –, das mich so ergriffen hat. Ihre Jugend als Jude in Berlin zur NS-Zeit, ihre Schulerlebnisse, die Begegnung mit der Literatur und dem Gründgenstheater, Ihre entsetzliche Warschauer Leidensgeschichte – es ist mir kaum vorstellbar, wie Sie das so haben schreiben können, und es ist mir wieder einmal kaum begreifbar, daß es mein Volk ist, das diese Morde, diese Leiden, diese Unmenschlichkeiten, diesen Sadismus und diese rohe Gedankenlosigkeit auf sich geladen hat. Ich bewundere Ihr schlichtes und körniges Erzählen, das alle möglichen Analysen, Differenzierungen, historischen Verallgemeinerungen in sich enthält und zugleich in seiner Konkretheit übertrifft. Ich bewundere Ihre episodischen Verdichtungen, welche die Essenz Ihres individuellen Lebens und der Zeit zusammenfließen lassen. Und den Schluß, die Lebensgeschichte als Liebesgeschichte. Und die Hymne an die Literatur – als anderes Leben. Ich glaube, unsere Generation und die Jüngeren können Ihnen nicht genug danken, daß Sie uns dieses Buch geschrieben haben.

Eines möchte ich anmerken: Daß Sie nur von Ulrike Meinhof auf Ihr Schicksal als Jude angesprochen worden sind, ist gewiß nicht nur Ausdruck deutscher Verdrängungen oder deutscher Gleichgültigkeit. Meine Frau hat in einem Urlaub eine holländische Dame, der sie sehr nahe gekommen ist, nach ihren

Erfahrungen während der deutschen Besatzung gefragt; sie blieb stumm, aber beim Abschiednehmen hat sie dann erzählt – Schreckliches; ihr Mann ist zu Tode gefoltert worden. Und das Erzählen dieses Schrecklichen war als ein Geschenk an die Angehörige des Tätervolks gemeint. Das gleiche habe ich mehrfach als Gastprofessor in Jerusalem erlebt – ich habe kaum je zu fragen gewagt, und erst nach langer Zeit sind mir Erzählungen geschenkt worden, auch als Akte der Vergebung und Versöhnung und Sympathie. So schenken Sie uns nun, wonach Sie nicht gefragt worden sind – vielleicht in vielen Fällen aus Scheu und Angst vor Zudringlichkeit –, Ihre Lebensgeschichte.

Sie wissen vielleicht, daß ich gegen Sie polemisiert habe (»Der Fall Heine oder der Dichter Heine?« Merkur 1998), und als einer der gescholtenen Germanisten habe ich manchen Einwand gegen Sie; um so wichtiger ist es mir, Ihnen nun, nachdem Sie mir in Ihrer Geschichte als biographisches Ich deutlich geworden sind, meine Bewunderung für Ihre Lebensleistung und Lebenshaltung und für Ihre Lebensgeschichte auszusprechen. Sie wird sich in die Reihe der klassischen deutschen Autobiographien einordnen, davon bin ich überzeugt.

Nehmen Sie die beiden Sonderdrucke (einer davon in einem mir völlig fremden politischen Milieu erschienen) bitte weniger als Ausdruck der Autoreneitelkeit als des Wunsches, mich Ihnen als Person zu nähern.

Mit größter Hochachtung bin ich Ihr Gerhard Kaiser

PS.: Lassen Sie es mich bitte wissen, wenn Sie an einigen wenigen Notizen interessiert sind, wo Unebenheiten stehengeblieben sind. (Auf S. 91 könnte z.B. der Eindruck entstehen, das Arno-Holz-Zitat sei von Hauptmann.)

GERT KAISER

26. 12. 94

Lieber Herr Reich-Ranicki,
verehrter Meister,

die Tage zwischen den Jahren lassen endlich Zeit, zu danken für das Walser-Buch und für die »Rede über das eigene Land«.

Sie sprechen da über *Ihr* Deutschland – und ich frage mich: Ist das auch mein Deutschland?

Ich bin kein Jude, habe keine Biographie wie Egon Schwarz (der meint, sie offenbaren zu müssen, wenn er Katzenelson rezensiert), keine Biographie also, die die Zäsuren unseres Jahrhunderts widerspiegelt. Aber ich sage: Ja, das ist auch mein Deutschland. Und ich will dieses Deutschland, das Thomas Mann und Adolf Hitler in einem Satz nennen muß, auch der nächsten Generation überliefern.

Gerade jetzt mußte ich mich da entscheiden. Ich habe einem Oberarzt an unserer Klinik gekündigt, weil herauskam, daß er jahrelang stramm nationale bis rechtsradikale Artikel verfaßt hat.

Und jetzt erfahre ich auch, wieviel Menschen, Ministerien, Freundeskreise unsereinen dafür schelten. Es gibt ein hintergründiges Netz, das solche Leute hält.

Welch eine Tragödie, daß sich dann Menschen wie Sie und Wolf Biermann entzweien. Hier ist tragisch geworden, was sonst seine Kunst ausmacht: erst schreiben, dann denken.

In seiner Ranicki-Nachfolge (Heine-Lehrstuhl) wird er übrigens zu einem richtigen Philologen. Ich weiß noch nicht, ob das gut für ihn ist.

Lassen Sie die literarische Öffentlichkeit – oder auch nur mich – gelegentlich wissen, ob Martin Walser Ihr Nachwort akzeptiert?

Sehr herzlich, Ihr Gert Kaiser

JOACHIM KAISER

München, 26. 8. 87

Lieber, verehrter Altmeister,

während ich bei Ihrem Hölderlin noch ein wenig zögerlich reagierte, war und bin ich begeistert von dem, was Ihnen zum unseligen Heinrich Mann eingefallen ist. Aber solche Aufsätze kann man natürlich nur schreiben, wenn man sich die Mühe macht, das Ganze zum Teil ja grausam stalinistische Zeug auch zu lesen. Mir ging es selbst bei den berühmtesten Heinrich-Mann-Büchern stets so, daß sie mich ihrer stilistischen Undifferenziertheit wegen nicht gerade abstießen, aber langweilten. Und ich habe es immer als Unfug betrachtet, daß gewisse originelle Sektierer Heinrich Mann für bedeutender als seinen Bruder ausgaben; so wie die Verächter der Frankfurter Schule dazu neigten, den Horkheimer für bedeutender auszugeben als Adorno.

Doch nicht deshalb schreibe ich Ihnen, sondern um Ihnen einmal mehr vor Augen zu führen, welches normensetzende Herrscheramt Sie hierzulande bekleiden. So ist das höchste Lob, das eine kluge Lyrikerin meinen lebenslangen Bemühungen spenden kann, denn doch, daß es mir – nach vielen vergeblichen Versuchen – einmal nahezu gelungen ist, Ihnen zu gleichen. Ich schicke Ihnen mit Vergnügen eine Photokopie dieses Dokumentes und bin mit herzlichen Grüssen, auch an die Ihre,

Ihr alter, aber getreuer Joachim Kaiser

München, 20. VI. 93

Lieber, herzlich verehrter Maestro –

wie glücklich Sie mich mit dem Börne-Preis machten, und mit Ihren überall in Deutschland zitierten, weil so unwiderstehlich elegant, ja witzig formulierten Begründungsworten – ich habe es Ihnen ja schon am Telephon vorgestammelt und wiederhole es gern schriftlich. Meine Frau, Susanne, die am 31. X. gern mitkommen wird nach Frankfurt, und ich, wir freuen uns schon auf die Feier samt Ihrer laudatio. (Werfen Sie, wenn Sie mögen, einen Blick in meinen Brecht-Aufsatz »Die Maßnahme und die linke Angst« [»Neue Rundschau« Jahrgang 1973, Heft 1; auch in »Erlebte Literatur« S. 92ff.], den ich für eine meine besten literarischen Arbeiten halte, auf den ich nach wie vor stolz bin ...).

Da man aber Dankbarkeit nicht nur verbal äußern soll, habe ich mich, zumal Ihr freundlicher Brief mahnte, auch gleich hingesetzt und Tiefgekühltes zum Rilke Sonett XIX aus »Die Sonette an Orpheus« Teil 1 – gestammelt. Verfahren Sie bitte mit dem Text ganz nach Gutdünken, die Carte Blanche für Kürzungen und Veränderungen ist zwischen uns doch selbstverständlich. Vielleicht fällt Ihnen auch eine bessere Überschrift ein. Ich schicke Ihnen eine Photokopie des Rilke-Textes mit – wahrscheinlich wäre es das sinnvollste, aus der 12bändigen Insel-AG zu zitieren. Auf baldiges Widersehen und Telephonieren

Ihr alter, auch die Verehrte herzlichst grüßender

Joachim Kaiser

MARIE LUISE KASCHNITZ

Ffm, [1967]

Lieber Dr. Reich-Ranicki,

weil ich die größte Freude an Ihrer »Literatur der kleinen Schritte« habe, möchte ich Ihnen gleich Dank sagen für das mir in Ihrem Auftrag geschickte Exemplar. Daß die Besprechung der Ferngespräche (nicht nur die beste, sondern auch die verständnisvollste, die ich je bekommen habe) vertreten ist, freut mich natürlich sehr. Von den anderen kannte ich manche, aber längst nicht alle, auch nicht alle Autoren, und nun erfahre ich so viel Interessantes, Gescheites, Witziges, werde überzeugt, nicht überredet, bewundere Ihre Urteilskraft ebenso wie Ihren immer eigenen (nie dem Objekt angepaßten) ausgezeichneten Stil. Daß man hier und da anderer Ansicht ist, ist auch kein Nachteil, da man, an Ihrer Hand sozusagen, erst richtig aufpaßt – vieles wahrnimmt, was man vorher nicht wahrgenommen hat. Die »kleinen Schritte«, das trifft ganz auf mich zu, auch auf die angeführten jungen Autoren, aber auf Grass zum Beispiel? Der Titel hat mich ein bißchen gestört.

Dank nochmals und viele herzliche Grüße

Ihre Marie Luise Kaschnitz

ERHART KÄSTNER

Wolfenbüttel, am 12. Juni 1967

Verehrter Herr Reich-Ranicki,

ich danke Ihnen sehr für Ihren freundlichen Brief. Ich habe die ersten Bücher von Böll im höchsten Maße bewundert, leidenschaftlich. Später fand ich Buch um Buch künstlerisch schwächer, so daß ich ihn zu lesen aufhörte. Es interessierte mich nicht mehr.

Sein Erfolg erklärt sich mir schon. Der Duft des Kleinbürgerlichen, postfaschistischen wie poststalinistischen Nasen gleich süß, gleich vertraut, gleich schmeichelnd, ist Gewähr für Erfolg links und rechts von der Elbe. (Viele unter den Jüngeren ahnen ja gar nicht, in welchem Maße sie Erben von Hitler, von der damals in Deutschland begründeten Herrschaft vulgären Kleinbürgertums sind.) Bescheidene Einkünfte aus der Cerebralsphäre wäre eine zweite Gewähr. *Böll* ist gewiß nicht klug und brauchte es, vielleicht, um ein großer Künstler zu sein, nicht einmal. Gewiß ist, daß das Dumpfe, Trüb-Emotionelle, Aufgeregte den Leuten unendlich behagt. (Für die auf *Böll* folgende Schriftstellergeneration ist ja gerade eine hochtrainierte Cleverneß bezeichnend, die sich jedoch ausgesprochen vordergründig, allein auf der Vorbühne tummelt und deshalb im Grunde vollkommen ratlos ist.) Drittens: es gehört ja zur Ausstattung eines Schriftstellers der sechziger Jahre, sich in einem fort zu engagieren, so als ob, wenn der Schah ein etwas kleinerer Volksfeind wäre, als er zweifellos ist, oder die SPD nicht in die Große Koalition gegangen wäre, die Welt in Ordnung wäre. Alle engagieren sich fortwährend, ohne praktisch werden zu müssen, ein altes Handikap aller engagierten Literatur; wenn einige Schriftsteller einen Betrieb von auch nur fünfzig Angestellten und Arbeitern leiten müßten, bliebe ihnen viel Luft weg. So aber kostet ein Auftritt, wie ihn *Böll* in Wuppertal gab, als eine Partei bankrott war und reif, einer anderen Platz zu machen, damit die ihren Bankrott machen könne, denn schließlich geht es beim einzelnen und bei allen ja immer bloß hart am Bankrott vorbei, wenn es gut geht –: Töne anzuschlagen, die aus der Kiste von 1931 und 32 waren, und zog daraus auch noch Zinsen. Katastrophen- und Studentendemagogie. Es muß alles anders werden. (Die Studenten der Wartburg in 1967 übersetzt, würden von nichts anderem sprechen, nichts anderes fordern, für nichts anderes demonstrieren, sich für nichts anderes entflammen als für das Vereinte Europa; bezeichnenderweise spielt das bei der tiefen Unruhe unserer Studenten überhaupt keine Rolle, offenbar deshalb, weil es ein enthusiastisches Thema wäre und kein skandalöses, und nur auf Skandalismus ist man gestimmt.) So wird eine tiefe Enttäuschung vom Leben im Wohlstand und in der nivellierten Gesellschaft immerfort oberflächlich abgeleitet in Emotionen, halbausgesprochenen Verheißungen, knabenhaften Vorstellungen einer idealen Welt, *wenn nur* anstelle von Eintracht Braunschweig Concordia Peine gesiegt hätte.

Und viertens, natürlich, man zieht Publizität, woraus man sie ziehen kann, denn sie muß vor allem sein. Eine schon fast primitive Selbstwerbung ist selbstverständlich geworden bei den Schriftstellern. Keineswegs bei anderen Künstlern. Es ist merkwürdig, daß dort vollkommen andere Verhältnisse herrschen. Nicht wenige von den Künstlern, die unsere Zeit bestimmen, *Oelze, Bellmer, Bissier*, der große *Max Ernst* haben sich um den Ruhm und den Erfolg, der sie erst gegen die Siebzig erreichte, so wenig gekümmert, wie das in längstvergangenen Zeiten allgemein war, und haben sich nicht eine Spur anders betragen, ob sie Erfolg hatten oder nicht hatten. Unwahrscheinlich zu hören für Schriftstellerohren. Aber die hören es nicht erst.

Nicht eben neu, was ich da sage. Ich möchte Herrn *Böll*, dem ich seine früheren Bücher nicht vergesse, ich könnte sie sogar wieder lesen, und bei wem kommt einem das schon zu Sinn, die Freude an seinen Erfolgen nicht trüben. Man muß vieles nicht so wichtig nehmen, wie es genommen sein möchte. Deswegen möchte ich, lieber und verehrter Herr Reich-Ranicki, mich zum Thema *Böll* nicht zu Wort melden, wofür ich Sie um Nachsicht bitte. Es wird Ihnen ja nicht an Wortmeldern fehlen.

Ihr Ihnen ergebener Erhart Kästner

HERMANN KESTEN

New York: Park Wald Hotel, 26. Januar 1965

Sehr geehrter Herr Reich-Ranicki,

in Ihrer Rezension meines Buches »Deutsche Literatur im Exil« (in »Die Zeit«, 1. 1. 1965) sprechen Sie mit Gefühl und Verständnis von den sonderbaren Schicksalen jener unglücklichen Liebhaber, der exilierten Autoren, die ihre Geliebte – das Vaterland – verlassen haben, weil diese Geliebte temporär verludert war, und die von nichts anderem träumen, als von ihr heimgerufen, von ihr geliebt zu werden, obgleich sie sich beide doch öffentlich verschmäht haben. Es sind wahrlich tragikomische Liebesverhältnisse; und in Deutschland, das seine Satiriker ablehnt, sogar wenn sie zu Hause geblieben sind, doppelt kompliziert und nicht einmal nach einem Jahrhundert heilbar, wie der Fall Heine beweist, der freilich ein casus Germaniae ist.

Ich freue mich um so mehr über unsere gemeinsame Sympathie mit diesen knappen hundert Exilautoren in meiner Briefsammlung, als wir ja über gewisse andere Autoren und Gegenstände so verschiedene Ansichten haben, daß Sie gewissen meiner publizistischen Arbeiten sogar das Prädikat »gefährlich« erteilen und einige meiner Urteile über Benn für »ungerecht« und »töricht« befinden, indes ich glaube, daß vielmehr Benn allzuoft »töricht« war, von seinen ungerechten Urteilen über Hitler und über die Exilliteratur (vor und nach 1945) gar nicht zu reden.

Immerhin verbindet uns die Liebe zur deutschen Literatur und die Sympathie mit verfolgten Autoren in aller Welt. Das wiegt mehr (für mich) als unsere peripheren Differenzen über gewisse Autoren.

Mit bestem Gruß

Ihr Hermann Kesten

Basel, 14. II. 1985

Lieber Marcel Reich-Ranicki,

schönsten Dank für Ihr liebes Telegramm. Ich freue mich, daß Sie an mich denken. Da ich ein steter Leser der FAZ bin, ohne alle Ansichten der Zeitung zu teilen, lese ich auch Sie von Zeit zu Zeit, ohne alle Ihre Ansichten zu teilen. Immerhin sind Sie immer interessant und amüsant, was gar nicht so häufig unter Kritikern ist.

Ich bin nun so alt geworden, und alles kam ganz anders, als ich es mir gedacht hatte. Obwohl ich schon als Kind wußte, daß wir alle sterblich sind, glaubte ich damals, meine Eltern würden so lange leben wie ich, und später, daß meine liebste Toni Witwe würde, obgleich ich es ihr nicht wünschte. Und nach ihrem Tod zog ich zu einer Freundin von Nürnberg her, und schon nach fünf Jahren ging sie fort und ließ mich allein.

Ich hatte immer gedacht, ich würde nicht so alt werden und inzwischen ein heiterer Greis werden. Da bin ich nun ein Greis und keineswegs heiter. Weshalb auch? Mich schmerzt, daß das Universum mit einem Urknall zugrunde gehen wird, mich stimmt melancholisch die Entwicklung der Menschheit und ihr drohender Selbstmord. Und sogar der Anblick der deutschen Literatur, die ich sonst liebte, mitsamt der deutschen Sprache, aber die Possen unsrer neuen deutschen Autoren machen nicht mal mich lächeln, von Heiterkeit keine Spur.

Von mir selber will ich gar nicht reden. Ich lese sehr viel, wie in meinem ganzen Leben, aber meist Klassiker, eben lese ich wieder Goethes »Wahlverwandtschaften« und bin fast zu Tränen gerührt.

Bleiben Sie gesund und munter, lieber Freund, mit Ihrer lieben Frau.

Es grüßt Sie sehr herzlich stets Ihr Hermann Kesten

RAINER KIRSCH

Berlin, am 15. Januar 1991

Lieber Herr Reich-Ranicki,

ich gehe also neulich bei Gott vorbei, von dem Sie wissen, daß ich weiß, wo Er wohnt; außer daß Er die Erzengel ein bißchen unwirscher als sonst mit der Linken wegwedelte und vor einem neuen Schaltpult saß, das nach Physik roch, fand ich Ihn ganz unverändert. Er schweigt wie eh, ich plaudere und sage beiläufig: »Reich-Ranicki filibustert.« Das ist nun Gott nichts Neues, es laufen ja wöchentlich Beschwerden über Sie ein, die meisten unberechtigt; »Reich-Ranicki«, fahre ich fort, »will nie mehr *1911er Lafitte* trinken, sondern bloß noch *Lafitte von 1911.*« – Nun hat Er diese beredte Art, gradeaus zu blicken, die Sie und ich kennen; »Wie! sollte unser Freund sich fortan im Billigladen versorgen wollen? kein anständiger Weinhändler wird ihn mehr bedienen«, sagte der Blick.

Gott, Sie merken es, war besorgt; Er muß ja fortgesetzt Seine Neigung zur Melancholie bekämpfen und fürchtete wohl um Seinen vorletzten Sanguiniker. Ich calmiere also und erzähle von Ihren läßlichen Sünden – etwa daß Sie einräumen, ich müßte mir keine Vorwürfe machen, wo doch, wenn überhaupt wer, Sie sich welche zu machen hätten; ich komme aufs weniger Läßliche (nämlich daß Sie, wo ich für jeden sichtbar *ergänzend deute* und das Kind auf der Kirchenbank sitzen lasse, fordern, ich solle sagen, *daß ich deute* etc.). Gott fuhrwerkt am Schaltpult, und Er ist ja neugierig. »Marcel Reich-Ranicki«, erkläre ich schweren Herzens, »hat, um recht schlagend argumentieren zu können, mir ein Komma unterschlagen.« Hätte ich nur geschwiegen! (Es handelt sich – Sie erröten? – um den vorletzten Satz meiner Interpretation, der anhebt »So, hört es künftig läuten …« Ein überaus schönes »So«, ein bißchen englisch, doch lieb deutsch und viel besser als »Dergestalt«; ohne das Komma dahinter ist es freilich ganz blödsinnig.) Ein Tipp mit dem Finger, und Gott sah, daß ich wahr sprach; so viel ist der Herr ja Schriftsteller, um augenblicks die Schwere der Tat zu fassen.

Das Folgende geschah in Millisekunden, ich wundere mich, daß ich es überhaupt wahrnahm. Gott, mit der Linken, wedelt den Erzengel, der Ihm eben ins Ohr zu flattern sich anschickte – ein besonders widerwärtiges Exemplar, Rattenzähne, schlaffer Händedruck – so entschieden weg, daß es im ganzen Elysium klatschend widerhallt; mit der Rechten haut Er auf die Tastatur des Schaltpults. Sodann herrschte eine häßliche Lautlosigkeit, und Gott war weg – wie auf dem Monitor des Pults zu lesen, entfernte Er sich mit dem Kubus der Lichtgeschwindigkeit.

(Kennen Sie Physiker? ein äußerst albernes Volk. Die hassen alle heimlich Einstein und haben den Vorfall natürlich bemerkt. »Jetzt müssen wir«, flüstert mir einer, »wohl den Doppler-Effekt umbenennen in …« Wären sie wenigstens auf *incubus* gekommen!: nein, *Trippler-Effekt*! einen halben Nachmittag lachen die sich scheckig über so was.)

Es hilft demnach nichts, ich muß Sie verurteilen – Gott ist auf und davon, Seine Mißbilligung zu eindeutig, um sie für nichts zu nehmen. (Natürlich wäre denkbar, das Universum ist endlich und in sich zurückgebogen, und Er waltet über kurz oder lang an der alten Stelle; geben Sie mir nur gleich Bescheid, falls Sie Ihn treffen. Aber hüten Sie sich vor den Erzengeln! die sind imstande und bauen eine Attrappe.) Das Urteil lautet: *Zwei Flaschen besten Chablis, von denen eine Sie trinken dürfen, dazu Seewolf auf Fenchel gegrillt samt Vorspeise, Suppe und Dessert, alles im besten Restaurant Ihrer Stadt Frankfurt bzw. der näheren Umgebung.*

Was den Abdruck des Texts betrifft, kann ich Ihnen darin entgegenkommen, daß Sie für »G.« jeweils »Goethe« einsetzen; es wäre dies aber keine Verbesserung, sondern störte den Rhythmus.

Geneigtest und heiterst Ihr Rainer Kirsch

PS. An Hieber hatte ich geschrieben, weil ich Sie mit der Anfrage nicht behelligen wollte; selbstredend bin ich mit dem honorarfreien Abdruck meines Gedichts in der »Frankfurter Anthologie« einverstanden, wenn das Usus ist. Mit gleicher Post schicke ich »Ausflug machen« und mein letzterschienenes (September 1990 abgeschlossenes) Buch »Anna Katarina oder Die Nacht am Moorbusch«. – Sie entschuldigen, daß ich auf Ihren Brief vom 15. Oktober so spät antworte? Ich mußte ja erst bei Gott vorbei, und der ist nicht immer zu Hause; ich war es auch nicht und kämpfe um meine Existenz. R. K.

Berlin, am 16. Februar 1991

Lieber Herr Reich-Ranicki,

hier die Korrekturen zur »Wandelnden Glocke«; ich mußte für die authentische Version des Gedichts erst eine ordentliche Ausgabe finden. Sofern Sie »wandlende« in der Überschrift stört (mich stört es nicht), können Sie ja schummeln und daraus wieder »wandelnde« machen. Alles sonst ist entschieden besser, insbesondere das Ausrufungszeichen nach »Schrecken«, Strophe 4, und Goethes prosodische Interpunktion; für den stillosen Zungenbrecher »mit Schrecken« – statt »im Schrekken« – gebührt Herrn Nicolai, sofern er noch lebt, die Abwicklung (das ist, wie Sie sicher gelesen haben, das hiesige Neuwort für *Ostrakismos*). – In meiner Interpretation, die ich vorsichtshalber noch mal beilege, habe ich wie versprochen Goethe immer ausgeschrieben; die Abkürzung G. war übrigens, außer daß sie rhythmische Gründe hatte, eine kleine Verneigung vor Rühmkorf.

Ich danke sehr für Ihre Nachricht vom 24. Januar. Sie werden doch nicht versäumen, zu Ihrem Achtzigsten eine wohlannotierte Sammlung »Briefe an einen Kritiker« erscheinen zu lassen?

Bis auf wärmeres Wetter und den Seewolf

Ihr Rainer Kirsch

SARAH KIRSCH

Bothel, 16. 12. 81

Caro Marcello,

vielen Dank für das Ricarda-Huch-Büchlein, das werde ich nahezu eingeschneit heute abend lesen, wenn ich nicht vom Radio zum Fernseher renne in diesen noch eingeschneiteren abgeschnittenen Zeiten. Neben Polen spukt mir immer noch dieses seltsame Dichtertreffen im Kopf rum, dieses offene selbstdisziplinierte Ereignis. Ich muß dauernd überlegen, was die Überaufgabe gewesen ist, denn daß es einfach so passiert ist, kann ich bei diesem so überängstlichen, vorsichtigen Staat nicht glauben. Wenn manches auch erstaunlich aussieht, es muß für die SED-Leute irgend etwas oder mehreres herausgekommen sein. Denn sie haben doch genau gewußt, wen sie einladen, wie die Leute reagieren, z.B. daß Jurek das sagt, was er sagte, konnten sie wissen, und bei anderen genauso, und obwohl sie wissen, daß die Bevölkerung Genaueres aus dem Westfernsehen erfährt, haben sie es ablaufen lassen. Vielleicht war dieses Treffen einfach »die Friedensbewegung« und kann nun abgehakt werden, außerdem weiß man noch genauer, was man von de Bruyn zu halten hat, und kein Bürger wird das gleiche verlangen wie die Schriftsteller, er hätte es ja aus dem Westmedium und hat schon bei der Biermann-Petition erfahren, daß es etwas anderes ist, ob man 1 Hermlin oder ein Fuchs ist. Es scheint ein großes Bedürfnis des SV gewesen zu sein, die Friedensbewegung auf diese Weise zu stärken, aus Furcht vor den amerik. Raketen, und auf die DDR-Regierung fiel noch viel Sonne, daß so eine Veranstaltung möglich war, wer will da noch was sagen. Die Ereignisse in Polen haben zwar alles erschwert, aber da sie erst angefangen hatten, lief alles noch glimpflich ab, wurde eigentlich noch besser. Trotzdem, gerade wegen Polen, finde ich es doch gut, daß die Kollegen von hier hingefahren sind, bloß sollte man es nicht überbewerten. Kant muß mächtig mitgemischt haben, fiel mir ein, als ich ihn im TV immer neben Hermlin glucken sah. Über Hermlin will ich nicht viel sagen. Haben Sie die gestrige Fernsehsendung im ZDF gesehen, wo am Schluß Grass und Hermlin zu Polen gefragt wurden? Haben Sie gehört, was er da gesagt hat? Daß er von »Elementen« gesprochen hat und die Polen meinte? Die Solidaritäts-Leute? Da war der Kongreß vorbei und der Alltag wieder da, und er benahm sich nicht mehr edel, ich bin so sauer und wütend, wie er die Leute zum Narren hält, entschuldigen Sie bitte. Und seine Frau saß auch da, so viel Verlogenheit, die Ulla soll bloß schnell abspringen. Obwohl die Frau, von Marlies Menge so gewürdigt, völlig uninteressant in diesem Zusammenhang ist. Alles ist eitel und braucht Zeitungsartikel. Ansonsten sieht es eben trüb aus Ende des Jahres.

Ach. Brüderliche Kampfesgrüße an Sie und Ihre Frau!

Ihre Sarah

Bothel, 21. Juli 82

Caro Marcello,

ich habe nicht gewußt, daß Sie die Gedichte der Elke so regelrecht schlecht finden, dachte, sie liegen Ihnen einfach nicht, und weil ich sie gut finde, wollte ich sie Ihnen einfach noch mal ans Herz legen. Nicht zum Betrug überreden, dann müßte ich die Texte ja selbst schlecht finden. Natürlich spielt die DDR überhaupt keine Rolle, ich führte sie ins Feld, weil ich doch glaubte, Sie fänden die Texte höchstens schwer – aber nicht unverständlich. Ich hoffe, Sie grollen mir nicht, und nach 200 Jahren wissen wir genau, wie es sich mit dem Buch verhält. Dann seufzen wir ein bißchen, Sie als eine schöne Lärche, ich vielleicht als eine weiße mutierte Krähe. Mehr wollen wir dazu nicht sagen. Aber Ihr Zorn war sehr schön im Jahre des Herrn 1982. Der

Komponist arbeitet sich weiter langsam voran, singt Sopran, wenn es sein muß, und ist dann heiser. Und unsere Ulla fährt bald in den Süden, ich hoffe, daß sie vorher, wohl an Leib und Seele, hier vorfährt. Besuch gab es auch in letzter Zeit, Christa Wolf am Ende ihrer Frankfurter Vorlesungen, deren 2 ich im Fernsehen hörte und sah, die mich nicht überzeugten, Erich Loest, dem es gutgeht, der reisebesessen ist und für »Geo« überall hinfährt, Helga Novak schließlich, nachdem sie die Korrekturfahnen hinter sich hatte, und Schädlich ganz plötzlich »auf einen Sprung«. Ihn zu sehen ist eine Freude, lebendig wie in den guten alten Zeiten, mit treffsicheren Wortverdrehungen. Ich hab auch was zu lesen bekommen, Übungen, wie er sagt.

Und nun will ich in den Garten gehn wo die weißen Blumen stehn unter Bäumen in schöner Verzweigtheit und erhoffe Ihre Geneigtheit.

Schöne Grüße immerdar — Ihre Sarah

Bothel, 29. Dez. 82

Caro Marcello,

vielen Dank für die Zeitung mit dem Kahlfrost-Gedicht, das sah sehr hübsch aus und hatte keine gebrochenen Gräten. Es kam auch »Meine Schulzeit im Dritten Reich«. Das ist ein sehr gutes, sehr wichtiges Buch. Ich habe noch nicht alle Kapitel gelesen, Ihres ist wunderbar. Der Leser kann denken, so schlimm war es also gar nicht, das kann er eine ganze Weile, es werden ihm auch die Gründe genannt, eine gewisse Zivilisation in bestimmten Schichten, dann trifft ihn aber das Ende der Geschichte unbarmherzig. Ähnlich funktioniert wohl das ganze Buch, ich glaube, daß es für Kinder, die so alt wie Moritz sind, ein großes Verlangen nach solchen Büchern gibt. Mit der gleichen Post kamen auch die hundert Gedichte der Frankfurter Anthologie, auch ein gutes Buch. Ich bin immer noch traurig, daß der Heinz Politzer tot ist, der meine Nachricht aus Lesbos so schön interpretiert hat. Ich schicke auch das Gedicht »Vor der Tür« retour, ich habe Amselschritte statt Spinnwebschritte gesetzt, dann ist deutlicher, daß ich mit »Spuren« anfangs ganz gewöhnliche, normale, *wirkliche* meine. Dann kommt der Satz »darunter wieder das Totenreich«, da wird die Erde plötzlich durchsichtig, *»wieder«* zeigt an, daß dieser Vorgang dem berichtenden Ich selbstverständlich öfters passiert ist usw. Ich glaube, jetzt ist es deutlicher. Spinnwebschritte war ein Bild für Amselschritte, hat aber vielleicht gleich was Metaphysisches, was ablenkt. So weit so gut. So kann ich bloß noch ein paar gute Wünsche fürs neue Jahr hinzufügen, noch haben wir ja Zeit, 1984 ist weit.

1000 Grüße! Ihre Sarah

Tielenhemme, 18. Sept. 1984

Caro Marcello,

Sie sind durch Ihre Hartnäckigkeit immer der Anlaß, daß ich meine halbfertigen Texte zu Ende bringe, das ist gar nicht so schlecht. Wußten Sie, daß Fühmann noch in seinem Testament verfügt hat, daß Hermann Kant an seiner Beerdigung doch ja nicht teilnehmen sollte? Dem wurde nachgegeben. Und irgendwo in Mecklenburg in einer Einöde haben Freunde einen Weg mit 2 Häusern nach seinem Namen benannt, ein richtiges ordentliches Schild wurde montiert. Diese beiden Geschichten passen sehr gut zusammen, finde ich doch. Hoffentlich verschwindet der Nachlaß nicht im Panzerschrank, damit muß man bei dieser Akademie manchmal wohl rechnen. Soviel für heute, weil die Post gleich abgeholt wird.

Schöne Grüße an Sie und Ihre Frau Ihre Sarah

Tielenhemme, 9. Junius 1986

Caro Marcello,

ich sah Sie im Fernseher drin und es war wunderbar bei diesem Autor-Scooter. Darnach aber habe ich mit dem Leiter der

Anstalt telephoniert und er beschimpfte mich daß ich nicht beim Bundespräsidenten in der Villa lesen wollte oder den Liedern zuhören aber ich kann das wirklich nicht über mich bringen und bin ja nicht hier um mir Gewalt anzutun sagte ich und daß ich den Referenten artig geschrieben hätte wie leid es mir täte es wäre bisher mein liebster Bundespräsident usw. und von Ulrich F.-P. erfuhr ich daß Sie sich vehement fortwährend für mich eingesetzt hätten in dieser Sache und auch bei der Seller-Liste und so sage ich wie ich zu F.-P. sagte: das ist nicht so schlimm, caro Marcello kennt mich ja und weiß daß ich stets ein Tiger im Regen noch bin und nicht über meinen Schatten springe aus Aberglauben. Ich muß eben hier bey meinen Schafen seyn und nette Texte absondern disz ist der Auftrag. Anbey das Gedicht was ich auf Ihre Anregung machte, es war ja lange vor Tschernobyl und klingt wie darnach in der Ukraine. Schneller konnte ich es nicht fertig bekommen und auch jetzt noch sieht es aus als ob es nicht fertig wäre sondern nur abbricht was natürlich der Trick ist. Was ich aber jetzt schreibe ist längere Prosa und demnächst wird es sich Jesse Jensen mal ansehen denn es soll mir nicht wie der Bachmännin gehen darbey aber ich bin ja auch keine Meerjungfrau mit blutigen Füßen sondern komme ganz natürlich daher was immer die Grundlage für einen hübschen Manirismus noch abgibt und dann ist alles palletti. Bedauerlich ist nur daß mir der Herr Richter ein Stück des mir vorschwebenden Titels vorweggenommen hat, aber bis ich fertig bin ist seiner abgenutzt hoffe ich. Ich wollte meinen Titel seit fünfzig Jahren so haben. Ihre Rättin-Rezension aber fand ich sehr gut, wie kann er seynen Oskar Matzerat so primitiv ermorden und dieser Waldspaziergang zog mir den Schuh von der Ferse und nun will er (G.) Ihretwegen gleich nach Kalkutta. Die andere Rezension von Herrn Hartung aber fand ebenso meine völlige Unterstützung, der Schreibende hat alles gefunden.

1000 Grüße — Ihre liebe Sarah

Tielenhemme, Sommeranfang 87

Caro Marcello,

ich habe nun ach! die Trakl-Gedichte lang mir besehn und sie wie stets noch zum Küssen gefunden, bloß was Schlaues darüber krächzen das möchte ich nicht, es gibt überhaupt kaum etwas, was ich weniger möchte, auch nicht über die Werke von Krethi und Plethi. Diesz kommt mir wie ne heilige Pflicht vor und ich war wohl zu lange in meinem Ländchen vor diesem an der Kandare als daß ich nicht flugs mich behindert fühlte und so will ich lieber mein freier Mensch sein und in der Zeit ziehe ich lieber Unkraut in meinen Beeten oder rudere mitm Kahn bis zum Nordmeer was einen Tag dann in Anspruch nimmt und einen zurück. Ich versuche Ihnen das so ausführlich darzustellen daß Sie nicht sauer auf mich sind oder nicht lange daß Sie ahnen daß disz nix für mich ist und daß ich schon sehr tüchtig war als ich für den einen oder anderen Jubilar mich breitschlagen ließ. Diesen Brief geschrieben zu haben macht mich sehr glücklich, ich könnte ausschlagen wie ein Pferd und davon über die Deiche. Melden Sie sich bitte wenn Sie hier in der Nähe sind damit wir eine Zusammenkunft planen und in die Tat umsetzen. Sind Sie mit Ihrem Automobil unterwegs? Dann könnten Sie das sagenhafte Tielenhemme ins Auge ja fassen dessen enorme Grünheit diesem sehr wohl täte. Sie könnten sich überzeugen, daß es die vielzitierten Schafe wirklich gibt und anderes mehr.

1000 Grüße inzwischen! Ihre Sarah

Tielenhemme 9. Jan. 89

Caro Marcello,

meisten Dank für die Post worin ich ja mächtig geködert wurde durch Lob und Preis, also wenn ich da ansprechbar wäre hätte ich sofort für die Frankfurter Anthologie was geliefert. Da ich aber ein bescheidener Mensch bin und das ganze letzte Jahr so viel machen mußte, was ich gar nicht so sehr liebe, nämlich für das ZDF mir was ausstanzen, so will ich für die berühmte Rubrik in diesem Jahr mir nix abringen lassen. Und bitte sehr um Verständnis. Meine Erfahrung aber mit dem Fernsehen gipfelt darin, daß in diesem Medium alles noch unwahr und verräterisch wird, was ich zu bedenken bitte wenn Sie durch diese Kanäle toben. Mehr steht mir nicht zu, aber diesz wollte ich sagen. Ansonsten alles paletti in Tielenhemme, ich höre bei den Schafen die Wolle waxen, der Compositeur muß immer schneller komponieren um die Premiere zu schaffen. Nächstes Jahr ist die in Munich.

Ich wünsche Ihnen und Ihrer sehr lieben Frau einen angenehmen Winter und schöne Erfahrungen im Garten der Literatur!

Ihre Sarah

Tielenhemme 31. Aug. 92

Caro Marcello,

wie versprochen und als Dokument menschlicher Hinfälligkeit in jungen Jahren den Brief eines Spitzels der sich reinwaschen möchte seine Lügen auch glaubt aber eigentlich alles noch schlimmer macht. Ich habe genug! singe ich mit Johann Sebastian und werde mit dieser fürchterlichen Dame niemals 1 Wort sprechen, hatte die Verbindung in der DDR schon abgebrochen weil diesz Mädchen so nervte. Manche gehen bis nach Amerika weil sie Spitzel waren! So viel also dazu! Mehr lohnt sich auch nicht!

1000 Grüße vor die Füße! Ihre Sarah

1. Decembrius 92

Herzlichen Glückwunsch zur Leuschner-Medaille! Ich kann mir aber auch gratulieren: 1mal von Ihnen genannt muß Erlkönigs Tochter ficks in die zweite Auflage gehen. Wie isses möglich? Ist es nicht auch gefährlich?

1000 Grüße vor die Füße! Sarah

WOLFGANG KOEPPEN

München, 26. 2. 76

Lieber Herr Reich-Ranicki,

wir haben eben miteinander telefoniert. Ich bin etwas erregt. Es gibt, für Ihr Gespräch mit Unseld, zwei in kürzester Zeit realisierbare Projekte. Den Fragmentband »Jugend«, von dem Sie die drei im »Merkur« erschienenen Teile kennen. Das sind mindestens sechzig Schreibmaschinenseiten zu dreißig Zeilen. Ungedruckt habe ich noch ca. 30 Seiten Manuskript. Wiederum etwa dreißig Seiten möchte ich noch schreiben. Die Zusammenstellung, die Überarbeitung würde bis April dauern. Zum Thema gehört auch der Text »In meiner Stadt war ich allein«, ist aber stilistisch ein anderer Versuch und im »Romanischen Café« erschienen. Dann »Der Stadtschreiber«. Hierzu gibt es eine Mappe Notizen und allerlei Material. Es ist aber ein Phantasiestück, das ich gern schreiben würde. Eher eine Auseinandersetzung mit mir als mit Bergen-Enkheim. Ich glaube, es würde ein eigenartiges Buch werden, wie ich hoffe, charakteristisch für mich. Hundert bis hundertzwanzig Seiten. Gegen Ende April. Der Roman, verdammt noch mal, er ist nicht schlecht, und es geht ihm auch nicht schlecht, zur Zeit mag ich ihn, wenn ich ihn auch manchmal verstoßen möchte, doch sicher würde es, wenn ich nun ausschließlich an ihm arbeiten könnte, Mai werden bis zur Ablieferung des Manuskripts. Der Roman wäre nun leider, das weiß ich, die Arbeit, die mir einen Erfolg und einzig allein die Sanierung meiner Verhältnisse und aufrechten Gang im Verlag geben könnte.

Ich bin mit sehr herzlichem Gruß Ihr Wolfgang Koeppen

München, 10. 1. 81

Lieber, verehrter Herr Reich-Ranicki,

ich habe nun doch getan, wovor Sie mich warnten, den Koffer im Speicher unter Gerümpel gefunden, das Schloß gesprengt, und heraus brach ein gelebtes Leben, eine begrabene Zeit, nicht glücklose Anfänge vertan, verspielt. Ich sitze betroffen, verstört vor einem Scheiterhaufen, den ich anzünden würde, hätte ich eine Feuerstelle. Ich habe, so scheint es, drei Leben gelebt. Keines brachte was. 1927 Berlin. 1934 Holland, Periode bis 45. Von da an die Gegenwart. Viertens das Ende. Oder?

Also der Börsen-Courier. Vergilbtes Papier, von Mäusen angenagt. Mädchen, die mir wichtig waren. Ich betrachte das alles kalt. Anfälle von Wehmut und Wut, nicht aus den Arbeiten, nur aus den Ereignissen um sie herum. Ein munteres Schreiben für den Tag. Kleine Polemik gegen längst Tote. Am besten gefallen mir noch die Theater- und Filmkritiken. Warum habe ich das aufgegeben? Skizzen, Erzählungen, eher Fragmente nicht geschriebener Romane. Ein paar Reportagen, die Spaß machten. Kein großer Literaturartikel. Wiedergabe exzentrischer Empfindungen bei der Lektüre einiger Bücher, Vorlieben oder Träume auf fremden Seiten. Groteske Situation: ich kritisierte einen belanglosen Theaterabend, und die Hauptzeile des Blattes: »Löbe im Konzentrationslager«. Es gab noch Schlimmeres. Zuletzt redigierte ich das Literaturblatt. Anständig unter den Verhältnissen von 1933. Mitarbeiter noch Erich Franzen, Günther Stern (Günther Anders), Hans Sahl und andere. Aber die Anlässe interessieren nicht mehr.

Die meisten BC-Beiträge sind kurz, 1–2 Schreibmaschinenseiten. Ich werde 3 oder 4 der längeren aussuchen und Ihnen Kopien schicken. Vielleicht sollte man nichts aufnehmen.

Rufen Sie mich bitte an.

Mit sehr herzlichem Gruß bin ich Ihr Wolfgang Koeppen

München, 27. 12. 81

Lieber Herr Marcel Reich-Ranicki,

ich habe Ihnen für viel, sehr viel im nun endenden Jahr zu danken. Eine Redegewandtheit, die ich schwer, langsam, schließlich zu spät gelernt habe, verstummt hier. Ihnen ein gutes neues Jahr zu wünschen heißt, es mir zu wünschen. Ich wäre gern herzlicher; als schreibende Person verschwunden. »Die elenden Skribenten«, deren Bestand Sie so gut, so klug, auch kritisch ausgewählt, so lieb geführt, oft in die Welt gesetzt und alle freundlich eingeleitet haben, finden in mir eine Sperre, sie ein gutes Buch zu nennen. Der Widerstand richtet sich nicht gegen den Herausgeber. Ich kränke mich selbst. Ich mag mich nicht. Ich meine da alle meine Texte. Der Kritiker, der ich nicht bin, wie wir wissen, regt sich in mir. Das Buch ängstigt mich. Ich sehe mich, töricht und mit dem Leben spielend, auf Eisschollen balancieren in der Drift der Mündung eines großen Flusses. Ich könnte noch den Eisbrecher erwähnen, der, illuminiert, seine Fahrrinne schneidet. An Bord der Kongreß Deutscher Philologen. Ein harter Winter.

Schönes, vorweihnachtliches Erlebnis eines Autors: In der Buchhandlung Hugendubel am Marienplatz greift im Saisontrubel eine junge Kraft, die ich nach einer Geschichte von E. P. für meine Frau frage, in das Regal nach den »Elenden Skribenten« und bittet um eine Widmung. Es kommen dann noch eine Kollegin und ein junger Mann mit dem gleichen Wunsch. Damit ist mein Buch bei Hugendubel ausverkauft.

Die »Kurzbesprechung« in der »Zeit« – Raddatz' Rache.

Die Weihnachtsgeschichte für die »Süddeutsche« nicht vollendet. Es war eine zufällige Anregung von Joachim Kaiser, der meinen alten Wunsch aussprach. Doch die Zeit war zu knapp, die Erwartung zu strahlend, Bedrückung im Haus, am Ende Aufgabe, Trauer.

Wolfgang Werth von der SZ rief an, ob ich etwas über Joyce schreiben möchte, hundertster Geburtstag. Da ich angenommen hatte, für die Süddeutsche gestorben zu sein, sagte ich freudig ja. Bald aber verdunkelte sich mein Himmel: ich sah mein spontanes Ja als Treubruch zur FZ. Ich werde nicht über Joyce schreiben. Das eine geht nicht, das andere nun auch nicht: ich könnte nicht mit einer Anregung von der SZ zur FZ gehen.

Marion und ich empfingen vor Weihnachten den Besuch eines Psychiaters. Da Marion die Nacht über in seiner Erwartung gezittert und geschrien hatte, mußte ich ihn empfangen. Ein freundlicher Doktor, der an den guten Willen glaubt, der nicht da ist. Dies überstanden, gingen wir auf den Markt eine Ente und den Rücken eines Hasen kaufen. Große Harmonie. Am 25. briet ich die Ente. Gab mir Mühe. Das Werk gelang. Viel Lob. Als Koch hör ich das gern. Wir aßen die Ente. Zu ihr paßt ein Frankenwein. Hammelburger Trautlestal. Schönes Fest. Marion führt gegen Abend den Hund aus. Kommt böse und betrunken heim. Hotel. Ich wehrte mich nicht gegen ein Zimmer mit Bad. Hatte in meinem Fluchtkoffer einen Fotoapparat. Nahm mich im Bad auf. Verschiedene Stellungen. Hatte auch den »Ulysses« bei mir, die schöne Taschenausgabe. Bewunderung für Wollschläger! Versuche heimzugehen. Jeden Morgen. Der Hasenrücken modert. Das Hotel nun ohne Bad. Die Restaurants geschlossen. Die Straßen kalt. Für »Tasso« keine Karte. Überall Pornofilme von der Sorte, die mich langweilt.

Sie fragten mich einmal, was ich so mache. Nun, dies.

Ihnen und Ihrer Frau den herzlichsten Gruß

Ihr Wolfgang Koeppen

München, 29. April 1987

Lieber Herr Reich-Ranicki,

ich habe gestern abend nach dem Fernsehen immer wieder versucht, Sie zu erreichen, aber Ihr Telefon blieb besetzt.

Ich wollte Ihnen sagen: lieber Marcel Reich-Ranicki, Sie waren wunderbar! Es war eine große Stunde der Literatur und der Aufklärung über kritische Verhältnisse. Sie beglückten uns mit Herzlichkeit, Verstand, Witz und Anmut.

Sie stellten in seltener Vollendung sich dar und Ihre Menschlichkeit, das kritische Amt zu üben. Ich war begeistert und grüße Sie herzlich.

Ihr Wolfgang Koeppen

München, 07. 02. 1991

Lieber, sehr verehrter Marcel Reich-Ranicki,

ich las in der Süddeutschen Zeitung, daß Sie den Hermann-Sinsheimer-Preis bekommen haben, und ich gratuliere Ihnen sehr herzlich zu dieser Auszeichnung. Ich habe Sinsheimer in der Zeit meiner Anfänge im Romanischen Café gekannt.

Ein Brief an Sie zum neuen Jahr wurde nicht geschrieben. Ich war zu deprimiert und pflegte düstere Gedanken allein in meiner Wohnung. Dazu wäre zu gestehen, daß ich gern allein bin, schon als Kind. Ihnen wünsche ich nun heute ein gutes Jahr 91. Unwetter überall.

In Ihren kurzen Anrufen, die mich freuen, fragen Sie mich, ob ich mich langweile. Nein, gar nicht! Es ängstigt mich, daß die Zeit mir wegläuft. Tag und Nacht beschäftigt mich mein Kopf. Träume sind Romane, selbst Theaterstücke, jedoch von großer Traurigkeit. Rheumatische Schmerzen, Störungen in der rechten Hand.

Ich habe mir eine neue Schreibmaschine gekauft.

Ich grüße Sie, und sehr lieb grüße ich Ihre Frau.

Ihr Wolfgang Koeppen

RENÉ KOLLO

21. 9. 1999

Sehr geehrter Herr Reich-Ranicki,

für Ihr klares, tief bewegendes und – wichtiges Buch meinen Dank.

Ein Name fiel mir sofort auf: Barnowsky.

Dieser Name kommt in der Lebenserzählung meines Vaters vor, die ich wiederum in Auszügen in meine Biographie übernommen habe, und es muß sich da doch wohl um dieselbe Person handeln. Mein Vater war damals 16 oder 17 Jahre alt.

... und der Direktor Barnowsky, der das Theater leitete und der ein sehr feiner Mensch war, aus gutem Hause, der war in den Proben drin und sah mich in der 3. oder 4. Reihe sitzen und der Hesterberg auf der Probe zuhören, wie sie mein Chanson brachte. Und da sagte der Barnowsky etwas indigniert zu dem Arnold, der die Regie führte, »sagen Sie mal Arnold, ich sehe ja jetzt schon zum dritten Mal, da sitzt so ein Junge, der hat so'n feines Gesicht, ich möchte nicht, daß der die Schweinereien da oben von der Hesterberg hört«. Drauf sagt der Arnold, »ich kann schwer was dagegen machen, das ist der Verfasser«.

Ihrer Frau und Ihnen wünsche ich, trotz aller furchtbarer Erlebnisse, ein gesundes und befriedigendes weiteres Leben und uns noch viele unterhaltsame Stunden mit Ihrem Quartett.

Ihr René Kollo

HELMUT KOOPMANN

28. 8. 98

Lieber und sehr verehrter Herr Reich-Ranicki,

längst hätte ich Ihnen schreiben müssen, danken müssen für den schönen Beitrag, den Sie für »meine« Festschrift geschrieben haben – wenn ich es bislang noch nicht tun konnte, so sind unabdingbare Forderungen des Tages, ist auch eine familiäre Krankheitssituation schuld. Aber nun möchte ich Ihnen endlich sagen, wie sehr ich mich über das »Glück und Unglück der Alleinreisenden« gefreut habe, wie gern ich darüber gelesen habe. Sie haben recht: über die frühen Erzählungen ist eigentlich kaum etwas Rechtes geschrieben worden, trotz Vagets Kommentar sind diese Schätze eigentlich noch zu heben. Wie brillant einzelne Passagen sind, haben Sie deutlich gezeigt – ich bin mir nicht sicher, ob ich das überhaupt je gesehen hätte. Das ist stilistische Fertigkeit, wie sie im »Felix Krull« nicht besser sein könnte.

Die »Alleinreisenden«: man ist versucht, lauter Selbstportraits oder doch Züge davon in ihnen zu entdecken. Aber wenn das auch naheliegt, so kommt doch ein ungutes Gefühl dabei hoch – in Wirklichkeit sind diese kleinen Geschichten ja eher Kunst- und Stilübungen. Das Erstaunliche daran ist die außerordentliche Variationsbreite in der Darstellung des einen Themas, das er abhandelt, des Themas des Außenseiters – der er natürlich auch irgendwo selbst ist. Aber nicht das ist es, was ihn zum Schreiben bringt, sondern, so denke ich, eine fast ungebremste Experimentierlust im Umgang mit diesem Thema – und so kommt es zu den vielen Erscheinungsformen des »Lebens« in diesen frühen Erzählungen und auch zur stilistischen

Vielfalt. Ein Zwanzigjähriger hat natürlich kaum oder besser keine Erfahrungen, auf die er zurückgreifen kann – und so phantasiert und konstruiert er sich seine Geschichten zusammen. Manches ist daran höchst unglaubwürdig – so habe ich immer den Tod des kleinen Herrn Friedemann gesehen, denn was da angeblich passiert, spricht jeder Realität Hohn. Aber auf den Realitätsgehalt kommt es ja auch nicht an, sondern auf das Durchmodulieren des Generalthemas auf jeweils neue Weise. Freilich tritt gelegentlich eine Schwierigkeit auf, die Thomas Mann noch oft haben wird: wie soll solch eine Geschichte enden? Nicht immer bricht der Erste Weltkrieg aus – da ist der Tod eine probate Lösung, und sie wird schon in den frühen Erzählungen reichlich genutzt. Mich hat immer gewundert, wie breit auch bei den Todesdarstellungen das Spektrum ist, das schon der junge Thomas Mann erzählerisch zur Verfügung hat. Das ist wesentlich größer als bei seinen Zeit- und Altersgenossen.

Ich habe Ihnen sehr zu danken: die Seiten regen zum Nach- und Weiterdenken an. Und das ist das Beste, was ein Festschriftenartikel bieten kann. Ich wußte übrigens bis zum Jubeltage nicht, wer mitschrieb, wo das Buch erscheinen würde – erst drei Wochen vorher erfuhr ich überhaupt von dem Unternehmen. So nehme ich an, daß das Wintersemester in den USA so eine Art providentia dei war, damit nichts an mein Ohr drang. Um so größer dann die Überraschung, die Freude. Und natürlich habe ich auch die Eleganz Ihres Schreibens genossen und bewundert. Leider bin ich zu alt, um sagen zu können: ja, wenn ich so schreiben könnte, dann könnte vielleicht noch etwas aus mir werden.

Ich hoffe, es geht Ihnen und Ihrer Frau gut. Jedenfalls wünsche ich das und bin mit herzlichen Grüßen, sehr dankbar

Ihr Helmut Koopmann

ERNST KRAWEHL

Essen, am 22. November 1966

Sehr geehrter Herr Reich-Ranicki,

ich würde mich freuen, wenn Sie unser kurzes Gespräch über Arno Schmidt-Editionen, das wir anläßlich der Buchmesse am Freitagabend bei Horst Krüger geführt hatten, noch nicht ganz vergessen hätten. Das heißt, Sie haben's ja sicher nicht vergessen, da Sie von mir die Einlösung des Versprechens erwarten müssen, bei dem neuen Schmidt-Band *Trommler beim Zaren* bibliographische Angaben einzufügen über Ersterscheinung der Stücke, bzw. Datum der Entstehung.

Ich hatte dies sogleich eingeleitet und die entsprechenden Notizen bereits in der Druckerei setzen lassen. Dies führte jedoch zu dem, von mir leider erwarteten, wütenden Protest des Autors. Der Bleisatz dieses Textes mußte wieder eingeschmolzen werden, und alle Belege, wie Abzüge des Textes für die Korrektur, mußten an Schmidt ausgeliefert werden. Ich bemerke, daß sich Schmidt bei allen Verlagsverträgen immer sehr stark absichert, daß kein Tüpfelchen an Text oder Darbietung im Druck ohne seinen Willen gestaltet, ab- und umgeändert werden darf. Nun, einen Bruch des Verlagsvertrages wollte ich natürlich nicht riskieren.

Die etwas willkürliche Begründung, die Schmidt mir gab, möchte ich nicht schreiben, aber ich werde sie Ihnen sagen, wenn wir uns auf der nächsten oder übernächsten Buchmesse wieder sehen sollten. Gewiß ist es nicht die Absicht, Leser oder Rezensenten mit Fleiß zu täuschen.

So nehme ich auch keinen Anstand, Ihnen zu sagen, daß die Stücke in der Hauptsache in den fünfziger Jahren geschrieben sind, sagen wir von 1949 bis 1958. Sie sind zu drei Vierteln in diesen Jahren, wie z.B. der *Schulausflug*, auch in der Presse schon veröffentlicht worden. Bei den nach 1958 geschriebenen und publizierten Stücken handelt es sich – ich glaube bis auf 1 Ausnahme – nur um sachlich-essayistische Texte zur Literatur etc., nicht mehr um anekdotisch-novellistische Prosastücke.

In der Sache selbst bin ich nach wie vor, wie bei unserem Gespräch, geteilter Meinung. Für jeden Leser, nicht nur den Rezensenten oder Gelehrten, der Schmidt, wie soll ich sagen, »in höherem Betracht« liest, ist die, immer zur Reflektion aufrufende und damit auch ein wenig relativierende, Beigabe bibliographischer Art natürlich wichtig. Und diese Einsicht, von Ihren Argumenten freundlich befördert, gab mir in Frankfurt ja auch den spontanen Entschluß zu der nun doch nicht erfolgten Änderung.

Doch ganz kann ich die andere Stimme nicht unterdrücken, die sagt, daß, bevor etwas zu Reflektierendes da ist, erst einmal etwas Unreflektiertes dasein muß, wozu auch Raum und Zeit gehört, Distanz, das Phänomen erst einmal aufzufassen, – das Werk, das zumindest dem Anschein nach absolut und in sich ruhend dasteht, als wenn es zeitlos, konditionslos sei. Natürlich, es ist nicht zeitlos, (›nichts-niemand-nirgends-nie‹ möchte man mit Schmidts Dreschmaschine aus *Kaff* ausrufen), aber das muß der denkende Kopf bei jeder Entscheidung in Kunst und Leben einkalkulieren. Ich finde, der Anspruch der Kunst, mag er so hoffnungslos hypothetisch sein, wie er will, ein Absolutes zu bieten enthält etwas für die Essenz der Kunst Wesentliches. Und das eben scheint mir schon eingeschränkt, wenn bei Ersterscheinungen bereits umständliche Entstehungsmodalitäten bekanntgegeben werden. Sollen die Leser Modalitäten berücksichtigen, so wird der Autor mitteilen: Nachrichten aus einem Kerker – oder dergl. Und welcher Schriftsteller wollte sich nicht die Fähigkeit zutrauen und sie der Welt weismachen wollen, sich zurückzuversetzen, zeitlich oder an andere Orte, und es dabei, klüglich, im Ungewissen lassen, zu welchem Zeitpunkt er dies bewerkstelligte.

Doch ich fürchte, ich mache tant de bruit ...

gleichviel, ich wollte Ihnen ein Wort sagen, weshalb das bei Krüger Versprochene nun doch nicht erfüllt wurde. Den Verlag in Karlsruhe bitte ich, Ihnen 1 Expl. des *Trommler* zuzusenden, nur so zur Freude; ich überlege mir, was Sie noch interessieren könnte – der vorjährige Renaudot-Preisträger Perec ist ein ganz interessanter Fall; dieser, ein junger Soziologe, befand, es sei illustrativer, einen bestimmten Sachverhalt der Konsumentengesellschaft – die Konsumgüter überwuchern die Charaktere – bildhaft-novellistisch darzustellen, als deduzierend. So entstand ›Les Choses‹. Belletristik als gelehrter Exkurs (aber nicht gelehrt befrachtet). Ich lasse Ihnen dies Bändchen auch zugehen.

Was Ihre, relative, Verteidigung der Schiller-Gedichte angeht, so sehe ich, daß die allgemeine Meinung Ihrer Auffassung doch durchgehend zuneigt. Enzensbergers Replik in der *Zeit* war denkbar schwach, man mußte den Eindruck haben, er habe zugleich nicht verstanden und nicht verstehen wollen. Schade.

Inzwischen verbleibe ich mit freundlichen Grüßen

Ihr sehr ergebener Ernst Krawehl

KARL KROLOW

Darmstadt, 25. Juni 1974

Lieber Herr Reich-Ranicki,

Ihren an mich als Präsidenten der Deutschen Akademie für Sprache und Dichtung gerichteten Brief möchte ich in einem persönlichen Brief beantworten, der zunächst einmal meine persönliche Reaktion wiedergibt, von der ich freilich sicher bin, daß sie von meinen Kollegen geteilt wird. Ich bedauere – wie ich Ihnen ja schon mündlich sagte – wirklich *sehr* Ihre Absage für diesen Herbst, so sehr ich einige Ihrer Argumente verstehen kann, Argumente, die ich mit Ihnen teile. Aber ich bitte Sie, mir die Freiheit zu lassen und beharrlich zu bleiben und eine Annäherung »der kleinen Schritte« zu versuchen. Ich werde also bei sich bietender Gelegenheit (ich werde diese Gelegenheit schon finden) wiederum und zunächst persönlich versuchen, Sie geneigter zu machen. Es geht mir einfach darum, Sie für eine Institution zu gewinnen, die zum literarischen Leben gehört.

Ich will Ihnen heute weiter nichts antworten, als daß *ich* Sie sehr, sehr gern in einem Kreise wüßte, zu dem Sie – als der Mann, der Sie sind – endlich gehören sollten. Ich erinnere mich unserer sehr lebhaften und doch offenen Unterhaltung in Ihrem Hause. In dieser Art werde ich gern mit Ihnen weiter zu sprechen versuchen. Denn, wie gesagt: ich (und nicht nur ich) »zähle« auf Sie, weil ich mir denke, daß Sie manches bewirken könnten. Ich gehe dabei von unserem persönlichen Kontakt als mitentscheidend aus. Sie werden vielleicht bei weiteren Unterhaltungen einiges etwas anders und günstiger sehen, als Sie es – durchaus verständlicherweise – im Augenblick beurteilen. Kurzum, Sie sehen einen gewissen zähen Optimismus meinerseits, den ich glaube nicht nur »im Gefühl« zu haben, sondern auch begründen zu können. Frankfurt liegt – ob mit oder ohne FAZ – sehr nahe bei Darmstadt.

In diesem Sinne herzlichst Ihr Karl Krolow

Darmstadt, 2. X. 88

Lieber Herr Reich-Ranicki,

ich schulde Ihnen, glaube ich, Nachricht darüber, daß es hinsichtlich Marbachs inzwischen gut weiterzugehen scheint.

Herr Dr. Mayer, Handschriftenabteilung, rief mich vorgestern nochmals an und konnte mir monetär sehr günstige Aussichten andeuten. Freilich muß im November das Direktorium der Institution darüber offiziell entscheiden. – Ich wollte sagen, daß Ihre Unermüdlichkeit diese sehr guten Aspekte mitbewirkt hat!

Und dankbar bin ich natürlich (und *bewegt*) noch auf andere Art und Weise: Gert Uedings Rezension ging weit über eine gute Besprechung hinaus: sie umriß auch ein literarisches Charakterbild auf's beste, zeigte Zusammenhänge der literarischen Entwicklung. Man hat als Autor nicht oft Gelegenheit, »verstanden« zu werden.

Sehr herzlich Ihr Karl Krolow

5. VI. 97

Lieber Marcel Reich-Ranicki –

ich habe nicht vergessen, dass am 2. Juni Ihr Geburtstag war. Meine Gesundheit wird immer miserabler, und ich kann Ihnen nur diese dürftigen Zeilen schreiben: Sie sollen umso herzlicher sein, lieber Marcel. Es war eine besondere Auszeichnung, dass Sie im März mit Elisabeth Borchers kamen: Ihnen wünsche ich das denkbar Beste, schüttle Ihnen die Hand (mit der Bitte um Nachsicht: ich kann nur wenige Sätze noch schreiben)

als Ihr dankbarer Karl Krolow

P. S. Sehr herzliche Grüße an Ihre liebe Frau

HORST KRÜGER

Frankfurt am Main, den 16. April 68

Lieber Marcel Reich-Ranicki!

Die turbulenten Osterfeiertage mit turbulenten Massenkrawallen hier in Frankfurt und anderswo sind vorbei – Ihr Brief, der mich erfreute und nachdenklich machte, ist noch unbeantwortet. Punkt 1–4 will ich mir hier, sozusagen über den Atlantik reichend, ersparen. Ich bin im Juni zwei Wochen in Hamburg. Ich hoffe, wir finden da Gelegenheit, miteinander zu sprechen. Nur nebenbei sei gesagt, daß ich Ihre Bienek-Rezension so »verfeindend« nicht finde. B. fühlt sich zwar mißverstanden, wird deswegen aber kaum das Lager Ihrer Gegner beziehen. Ihr Satz »Erlebt und doch aus zweiter Hand« trifft sicher bei B. ein sehr tief sitzendes Problem, nämlich im Grunde seine Unfähigkeit, ehrlich und einfach zu sagen, was war. Sein maßloser lit. Ehrgeiz, diese Ambition, aus allem »Kunst« machen zu wollen, verdirbt ihm im Text unterwegs manches. Trotzdem sehe ich das Buch im Zusammenhang seiner früheren als einen enormen Fortschritt.

Aber nun zu Punkt 5, Sie, Ihre Lage, Ihr berufliches Selbstverständnis, Ihr kleines Tröpfchen Enttäuschung betreffend. Vielleicht läßt sich das besser schreiben als in Hamburg sagen. Daß Sie privat über Ihre Sachen nur das Beste zu hören bekommen, öffentlich aber ins Kreuzfeuer genommen werden, teilen Sie mit allen Autoren der Welt, ja gewissermaßen mit der Menschheit. Die Szene in der Öffentlichkeit wertet natürlich nach ganz anderen Kategorien als unser Freundeskreis, oder was sich so gibt. Sie schreiben eine scharfe, vollkommen ehrliche und damit natürlich auch unbarmherzige Kritik: wie können Sie erwarten, damit beliebt, geehrt und sozusagen in Ämter der Literatur gehoben zu werden? Sie dürfen es mir, einem Außenstehenden und freundlich Interessierten, glauben: Ihre radikal ehrliche, sozusagen hemmungslos durchstoßende Art zu werten, die eine gewisse Apodiktik, bei aller kritischen Offenheit auch einen Hauch von Autorität spüren läßt, ist in der deutschen Szene originell, einmalig, befremdend, auch verärgernd, natürlich. Sie selber können sich in Ihrer Eigenart natürlich nicht sehen, da Sie ja mit sich identisch sind. Wenn ich Sie zu analysieren hätte, hätte ich viel über jüdische Tradition und jüdische Struktur in Ihrem Denken zu reden. Mein Gott: so hat doch Marx, so hat doch auch Freud gedacht: ich meine, mit dieser moralischen Leidenschaft, die Sache restlos aufzuklären, mit dieser unglaublichen Stoßkraft, die Wahrheit durchzukämpfen. Als ich in Israel war (das ja gar kein Thema für mich ist, wie Sie glaubten), habe ich mich oft an Sie erinnert gefühlt. Die Art Ihrer Geistigkeit fand ich dort oft: diese Leidenschaft, ja Wut zur Wahrheit, die nichts verschont, die keine Kompromisse schließt, die auch gern verletzt, wenn sie sich im Recht weiß – also das alles ist sicher »jüdische Art«, die Sie in Deutschland natürlich auf extreme Weise fremdartig macht. Sie sind wirklich sehr »undeutsch«, mein Bester, was Sie bitte aus meinem Mund als hohes Lob nehmen wollen. Sie kämpfen mit einer Passion und Radikalität Ihre Sache durch – wie können Sie glauben, sich damit in Deutschland beliebt zu machen? Lesen Sie Freuds Biographie: alles genau wie bei Ihnen: (natürlich in verschiedenen Dimensionen) er tat wirklich etwas für die »Seele«, aber natürlich hat ihm das unter seinen Zeitgenossen unglaublich viel Feindschaft, Bosheit und Niedertracht eingebracht. Ich will M. R. R. nicht zum Jahrhundertgenie erheben – ich will die Gemeinsamkeit einer »jüdischen Geistigkeit« zeigen, die ja als Struktur in allen Etagen wirken kann: mit dieser Art moralischer Entschlossenheit, die Wahrheit restlos auszusprechen, können Sie kein freundliches Echo erwarten. Sie stehen nur auf sich. Das ist nach meinem Erachten die Wurzel Ihrer Lage, in die Sie selber natürlich nicht Einsicht haben.

Ihre anderen Argumente scheinen mir peripher. Daß Ihre Freunde nicht auf Leserbriefe neue Leserbriefe schreiben, wollen Sie bitte dem Niveau dieser Freunde zugute halten. Ich meine: Leserbriefe in der »Zeit« liest ein anständiger Mensch nicht; man nimmt sie einfach nicht wahr, man überschlägt sie, weil Leserbriefe uninteressant sind. Neulich hat auch die »Zeit« zu meinem »Ist-die-Nazizeit-vorbei-Stück« bösartige Leserbriefe publiziert. Überschrift: »Auch in Ihrem Keller, Herr Krüger, stinkt eine Leiche!« Na und? Ich habe mir das telefonisch von anderen berichten lassen. Als ich es nachlas, wäre ich nie im Traum darauf gekommen, Freunde sollten dem einen neuen Brief hinzufügen. So etwas ist unwichtig. – Schließlich: daß der Beruf des Literaturkritikers an einer Zeitung in Deutschland keine berufliche Aufstiegschance zur akademischen Literaturwissenschaftlicher-Laufbahn in sich beschließt, ist doch bei der Feindschaft zwischen Uni und Presse sozusagen selbstverständlich. Solcher Aufstieg ist ja auch konzilianteren und weniger streitbaren Kollegen Ihrer Sache verwehrt. Der Literaturkritiker in der Zeitung ist bei uns immer eine Sackgasse. Das tritt auf der Stelle, verfängt sich in sich selbst. Ich verstehe Ihr Gefühl der Krise. Bei der enormen Passion und vehementen Dynamik, mit der Sie Ihre Sache betreiben, muß nach 7 oder 8 Jahren Auf-der-Stelle-Treten diese Krise auftreten. Sie wollen weiter, aber der Job selber ist ein Kopfbahnhof. Da geht es nicht weiter von der Struktur unseres Bildungswesens her. Es kommt hinzu, daß es Ihnen gänzlich der Fähigkeit ermangelt, sich beliebt zu machen: nicht einmal Vormweg, nicht einmal Holthusen wird man im Jahr 1990 einen deutschen Lehrstuhl anbieten, wie denn dann Ihnen? Erkenne die Lage: so sind Sie, und so dieses Land. So ganz paßt das nicht – Gott sei Dank. Damit, lieber Marcel, bin ich wieder am Anfang Ihrer Zeilen von Punkt 5: zu Sarkasmus im Hinblick auf mein Wort, ich erwarte Sie, Sie seien hier wichtig, ist eigentlich kein Anlaß. Ich bin kein freundlicher Einlader. Was ich schreibe, meine ich auch so. Sie sind hier notwendig und heilsam, obwohl Sie mit keinem übermäßig wohlwollenden Klima rechnen können. Auch der Fritz Bauer ist in seiner Staatsanwaltskaste nicht beliebt, ja eher verhaßt. Trotzdem, ja gerade deswegen ist er dringend notwendig in der deutschen Justiz. Bitte, ziehen Sie sich diesen Schuh an. Es gibt einige Leute, die solche Leute wie Sie für wichtig halten. Sie sind wichtig. Sie aber, lieber M. R. R. (und jetzt müßte ich im Sinne psychoanalytischer Beratung eigentlich honorarpflichtig werden: 30 Dollar pro Stunde), wollen in der Tiefe geliebt werden. Das ist Ihr Narzißmus, der sich verletzt fühlt. Wahrscheinlich haben Sie im Tiefsten immer eine Welle von Sympathie und Liebe erwartet. Geben Sie diese kindliche Wunschphantasie auf. Sie entspricht nicht der Art Ihres Wirkens und der Art dieses Landes. Ertragen Sie Ihr Stückchen »Umstrittenheit« – im Grunde paßt sie sehr gut zu Ihnen.

Bittschön: dies ist eine entsetzlich lange Epistel geworden. Ich verspreche Ihnen: nie wieder ähnliche Anschläge. Ich sollte ein Referat für den PEN-Kongreß in Kassel schreiben: »Der Autor und sein Erfolg«. Jetzt habe ich meine Zeit mit diesem Brief ausgefüllt. Ich hoffe, wir bereuen es beide nicht. Mir war es wichtig, Ihnen das zu sagen, bevor wir Sie hier wieder sehen dürfen.

Herzlichst! Ihr Horst Krüger

Frankfurt am Main, den 9. März 71

Lieber Marcel,

Ihre Neugier auf deutsche Nachrichten soll nicht auf die Folter gespannt werden. Was soll ich Ihnen sagen? Die jüngste, erfreulichste Nachricht ist zweifellos, daß dieses menschenfreundliche Lebenszeichen von Ihnen hier eintraf: Marcel geht es gut in Uppsala; das ist eine gute Kunde an unsere Republik; ich werde sie weitergeben bei meinen abendlichen Telefongesprächen, bei denen Sie deutlich fehlen. Ansonsten sitze ich fleißig über mein Jugoslawien gebeugt. Ich muß es bis 20. März fertig haben für das Buch. Piper druckte jenen billigen Prospekt von mir, den ich beilege. Pipers Nachrichten, Hauspostille jüngsten Datums, kündigt nicht ohne Stolz für den Herbst Ihre neue Anthologie an. Mein Buch wird dafür verschwiegen, na ja. Neues? Das Beste steht immer noch im »Spiegel«. Lesen Sie die Nummer »Pullach intern« (vom 8. März), darin ein langes Goldstücker-Interview, das für Goldstücker, wie ich finde, kein Ruhmesblatt ist. In der gleichen Nummer auch der Nekrolog auf den »Monat«: Monatsende. Baumgart war einen Tag hier in Frankfurt, besuchte mich. Es fällt mir schwer, über diesen Eindruck nichts zu schreiben: soviel blaue Augen, soviel feinnervige Ratlosigkeit, soviel schöne Kraftlosigkeit, die immer nur sagt: Es geht überhaupt nichts mehr in der Literatur. Jetzt kann man höchstens noch den VS organisieren. Ich sagte: Ah ja, jetzt wird also die Leiche hochgetrimmt? Was Sie treiben, erinnert mich an die amerikanische Totenkosmetik. Da Schreiben ohnehin sinnlos ist, soll es wenigstens den Schriftstellern sozial sehr gut gehen. Sie sollen blendend leben – auf Ihrem Totenacker. Aber für Humor, Selbstironie hat er auch keinen Sinn. Es fehlt ihm einfach an Kraft, ein bißchen Leidenschaft, so oder so. Im übrigen spuken Sie nicht unerheblich in seinen Gehirnwindungen herum. Sie sind sozusagen die Personifikation des schlechthin Falschen im literarischen Leben. Das kann Sie ehren, meine ich.

Ja, Sie haben wohl recht: die Literatur der Vergangenheit ist für mich kein Essential. Ich kann leben ohne sie. Man braucht sie eigentlich nicht. Man kann, mit Gott und der Welt versöhnt, ins Grab sinken, ohne Stifter, Goethe oder Schnitzler gelesen zu haben. Was würde mich quälen, vom Grab aus gesehen? Was würde mich neugierig machen in meinem dunklen Sarg? Die neueste Ausgabe des »Spiegel«, an Montagen würde mich unruhig machen, was wohl »Panorama« bringt. Es täte mir leid, die letzten Filme aus Andy Warhols Factory, was so nach »Flesh« kam, nicht gesehen zu haben. Eine vollkommene Schnulze wie Miguel Rios »Song of Joy« würde ich manchmal gern in meiner Stille hören. Beethoven ist mir seitdem näher:

ich meine, die 9. Sinfonie. Gelegentlich würde ich gerne eine Kritik von Ihnen lesen, mit dem angenehmen Gefühl entlassen: so ist es. Du brauchst das Buch also auch nicht zu lesen. Das eigentlich würde schon reichen. Ich hoffe, es erschreckt Sie nicht.

So viel für heute. Ich muß wieder an mein Jugoslawien-Manuskript. Ja, das käme noch hinzu in meiner Grabesstille: dann und wann würde ich auch gern etwas von mir selbst lesen, denken: so schlecht war das nicht, wie MRR es immer machte – zu Lebzeiten.

Ihnen alles Gute! Ihr Horst Krüger

Frankfurt, den 7. Okt. 85

Lieber Marcel,

Deinen Brief vom 1. Okt. 85 habe ich mit großer Aufmerksamkeit und einem Gefühl dankbarer Zustimmung gelesen: schlußendlich läuft er ja auf den Vorschlag hinaus, das Schweigen zwischen uns zu beenden. Mich würde, wenn wenigstens ein bißchen Kontakt zwischen uns bliebe, das glücklich machen, denn natürlich traf mich, der ich hier allein in der Wohnung hause, das Schweigen viel schmerzlicher als Dich, der Du im Zentrum des lit. Lebens ohnehin Zuwendungen genug erfährst. Wenn man wie ich im Grunde sehr einsam lebt, empfindet man solchen »Liebesentzug«, um mit Freud zu sprechen, natürlich viel intensiver als einer, den man im besten Sinne des Wortes als »gutsozialisiert« bezeichnen darf. Doch dies ist sicher meine Privatsache.

Da wir beide immer für Klarheit und Gerechtigkeit waren, darfst Du mir nicht verübeln, daß ich die Frage, wer die Beziehung zuerst abgebrochen hat, von meiner Seite aus darstelle. Ich meine, Du hättest sie zunächst zerstört. Daß Ihr die Kleßmann-Kritik bringen mußtet, verstehe ich. Daß Du mich vom Kommen dieses Totalverrisses zuvor nicht wenigstens andeutungsweise, und wenn es auch nur telefonisch gewesen wäre, in

Kenntnis gesetzt hast, empfand ich als Vertrauensbruch ohnegleichen. Man kann doch nicht erst viele Jahre persönlich befreundet sein und dann in einer so persönlichen Sache den anderen schweigend in solche Messer laufen lassen. Wenn Du wenigstens mit wenigen Worten mir zuvor gesagt hättest: Da kommt jetzt etwas über Dich, das ist zwar schlimm, aber unabwendbar – so hätte ich es nicht als den Abbruch einer persönlichen Beziehung verstehen müssen.

Ich verstehe, daß Dich mein Brief an Jochen Fest damals verstimmen mußte – in der Sache halte ich ihn nach wie vor für berechtigt, damals. Als ich aus Indien zurück war, habe ich sofort in der Post nachgesucht, ob da eine Eingangsbestätigung meines »Demian«-Textes vorläge. Es war keine Reaktion Deinerseits da, was um so befremdender wirken mußte, als ich Dich als einen schnellen und prompten Redakteur kenne und schätze. Die Tatsache, daß Du vier Wochen lang zu einer bestellten Arbeit nicht Stellung nahmst, mußte ich selbstverständlich als Deinen Wunsch verstehen, daß Du keinen weiteren Kontakt mit mir wünschst. Ja, wie denn nicht? Dein Schweigen fiel so vollkommen aus dem Muster unserer alten Beziehung heraus, daß der Schluß, Du wollest diese Beziehung nicht mehr, für mich zwingend war. Du hättest doch nur durch Dein Büro eine kurze Nachricht schicken lassen können, daß das »Demian«-Manuskript da und o. k. sei und irgendwann kommen werde – dann hätte ich nicht in dem Gefühl leben müssen: er will den Kontakt nicht mehr.

Also so rum stellt sich das Problem mir dar. Ich bringe das jetzt nur zur Sprache, damit Du auch meine Position sehen kannst. Ob Du meine Argumente nun akzeptieren kannst oder nicht – wir sollten den Austausch darüber nun als beendet betrachten. Es sollte nur vorher gesagt sein, bevor wir uns auf der Messe sehen. Ich gebe übrigens am Freitag abend (11. Okt.) wieder meine übliche Messe-Party hier im Haus. Es wäre mir natürlich ein schönes Zeichen, wenn ich Dich dann hier begrüßen dürfte, und wäre es auch nur für eine halbe Stunde, irgendwann. Ich fliege am Dienstag nach der Messe dann nach Israel, will etwas Größeres über Jerusalem schreiben. Ich meine, ich bin dann erst im November wieder in Frankfurt.

Mit herzlichen Grüßen, auch an Toscha! Dein Horst

ERICH KUBY

München, 7. 12. 61

Sehr freundlich von Ihnen, Herr Reich-Ranicki, daß Sie meinen kleinen Protest gegen den Mißbrauch zweier Mauern so ausführlich zur Kenntnis genommen haben. Indem Sie den Beitrag mit »Unvergleichbar« überschrieben haben, ist ja eigentlich schon alles gut. Aber Sie haben mich so direkt und fragend angesprochen, daß ich kaum umhin kann zu antworten. Natürlich liegt der Kern des Unvergleichbaren nicht in den Ziffern, obwohl ... 50 : 500000?! Quantität schlägt in Qualität um, nicht nur in der Atomphysik, allenthalben in unserer Epoche, und also auch hier. Aber außerdem: Sie werden nicht behaupten wollen, die Berliner Mauer sei nur von den Kommunisten erbaut worden. Die Steine haben sie aufeinandergeschichtet, gewiß; jedoch, warum wurden sie geschichtet? Siehe zum Beispiel Uwe Johnson, Zitat, »Zeit« Nr. 50, Seite 16. Sie haben ganz recht, wir haben an dieser Mauer 1933 zu bauen begonnen. Oder 1927. Oder 1924. Streiten wir uns darüber nicht. Aber wie steht es mit denjenigen, die *jetzt* leben, Tannenbäume diesseits der Mauer pflanzen, Denksteine für unbekannte Flüchtlinge errichten und so fort. Die haben in den letzten 15 Jahren nicht an der Mauer mitgebaut? Und sehen Sie, das ist der Punkt: Die Juden, obschon sie gezwungen wurden, an der Errichtung der Todesfalle in Warschau im buchstäblichen Sinne mitzubauen, sie waren an dieser Mauer nicht anders beteiligt denn als Opfer. Und *deshalb* vor allem anderen ist der Vergleich so widerlich.

Inzwischen ist aber etwas geschehen, was mir diese Sache noch viel widerlicher macht. Unsere liebe, freundliche »Abendzeitung« in München, sehr wacker, aber kein Weltblatt, hatte die Absicht, die über meinen Protest entstandene Korrespondenz zu veröffentlichen, und rief vorher das Theater an. Das Theater, sprich der Staatsintendant, rief Herrn Bermann Fischer an, und eine halbe Stunde später erfuhr die »Abendzeitung«, daß die »Fußnote« von dem Programmzettel verschwinde. Ich hatte eine geistig-politische Auseinandersetzung gesucht, und ein großer deutscher Verleger hatte mir daraufhin nichts anderes zu antworten gewußt, als: ich sei schief gewickelt und die Fußnote sei doch eine so wunderbar humane Auslassung des Herrn Sahl mit seiner so vielfach bewiesenen eindeutigen Gesinnung. Und der Herr Staatsintendant hielt diesen Brief für so vortrefflich, daß er ihm nichts mehr hinzuzufügen wußte. Die Herren dokumentierten dergestalt ihre vielfach bewiesene eindeutige Gesinnung und sahen sich nicht veranlaßt, sich in der Sache irgendwie auseinanderzusetzen, wie Sie es jetzt getan haben.

Und dann kommt die »Abendzeitung«, und es dauert genau eine halbe Stunde, und die vorher so pathetisch eingenommene Position wird geräumt. Sie können sich denken, wie froh ich gewesen wäre, wenn ich per Argument einen winzigen Sieg errungen hätte. Der tatsächliche Ablauf aber hat mir leider bewiesen, daß alles, was ich über die »Fußnote« dachte und nicht ausgesprochen habe, jedenfalls nicht deutlich, richtig war.

Naja, und so ist es eben. Ihr sehr ergebener Erich Kuby

München, den 6. 8. 67

Lieber Herr Reich-Ranicki,

seien Sie nicht ärgerlich, daß ich jetzt erst auf Ihren Brief vom 2. 6. (was für ein Datum!) antworte. Aber erst ging ich in den Wogen der FU unter, dann im Mittelmeer vor meinem jugosl. Häuschen. Unbeschadet dessen habe ich über Ihren Vorschlag nachgedacht, und wenn ich zu einem positiven Ergebnis gekommen wäre, gäbe es wohl schon ein Ms [Manuskript]. Aber ich glaube, ich kann da nicht mittun. Ich wäre sehr kritisch, aber bin ich nebbich dazu da, öffentlich kritisch gegen Böll zu sein?

Er macht es so gut, wie er kann, und ist in sich eigentlich eine runde Erscheinung. Verhält sich auch sozial vernünftig, im Gegensatz etwa zu Grass. Die 7 Millionen Exemplare, von denen Sie sprechen, dieses verstockten, kleinbürgerlichen Geschmuses eines Carossa von heute sind ungeheuer interessant, aber nicht für das Phänomen Böll, sondern für das einer Gesellschaft, die gerade soviel Unbehagen empfindet, daß sie sich von Böll kratzen lassen will, und soviel Angst, über die Grundlagen ihres Unbehagens nachzudenken, daß sie konsumiert, was nicht gedacht werden muß, weil es ja auch Produkt des Nicht-Denkens ist. Die nächste Stufe nach unten ist dann Zuckmayer oder -meier – oder Maier schlechthin. Sowas macht auch Auflagen.

Ich glaube, daß ich in meinem Nationalismus-Buch auf solche Dinge zu sprechen kommen werde, weil ja der Zwang zur nationalen Aufladung im wesentlichen aus der Angst der Deutschen vor der modernen Welt entsteht (und natürlich gibt es auch in anderen kapitalistischen Völkern solche Angst, aber sie suhlen sich nicht darin wie wir). In solchem Zusammenhang kann ich davon reden und habe, wenn überhaupt, eine Legitimation dazu. [...]

Mit Grüßen Ihr EK

GÜNTER KUNERT

6. 12. 80

Lieber Marcel Reich-Ranicki, ja, es geht wieder ganz gut; dank einer Handvoll Tabletten habe ich die Grippe hinter mir. Eine feine Postkarte, die Sie mir da schicken: Wenn Leute von Chuzpe reden, werde ich immer ganz hellhörig und bin selber veranlaßt, von Risches zu sprechen! Insgeheim schwingt das natürlich auch in solcher »Meinungsäußerung« mit!

Lieber, Ihr großes Wort zur Lyrik habe ich mit heißem Bemühen studiert und habe nur einen kleinen Einwand: Dunkelheit und mangelnde »clarté« des Gedichts oder vieler Gedichte stammt nicht so sehr von den Lyrikern selber her als vom Ursprung der Lyrik: Sie ist nun mal eine Spätfolge von magischer Beschwörung und Gebet! Das sollen wir ihr immer zugute halten. Denn daraus resultiert auch ihre Stärke und antizipatorische Eindringlichkeit!

Seien Sie von Herzen gegrüßt von Ihrem Kunert

20. 5. 83

Lieber Meister,

Sie halten mich für eine Fabrik, in der im Fließband-System Gedichte und Geschichten produziert werden, aber da verwechseln Sie mich, zumindest was die Gedichte angeht, mit der Firma E. Fried. Meine »Produktion« ist nicht so kontinuierlich, wie es ausschauen mag. Wahr ist, daß es manchmal bessere, manchmal schlechtere (innere) klimatische Bedingungen gibt, also mal mehr Ertrag, mal weniger oder auch gar keiner. In letzter Zeit sind nur sehr wenige Gedichte entstanden – vielleicht ein Zeichen für gewisse psychische Veränderungen, ein nicht steuerbarer Vorgang, denen und dem möglicherweise auch veränderte Gedichte entspringen könnten. Ich habe keine leichte Hand. Und Geschichten habe ich seit Monaten keine mehr verfaßt, so daß ich, obschon ich es nur zu gerne täte, Ihnen keine durch das Versandhaus Kunert zukommen lassen kann. Aber, Sie wissen es, das sind die neurotischen Zustände der Dichter. Oder, anders gesagt, die Ablösung einer Neurose durch eine andere: der verbrauchten durch eine frische. Und eine frische habe ich noch nicht gefunden. Ich ahne, man wird mir dazu verhelfen.

Was freilich nicht ganz so sporadisch geschrieben wird, sind immer wieder kleine Prosastücke, eine Art Merkbuchersatz. Und natürlich Brötchenarbeiten, die abzuleisten insofern nicht schlecht ist, weil sie einen vor dem Verrennen bewahren. Wie ich glaube. Aber was glaubt man nicht alles! Doch damit Sie nicht nur diesen Brief zu lesen kriegen, lege ich nun doch wieder ein Gedicht bei (Er kann es nicht lassen! Denkt M. R.-R.), das glücklicherweise unter der »Deadline« von zwanzig Zeilen liegt!

Mit herzlichen Grüßen Ihr Kunert

REINER KUNZE

Erlau, den 6. 5. 85

Lieber Herr Reich-Ranicki,

eine Bibliothekarin, die mich ein wenig auf dem laufenden hält, steckte mir eine Fotokopie aus dem »Börsenblatt« in den Briefkasten, der ich entnahm, daß Sie am 2. Juni fünfundsechzig Jahre alt werden. Also sagte ich mir, jetzt setze dich hin und schreibe dem Reich-Ranicki einen freundlichen Brief. Bedenke, was er für dich getan hat, als du noch drüben warst, wie er und seine Frau dich in Stockdorf besucht und zum Essen eingeladen haben, wie er trotz einer von dir nicht gewollten, aber verursachten Verstimmung generös genug war, in der »Frankfurter Anthologie« den Beitrag von Gertrud Fussenegger zu drucken, und – und das vor allem – daß er einer der ganz wenigen ist, die wissen, was ein Gedicht ist. (Ob er, wie seine Kritiker behaupten, dieses Kriterium nicht immer zum entscheidenden Kriterium erhebt, kannst du nicht beurteilen, noch geht es dich etwas an, und die Schwäche, Vorlieben zu haben, kann zugleich auch *die* Stärke sein; wie viele *lieben* denn noch etwas ...) Schließlich – der Mann ist fünfundsechzig, und du bist über fünfzig, also auch kein kleiner Junge mehr, es wird Zeit – und die Reihe ist an dir (und es ist überhaupt an dir, denn du bist der Jüngere und derjenige, der Dank schuldet). Vielleicht freut er sich doch ein bißchen, und dir ist wohler.

Mitzuteilen gibt es über uns, meine Frau und mich, dieses: Meine Frau arbeitet in einer Anspannung, daß ich Angst um sie habe. [...] Die äußere Ruhe ist (wenn man von Post, Besuchen, Manuskripten usw. absieht) einigermaßen gegeben. Damit, daß einige diese Stille fehldeuten, und manche meinen, nun könne man dem Kunze ein wenig das Haus anzünden, muß man leben. Alles in allem verleben wir intensive, also sehr gute Jahre. Eine Zeitlang hatte ich viele Lesungen (über hundert innerhalb eines einzigen Jahres), aber seit 1. 4. 84 habe ich mich an den Schreibtisch zurückgezogen, und bis Mitte 86 wird es dabei bleiben. S. Fischer – Sie wissen es – wird 100 Jahre alt. Ich habe eine Anthologie aus den Originalgedichtbänden zusammenstellen dürfen, die in diesen hundert Jahren bei S. Fischer erschienen sind. (Was das an Arbeit bedeutete, brauche ich Ihnen, einem erfahrenen Anthologisten, nicht zu sagen.) Diese Anthologie ist fertig. [...] Nun arbeite ich auf das Ende meines Gedichtbandes hin, der Mitte 86 erscheinen soll. Außerdem habe ich einiges übersetzt – Skácel (»Wundklee«; bei S. Fischer) und Seifert (in der Edition Toni Pongratz).

Und sonst: Unser Freund Faber-Castell vom anderen Donauufer hat uns den Blick für die Vorgänge in unseren Wäldern geschärft, und wo andere noch gar nichts sehen, sehen wir Schlimmes. Wenn wir Katalysator-Autos fahren, dann weder aus Geldüberfluß noch aus Hysterie.

Heute ist ein herrlicher Tag, und ich blicke von meinem Fenster aus über einige Kilometer Donau. Erlauben Sie, lieber Herr Reich-Ranicki, daß ich Sie und Ihre Frau von diesem südöstlichsten Punkt der Bundesrepublik grüße – auch im Namen meiner Frau.

Ihr Reiner Kunze

STANISLAW JERZY LEC

Wien, den 7. XII. 65

Meine Lieben,

nach Jahren melde ich mich wieder, ich, der »Narr in der Meisterkappe«. Ich schicke Euch einige meiner zuletzt erschienenen Bücher – unter anderem als Zeichen, daß ich nicht aufgehört habe, ein Lyriker zu sein. So stark ist nun einmal in dieser Gattung die Schreibsucht. Wahrscheinlich bin ich ausschließlich ein Lyriker. Ich will Euch deutsch sagen, warum ich meiner Ansicht nach ein Dichter bin: »Ich bin ein Dichter: Ich nehme mir die blaue Blume vor den Mund.«

Vielleicht werde ich irgendwann »an der Waterkant« auftauchen. Jetzt kehre ich nach Hause zurück, mein Janek studiert nun schon das zweite Jahr Architektur. Tomek ist in der dritten Klasse, meine Tochter hat im Ausland geheiratet. Über Euch weiß ich beinahe alles.

Vielleicht werde ich im Februar in London sein. »Und so fliehen unsere Jahre wie die Wellen rastlos hin« – wie meine Großmutter zu singen pflegte.

Ich grüße Euch herzlich [Stanislaw Jerzy Lec]

FRANZ LENNARTZ

Salem, 16. 12. 1979

Lieber Herr Professor,

berechtigt erwarten Sie von mir eine Aufklärung. Sie wissen, daß ich immer Ihre Eigenschaft der Unbestechlichkeit als eine hervorstechende erkannt habe. Also blieb auch nur der Gedanke an einen Versuch, meine positive Beziehung zu Ihnen – so sehen das doch die anderen – für irgendwen nutzbar zu wenden, völlig ausgeschlossen. Wer aber in den Glücksfall kommt, durch gute Kritiken des Ersten Mannes in unserer literarischen Szene gefördert zu werden, der gerät leicht und völlig unschuldig in die Rolle des zwielichtigen Günstlings.

Ich weiß nicht, ob Sie sich Ihrer Wirkung, der Faszination bewußt sind, die Sie in literarischen und künstlerischen Kreisen ausüben. Sie rufen Stoffe und Figuren und Situationen hervor, ich habe das an mir selbst erfahren, aus denen Gogol oder Zuckmayer Tragikomödien gemacht hätten. Und aus solch einem Hintergrund ergab sich, wie ich nun weiß irrtümlich, die Vorstellung (hauptsächlich durch Telefonate), Sie hätten vor meinem Besuch eine engere Verbindung zu meinem Verlag gehabt. Das hätte mich aber nur in meiner derzeitigen Situation der Unentschlossenheit getroffen, entweder einen neuen Publizistenband zu schreiben oder einen zweiten Band über (verstorbene) deutsche Belletristen oder einen erneuerten Ausländerband. Ich wollte mich aber noch frei fühlen, auf keinen Fall von einem Verleger manipuliert. Hätte ich aber erfahren, Sie seien tatsächlich zu meinem Verlag in eine nähere Beziehung gekommen, dann hätte mir doch keine größere Freude zufallen können. Denn das Glück, von einem wirklichen Fachmann beraten zu werden, der tatsächlich etwas von Literatur versteht, habe ich bisher noch nicht gehabt, und es würde gewiß bald zur Auflösung meiner Unentschlossenheit geführt haben.

Natürlich könnte ich jetzt Fakten anführen, die meinen Irrtum veranlaßt haben. Aber das werden Sie, wie ich hoffe, weil Sie viel zu erfahren in den Dingen des literarischen Betriebes sind, nicht mehr von mir erwarten. Sie haben mit dem Irrtum tatsächlich überhaupt nichts zu tun – obwohl, wenn ich das einmal mit einer echt Reich-Ranickischen Wendung ausdrücken darf, Sie die vielumworbene Hauptfigur bei der Sache sind. Gewiß ist jedenfalls, daß keiner der Beteiligten zu Ihren Gegnern gehört.

Persönlich darf ich Ihnen z.B. grundsätzlich sagen, daß mir die Behauptung von Hans Mayer, die ich in Frankfurt in der Zeit fand, Ihre Art des Fertigmachens habe Autoren in Krankheit gestürzt, geradezu unbegreiflich und bei einem so großen, wenn auch ideologisch umstrittenen Autor wie Mayer schmerzlich ist. Wo stünde wohl die deutsche Literatur ohne den Kritiker Reich-Ranicki? Schließlich können gerade die jungen Autoren unserer Zeit, die unsere Welt in Stücke reißen möchten, nicht erwarten, daß sie vom Psychiater anstatt vom unbestechlichen Kritiker kritisiert werden.

Auch Ihr Fall Walser gehört hierher. Ihre Abneigung gegen gewisse Werke von Walser habe ich vollkommen geteilt, vor allem die Kritik an Jenseits der Liebe, und Ihr Lob dem Fliehenden Pferd ebenso. Ich bin davon überzeugt, daß Walser nur durch Ihre Kritik zur Wandlung zur überkommenen großen Form gefunden hat und zur Bejahung, daß ein Kunstwerk auch beim Publikum Resonanz finden muß, nicht nur bei Esoterikern. Als ich bei Ihnen war, hatte ich z.B. den neuen Handke schon gelesen. Ich lese die großen, wichtigen Werke alle. Dann erst kommen meine sogen. »Archive«, von denen ich sprach. Und das Vergnügen, die unterschiedlichsten Kritiken zu einem Werk vorzufinden, wird dann seit Jahrzehnten durch die Kritik von Reich-Ranicki zur Höhe geführt. Sie treffen durchweg immer den Nagel auf den Kopf. Und in all meinen Auflagen habe ich mich geradezu davor hüten müssen, nicht *nur* Reich-Ranicki zu zitieren, Sie wissen das, und das war in Zeiten, als ich Sie kaum kannte und niemals auf den Gedanken kommen konnte, Sie einmal persönlich kennenzulernen.

Ich meine, Ihnen das alles so sagen zu müssen, damit das Mißverständnis weggeweht werde. Mit meinem Verlag habe ich darüber überhaupt nicht gesprochen, und ich werde mit ihm auch nicht darüber sprechen. Erlauben Sie mir noch ein Wort zu meinen »Archiven«, die von Generationen auf Familienebene gesammelt wurden und natürlich noch längst nicht alle griff- bzw. versandbereit sind. Als Sie mir u.a. die Schrift über Roth schenkten, kam mir der Gedanke, daß ich Ihnen gelegentlich durch Ausleihen eines solchen Archives dienlich sein könnte. Falls Sie darauf zurückkommen wollen, würde ich mich freuen, es bliebe für alle Zeiten unter uns. Nur solche Riesen-Gesamtarchive wie etwa Thomas Mann, Kafka, Brecht, Lessing, Goethe, Picasso usf. würden allein für den Hin- und Rücktransport zuviel Anspruch erheben. Aber was ich zu Persönlichkeiten oder literarischen Fragen archivmäßig beisteuern kann, würde ich gerne tun, ich habe Ihnen sehr viel zu verdanken.

Bitte, empfehlen Sie mich Ihrer sehr verehrten Frau Gemahlin. Vielleicht haben Sie tatsächlich einmal Lust und Gelegenheit, sich mit dem Bodensee auch meine literarische Welt anzusehen,

mit herzlichen Grüßen und Wünschen Ihr Franz Lennartz

PS: anbei einige Kröner-Prospekte für Ihre Sammlung eigener Texte, auch für dieses Zitat noch einmal herzlichen Dank.

SIEGFRIED LENZ

Hamburg, den 8. II. 58

Lieber Herr Ranicki,

Dank, herzlichen Dank für Ihren so überaus freundlichen und liebenswürdigen Brief. Es hat mich gefreut, daß die Verbindung gehalten hat, und ebenso war ich glücklich darüber, gerade von Ihnen eine formulierte Kritik meines Buches zu bekommen. (Für den Fall übrigens, daß Sie in absehbarer Zeit wieder nach Hamburg kommen, möchte Ihnen die Television-Station einen Antrag machen; einer meiner Freunde, dem ich von Ihrem Besuch erzählte, möchte Sie gern vor dem Bildschirm haben.)

Was nun mein Buch angeht, Ihre Kritik insbesondere, so muß ich Ihnen gestehen, daß sich Kritiker und Autor in diesem Fall in beinahe trautem Einverständnis befinden: Sie haben durchaus recht, daß ich mitunter allzu sehr der Formulierfreude nachgegeben habe (die Szenen mit dem Würdenträger); überhaupt merke ich, daß ich heute schon, wenige Monate nach dem Erscheinen des Buches, manches anders schreiben würde. Aber so scheint's immer zu gehen: aus der schwermütigen Einsicht in unsere Versäumnisse beziehen wir die Ungeduld zu neuen Anfängen. Und so bin ich dabei, einen neuen Schinken zu räuchern; ich sitze nur noch am neuen Buch, sehe mit obligaten Befürchtungen der Verfilmung von »Mann im Strom« entgegen (im April schon geht er ins Studio) und mache nebenher die Korrekturen zu einem Erzählband, den ich Ihnen in etwa vier Wochen mit großem Vergnügen schicken werde. Es sind zumeist ironische Geschichten aus dieser Zeit. Das neue Buch, nach dem Sie sich so freundschaftlich erkundigten, ist schwer mit einem Satz zu bezeichnen; es behandelt das Thema »Lebensgründung«: ein Mann, der an einem Silvestermorgen sein Schiff versäumt, ein Feuerschiff, erfährt abends in einer Kneipe, daß sein Schiff gesunken ist. Keiner ist davongekommen, er selbst steht auf der Totenliste: er denkt an seine Versäumnisse, fehlgeschlagenen Entwürfe, an seine trostlose Ehe und beschließt, die Chance zu nutzen und ein neues, gleichsam ein Wunschleben zu gründen: es endet ungefähr da, wo es begann. Das nur in ganz grobem Umriß; wenn ich's schaffe, würde ich Ihnen auch dieses Buch später gern hinüberschicken.

Für Ihre so herzliche Absicht, mir polnische Musik oder Reproduktionen polnischer Graphik zu schicken, danke ich Ihnen sehr; ich bin gleichermaßen entzückt und wehrlos, doch ich möchte Ihnen in keiner Weise irgendeine Mühe machen, und wenn ich schon einen Wunsch äußern darf, so den, daß Sie mein Gast sein möchten bei Ihrem nächsten Aufenthalt in Hamburg. Indes, über eine Reproduktion polnischer Graphik, die wir hier bereits Gelegenheit hatten zu bewundern, würde ich mich riesig freuen – aber nur, bitte, eine ganz kleine. Georg Ramseger läßt bestens grüßen, desgleichen W. Weyrauch, mit dem ich gestern telephonierte. In der Hoffnung, wenn auch nur gelegentlich von Ihnen zu hören, mit den besten Wünschen für Ihre Arbeit und

sehr herzlichen Grüßen — Ihr Siegfried Lenz

Leböllykke, den 20. 7. 60

Lieber Gaspodin Ranicki,

Salz und Brot sollten wir Euch heute bringen, einen alten Vers und, natürlich, vom feinsten Quellwasser ein Gläschen voll, damit liebenswürdige Dämonen von der neuen Wohnung Besitz ergreifen, sympathische Geister, die sich sorgen, damit nie ein Mangel entstehe. Wir können einstweilen nur daran denken, hoffen indes sehr, auch in unserem Denken magische Vorsorge treffen zu können – wohlan, wir wünschen Euch viel Glück und allzeit warme Wände. Im Bauen, sagen die Philosophen, manifestiert sich der Wunsch zu bleiben, und so denken wir Euch natürlich auch eine Bleibe zu, die auf Dauer gegründet ist. (Auf den Schnaps kommen wir noch zurück.) Wie immer, wir hoffen, bald staunen zu können, wenn es sein muß: auch zu bewundern; denn es haben sich in diesen Tagen einige Dinge für mich ergeben, die eine Reise nahelegen bzw. geraten erscheinen lassen. Das ist der Grund, lieber Marcel, warum ich Sie bitten möchte, die geplante Reise hier herauf ein wenig zu verschieben! Geht es nicht im August? Ich bitte Sie und unseren Freund Manfred Delling sehr um Verständnis – aber wer sollte die Lage eines freien Mannes besser verstehen als Sie?: wir sind Sonntagskinder der Gelegenheiten, und von Zeit zu Zeit müssen wir wohl auf sie eingehen. Jedenfalls würde ich mich freuen zu hören, daß Sie ohne allzu große Mühe umdisponieren können; möglicherweise aber sprechen wir noch darüber persönlich. Grüßen Sie Ihre liebe Frau, den Scouts-General, Manfred, und bleiben Sie selbst sehr herzlich gegrüßt von

Ihrem Siegfried Lenz und Lilo

[Leböllykke,] 20. 8. 62

Mein Gönner,

Scheu ist es, gegebenenfalls noch ein tief eingewurzelter Respekt, der mich davon abhielt, mit einem beiläufigen Brief in Deine wesentlichen Meditationen zu fallen – und außerdem leide ich an dem Bewußtsein, Dir nichts mitteilen zu können, was für Dich eine Neuigkeit darstellt. Hier auf dem Lande, unter Bauern, Fischern und Arbeitern, herrschen, was Dich nicht unbedingt überraschen dürfte, andere Interessen, gibt es einen Austausch von Neuigkeiten, der so brandaktuelle Dinge wie die Ernte betrifft, einen Fischzug oder die Erhöhung einer Umsatzsteuer. Wie immer – ich habe meinen Mitteilungsdrang hier offenbar ein wenig eingebüßt, und für den Fall, daß Du Anstoß an meinem Schweigen genommen haben solltest, halte es diesem Umstand zugute.

Ja, wir wollten in der Tat im August nach Hamburg kommen, aber dann kam etwas dazwischen. Ich hoffe indes sehr, Anfang September in die Stadt kommen zu können, und wäre erfreut, zu erfahren, daß Ihr dann auch schon wieder dort seid, zurück von den schweifenden Konferenzen im Angesicht der Nordsee. Ich werde dann nicht versäumen, augenblicklich um ein Stündchen bei Dir nachzusuchen, weil es mich – nun sagen wir: drängt, auch mal wieder etwas über Kräfte zu hören, die diese Welt in Schwebe halten.

Wir hoffen sehr, daß es Tosia und Dir gut geht, und hoffen, wie gesagt, starrsinnig darauf, uns bald persönlich danach erkundigen zu dürfen.

Herzlichst

Euer Siegfried

Leböllykke, zum 2. Juni 67

Mein lieber Marcel,

es ist ja nicht so, daß hier am Meer, auf der Steilküste, unter dem steifen Nordost nur blauäugige Gesundheit zu Hause ist, unergiebige Gesundheit sozusagen. Auch hier gibt's Neurosen, Leidenschaften und, wenn es sein muß, sogar einen literaturfähigen Husten. Und es gibt Augenblicke, in denen die Inselbewohner glauben, daß sie »aus der Balance« geraten. Für diesen Fall indes haben sie treuherzig Vorsorge getroffen: die Gleichgewichtssteine eines Fischs, die im Kopf eingewachsen sind, sollen, solange man sie in der Tasche trägt, für die »immerwährende Balance« in allen Lebenslagen sorgen. Ich habe diese Steine, lieber Marcel, mit dem unschuldigsten Barbarismus herausoperiert und ich schicke sie Dir nicht, weil ich meine, daß Dein Balancegefühl zu wünschen übrig ließe, sondern weil ich es, so, wie es ist – und so wie es sich seit geraumer Zeit in Deinen Urteilen ausdrückt –, für sehr lange Zeit erhalten wünschen möchte. In diesem Sinne grüßen wir Dich herzlich und freundschaftlich, wir denken an Dich an Deinem Geburtstag, wünschen Dir alle erreichbaren Genugtuungen,

Deine: Siegfried und Lilo, die die Wahrhaftigkeit dieser Angaben bestätigt und Dir für jeden Zweifelsfall sagen möchte, daß es sich bei der Gattung um den berühmten »Angelschellfisch« handelt.

21. 7. 70

Liebe Tosia, alter Marcel,

ich weiß zwar nicht, wie viele Breitengrade uns just trennen, ob Ihr nicht, wie so oft, in Amerika seid – gleichwohl, diese unbescheidene Karte soll Euch vor Augen führen, wo, an diesem Abend, auf das herzlichste an Euch gedacht wird. (Wo das Kreuzchen ist, da steht unsere Hütte.) Es stimmt, lieber Marcel, ich hab mich völlig vergraben, hocke hier in ergiebiger Einsamkeit mit der Ausdauer, über die wir Ostelbier verfügen, und schreibe, schreibe. Du kennst ja die Geschichte, um die es geht. Ich mach so meine Entdeckungen, denn diesmal bin ich gezwungen, zu erfinden und, im Sinne des Buches, auszulegen; dabei denke ich oft an Dich. (Übrigens: meinen freundschaftlichen Glückwunsch zum Einleitungs-Essay, er ist triftig, luzide und gelehrt, allerdings frage ich mich, ob »Verrisse« ein Kriterium sind, ein ästhetisches. Ich fürchte, dieser Titel impliziert einen – von Dir ungewollten – Appell an die Schadenfreude, etc.) Einige Jahre meines Lebens werde ich aber wohl noch an »Das Vorbild« hingeben müssen; sei's drum! Wegen des Umfangs wirst Du mich verdammen wollen, ich kann's, bei Gott, nicht kürzer machen und ich hoffe, Dich davon überzeugen zu können. Weißt Du, was Golo Mann u.a. über die »Deutschstunde« sagte? L. geniert sich nicht, zu unterhalten nebenher. Da sieht man, wie die eigene Lektüreerwartung sich auswirkt: wer sich nicht scheut, andere zu unterhalten, wünscht auch selbst, unterhalten zu werden.

Ich grüße Euch in alter Herzlichkeit Euer Siegfried

Babel hat mich sehr bewegt, hab gerade »Einen Abend« (etc.) ausgelesen, vorher die »Reiterarmee«. Deine Kritik, Marcel, nahm alle Eindrücke zusammen!

Herzliche Grüße Euch beiden auch von Eurer Lilo

[Bad Bramstedt], 3. 12. 80

Lieber Marcel,

heute blieb ich zum ersten Mal ohne meine Morgenzeitung, der FAZ-Wagen war im Schnee steckengeblieben, und der hünenhaften Verkäuferin im klinikeigenen Zeitungskiosk, zu der ich jeden Morgen um 7.15 Uhr hinabturne, gelang es nicht, mich mit der Bad Bramstedter Zeitung zu trösten, die sie mir, von meiner Enttäuschung sichtlich beeindruckt, kostenlos zustekken wollte. Wie gesagt: das passierte zum ersten Mal; ansonsten ist Deine Zeitung allmorgendlich in einem ansprechenden Stapel zu finden, der sich gegen Mittag sichtlich abgeflacht hat, einmal war sie sogar ausverkauft. Sag selbst: Kann man da viel gegen Bad Bramstedt sagen?

Ja, lieber Marcel, für mich ist's jetzt Halbzeit, und ich bedaure nicht einen Augenblick, hierhergegangen zu sein. Das Nest selbst, Du kennst es vielleicht vom Durchfahren, ist von geradezu einnehmender Schläfrigkeit, aber da hab ich ja nichts zu suchen; ich wohn in der Klinik, ein weitläufiger Bau, mitten in lichtem Kiefernwald gelegen, die alten und neuen Gebäude sind durch schöne Glaskorridore miteinander verbunden.

Man hat hier ein Moor vor der Haustür, auf dessen Heilkräfte viele setzen, und zu der kombinierten Therapie, die man mir nach geradezu epischen Grunduntersuchungen applizierte, gehören denn auch Moorpackungen. (Komisch, obwohl's der verdammten Schulter besser geht, will meine Skepsis angesichts des Moormatsches nicht verstummen.) Ich bekomme Spezial- und Unterwassermassagen, muß auch allerhand Medikamente schlucken, doch die wirksamste Therapie hat man mir erst kürzlich verordnet: mit feiner Nadel holt man mir aus dem

Schultergelenk alte Gelenkflüssigkeit heraus und injiziert mir einen Stoff, der wie Subrowka aussieht, ein Weilchen arg schmerzt und rumort, dann aber Frieden in die Schulter einziehen läßt, zumindest für zwölf Stunden. Nach diesen Injektionen bin ich jedesmal ziemlich fertig, überhaupt wundere ich mich über die Erschöpfung, die hier aufgetreten ist.

Doch verglichen mit dem Leid, dem ich hier auf Schritt und Tritt begegne, geht's mir mehr als zufriedenstellend. Ich rede, das ist ja unausbleiblich, täglich mit meinen Mitpatienten, viele sind buchstäblich Opfer ihres Berufes (Lastwagenfahrer, Bäcker, Kühlhausarbeiter etc.) und geben mir schweigend alle Beweise für den kausalen Zusammenhang von Beruf und Krankheit.

Als Lektüre mitgenommen hab ich mir u.a. den ganzen Frisch; ich sagte Dir ja schon, daß Siegfried Unseld mich eingeladen hat, einen Geburtstagsartikel für ein von oben geplantes Buch zu schreiben. Du kennst ja zur Genüge die besonderen Erfahrungen beim Wiederlesen eines Autors; ich bin bei meiner zweiten Frisch-Lektüre auf ein Problem gekommen, das mir bisher entgangen war: möchte etwas über »Wahrscheinlichkeit und Schicksal« schreiben (Homo Faber und Stiller und das Bedürfnis, sich selbst zu wählen).

Schon befällt mich redliche Müdigkeit. Man soll nach allen, hier so genannten, Anwendungen ruhen. Außerdem ist gleich Visite, die die verfetteten, fast flugunfähigen deutschen Vögel von meinem Balkon vertreiben wird. Auf bald!

Viele herzliche Grüße Dir und Tosia Dein Siegfried

PS. Damit Du einen Eindruck von B. B. jetzt bekommst, lege ich ein Kärtchen bei!

Zum 1. 1. 89

Mein lieber Marcel,

Aufhören? Du? Undenkbar!

Das, wofür wir leben (und wovon wir leben), läßt sich durch keinen Vertrag begrenzen, endet an keinem verfügten Stichtag. Wie hast Du mir hundertmal gesagt? Kopf hoch, weitermachen!

Ich bin gewiß, bin froh, daß Du weitermachen wirst; wenn ich's recht und von außen bedenke, wechselst Du ja nur die Sitzgelegenheit. Dennoch, das ist mir klar, wird sich einiges ändern für Dich, und nicht nur für Dich allein. Weißt Du, in den vielen Jahren glücklicher Zusammenarbeit hab ich feststellen können, was einer, ein einzelner, für die Literatur bedeuten, was er für sie tun kann mit seiner Leidenschaft, mit seiner Unbeirrbarkeit und seiner aus Neigung erworbenen Kenntnis. Wenn etwas passierte im literarischen Leben, horchte ich schon unwillkürlich nach Frankfurt hin: Was wird Marcel sagen, wie wird er reagieren? Ich sag nicht zuviel, doch in Dir, in Deiner Wirksamkeit schien mir Literatur – mit allem, was sie zeitigt – ihren besessenen Verfechter gefunden zu haben. Was nicht vielen bekannt ist – ich weiß es; weiß, wie vielen Du geholfen hast, von meinen Kollegen, weiß, wen Du auf die Beine brachtest und wem Du zu seinem eigenen Vorteil zusetztest. Ja, Marcel, viele schulden Dir Dank.

Ich danke dem Freund, dem großen Anreger, danke dem augenöffnenden Begleiter und – diesmal soll's auch gesagt sein – dem verläßlichsten aller Redakteure.

Dein Siegfried

RUDOLF WALTER LEONHARDT

[Herbst 1967]

Mein lieber Marcel,

zwar schreiben Sie mir natürlich nur als mein Chef und Herausgeber. Aber ich habe mich dennoch über Ihren Brief sehr gefreut. Warum, weiß ich nicht. Irgendwie vages Gefühl, daß wir beide einander im Laufe der paar Jahre, die uns noch vergönnt sind, vielleicht noch das eine oder andere zu sagen haben.

Da möchte ich dies aus der Welt schaffen: Ich dachte doch gar nicht daran, für das Honorar meines Böll-Referates (ich weiß gar nicht, wie hoch es ist) Sie verantwortlich zu machen. Ich bin einfach überzeugt davon, daß ich so viel kriege, wie Sie irgend verantworten können – ein bißchen weniger als Sie, aber Sie haben ja auch mehr Arbeit mit dem Buch.

Täuscht mich mein Eindruck, daß Sie ungern bereit waren, im Falle Ihrer »Zeit«-Beiträge das gleiche Argument gelten zu lassen? Ich fürchte, nein. Und das tut mir leid. Was die kleine Korrektur anlangt, die Sie durch Ihren Appell an die Verlagsleitung erreicht haben, so bin ich damit gerne einverstanden gewesen (ich mußte es ja abzeichnen). Generell aber muß ich, solange ich das überhaupt weitermachen will, an dem Prinzip festhalten: auch der illustreste Beiträger zur »Zeit« darf nicht mehr bekommen als einer der Leute, die die »Zeit« »machen« – und dieses Machen hat ziemlich wenig mit Genie zu tun und sehr viel mit blöden Korrespondenzen, endlosen Diskussionen mit Leuten wie S. oder R. (oder schlimmer!), täglichen und nächtlichen Präsenzen, durchaus nicht freier Wahl von Abwesenheiten etc. Ich kann mir nicht vorstellen, daß Sie, Marcel, in meiner Lage anders dächten oder handelten. Im übrigen wäre ich durchaus bereit, mit Ihnen zu tauschen. Ein Mitarbeitervertrag für 2000 Mark bei der »Zeit« – das wäre genau das, was ich gerne hätte. Dann könnte ich die paar Sachen noch tun, die in diesem Leben noch zu tun ich für wichtig halte. Ja nun …

In Sachen Böll verwundern Sie mich, nur ja keinen Geburtstags-Artikel zu schreiben. Falls das heißen sollte, daß es Sie grämen würde, wenn die meinen Betrachtungen zugrunde liegende, wenn wahrscheinlich auch selten ausgesprochene, Wertung höchst positiv ausfiele: dann müßten Sie bitte schnell die Aufforderung zurückziehen, und ich wäre Ihnen gewiß nicht gram deswegen. Ich will mich ja von der Belletristik, will sagen: dem Schreiben über Belletristik, gern zurückziehen. Sie scheint mir nicht wichtig genug in dieser Zeit. Aber wenn schon, dann sage ich's halt, und wo ich's nicht expressis verbis sage, da wird es dennoch zu spüren sein: Heinrich Böll ist für mich der bedeutendste deutsche Schriftsteller seiner Generation und das »Ende einer Dienstfahrt« bestätigt ihn als solchen.

Da ich ohnehin fürchte, daß dieser ganze Essay eine Argumentation gegen Ihre Überzeugungen werden wird, sollten Sie vielleicht wieder einmal (was Sie ja freundlicherweise gerne tun) mich gegen mich selber in Schutz nehmen und nun schreiben: Ach, Leo, Sie hatten soviel mit der Oper zu tun und werden soviel mit Ihrem neuen Buch zu tun haben, wollen Sie den Böll nicht lieber lassen?

Ja nun – gleichviel.

Sie wollen's nicht wahrhaben und können immer furchtbare Sachen von mir zitieren:

aber ich bleibe Ihr alter Leo

Hamburg, 29. Mai 1985

Mein Lieber,

so pflegten Sie mit Vorliebe Ihre Freunde oder auch nur Bekannten oder auch nur zufälligen Gesprächspartner anzureden,

mein lieber Marcel,

das ist nicht ganz so formelhaft gemeint. Wir haben voneinander in diesen letzten Jahren wenig gehört. Wir haben noch weniger voneinander gesehen. Dem Geburtstags-Artikel unseres jungen Kollegen Greiner entnehme ich, daß Sie nun schon fast so lange bei der FAZ sind, wie Sie einst bei der »Zeit« waren. Aber etwas vor Ihnen oder bald nach Ihnen, fast gleichzeitig mit Ihnen – Sie erinnern sich all dessen viel genauer – bin ja auch ich aus dem Feuilleton der »Zeit« ausgeschieden. Die Zusammenhänge wird keiner (außer Ihnen, natürlich) je ganz begreifen. Sie haben Ihre »Zeit«-Zeit immer ebenso gern heruntergespielt. [...] Mein Daten-Gedächtnis ist viel weniger präzis als das Ihre. Aber die Bilder, die sehe ich deutlich. Und ich erinnere mich auch, wie ich »Toscha«, die mir Un-Slawisten korrekt zu schreiben nicht gegeben ist, einmal durch einen Brief, der nicht für sie bestimmt war, herb gekränkt habe, was ganz gewiß nicht in meiner Absicht lag. Ich erinnere mich an Sabine Schultze, die zu sehr und zu schnell glaubte leben zu müssen. Viele Erinnerungen (ohne Daten!) verbinden mich mit Ihnen.

Und so sei es mir denn erlaubt, von älterem Herrn zu älterem Herrn, Ihnen zu wünschen, daß Sie den 65. überstehen mögen ohne die Melancholie, die mich in acht Monaten dabei heimsuchen wird. Ach, war sint verswunden alliu unsriu jar! Ich bitte Sie um Verständnis und Entschuldigung dafür, daß ich dem Fest-Rummel fernbleiben werde. Zum einen erreichte mich die Einladung erst, als mein Terminkalender für Anfang Juni längst zugewachsen war; zum anderen liebe ich derlei Veranstaltungen nicht ausreichend, als daß ich einen ganzen Tag und ein Zehntel eines Monatsgehalts dafür drangeben möchte. Da wäre mir eine private Feier, nur Sie und ich, mit oder ohne Frauen, in

Frankfurt oder in Hamburg oder irgendwo zwischendrin, so zwischen den beiden 65. (was uns noch bis zum 9. Februar nächsten Jahres Zeit ließe), viel mehr wert. Sollten wir das hinzukriegen versuchen? Wir haben doch, wie ich mich zu erinnern glaube, einander immer wieder manches zu sagen – wenn es auch meistens so abläuft: ich sage, und Sie korrigieren.

Die Tatsache, daß ich Ihre Karriere bei der FAZ immer auch als eigenes Versagen habe verstehen müssen (siehe »Zusammenhänge«, ungeklärt), hat mich nicht daran gehindert, Ihnen das Erklimmen des Papststuhles sehr zu gönnen. Im Gegenteil. Ich gönne Ihnen das bißchen Glück der späten Jahre, und ich weiß, daß es nicht angemessen wäre, unser beider Unglück der frühen Jahre zu vergleichen. Komisch, daß wir diesen gemeinsamen Freund Walter Jens haben. So viel enger er jetzt Ihnen verbunden ist, so komisch bleibt es: wir Sinnen-Menschen und der Asket. Ich für mein Teil kann ja noch nicht einmal den gemeinsamen Hauptnenner der Literatur für mich beanspruchen. Am Strande von Sylt fiele mir allenfalls Heine ein (obwohl es bei ihm Norderney war), aber die Handkes, Krötze e tutti quanti gewiß nicht. Das Meer ist größer.

Da Ulrike nun einmal und immer wieder von Marcel schwärmt (jede Nummer der FAZ, in der Sie nicht schreiben, ist für sie eine Enttäuschung), sehe ich bei einem so festlichen Anlaß keinen Grund, mich zu distanzieren.

Aber es wäre dennoch Zeit, daß Sie aufhörten, im Anthologie-Teil der FAZ auch noch den pieseligsten Roman, das doofste Gedicht aufzunehmen, nur weil sie »deutsch« sind. Ist das einer Zeitung von internationalem Rang angemessen? Sobald auch über Hamsun und Sterne, über Baudelaire und Byron geredet werden darf, würde ich gern wieder mitreden. Das muß nicht sein. Aber, unter uns: die nun wiedergelesenen Romane und die nur einer Interpretationswut ihren Abdruck verdankenden Gedichte werden allmählich fast so schlimm wie der am Anfang ganz pfiffige und inzwischen unerträgliche »Fragebogen« Eures Magazins. So sehe ich das aus – inzwischen – einiger Distanz.

Gleichviel, mon Marcel. Überstehen Sie das Gefeiertwerden gut, vielleicht tut es Ihnen ja sogar gut. Und wenn Sie einmal nachts gar nicht schlafen können, dann denken Sie zwei Minuten an Ihren alten Leo

so wie der zwei Minuten an Sie denken wird. Je nun …

ALEXANDER LERNET-HOLENIA

Wien I. Hofburg, d. 20. März 1974

Sehr verehrter Herr Reich-Ranicki,

mit dem denkbar größten Interesse, ja streckenweise mit aufrichtiger Bewegtheit habe ich Ihre Ausführungen über Hofmannsthals Briefe gelesen, denn es ist erstaunlich, wie viele Züge seines Wesens, an welche niemand mehr gedacht hatte, Sie dabei neu enthüllt haben; und über der Lektüre hat sich mir immer mehr die Erinnerung an den »Brief aller Briefe«, den er geschrieben hat, aufgedrängt: nämlich an den »Brief des Lord Chandos«. Ich weiß nicht, ob Ihnen bewußt ist, daß er ihn nie gemocht hat, und wo er konnte, hat er ihn aus den Sammlungen seiner Schriften weggelassen. Doch ist er dennoch seine eindringlichste Arbeit, und auf ihn und auf das »Märchen der sechshundert und Gott weiß wievielten Nacht« hat Kafka sein gesamtes Œuvre aufgebaut.

Es heißt, Hofmannsthal habe diesen Brief an Hermann Bahr gerichtet, aber er muß irgendein Vorbild gehabt haben, auf das zu stoßen mir nie geglückt ist. Jedenfalls hat er darin die Mentalität der englischen Renaissance »und der meisten landbesitzenden Edelleute jenes Königreichs« unvergleichlich besser getroffen als die Art und Weise der österreichischen Aristokratie im »Schwierigen«, einem Stücke, das überhaupt nicht so gut ist, wie unsere Aristokratie von ihm möchte, daß es sein möge. Denn die darin vorkommenden Figuren können alle weder gehen noch stehen. Mais passons là-dessus … Jedenfalls ist im »Brief« schon der Name der kleinen Tochter des Chandos, Katharina Pompilia, grandios erfunden – wenn anders er wirklich erfunden ist. Denn Hofmannsthal hatte, allen seinen Vorzügen zum Trotz, oder gerade deshalb, nun einmal das Abschreibende, oder drücken wir uns milder aus: das Nachempfindende. Wem nun hat er den »Brief« nachempfunden? Gott weiß es. Geschrieben scheint ihn Hofmannsthal in Alt-Aussee zu haben, ebenso wie übrigens wohl auch das »Märchen«, in welchem er selber es ist, der vom Lande nach Wien in die Salesianergasse fährt und sich dann später in der Gegend der Gumpendorferstraße verirrt. Denn sogar das Geographische hat Hofmannsthal nicht selbst erfunden, sondern nachempfunden. Seltsam, er war auch geographisch ein Enzyklopädist, der alle Landschaften ineinanderwarf.

Ich bin davon überzeugt, daß Ihr Aufsatz nicht nur eine der besten Arbeiten über Hofmannsthals Briefe, sondern auch über Hofmannsthal überhaupt ist. Ich weiß nicht, ob Sie ihn persönlich gekannt haben, jedenfalls war er zeitlebens ein äußerst unglücklicher Mensch, welcher darunter gelitten hat, daß weder er selbst noch seine Umwelt seinen Träumen auch nur im entferntesten entsprochen hat. So zum Beispiel ist er, wie ich glaube, nie über seinen Urgroßvater hinweggekommen, und er hätte Gott weiß was darum gegeben, nicht von ihm, sondern von jenem ordinären Faninal zu stammen – dies jedoch bestimmt nicht aus Snobismus, sondern weil er immer die Angst gehabt haben mag, Herr von Hofmann entspräche in den Augen der Umwelt nicht einem sozusagen ganz echten Herrn von Hofmannsthal. Wäre er wirklich ein Snob gewesen, so hätte es ihm bestimmt viel zu riskant geschienen, ein Fräulein Schlesinger zu heiraten. Doch machte ihm das nichts, denn seine Frau war ja wirklich ein Fräulein Schlesinger gewesen, und das machte ihm gar nichts aus. Ihm machte bloß aus, daß er nicht wirklich ein Herr von Hofmannsthal – sagen wir, aus dem vierzehnten Jahrhundert – gewesen ist, und das war eigentlich einer der aufrichtigsten und schönsten Züge eines Menschen überhaupt. Es störte ganz einfach seine Selbststilisierung. Ist man übrigens sicher, daß er wirklich in jenem Ordenshabit hat beigesetzt werden wollen? Kann ihm nicht jemand diesen Wunsch angedichtet haben?

Ich habe einmal irgendwo anders meiner Ansicht Ausdruck gegeben, daß Hofmannsthal bis zu seinem sechsundzwanzigsten Jahr, das heißt bis zu eben jenem Chandos-Brief, medial geschrieben habe, dann kam die trostlose Zwischenzeit, nur was weniges aufgehellt vom Textbuch des »Rosenkavaliers«, und schließlich doch wieder das mediale Alters-Schreiben des »Turms«, für dessen Nicht-inszeniert-Haben Reinhardt, mit seinen fünfunddreißig zwecklosen Inszenierungen des »Sommernachtstraums«, jetzt noch verprügelt werden sollte. Denn daran, daß der »Turm«, in welchem das ganze Dritte Reich vorweggenommen worden war, nicht oder immer nur elend gespielt worden ist, mag Hofmannsthal *wirklich* gestorben sein, nicht am Selbstmord seines Sohnes Franz. Ich weiß auch nicht, warum Strauss, statt der eingestrichenen »Ariadne«, nicht die Szenen mit dem Kinderkönig aus dem »Turm« zu komponieren sich herbeigelassen hat. In einer Welt, die von solchen Leuten bevölkert war, konnte ein Mensch wie Hofmannsthal natürlich schwer existieren, und wenn Sie zum Beispiel mich fragen, wieso ich in ihr leben kann, so vermag ich nur zu antworten: Weil ich gegen die allgemeine Talentlosigkeit so bösartig auftrete wie Toscanini.

Nochmals Dank für Ihren wunderbaren Aufsatz!

Stets der Ihre Lernet-Holenia

GERTRUD LEUTENEGGER

27. 10. 80

Lieber Herr Reich-Ranicki,

ungestört hätte ich Ihnen gern Guten Abend gesagt, aber dann lief, in dem damaligen Frankfurter Gedränge, plötzlich jemand mitten zwischen uns hindurch, rief: Öffnet denn niemand die Tür?! und noch in jener Sekunde dachte ich, ist es nicht ebenso unerträglich, die schon im Hause Befindlichen wieder auseinanderzutrennen wie die noch vor dem Haus Wartenden nicht gleich einzulassen? So muß dieser kleine Brief wieder ein wenig zusammenfügen, was damals auseinandergebracht wurde.

Ihre Gertrud Leutenegger

FRIEDRICH LUFT

Berlin, 20 juni 1978

lieber kollege marcel reich-ranicki, mein wohltäter!

heimgekehrt an meinen nüchternen schreibtisch, *muß* ich Ihnen sagen, wie sehr dankbar und zugetan ich Ihnen bin für das, was Sie mir am letzten wochenende in darmstadt angetan haben.

daß der kuriose einfall, mir den huch-preis zu erteilen, von Ihnen kam, war mir durch reine »durchstecherei« vorher bekannt. als Sie dann Ihre fundierte, lustige und lobende rede auf mich hielten, war ich immer wieder versucht, hinter mich zu blicken: »*dich* kann er ja nicht meinen!«, dachte ich in abständen. und genoß eben doch mit vollen zügen zugleich, wie Sie meine wirklich dilettantischen intensionen der kritikausübung so deutlich herausschälten.

jetzt kann ich den nächsten sonnabend nicht erwarten, diese schöne rede vor aller welt im druck zu finden.

kurz: ich bin Ihnen sehr dankbar. Sie haben, lieber reich-ranicki, (wie der olle hindenburg stereotyp zu sagen pflegte:) »Sie haben meinem alten herzen wohlgetan!« und das gleich auf mehrfache weise.

der ruhm, der von Ihrer preisträgerwahl ausging, ist enorm, merke ich, erst heute morgen, kurz nach sechs uhr früh, wurde ich vom telegrammboten aus dem schlaf geklingelt: herr kohl (cdu) ließ mich durch ein langes und teures kabel wissen, daß auch er für die einheit des vaterlandes sei und er mir gratuliere. Sie rauben mir also auch noch den schlaf.

ich fand schön und beruhigend, wie bei aller feierlichkeit – erträglich feierlich, human, seren und immer wieder doch geradezu fröhlich – festakt und nachfeiern vorübergingen. vorher hatte ich bammel. hinterher war ich glücklich.

das wollte ich Ihnen sagen und nochmal danken. heute morgen werde ich auch noch den vertrag mit der dva unterschreiben (auch da wieder Sie: mein wohltäter!) – und bitte Sie, der Sie sicher mehr zu tun haben, als dankespost zu lesen, für die ausschweifende länge dieser benachrichtigung um nachsicht. das alles wollte gesagt sein.

meine frau grüßt herzlich – auch Ihre liebe frau, von der meine frau wiederum, nicht ganz ohne berechtigung, sagte: die frau vom reich-ranicki gefällt mir besser als die vom luft.

den grüßen mich in diesem sinne anschließend Ihrer beider herzlich verbundener

Friedrich Luft

PETER MAIWALD

Neuss, den 4. 1. 1985

Sehr geehrter Herr Reich-Ranicki,

entschuldigen Sie die späte Antwort auf Ihr Schreiben vom 20. Dezember, aber ich hab mich darüber geärgert, und im Ärger mag ich nichts schreiben, weder Briefe noch anderes.

Geärgert habe ich mich über Ihre Annahme, ich benötigte den Umweg über eine »Werra-Zeitung«, wenn ich daran dächte, mich, aus welchen Gründen auch immer, von Ihnen distanzieren zu wollen, als gäbe es keinen direkten Weg. Die Unterstellung oder das Fürmöglichhalten eines »Hintenherum« verletzt mein Gefühl für (auch politischen) Anstand schon sehr. Es mag ja sein, daß Sie derlei Anständigkeit von einem Kommunisten, auch: einem herausgeworfenen, nicht erwarten, aber was mich betrifft, befinden Sie sich in dieser Hinsicht in einem Irrtum.

Ganz abgesehen davon, daß Sie mich schon für einen ziemlichen Hohlkopf und Liederjan halten müssen, wenn Sie denken, daß ich mich von einem produktiven Arbeitsverhältnis (Ihre Statistik belegt es ja!) distanzieren müßte. Ich weiß bislang keinen Grund. Dazu ist mir meine Arbeit zu ernst, als daß es mir gleichgültig wäre, wo, wann, wie oft und mit welcher Wirkung sie an die Öffentlichkeit kommt.

Wohl aber habe ich auf eine diesbezügliche Frage geantwortet, daß ich in der Tat mehr Lyriker schätze, als die FAZ kontinuierlich publiziert. (Daß ich »sieben« gesagt habe, erkläre ich aus meiner Flapsigkeit in Sachen Statistik; der Wahrheit von »neunzehn« gebe ich mich gern geschlagen.) Und es ist (auch Ihnen) gar kein Geheimnis, daß ich Lyriker der unterschiedlichsten Handschriften (auch von der meinigen) wie Wolfgang Bächler, Roman Ritter, den viel zu früh verstorbenen Törne, Johannes Schenk, Artur Troppmann, Aras Ören, F. C. Delius, Kurt Bartsch u.a. schätze. (Von der eckigen Formerriege der DDR, die in dieser Hinsicht nichts zur Sache tut, den Endler, Mickel, R. Kirsch, Pietraß, Braun, einschließlich der Großköpfe Hermlin und Hacks, ganz zu schweigen.) Ginge ich jetzt noch in die deutschsprachige Tradition, würde mein Schätzen (und dies Schreiben) unziemlich uferlos. Ich habe es aber immer eher als befreiend denn erdrückend empfunden, daß die deutschsprachige Lyrik in Gegenwart und Vergangenheit derartigen Reichtum hergibt.

Aus meinen Vorlieben und Ihren Vorlieben jedoch eine Distanzierung zu konstruieren, mag jenen vorbehalten bleiben, denen Meinungsunterschiede und andersartige Urteile per se schon eine Distanzierung bedeuten (Das ist nicht meine Kultur!) oder die danach lüsten, ihre diversen Mütchen zu kühlen, Säcke statt Esel zu schlagen oder sachfremde Rechnungen zu begleichen.

Ich mag vor derartigen Stürmen im Wasserglas des Kulturbetriebs meine Ruhe bewahren, noch mag ich mich nicht entschließen, auf gut Kästnersche Weise, von dem Kakao, durch den ich gezogen werden soll, auch noch zu trinken. (Die Sache hat, mit Distanz gesehen, wie jede, wenigstens ein Gutes: sie hat mich zu einem langen Brief gezwungen, und das will etwas heißen für mich, der ich ein außerordentlich schlechter Briefeschreiber bin.)

Ich grüße Sie herzlich und nun, so hoffe ich, ohne Mißverständnisse

Ihr Peter Maiwald

P. S. Die Arbeit geht dieser Tage langsam voran: ich pendle zwischen zwei Wohnungen hin und her, der einen, in der ich noch wohnen darf, und der anderen, in der ich noch nicht wohnen kann, weil sie renovierungsbedürftig ist: das ist sehr zeitraubend, und die »Debatte« raubt auch (aber ich kann Ihnen ein schönes Heft 1/85 vorankündigen), und so sehne ich mich nach Tagen (sie sind noch nicht absehbar), wo ich wieder kontinuierlich und ohne äußere Störungen am Schreibtisch sitzen kann. Das wenige, das ich unter diesen widrigen Umständen gut schaffe, will ich Ihnen gern zusenden.

GOLO MANN

Kilchberg am Zürichsee, 23. April 1977

Lieber Herr Reich-Ranicki,

für die »Nachprüfungen« wollte ich Ihnen erst danken, nachdem ich die Dinge oder doch alle mir bisher unbekannten davon, gelesen hätte; so danke ich Ihnen jetzt, herzlich. Auch für die Widmung, obgleich sie, neben anderem, mich auch ein wenig ängstigt. Denn:

> Es fürchte die Götter das Menschengeschlecht ...
> Der fürchte sie doppelt, den je sie erheben etc.

Also bitte, überschätzen Sie mich nicht, damit Sie mich nicht eines Tages *unter*schätzen! Ja, das sind höchst lesenswerte Aufsätze und höchst treffsicher (für mich, fast immer). Für diesen Leser kommt hinzu, daß er, daß ich die Mehrzahl der nachgeprüften Autoren kannte, einige sehr genau: Werfel, Feuchtwanger, selbst Hesse. Einige weniger genau, aber doch so, daß ich lebendige Eindrücke von ihnen bewahre: Arnold Zweig, Joseph Roth, Kisch, auch, obgleich ich ihn nur zweimal sah, Hofmannsthal. Ihrem Hesse-Porträt stimme ich völlig zu, aber nur, soweit es eben reicht. Hätten Sie Hesses *politische* Äußerungen, Briefe, Artikel mit dazugenommen, so wäre das Bild um eine Nuance, sogar um eine Abweichung reicher geworden. Denn Hesse war, in aller Diskretion und Schlichtheit, ein *sehr* kluger politischer Beurteiler. T. M. darin überlegen, daß sein Urteil in *dieser* Sphäre niemals von Literatur angekränkelt war. Und er war leidenschaftlicher dabei, als ich wußte, ehe ich seine politischen Schriften las. – Eine Nuance würde ich auch bei dem Feuchtwanger-Essay anbringen. Ich glaube nämlich, daß Sie seinen Weltruhm doch überschätzen. Was ihn bezeichnete, war nicht so sehr der wirkliche Weltruhm, den er gewiß zeitweise genoß, sondern seine überaus gesteigerte Vorstellung davon. Es konnte ihm einfach nichts passieren, weil er sich durch seinen Ruhm wie durch einen Panzer geschützt glaubte. Im französischen Internierungslager, 1940 zu mir: »Ein Brief an den Sowjetbotschafter in Paris und ich bin frei!« Ich: »Den Brief würde ich aber schreiben!« Geschrieben wurde er nie. Umgekehrt: »Ach, ihr anderen, ihr seid ja gar nicht in Gefahr. Aber vorgestern hat Goebbels eine lange Radioansprache ausschließlich gegen mich gehalten!« Und so oft. Weder in Frankreich, noch, seit 1940 in Amerika, ist er je wirklich wohlhabend gewesen. In den fünfziger Jahren mußte eine gemeinsame Freundin ihm geradezu manchmal Geld leihen! Er lebte zugleich prunkvoll und bescheiden; nie hatte er häusliche Hilfe, seine Frau war ihm eine überaus tüchtige Sklavin. – Arnold Zweig – wie recht haben Sie mit dem »deutschen Idealisten«! Meinerseits würde ich hinzugefügt haben: daß er ein gräßlicher Schulmeister war! Er hat mich belehrt, daß ich seekrank wurde. Allerdings hat er seinen Marx wirklich gelesen, Feuchtwanger nicht. Feuchtwanger war *nicht* wirklich gescheit, meiner Beobachtung nach. – Wassermanns steilen Balzac-Ehrgeiz bringen Sie großartig heraus. Nicht ganz für mein Gefühl: das Schwermütige in seinem Wesen. Den »Kaspar Hauser«, sein spannendstes, auch sein schwermütigstes Buch, las ich mit 16 und vergötterte es geradezu. Und während sonst die Lieblingslektüren der späten Kindheit alle verwelkt sind, hält der »Kaspar Hauser« für mich heute noch, was er damals war, oder doch beinahe. – Gerecht und glänzend finde ich die Besprechung des »Mephisto«. Sie trifft ins Schwarze. Daß ich mit dem zweiten Stück nicht *ganz* einverstanden bin, schrieb ich Ihnen, glaube ich, damals schon. Ebenso über die T. M.-Stücke; da stimmen wir einmal nicht ganz überein. – Die Wahrheit hat viele Seiten.

Ja, da könnte man noch fortfahren. Vielleicht einmal mündlich, etwa über Werfel.

Insgesamt scheinen mir diese Rückblicke sehr notwendig. Einige unter den Schriftstellern, derer Sie sich da annehmen, sind ja heute fast vergessen; das geht schnell. Und sonderbare, anscheinende Willkür waltet über dem Vergessenen wie über den seither steil Aufgestiegenen (Hesse!).

Mit herzlichen Grüßen stets der Ihre Golo Mann

PS. Das über die Kleist-Anekdoten erhalten Sie pünktlich. Was ist pünktlich?

Kilchberg am Zürichsee, 12. Juni 1981

Lieber Herr Reich-Ranicki,

vor einer halben Stunde erhielt ich Brief und Sendung vom 10. Juni und las Ihre Besprechung der Tagebücher im Augenblick. Ich finde sie großartig; das Beste, nicht nur, was über das Ding geschrieben wird, sondern was darüber geschrieben werden *kann*. Sie nähern sich dem Gegenstand von nahezu allen denkbaren Seiten, treffen immer die Nuance, unterscheiden goldrichtig. So zwischen Eitelkeit und Sich-wichtig-Nehmen; in diesem Fall eine fundamentale Unterscheidung. Sie fragen, ob TM ein Parvenu gewesen sei, ohne, scheint mir, darauf eine klare Antwort zu geben. Die meine: nein, das war er nicht. Aber seine Herkunft war provinziell, und davon kam er nie ganz los. Meine Mutter pflegte zu sagen: »Die Buddenbrooks, das sind doch keine Herrschaften!« Nicht so, wie man dies in der Arcisstraße war; nur eben so gute Bürgersleute. Gute Bürgersleute in einer kleinen Stadt. Daher stammt auch sein Antisemitismus, von dem er nie *völlig* wegkam (sein Bruder auch nicht). Wie sollten junge Kleinstadt-Patrizier der 1890er Jahre nicht antisemitisch sein? Gewaltig imponierten ihm bei den Pringsheims die berühmten Freundschaften: Wagner, Björnson, Lenbach. So ist später auch in Amerika die Freundschaft mit dieser Agnes Meyer zu erklären; sie war ihm unerträglich, aber eben doch eine sehr große Dame, mit Palast in Washington,

Schloß auf dem Land, Zugang zum Weißen Haus etc. etc. Und selbst daß er während der Frankfurter »Goethewoche«, Anfang der 20er Jahre, neben dem Reichspräsidenten Ebert sitzen durfte, imponierte ihm. Natürlich stammte er aus einer Zeit, in der es noch Rangunterschiede gab; wem kann heute ein Botschafter imponieren, wie der Botschafter von Hösch dem TM in Paris imponierte?! – Übrigens ist das Ganze ein unwichtiger Aspekt.

Die »Audienz« erhalten Sie gewiß, aber doch wohl erst im Herbst. Die Sache ist die, daß ich mich seit langem mit einem Bankert quäle, zu dem ich buchstäblich kam wie die Jungfrau zum Kind, und das nun endlich geboren werden *muß*. Diese Zeilen für Sie strict privat.

Daß der Unterzeichnete in den Tagebüchern so oft, so freundlich erwähnt wird, das hätten Sie doch einmal erwähnen können. Mich erwähnt nie jemand. Noch in keine dieser unzähligen Essay-Anthologien ist ein Essay von mir aufgenommen, obwohl ich weiß, daß meine besten Essays auf der Höhe des deutschen in unserem Jahrhundert stehen. Woher kommt das? Daher, daß solche Sammlungen meistens von Ihren Tübinger Freunden gemacht oder doch indirekt regiert werden? Oder daran, daß ich mich eben rein gar nicht wichtig nehme? Man will was von mir; aber so wie die Gäste des reichen Herrn John in »Peter Schlemihl« was von dem grauen Manne wollen. Eine Situation, die ich längst akzeptiert habe, die mich teils amüsiert, teils verwundert; verwunden, das eigentlich nicht.

Mit herzlichen Grüßen — Ihr Golo Mann

Kilchberg am Zürichsee, 20. Juni 1990

Verehrter Herr und Gönner,

schönen Dank für Ihren Brief und den Vortrag oder, richtiger, den großen Aufsatz in der FAZ. Als Vortrag hätte er soweit nicht wirken können; aber durch die FAZ wird er sehr weit wirken, und so mancher wird zum erstenmal das schöne Buch lesen. Freilich glaube ich, daß, nur um es dem Leser leichter zu machen, der Anfang mit dem Glockengeläut hätte wegbleiben können, so schön er in sich ist, aber er macht es dem Anfänger halt etwas schwierig. In einem bin ich nicht völlig mit Ihnen einverstanden. Eine gewisse heitere, unbestimmbare Religiosität ist schon darin, meinem Gefühl nach. Zum Beispiel in der freundschaftlichen Warnung des Erzählenden zum Schluß. Dazu Sünde, Buße, und die schwere, obendrein doch freiwillige, und dann die Erhebung. Natürlich kann man das alles scherzhaft finden, was es hier auch ist, aber es sind eben, um mit Goethe zu reden, »ernste Scherze«. Eine Religiosität wie die TMs wird man niemals in einem Netze fangen können. Sie wird einem immer wieder entwischen; aber ganz ohne Religiosität kann man zum Beispiel »Joseph und seine Brüder«, zumal den Anfang, wie Abraham Gott sucht und findet, nicht schreiben. So sehe ich es, bin aber belehrbar.

Etwas ganz anderes, Persönliches.

Daß Sie mich zum »ungeliebten Sohn« machen, in einer Kapitel-Überschrift und dann auch im Laufe dieses Kapitels, läßt sich nicht mehr rückgängig machen. Ich muß Sie aber allen Ernstes auf einen Irrtum verweisen. Es ist gewiß richtig, daß der pubertierende G., also der Knabe zwischen zehn und sagen wir neunzehn Jahren, den Vater verstimmte, wenn er anwesend war. Das änderte sich schon während meiner Heidelberger Studentenzeit und änderte sich erst recht während der Emigration, zumal den späteren Jahren der Emigration, aber auch schon der europäischen Zeit. Ich zitiere zum Beispiel Tagebuch Oktober 1936, Seite 381: »Abschied Golos, der sich als Tscheche nach Prag begibt, um dort sein Glück zu versuchen. Sah den braven Jungen ungern scheiden. K. fährt ihn zur Bahn.« Später wird in Prag ein recht freundliches, beinah freudiges Wiedersehn beschrieben. Und wie freute er sich über die Briefe, die ich ihm während der Jahre 43–46 aus Europa nach Kalifornien schrieb. Kurzum, es stimmt nicht so recht, und wenn ich den entsprechenden Titel zum Beispiel in der spanischen Übersetzung lese mit dem Gedanken, jetzt weiß es also ganz Spanien (in meinem Größenwahn), dann muß ich meine persönlichen spanischen Freunde ein wenig darüber aufklären. Auch hat es Wysling wacker übernommen. Bei dem wäre es mir nun völlig gleichgültig, wenn er es nicht gedruckt in Zürich herumschickte. Kurz und gut. Ändern läßt sich nichts mehr, eine Tragödie ist es nicht, und ich schulde Ihnen weit mehr als dieser kleine – von mir aus gesehen kleine – Irrtum.

Mit herzlichen Grüßen Ihr Golo Mann

PS. Ich wußte in meiner tablettenbeschwerten Einsamkeit hier nichts von Ihrem Ehrentag und nichts von dem, was Sie in Ihrer Rede wieder einmal über TM sagten, wohl schöner formuliert als je zuvor: »Wenn Hitler das Unglück Deutschlands war, so war T. M. das Glück Deutschlands in jener schlimmen Zeit.«

Verehrter Freund, solange Sie so von TM sprechen, dürfen Sie dessen mißratenen Sohn als den Franz Moor des Mannschen Hauses, als einen schlechten und obendrein vertrottelten Nachahmer Richards des Dritten vor einem hunderttausendköpfigen Publikum charakterisieren, wie gern opfert der Geringe sich dem Großen … Ihre siebzig Jahre – wenn Sie wüßten, wie jung das ist! Aber man merkt es regelmäßig zu spät, wie zum Beispiel jetzt ich, im zweiundachtzigsten.

Wie freut es mich, daß Sie Fontane zu Ihren Hausgöttern rechnen!

KATIA MANN

2. August 1955

Sehr geehrter Herr Ranicki,

im Auftrage meines Mannes, der leider krank im hiesigen Kantonsspital liegt – glücklicherweise geht es ihm aber schon besser – beantworte ich Ihr freundliches Schreiben vom 9. Juli. Ihr Buch ist richtig eingetroffen, und wenn es auch leider meinem Mann nicht möglich war, es zu lesen, so freute es ihn natürlich, daß Sie seinem Werke mehrere Kapitel gewidmet haben, und er läßt Ihnen dafür, wie für die in Ihrem Briefe ausgedrückten Gefühle herzlich danken.

Mit freundlichen Grüßen

Ihre Katia Mann

[Dezember 1983]

Lieber Marcel Reich-Ranicki,

H. Breloers Sekretärin schickt mir da einen *Stoß* Kritiken – von denen sachlich nur die *Ihre* stichhaltig ist. –

Ja, wieviel Gerede! Man rauft sich das Haar. Das Eigentliche fehlt vollkommen.

Leave alone our dad! Der ja doch das Gerede macht und das Eigentliche *verdeckt*!

Klaus war ein schönes Kind. Schön, so schön, so schön. Wer drehte sich nicht nach ihm um auf der Straße – als so ein Engel erschien. Sowas *weiß* ein Kind. Und das Narzißtische *kann* nicht ausbleiben. Das Welken und Vergehen als Strafe. K. *konnte* nicht alt werden. Jedes ausgefallene Goldhaar war ein Nagel auf den Sarg. Die chronisch entzündeten Augen dem Spiegel *verhaßt*. – Homo und Droge *Folgen*, Fleiß als Betulichkeit mehr als innere Notwendigkeit. Er *tänzelte* vor Aktivität, während er zerfiel. Es brauchte nur noch einen Stups von der Hexe E. und es war aus. Die machte ihm das Nachkriegsdeutschland, die wiedergeöffnete Türe zur Hölle. »Du willst doch wohl nicht neben Grass und Böll den Anfänger spielen!« ... Weiter in den USA bleiben, ging auch nicht. Also ... (Hexen sind nicht »schuld«, nur, sie nützen ihre Chance).

Verzeihen Sie dies, und nehmen Sie gute Wünsche

Ihrer Monika Mann

JÜRGEN MANTHEY

Essen, 25. Juni 1994

Sehr verehrter Herr Reich-Ranicki,

seit Tagen habe ich das Bedürfnis, Ihnen zu schreiben, um Ihnen zu sagen, wie abscheulich ich den Rufmordversuch finde, dem Sie z. Z. ausgesetzt sind. Ich las gerade bei Reck-Malleczewen die Stelle, an der er als den Grundzug der Deutschen den Neid, das Ressentiment, beschreibt (wobei seine Erklärung allerdings Unsinn ist). Er spricht ferner von den »stigmatisierten Volksschulmeistern«. Man merkt allen Beteiligten an, wie unwohl ihnen bei dieser »Diskussion« ist, aber keiner verweigert sich ihr. Völlig unbegreiflich ist mir, warum die FAZ dazu noch »Stimmen« von Autoren einholen muß, wobei die schlimmste Äußerung vielleicht die von Inge Jens ist.

Sie meiner Sympathie versichernd,

bin ich mit verbindlichsten Grüßen, Ihr Jürgen Manthey

LUDWIG MARCUSE

Los Angeles, [Mitte März 1962]

Lieber Herr Marcel:

Sie sind im Unrecht. Es handelt sich nicht um die Hamburger Aufführung eines Stücks; wie hätte sonst ein Mann in London und einer in Santa Monica um Rat gefragt werden können? Es handelt sich darum: was hätte die Kritik gesagt, wenn das Stück von einem Emigranten gewesen wäre? Ich mache den Juroren nur *einen* Vorwurf, da ich Baumann überhaupt nicht kenne. Sie sollten ihnen *zwei* Vorwürfe machen. Außerdem, zwischen uns Brüdern, mir war das eine erwünschte Gelegenheit, den Deutschen zu geigen, daß sie den Hitler-Briefträger verdammen und von Gerhart Hauptmann bis Spranger (aber wir wollen dem alten Mann nicht seine letzten Tage verbittern!) bei der Elite drei Augen zudrücken. Ich bin froh, daß ich die Gelegenheit hatte.

Leonhardts Artikel war mutiger als diese ewige Verteidigung von Brecht bis Mayer. Die sind doch die Könige Westdeutschlands. Während zu Leonhardts Diatribe wirklich Mut gehört. (Ich meine natürlich nicht, im Kreise der Soldaten-Zeitung.) Über alles das sprechen wir hoffentlich bald mündlich. Ich freue mich darauf.

Herzlichst — Ihr Marcuse

31. 12. 1964

Lieber Herr Reich-Ranicki:

nachdem ich ein ganzes Jahr gegrollt habe (nicht gegen Sie), weil mich so viele Falsifikationen aufbrachten, lese ich am letzten Tag den ersten Absatz Ihres Kesten-Artikels – und schöpfe etwas

Mut. Ich selbst habe Kesten abgelehnt, über die »Briefe« zu schreiben. Sie haben die Gelegenheit benutzt, um ein Unrecht gutzumachen. Mich freut, ganz unabhängig von Kesten, der ein fröhliches Temperament hat, um den man sich keine Sorgen zu machen braucht, daß eben einer wirklich aus der Reihe tanzt. Das schreibe ich Ihnen, weil ich jetzt denken kann: Vielleicht gibt es doch etwas mehr Unabhängigkeit, als ich denke.

Das würde ich alles detaillierter sagen, wenn wir sprächen. – Da ich ein Privater bin, werden Sie verstehen, daß ich Ihnen für 1965 ein möglichst angenehmes Privatleben wünsche.

Ihr Marcuse

17. 6. 1966

(Tag der Deutschen Uneinheit)

Lieber Herr Reich-Ranicki:

à propos Roth – aus »privatem« (Anführungsstriche der Ironie) Grund; nur deshalb, weil kein Schriftsteller, dem ich begegnet bin, mich so faszinierte.

Sie verachten die Anekdoten (darüber mal ein Gespräch) und wollen Fakten. Hier eins. Roth begann nicht 1933 zu saufen, sondern einige Jahre früher: aus Gram über das Absinken seiner Frau. Vielleicht hätte er sich gehalten, wenn Hitler nicht gekommen wäre. Aber das ist kein Faktum.

Sie bedauern, daß zuviel Anekdoten erzählt und keine Werk-Analysen vorgenommen werden. Ich habe Doktor-Arbeiten über ihn angeregt; und dann kam immer wieder einmal eine über Kafka heraus. Immerhin bin ich froh, daß sich die kleine Untersuchung, die ich im Referat über den »Prophet« probiert habe, entscheidend mit Ihrer deckt. Sie fordern eine Roth-Biographie. Wenn ich nicht sehr irre, wird keine erscheinen; oder nur eine, die es vorgibt. Wahrscheinlich ist niemand da, der den Roth der ersten fünfundzwanzig Jahre kannte; sie waren entscheidend für sein Werk. Der Roth nach 1920 (gar nach 33) ist zwar in seinem Katholizismus und Austriazismus nicht schwer zu deuten … aber diese Deutung wird sich ebensowenig durchsetzen wie (sagen wir) die rechte Interpretation von Heines Religion und Politik. Roth (und zum Beispiel Döblin) waren in ihren Metaphysiken und Politiken singulär; und sind nicht zu begreifen, wenn man allgemeine Vorstellungen, die mit den Lauten Christentum oder österreichischer Patriotismus einhergehen, unterschiebt. –

Eine gute Gelegenheit, Ihnen und Ihrer lieben Frau viele Grüße zu senden. Ihr Marcuse

4. 7. 1966

Lieber Herr Reich-Ranicki:

ich schreibe nur wegen der 6 Worte noch einmal: »der etwas gereizte Ton Ihres Briefes«. Sicher haben Sie recht. Entschuldigen Sie. Ich bin in diesen Dingen ein ungeschickter Peter. Seit dreißig Jahren, seit vierzig predigen mir meine Freunde: schreibe keine Briefe! Also simpel: ich bin in keiner Weise gereizt – gegen Sie. Lange Ausführungen würden auf eine Selbst-Analyse im allgemeinen, auf eine Darstellung meiner Beziehung zu Roth im besonderen hinauslaufen. Wozu? Im Gespräch wäre das was anderes. – Sachliche Gegen-Argumente möchte ich nicht vorbringen, um nicht das letzte Wort zu haben.

Wirklich ohne Koketterie: womit habe ich das verdient, daß Ihre liebe Frau für mich ist?

Alles Liebe von uns beiden für Sie beide

Ihr sehr leicht (aber nicht gegen Sie) gereizter Marcuse

27. 1. 1967

Lieber Herr Reich-Ranicki:

Sie haben mir mit der Zusendung Ihrer Anthologie eine Freude bereitet – zumal ich immer weniger imstande bin, Romane zu lesen, und schon gar nicht experimentelle. Ich las sofort Ihr Nachwort. Es ist mir sympathisch – endlich etwas Unverideologisiertes, just was Ihnen gefällt. –

Ich brauchte auch diesen Anlauf, um Ihnen mitzuteilen: am zwanzigsten Februar starb Sascha. Seitdem irre ich herum. Ich komme gerade aus Los Angeles, wo meine Freunde und meine Universität mir rieten, zurückzukehren. Leider habe ich keine Begabung, mir etwas vorzumachen. In meinem zweiten Leben ging ich nach Frankreich, im dritten nach Amerika, im vierten (unglücklichsten) nicht nach Deutschland, aber in einen deutschen Ort. Ich kann nicht noch einmal anfangen. Was ich möchte, kann ich leider nicht leise sagen, nur plump: ich möchte, wenn ich kann, aus meinem Zimmer den unscheinbaren Escorial eines alten Mannes machen, der auch in seiner Jugend schon wußte, daß das Leben den Menschen nicht bekömmlich ist. Entschuldigen Sie diese Schwatzhaftigkeit mit meiner Einsamkeit.

Ihnen beiden alles Gute Ihr Marcuse

JAVIER MARÍAS

Madrid, 20. June, 1996.

Dear Mr Reich-Ranicki,

Please excuse my writing to you in English, but unfortunately my German is nonexistent.

That is the reason why, whenever I receive a video tape with last Thursday's programme of »Literarisches Quartett«, I will go visit my 82-year-old father, who speaks and understands German and even translated Jaspers, Dilthey and Karl Bühler into Spanish in his youth. And I will make him work.

I have, however, already received a report from someone who watched the programme in Saarbrücken, and I want to thank you for everything you said about my novel *Corazón tan blanco*. I must suspect it was not fully deserved by the book (I am almost certain of it), but it surely does show a generosity and a kindness most uncommon and that an ever-greying heart is always more apt to appreciate.

There is something special too to make me the happier for your opinion. You cannot remember that you and I were about to have lunch, I think it was in Munich, eighteen years ago. I was travelling through Germany as a guest of InterNationes, I was twenty-six and had just been left by the woman I had lived with for three years. InterNationes must have asked you to have this lunch with me, as they asked some German writers to meet me (I did not meet many) I waited for a while at a restaurant – a very nice one –, and someone said finally that you could not come in the end, which I perfectly understood. I had a good lunch anyway. Ever since then your name has grown more and more familiar and famous, and last summer, while visiting old haunts in Oxford, I purchased your book *Thomas Mann and His Family*, that I enjoyed enormously in two different trains. And trains still are the best places for reading, I think.

So let me tell you, if I may, how proud (but still much more astonished) I felt when I learnt about your words last Thursday. You said about my novel the best possible thing to say about a novel, in fact what I usually say, in other words, about the literature I love: that it lets you recognize what you already knew but did not know that you knew until it was said and read.

Yours thankfully, Javier Marías

PETER VON MATT

7. Juni 1997

Lieber Marcel,

Ich darf die Anrede wagen nach Ihrem Fax vom 20. Mai 1997, 23 Uhr – einem Zeitpunkt, der mich sehr berührt hat. Spät in der Nacht, nach langer Arbeit, haben Sie sich also nochmals hingesetzt.

Sechzig Jahre wird man – bei guter Gesundheit, regelmäßiger Ernährung und anständigen politischen Verhältnissen – von selbst. Verdienst ist keines dabei. Wenn man dann aber solche Briefe bekommt, wie den von Ihnen, wird aus dem biologischen Datum ein wahrhaftiges Ereignis. Ich erinnere mich noch genau an Ihre kurze Anfrage, ob ich bei der FAZ gelegentlich mitarbeiten möchte. Sie wurde für mich zum Anfang einer neuen Arbeitsperiode. Ihre Aufforderungen, Ihre Hartnäckigkeit und Ihre gleichzeitige Großzügigkeit haben es mir ermöglicht, über Bücher und Personen zu schreiben, auf die ich von mir aus kaum gekommen wäre, und schreibend meine Übersicht zu erweitern und meine Beweglichkeit zu trainieren. Sie haben mich gleichzeitig in Dienst genommen, geschult und ins Licht gestellt. Ich erinnere mich an etliche kurze Signale, wie man es nicht machen dürfe; sie haben sich alle in der Praxis bewährt. Und ich erinnere mich an sehr viel mehr Momente, wo Sie mich durch Loben weitergebracht haben. Sie sind ein Meister des Lobens, wie es ganz wenige gibt, und die wenigen, die ich bisher getroffen habe, waren alles Köpfe besonderer Art. Geschmeichelt haben Sie mir nie. Loben und Schmeicheln sind ja doch verschiedene Dinge. Daß das Lob von Fall zu Fall etwas zu massiv ausgefallen ist, glaube ich hingegen schon. Ich konnte nichts dagegen haben. Es hat mir wohlgetan und oft gerade dadurch vorangeholfen. Gelegentlich fiel es übrigens auch eher dünn aus; das war dann auf seine Art unzweideutig.

Und nun habe ich noch den Pour le mérite erhalten, und Sie waren einer der ersten, der mir offen und herzlich gratuliert hat, ohne Vorbehalte und leise Andeutungen. Dafür bin ich Ihnen dankbar, und zwar gerade aus dem scharfen und gelegentlich peinigenden Bewußtsein heraus, wie sehr die Vorbehalte gerechtfertigt wären. Ich nehme die Auszeichnung, wie sie mir eben zugefallen ist. Vieles im Leben ist mir irgendwie einmal zugefallen. Ich bin einer, dem die Dinge passieren. Gerecht geht es dabei nicht zu.

Sie erwähnen das Literarische Quartett und meine eventuelle Teilnahme im Dezember 97. Das wird nicht möglich sein. Um diese Zeit bin ich durch das Semester und die Uni-Verwaltung – ich muß da noch ein Amt ausüben – völlig blockiert. Ich könnte die Bücher nicht lesen. Für Oktober habe ich dem Literaturklub des Schweizer Fernsehens zugesagt, nach jahrelanger Weigerung (Weigerung auch immer wegen meiner beschränkten Zeit, nicht aus Koketterie; ich finde alle diese Sendungen wichtig).

Ich danke Ihnen für Ihren Gruß und Zuruf und die guten Wünsche, die ich herzlich erwidere. Geben Sie bitte diese Wünsche auch weiter an Ihre liebenswerte, weise Frau,

in Hochschätzung und Zuneigung, Ihr Peter von Matt

YEHUDI MENUHIN

London, 13. Juni 1986

Lieber Freund Marcel Reich-Ranicki
und liebe Frau R.R.,

in Folge meiner Geburtstagsfeierlichkeiten schreibe ich gerade Euch und spreche Euch meinen tiefsten Dank aus.

Sie haben eine Frage geäußert, die viele Menschen quält: Wie kann das Gute und Böse gemeinsam dem menschlichen Herzen innewohnen?

Natürlich geschieht das nicht gleichzeitig (nicht immer und nicht ganz), weder im gleichen Maß noch bei jedem in gleicher Weise.

Doch, der Mensch kann sich von allem scheinbar Unzuvereinbarendem überzeugen, kann aus tiefster (und zugleich hypokritischer) Gottesfurcht töten, brennen, quälen – aus Liebe zu seinem Volk wie aus Gier nach Reichtum, Macht, Indolenz oder Lust alles Mögliche an Grausamkeit begehen. Die Natur an sich kennt weder Gutes noch Böses, nur bei Tieren und Menschen sieht das Böse oft tatsächlich *häßlich* aus.

Ich glaube, unsere Erziehung trägt dazu bei, diese Selbstverwirrung noch zu stärken – *überall.*

Kurt Hoher wußte das und hat die ungefähr sechs Kollegien gegründet, in Europa, Kanada, Asien, und nach seinen Überzeugungen geleitet (Prinz Charles ist Präsident). (...)

Mitgefühl, Intellekt, Kunst und Arbeitsförderung, eine Art altgriechischer Konzeption – solche Schulen könnten bessere Menschen, d.h. besser sich selbst verstehende, sich selbstkritisch beobachtende Menschen, stolz und bescheiden zugleich auf das Leben aller lebendigen Wesen, hervorbringen.

Es gibt Musik und Dichtung und Architektur und Menschen, die uns an solches erinnern können – wie eine mahnende alte Tante an unser bestes Benehmen.

Diese Gedanken an Euch in einem Dankesbrief.

Umarmend, Yehudi Menuhin

London, 28. April 1995

Lieber und großartiger Freund,

das ist die rechte Leidenschaft – Ihre Wörter voller Mut, Energie, Wut und Vision, nach so einem langen Abend, nach dem Essen, uns zurückbringend zum Thema des Abends – Friede durch ununterbrochenen Kampf, Versöhnung durch Verständnis und dabei immer eine brennende Lebensgier, Ihr wart eine virtuose Erscheinung!

Ich umarme Sie in Bewunderung und tiefster Dankbarkeit.

Ihr Yehudi Menuhin

KARL MICKEL

21. 11. 91

Lieber Herr Reich-Ranicki,

Ihr Buch mit der, mich sehr rührenden, Widmung habe ich heute, am 21. November erhalten. [...]

Die Frage: DDR-Literatur – ja oder nein? ist angenehm vertrackt. Ich denke: Wenn in einiger Zeit der ganze anti-ästhetische Unfug vergessen sein wird, wird das, was dann lebendig noch umgeht, gewisse spezifische Züge hervortreten lassen, deutlich sichtbare, wie die der Zweiten Schlesischen Schule etwa. Ich muß aber nicht jetzt versuchen, einen Knoten zu zerhauen, welchen die Jahre ohne mich lösen werden.

[...] Sehr herzlich! Ihr Karl Mickel

ROBERT MINDER

Paris, 10. 6. 67

Lieber Marcel R.-R.,

es ist nett, daß Sie mich zum Böll-Symposium einladen, aber ich kenne ihn viel zu wenig –; am besten hat mir seinerzeit das »Irische Tagebuch« mit seinem lebendigen Bericht über die Einzelsäuferzellen mit Ledervorhängen gefallen; die Romane sagen mir viel weniger zu, und katholisch bin ich gar nicht: Kompetenz fehlt mir also für das geplante Werk und auch Lust dazu.

Mit großem Genuß hingegen habe ich in Ihrer neuen Prosa-Anthologie gelesen; die Idee war verblüffend, Ei des Kolumbus. W. Schäfer geht mir zwar nach wie vor auf die Nerven, falscher Biedermann, in seinem pseudo Habeschen Tonfall säuselt etwas mit, das ihn sofort entlarvt. Die Rede von Binding ist weniger gestelzt als anderes von ihm. Prachtvoll, daß Sie von Döblin die Geschichte der Statistin aus dem Roman abgelöst haben. Er liebt es, so schäbige Existenzen zu schildern; es war vielleicht auch ein Zwang dazu da, Erinnerung an den eigenen, verkommenen Vater. Klaus Mann und Kesten fanden eine Geschichte wie diese hervorragend erzählt. Das meiste in Ihrem Band ist notwendig; erstaunlich, was Sie alles für diesen Querschnitt gelesen und mit welchem Sinn für Qualität, auch für Abwechslung, Sie es zusammengestellt haben. Ich gratuliere Ihnen herzlich dazu und danke Ihnen für das Vergnügen, das Sie mir abends mit dem Band bereiten.

Sieht man Sie wieder einmal in Paris? Im Juli bin ich in Luzern, später bei Cannes (bis Sept.).

Herzlich grüßend

Ihr R. Minder

GERARD MORTIER

Salzburg, 9. April 1997

Sehr verehrter Herr Reich-Ranicki!

die Ironie des Schicksals will es, daß mein Vorgänger, Herr Gottfried von Einem, als Künstlerischer Leiter der Salzburger Festspiele abgesetzt wurde, nachdem er 1951 bei den Festspielen die Erstaufführung des »Wozzeck« programmiert hatte, und zwar mit genau denselben Argumenten, mit denen Sie jetzt gegen die Frankfurter Oper und im allgemeinen gegen die Aufführungspraxis in den deutschen Theatern zu Felde ziehen. Bei Gelegenheit werde ich genauer eingehen auf Ihre unhaltbaren Thesen und doch sehr oft beliebigen Behauptungen.

Seien Sie versichert, daß der einzige, der eventuell einmal von der Salzburger Polizei verhaftet werden könnte, nicht Sie, sondern ich bin. Im übrigen würde ich Ihnen diese Ehre nicht überlassen.

Was nun Ihre Karten für »Wozzeck« betrifft, so ist das Angelegenheit der Präsidentin, die allerdings vom Rechnungshof sehr gerügt wurde und daher vielleicht gezwungen sein könnte, Ihnen die Karten nur gegen Bezahlung zur Verfügung zu stellen; und ich habe ihr allerdings empfohlen, ein Lösegeld von Ihnen für Ihre Aussagen gegen Herrn Cambreling und die Frankfurter Oper zu fordern.

Mit vorzüglicher Hochachtung und auf bald,

Dr. Gerard Mortier

STEN NADOLNY

z. Zt. noch Chieming/Chiemsee, 9. 7. 1980

Sehr geehrter Herr Reich-Ranicki,

nachdem seit Klagenfurt eine Woche ins Land gegangen ist, muß ich resümieren, daß viele Leute weder zuhören noch lesen können. Da entsteht eine frei erfundene Dolchstoß-Legende mit viel Beifall von der falschen Seite. Tenor: ich hätte dazu beigetragen, Klagenfurt zu beerdigen. Wer bin ich denn? Und warum sollte ausgerechnet ich? Was ich meinte und mit der einfachsten Geste der Welt manifestierte, war dieses:

Alle Autoren, ob gelobt oder ramponiert, tragen in gleicher Weise zur Attraktivität dieser Literaturveranstaltung bei. Da der Preis Ehre genug ist, sollte in Zukunft wenigstens das Geld verteilt werden – wie überhaupt der Abstand zwischen den »Siegern« und »Besiegten« so weit wie möglich abgebaut werden sollte, denn für mich ist literarisches Schreiben ein Nebeneinander und keine Hierarchie. Wenn ich das sage, will ich nicht die Tage der deutschsprachigen Literatur »abschaffen«, sondern nur nachdrücklich empfehlen, die eingeladenen Autoren nicht zu sehr jener gespielten Hierarchie auszusetzen, jener Spielregel, die zur Ermittlung von Preisträgern aufgestellt werden muß, die aber nicht die Wirklichkeit ist.

Es wäre daher schon viel, wenn die Autoren etwas mehr Zufluchtsmöglichkeiten hätten, zum Beispiel durch ein Äußerungsrecht der anderen Autoren, die im Publikum sitzen, *nach* der Jury, aber öffentlich. Ich meine, daß dies das Gefühl des völligen Gesichtsverlustes bei manchem sensiblen Autor vermindern und ihn sogar erst befähigen könnte, die berechtigte Kritik überhaupt *anzunehmen*!

Einige Male wurde ich in diesen Tagen dafür gelobt, daß ich es der arroganten, gnadenlosen etc. Jury ordentlich gegeben hätte. Das erschreckt mich. Ich fühle mich mißverstanden und weiß nicht, wie ich zu solchem Lob komme. Denn erstens halte ich die Jury weder für arrogant noch für gnadenlos und zweitens empfinde ich vor allem Dank für eine Menge wichtiger Sätze, die mir halfen, und Dank für einen Riesenhaufen Arbeit und natürlich Dank für ihr Votum insofern, als ich mich und meine Arbeit verstanden sehe. Ich wäre unglücklich, wenn jetzt der eine oder andere Juror a priori nicht mehr mitmachen wollte – und das unter Nennung meines Namens. Das Problem ist ja nicht die Jury, das Problem liegt auch nicht darin, daß Kritiker das tun, was sie zu tun haben, nämlich ohne Verbrämung zu kritisieren. Im Gegenteil! Ich habe beim Zuhören manchmal direkt Unbehagen empfunden, weil die Juroren durch Freundlichkeit und Trost das auszugleichen versuchten, was das eigentliche Problem ist: die Fehler in der Organisationsform der Veranstaltung!

Abschaffen? Unfug! Um Fehler zu beheben, muß man nichts zerstören oder umstürzen. Man muß nur einfach die Fehler beheben, weiter nichts. Der Hauptfehler ist, daß bisher die Kollegialität der Autoren für die Organisationsform so gut wie nicht existiert. Sie müßte ihren Niederschlag finden (siehe Empfehlung der Autoren), weil sie sich sonst weiterhin ausschließlich in Protesten *gegen* den Klagenfurter Wettbewerb ausdrücken wird. Der einzelne Autor ist bisher einfach dem Wettbewerbs-Spiel zu »nackt« ausgesetzt, nackter, als ihm gut tut. Diese Nacktheit hat, ich beginne mich zu wiederholen, wenig damit zu tun, ob die Kritiker etwas Böses sagen. Sie wird womöglich noch manifester, wenn die Kritiker wenig oder nichts sagen.

Ich verstehe Herrn Willner, wenn er sagt, für eine Autorenhonorierung sei das Geld schwerer zu beschaffen als für eine dicke Dotierung des Preises. Wenn aber die Honorierung besser geeignet ist, der Veranstaltung ihren Sinn zu erhalten – könnte man die Geldgeber dann nicht doch davon überzeugen, daß ihr Geld so sehr viel besser angelegt ist?

Für mich ist der Ingeborg-Bachmann-Wettbewerb ein Musterbeispiel für etwas, an dem nur wenig geändert werden muß, um alles zum Besten zu kehren.

Dies wollte ich Ihnen als dem Sprecher der Jury noch einmal schreiben. Ich schrieb es nicht abermals in einem offenen Brief, weil ich nicht schon wieder auf mich aufmerksam machen möchte. Den offenen Brief (letztes Wochenende in der »Süddeutschen«) lege ich Ihnen hier bei – sicher kennen Sie ihn schon.

In Klagenfurt war, fand ich, das Wichtigste, als Autor die Jury hören zu können. Das Zweitwichtigste: als Autor mit anderen Autoren sprechen zu können (das kam, schon aus psychologischen Gründen, zu kurz). Alles Dritt- bis Hundertstwichtigste stört eher. Dazu zählen: fernsehgerechter Showcharakter, wettbewerbsbedingte Spannung (erhöht durch hohe Dotierung des Preises) und auch das Ziel, so viele Autoren in so kurzer Zeit hinter sich zu bringen: bei allem Respekt vor dem beruflichen Training eines erfahrenen Kritikers – schafft man das, ohne daß irgend etwas auf der Strecke bleibt? Ich weiß es nicht. Ich hätte es da, abgesehen von allen sonstigen Mängeln, schon deshalb schwer, weil ein Text lange in mir nachhallen muß, bis ich wirklich weiß, was ich von ihm haben kann.

Damit genug. Ich wünsche herzlich, daß nach einigen geschickten Verbesserungen Klagenfurt wieder ein un-umstrittenes Forum der jungen Literatur sein wird und bin mit ehrlichem Dank an Sie und die Jury und mit vielen freundlichen Grüßen

Ihr Sten Nadolny

Berlin, 22. 8. [1981]

Sehr geehrter, lieber Herr Reich-Ranicki,

wie Sie bemerkt haben werden, habe ich mich im Frühsommer d. J. *nicht* bei Ihnen gemeldet. Ich tue es lieber jetzt, da Sie – und ich selber – jetzt ganz sicher sein können, daß es nicht zwischen den Zeilen um die etwaige Hilfe für ein Buch gehen kann. Denn ein neues gibt es noch nicht.

Ich habe Sie *nicht* besucht. Weil zwischen uns sicherlich etwas gestanden hätte, was durch Reden nicht ausgeräumt werden kann, sondern nur durch Arbeit und Dauer. Ich meine [...] das Buch »Netzkarte«, das Ihnen sicher nicht gefällt. Was ich völlig verstehe, wenn ich mich nur irgendwie in Sie hineinversetzen kann.

Der Roman über Franklins Langsamkeit wird Ihnen wohl mehr zusagen. Vielleicht wird er mich bei Ihnen etwas »rehabilitieren«. (Sie sehen: ich akzeptiere das Ihnen so oft zugeschriebene höchstrichterliche Amt – bin aber nicht sicher, ob ich es ganz ernst meine.) Für Sie und für mich wäre ein Gespräch *nach* dem Erscheinungstermin eines Buches sicher interessanter, am besten erst nachdem die Rezensionen erschienen sind. Das ist natürlich noch lange hin, vielleicht 1983.

Inzwischen möchte ich nebenbei weiterhin alle möglichen Schreibweisen ausprobieren: Reisefeuilletonismus, Kriminalroman, historisches Sachbuch, Heiteres, und nicht nur für die Schublade. Es gibt Themen, da soll man es sich so schwer wie möglich machen, es gibt aber auch andere, da vermehrt man durch Angestrengtheit und Bedeutungsschwere nur die *Verpaukerung* – und vermindert die selbstverständliche Freude am Lesen. Angestrengtheit bei banalen Gegenständen ist mir ein Greuel – und meistens ist mir das nur ganz verständlich als Folge einer langjährigen Nur-Schriftstellerexistenz. Natürlich gibt es große Geister, die dieser Gefahr entgehen. Ich für mein Teil, realistisch einschätzend, was mir möglich ist und was nicht, ziehe es vor, weiter meinem Filmberuf nachzugehen, *keine* Schriftstellerkarriere zu versuchen (schon wegen des mir unerträglichen sanften Zwangs zur Selbststilisierung – der Autor als reisendes Denkmal seiner selbst) und *nebenbei* als Amateur und Entdecker die verschiedenen Möglichkeiten des Schreibens auszuprobieren. Wenn ich mehrere Bücher schreibe, soll keines sein wie das andere; Vielseitigkeit und Unbekümmertheit suche ich zu erreichen ohne Verharmlosung und Verdrängung, das scheint mir schwer, aber der Mühe wert. Weite statt Enge. Mein Heil suche ich in Humor statt in der Humorlosigkeit, und: ich wünsche mir und anderen, daß wir Klein und Groß, Leicht und Schwer zuverlässig unterscheiden können und daß Übertreibungen uns nicht ergreifen können.

Alles Gute, leben Sie wohl! Ihr Sten Nadolny

MICHAEL NAUMANN

Reinbek, 12. Mai 1995

Lieber Herr Reich-Ranicki,

mit Glückwünschen werden Sie dieser Tage überhäuft. Ich schließe mich voreilig an, da ich leider am 2. Juni nicht in Deutschland, sondern in den Vereinigten Staaten sein werde.

Bewirken verfrühte Glückwünsche das Gegenteil? Ich glaube es nicht. Sie sind auf alle Fälle Anlaß, etwas ausführlicher über das Geburtstagskind nachzudenken: Dies tue ich, wie Sie sich vorstellen können, wesentlich öfter, als es umgekehrt der Fall sein dürfte. Manchmal im Zorn, manchmal mit großer Dankbarkeit. Unter den Literaturkritikern Deutschlands sind Sie der einzige, den ich fürchte, aber auch der einzige, den ich wirklich ernst nehme – weil es ihm mit seiner emphatischen, manchmal unverstellten, selten nur verschleierten Liebe zur Dichtung so ernst ist. Weniger noch als Sie bin ich ein Mensch, der den Zugang zur Dichtung (und zu ihren Urhebern!) auf dem Umweg über Universitätsseminare gesucht und gefunden hat. Was ich im Hain des Akademos lernte, war, wie mein Mathematikunterricht, fürs Leben im Verlag kaum zu gebrauchen.

Aber das Leben – und das, verehrter und gefeierter Rezensent, scheint mir der Kern Ihrer Arbeit zu sein – das Leben also ist eine Erfindung, die große Dichter für uns machen. In ihrer Welt wollen und sollen wir zu Hause sein, auch wenn es uns bisweilen vor lauter Kunstfertigkeiten eisig anweht. Manchmal, lieber Herr Reich-Ranicki, betreten Sie das Gebäude einer konkreten Dichtung in dem festen Bewußtsein, hier schon einmal gelangweilter Gast gewesen zu sein; wehe dem Architekten. Der Bauherr, der Verleger also, nimmt dies mißmutig zur Kenntnis. Dann wiederum ziehen Sie es vor, ein hübsches kleines Gebäude mit dem Gestus des von der Palastarchitektur überwältigten Besuchers zu preisen. Dies wiederum will dem Bauherrn sehr wohl gefallen, und er wünscht sich mehr solcher Gäste. Daß, wie einmal einer Ihrer recht jugendlichen Bewunderer schrieb, mit Ihrem Kunsturteil das »Entweder/Oder« in die Literaturkritik Deutschlands Einzug genommen habe, nun das war natürlich eine subtile Gemeinheit. Sie wissen, wie kaum ein anderer, daß das große literarische Werk niemals vollendet ist, daß die schönsten Romane irgendwo abbrechen oder ins himmlisch Unendliche wachsen. Da gibt es dann sehr viele »Sowohl-als-auch«-Aspekte zu loben, die Schatten zu sehen, die das umglänzte Werk ja auch wirft – und alles dieses haben Sie stets getan, auch wenn Ihr Enthusiasmus wie auch Ihr Zorn bisweilen den Eindruck erweckten, es müßten sich die Leser nun entscheiden, ein für alle Mal, was sie von diesem oder jenem Werk zu halten haben. Aber wie jeder große Kritiker – Sie wechseln Ihre Meinungen, Sie vermögen sich selbst zu revidieren, ja bisweilen scheinen Sie Vergnügen an solcher Revision zu finden.

Diese souveränen Gesten sind es, die Ihr öffentliches Leben bestimmen. Den privaten Reich-Ranicki habe ich in jenem wunderbaren Essay der FAZ, aber auch in vielen kleineren Aufsätzen, Anspielungen und Interviews kennengelernt. Ihr 75. Geburtstag ist ein öffentliches Ereignis. Das private, das nun schon so viele Jahre anhält, ist ein ganz anderes: Daß Sie in Deutschland zu leben gewählt haben, nun, diese Ihre Wahl, die ja auch die Ihrer Frau war und ist, vermag kein Geburtstagsbrief zu würdigen und auch keine öffentliche Ansprache. Ihr Leben in Deutschland erfüllt in der Einmaligkeit Ihrer öffentlichen Existenz eine Aufgabe, die Sie sich selbst gewiß nicht gestellt haben, die aber objektiv existiert: Uns Nachgeborene daran zu erinnern, was geschehen ist – und was verloren ist.

Gerne erinnere ich mich an die Geburtstagsfeier vor fünf Jahren. Und gerne wäre ich auch diesmal dabeigewesen. So aber sende ich Ihnen meine besten Grüße,

Ihr Dr. Michael Naumann

ROBERT NEUMANN

Locarno-Monti, 7. 5. 61

Mein lieber Reich-Ranicki,

man hat mir Ihren Brief (und Leonhardts Brief) und Ihre Kritik »taktvollerweise« nicht nach London nachgeschickt, ich finde all das erst heute und antworte sofort, um Sie wegen meines Schweigens nicht im Unsicheren zu lassen.

Das ist ein guter Brief, eine gute Gesinnung und eine gute Kritik. Auch gute Kritiken können natürlich falsche Kritiken sein, und die Ihre ist falsch – aus einem sachlichen und aus einem persönlichen Grund.

Sachlich: weil Sie auf ein leichtes, heiter-melancholisches, als Scherz und »Nebending« gemeintes und innerhalb dieser Grenzen, glaube ich, glücklich gelungenes kleines Buch mit der schweren Kanone schießen – völlig (ob aus einem Mangel an letzter Sprachvertrautheit oder aus einem beinahe erschreckenden Mangel an Humor, ist schwer zu sagen) vorübergehend an der einen und eigentlichen Leistung, die dieser Kleinigkeit vielleicht einige literarische Dauer geben wird: eben dem, was hier mit der Sprache angestellt worden ist und was sehr viel mindere Kritiker als Sie erkannt haben – nur nicht Sie und Sieburg.

Und persönlich: Sie sind mir gegenüber befangen, weil Sie mir zugetan sind. Sie sind invertiert korrupt. Sie sind so unsachlich, wie Sie sich sachlich vorkommen. Es ist das eine vertrackte Form der Eitelkeit. Ein mir sehr nahestehender Autor nannte es einmal (in »An den Wassern von Babylon«) die »Wollust der Objektivität«.

Daß ich Ihnen danach nicht böse sein kann, sondern erst recht gut sein muß, versteht sich von selbst. Und das, obgleich

Sie mir einen sehr schweren Schaden tun – nicht literarisch (denn ich glaube *tatsächlich* an die fast ausschließliche Wichtigkeit des *Umfangs* einer Kritik), sondern zumitten eines schweren und kostspieligen Prozesses. Nun, daran haben Sie in Ihrer Wollust nicht denken können, und ich will es nehmen, wie man es hinnimmt, wenn einem bei einer Jagd auf ganz andere und anderes der Freund und Nebenmann zufällig-unerfahrenerweise in die Waden schießt.

Das heißt nicht, daß ich Sie so leichten Kaufes davonkommen lassen will. Es kann sein, daß ich Sie bei dem Prozeß als Zeugen laden werde – damit Sie noch ausführlicher gegen mich aussagen können. Und ich schlage Leonhardt (über den dieser Brief Sie erreicht) heute vor, Ihnen nun erst recht mein anderes Buch, das in dieser Woche erscheint, zur Kritik zu geben.

Daß es, so oder so, bei der Einladung nach Locarno bleibt, versteht sich von selbst.

Ihr Robert Neumann

Locarno-Monti, 31. 5. 61

Lieber Reich-Ranicki,

haben Sie also doch noch geschrieben. Emigranten wie Sie und Willy Brandt sind eben unzuverlässig. Wir Bodenständigen antworten schlagartig und sofort.

Es freut mich ungemein, daß Sie sich durch den Vorwurf der Humorlosigkeit denn doch zutiefst getroffen zu fühlen scheinen. Aber darüber reden wir entweder nächste Woche in Hamburg oder wenn Sie mit Ihrer Frau (der ich meine *wahre* Meinung über Sie sagen werde) hier unten sind.

Zweck dieser eiligen Zeilen ist nur, Ihnen zu sagen, daß Sie meiner Meinung nach am besten fahren werden, wenn Sie hier nicht in eine Pension gehen, sondern ein modernes kleines Appartement mit Küche und Bad nehmen. Meine Frau hat eben mit dem Palazzo Othello in Ascona gesprochen, und die Sekretärin würde dort bis Montag (aber nicht länger) ein Zwei-Zimmer-Appartement mit Küche und Bad für Fr. 13, – täglich für zwei Personen vom 15. 6.–30. 6. offerieren. Das hat den großen Vorteil, daß Sie sehr viel komfortabler wohnen als in einer nicht luxuriösen Hotel-Pension, daß Sie sich selbst das Frühstück und allenfalls sonst eine Mahlzeit kochen können, schlicht und billig oder luxuriös, und daß Sie im übrigen entweder essen können, wo Sie gerade sind – und das wird ja doch in vielen Fällen als Gast bei den hier Ansässigen sein. Durch Ihre blendende Kritik haben Sie sich ohnedies zum mindesten bei Habe, Andersch und Remarque von vornherein ein ausgezeichnetes Entrée geschaffen – und bei dem Rest, einschließlich Neumanns in Monti, werden wir's schon schaffen. Sie sind so tatsächlich viel mobiler, und was Ihre Frau interessieren wird: das sind ganz moderne kleine Appartements, ganz elektrisch und mit Eisschrank – wir selbst haben dort im Vorjahre zwei Monate gewohnt, während bei uns umgebaut wurde. Wollen Sie das also haben, so müssen Sie sogleich telegrafisch oder expreßbrieflich an die Sekretärin schreiben: Palazzo Othello, Ascona, und sich auf das Gespräch meiner Frau mit ihr berufen.

Ich muß, wie gesagt, noch einmal im Laufe der nächsten Woche hinauf nach Hamburg – und dann treffen wir einander ja wohl.

Inzwischen alles Herzliche Ihr R. N.

Locarno-Monti, 10. 7. 61

Lieber Reich-Ranicki,

auch wir haben uns sehr gefreut, Sie beide hier unten zu sehen und ausführlich kennenzulernen.

Sie sind für mich nicht ohne Faszination. Ihre Gescheitheit steht vor Ihrer menschlichen Substanz genauso als eine undurchdringliche Fassade, wie bei den Engländern die Höflichkeit (die chinesische Maske) als Fassade vor der menschlichen Substanz steht. Es bedarf sehr genauer Kenntnis und viel ausführlicheren Umgangs, als man gemeinhin glaubt, bevor man hinter diese Fassade schauen kann. Aber gerade das ist ein Reiz. Was ich auf Anhieb sagen möchte – aber da kann ich mich irren – ist, daß bei Ihnen wie bei sehr vielen sehr gescheiten Männern die restlose Aufhellung des »Dschungels«, über den wir als Postulat der Produktivität gesprochen haben, zu jener Kombination von Lucidität und Sterilität geführt hat, die man im allgemeinen amusisch nennt. Das ist für einen Mann ohne musisch-produktive Ambition weiter kein Problem. Ob es für den Kritiker der musischen Produktion anderer auf höchster Ebene ein Problem werden könnte, ist eine Sache, über die man nachdenken sollte.

Daß Sie – sieht man von dieser höchsten Ebene ab – ein weitaus besserer Kritiker sind als die überwältigende Mehrzahl der anderen derzeit tätigen Kritiker, versteht sich von selbst und ist die Voraussetzung meines Gedankengangs und der Offenheit meiner Mitteilung – die der Dank sein soll für die Offenheit Ihres eigenen Versuches einer Analyse meiner Position. Mit dieser – und vor allem mit dem Tadel meiner Befassung mit »Nebendingen« – haben Sie auf jener höchsten Ebene wieder vollkommen recht. Aber schon auf der nächst tiefer gelegenen haben Sie unrecht – wenn es gilt, die Position eines sehr ehrgeizigen, in seinen meisten Manifestationen extrovertierten, politisch stark engagierten (und dazu noch leider nicht mehr sehr jungen) Schriftstellers nach seiner Rückkehr in diesen deutschen Kulturkreis abwägend zu erkennen. Daß Ihre jungen Freunde, mit denen Sie mich diskutiert haben, es lieber sähen, wenn ich hier in hoher Würde an einem Meisterwerk ziselierend abseits säße und wartete, bis dieser oder jener über mich einen dekorativen Nekrolog schreiben kann – das entspricht dem traditionellen Verhältnis zwischen den Generationen. Für den Repräsentanten der älteren handelt es sich um die Entscheidung, ob er auf Kosten seiner Militanz »berühmt« oder auf Kosten seiner »Berühmtheit« militant sein will. Was Ihre Freunde »Nebendinge« nennen, ist im wesentlichen Produkt der Militanz, der Lebendigkeit von Tag zu Tage – im Rahmen derer man das Prärogativ, gelegentlich daneben zu hauen (und gelegentlich angerempelt zu werden) ebenso sehr für sich in Anspruch zu nehmen willens ist, als wäre man dreißig Jahre alt. Allerdings bleibt auch das noch Dialektik in eigener Sache. Man *sollte* sich entscheiden. Ich erinnere mich im Augenblick nicht genau, ob ich mit Ihnen von der Variabilität der Lebensziele gesprochen oder ob ich das kürzlich irgendwo einmal geschrieben habe. Einer mag ausziehen, um ewigen Ruhm zu gewinnen, oder um diesseitigen Ruhm oder um Geld oder um nackte Mädchen. Tief innen wechselt er während eines vielfältigen Lebens von einer Zielsetzung zur anderen – ohne deshalb gleichzeitig die logische Konsequenz zu ziehen und die Richtungsänderung seiner künstlerischen Bemühung zu ändern. Dadurch langt er zwischenweilig an überholten Zielen an, er erringt falsche Erfolge, die ihn nicht glücklich machen – nun, und so weiter. Wir wollen darüber sprechen, wenn wir einander nächstens wieder begegnen – hoffentlich im Herbst in Hamburg.

Seien Sie inzwischen samt Ihrer Frau aufs beste von uns beiden gegrüßt.

Ihr Robert Neumann

HANS ERICH NOSSACK

Darmstadt, den 17. März 1965

Sehr geehrter, lieber Herr Reich-Ranicki,

vielen Dank für Ihren Brief vom 11. ds. Selbstverständlich können Sie »Das Mal« für Ihre Anthologie nehmen. Über die Rechtsfrage müssen sich die Verleger unter sich einigen.

Weshalb ich Ihnen jedoch ganz besonders für Ihre Zeilen danke, hat einen andern Grund. Seit Jahren wollte ich Ihnen schreiben und habe es dann immer wieder unterlassen. Ich habe sogar einmal Walter Jens gefragt, ob er es für richtig hielte, und er sagte: Ja, natürlich. Trotzdem habe ich es nicht getan. Bei aller Routine im Schreiben, die man bei mir voraussetzen sollte, weiß ich bis heute nicht, wie man an einen Mann, dem man so viel zu verdanken hat, wie ich Ihnen, schreibt. Mit andern Worten: wie man die Grenze vom Literarischen zum Persönlichen überschreitet, ohne daß es für eine der beiden Seiten peinlich wird. Selbst die Beispiele berühmter Vorfahren haben mich nie ganz befriedigt.

Nun haben Sie mit wenigen Worten das Eis gebrochen, und wir können in Zukunft so reden, wie uns der Schnabel gewachsen ist. Vielleicht lerne ich Sie ja auch in Hamburg kennen. Allerdings fahre ich schon am 6. wieder hierher zurück, da ich ein wenig in Zeitnot bin. Den Vortrag in Hamburg habe ich nur übernommen, da ich wegen der Augenerkrankung von Italiaander nicht nein sagen mochte. Ich gehe schon in den nächsten Tagen auf eine Vortragsreise.

Nochmals, vielen Dank für alles und die freundlichsten Grüße,

Ihr Hans Erich Nossack

Hamburg, den 21. März 1975

Lieber Herr Reich-Ranicki,

vielen Dank für Ihren Brief vom 12. ds. und die Aufforderung, an der Rundfrage wegen Thomas Mann teilzunehmen.

So gern ich mich endlich einmal wieder in der FAZ produzieren möchte, muß ich Ihnen in diesem Fall leider doch einen Korb geben. Nebenbei, ich habe die Teilnahme an dem Jubiläum auch schon ein paar Rundfunkanstalten und vor allem den Lübeckern gegenüber abgelehnt. Doch Ihnen als altem Weggenossen will ich wenigstens den Grund dafür verraten.

Die Prosa von Thomas Mann, wohlverstanden die Prosa, nicht das Thematische, ist mir von jeher so konträr, geradezu physiologisch konträr, daß ich seine Bücher nur aus Bildungsgründen mit größter Mühe lesen kann. Thomas Mann ist mir sozusagen ein Beispiel dafür, wie man auf keinen Fall schreiben darf.

Über die Gründe für diese Abneigung habe ich nie nachgedacht, das ist auch nicht meine Sache. Und natürlich rede ich nicht laut darüber, ich würde mich nur blamieren, da es sich um einen weltberühmten Mann handelt. Bitte behalten auch Sie dies Bekenntnis für sich.

Ich stecke bis über die Ohren in einem neuen Buch, das bis Ende März abgeliefert werden sollte, aber wegen allerhand Ungemachs in den Herbstmonaten, die für die Arbeit immer am günstigsten sind, bin ich sehr im Rückstand. Dieser Unseld hetzt mich alten Knaben gewaltig.

Dies nur zur Erklärung, weshalb man so wenig von mir hört. Und bitte halten Sie beide Daumen.

Ihr Lebenszeichen hat mir Mut gemacht, also vielen Dank und herzliche Grüße,

Ihr Hans Erich Nossack

BENNO REIFENBERG

Frankfurt, 21. Mai 1963

Sehr geehrter Herr Reich-Ranicki,

ich habe Ihren Brief vom 14. Mai noch zu beantworten und beeile mich, das nachzuholen. Ich kann Ihnen zu Ludwig Renns Werk »Krieg« das Folgende mitteilen: Fritz Herbert Lehr, ein Freund meines Kriegskameraden Hans Peters, hat mir seinerzeit das Manuskript auf die Redaktion gebracht. Lehr und ich hatten uns vorher nie gesehen, wohl aber voneinander Kenntnis genommen, da ich sein Buch über Franz Pforr hoch einschätzte. Mein Freund und ich haben das zwei Bände umfassende Manuskript sofort gelesen, jeder von uns bis tief in die Nacht hinein. Wir fanden uns in eigenen Erinnerungen in einer beispiellosen Weise bestätigt. Ich habe später Renn kennengelernt und ihn nach der Methode, nach der er den Roman verfaßt hat, gefragt. Es war mir nämlich überraschend, daß ich, wie mein Freund, glaubte, die angeführten Ortsbezeichnungen zu kennen, und doch konnten wir uns zwar an eine ähnliche Situation, aber nicht auf den angegebenen Namen erinnern. Renn hat mir erklärt, er habe aus vielen Aufzeichnungen für die jeweilig im Roman geschilderte Situation gewissermaßen das arithmetische Mittel gezogen. Er, der Hauptmann Vit von Goltzenau, wollte unter allen Umständen nur vom Blickwinkel des Infantristen aus die Sache Krieg dargestellt wissen. Ich habe, sobald wir im Feuilleton Raum hatten, Renns Arbeit veröffentlicht und gefunden, daß bei allen, die 1914–18 miterlebt hatten, die Treffsicherheit der Darstellung frappierte. Ich selbst habe den Roman in Satz gegeben und kann mich überhaupt nicht entsinnen, daß ich mich veranlaßt gesehen hätte, an dem Text etwas zu ändern, insbesondere in stilistischer Hinsicht, denn das Simple und Direkte der Aussage macht ja die Faszination dieses Kriegsberichtes aus.

Renn hat uns später seinen zweiten Roman, »Nachkrieg«, angeboten, ich habe ihn ablehnen müssen, weil er den Weg des Ludwig Renn in den Kommunismus beschrieb und Propaganda war. Wenn ich in meinem Archiv es finde, möchte ich Ihnen gern meine Kritik im Literaturblatt der »Frankfurter Zeitung« über »Nachkrieg« senden und vielleicht auch, falls es Sie interessiert, den Vorbericht, den ich im Feuilleton dem Roman »Krieg« vorangestellt habe unter dem Titel »Über die Erinnerung an Krieg«. Alles, was ich später von Renn gelesen habe oder zu lesen versuchte, z.B. »Adel im Untergang«, war überhaupt nicht in Verbindung zu setzen mit dem Eindruck von »Krieg«. Es ist wohl so, daß jeder leidlich seine Kindheitserinnerungen schreiben kann und auch seine Kriegseindrücke (das letztere gilt wenigstens für den Ersten Weltkrieg, der in sich etwas zunächst Unausdenkbares bedeutet hatte), daß aber solche Eindrücke und ihre redliche Wiedergabe noch nicht einen Roman-Autor schaffen.

Ihre Grüße aufs beste erwidernd,

Ihr ergebener Reifenberg

CHRISTA REINIG

17. 2. 1964

Sehr geehrter Herr Reich-Ranicki!

Ich denke gern an den Augenblick zurück, als wir uns in Hamburg kennenlernten. Daher habe ich mich sehr gefreut, daß wir uns nun in der »Zeit« aufs neue begegnet sind. Vielen Dank für Ihre klugen und herzlichen Zeilen. Ich selbst hätte es nicht so sagen können. Dazu bin ich noch zu bösartig. Darüber muß ich nun selber lachen, denn ich bin inzwischen schon sehr ruhig und vernünftig geworden, geradezu sanftmütig. Aber wenn ich mich damals von der Presse hätte auf Frage und Antwort festnageln lassen, dann wäre mir manches böse Wort herausgerutscht, das ich dann später hätte bereuen müssen. Ich freu mich auch besonders über das, was Sie in Angelegenheiten Peter Huchel geschrieben haben. Im letzten Jahr hatte ich öfters Gelegenheit, mit ihm zu sprechen, und war auch einige Tage in seinem Haus zu Gast. Diese Gespräche haben mich immer sehr erschüttert. Denn ich hielt mich selbst immer für das non plus ultra an Bosheit, Verbitterung und Herzensschwärze. Dann stellt man immer wieder fest bei Jungen und Alten, bei Leuten, die zur Zeit des Ungarnaufstandes noch Kinder waren, und bei Leuten, die schon die Weimarer Republik und das 3. Reich durchkämpfen mußten: Es sieht in ihnen ja noch schlimmer, schwärzer und verzweifelter aus als in einem selbst. So war das auch mit Peter Huchel. Er ist sehr viel »kränker«, wenn ich so sagen darf. Ich hätte gern, daß ihm die gleiche Heilkur verpaßt würde wie mir. Daher glaube und hoffe ich, daß das, was Sie geschrieben haben, ihm vielleicht helfen wird, das Ziel zu erreichen, das auch Peter Huchel vorschwebt, und das würde mich sehr freuen.

Seien Sie herzlich gegrüßt von Ihrer Christa Reinig

und einen herzlichen Gruß von Horst Bienek

KARIN RESCHKE

9. März 1983

Lieber Reich,

prompt hatte ich einen Traum mit Ihnen: Sie waren bei mir zum Essen eingeladen. Ich versprach ein fulminantes Mahl, konnte aber nicht den Finger rühren. Eine Freundin sprang ein, briet ein Rondo à la Türk, was immer sich dahinter verbarg. Der Tisch war zu groß für unser Essen, die feine Batistdecke zu klein. Ich legte die Hände in den Schoß, bis es klingelte. Als Sie schon auf der Treppe waren, rührte ich mich, schlug alles kurz und klein, schrie. Vom Schreien wachte ich auf.

Machen Sie sich ja keinen Reim drauf, bester Freund. Wenn es Sie irgendwann nach Berlin treiben sollte, holen wir den Traum nach, und es gibt Rondo à la Türk (ich glaube nicht, daß es sich hierbei um türkisches Kebab handelt). In meiner Erinnerung ist dies Rondo à la Dave Brubeck klassisch verjazzt und ohne jeden lukullischen Zauber. Aber wir werden sehen, ob ich es umzaubern kann.

Gesehen habe ich Sie nicht, gehört. Meine Pfanne hat einen doppelten Boden, Sie passen keinesfalls hinein. Es wird ein anderes Menschenfressen geben.

Ade, Ihre Karin Reschke

HANS WERNER RICHTER

München, den 2. März 1958

Lieber Marcel Ranicki,

herzlichen Dank für Ihren Brief vom 15. Februar. Bitte entschuldigen Sie, daß ich schon auf Ihren ersten Brief nicht gleich geantwortet habe. Es liegt, wie Sie es richtig sehen, an dem immer akuten Zeitmangel.

Was die »Geschlagenen« betrifft, so habe ich jetzt ein deutsches Exemplar aufgetrieben. Klaus Stephan (Mann von Nina Fischer), der im Auftrag des Bayerischen Rundfunks etwa um den 20. März herum nach Warschau kommt, wird es Ihnen mitbringen. Da das Buch hier voraussichtlich im Herbst in einer Taschenbuchausgabe beim List-Verlag herauskommt, werde ich es für diesen Zweck noch einmal stilistisch überarbeiten. Es ist halt mein erstes Buch und schon vor zehn Jahren geschrieben. Ich bin Ihnen sehr dankbar, daß Sie sich um einen Verleger dort kümmern. Mir liegt an einer polnischen Veröffentlichung, nicht der Honorare wegen, sondern aus politischen Gründen und auch sonst.

Sie fragen, was wir uns wünschen. Aber, lieber Ranicki, Geschenke hätten wir zu machen, nicht Sie. Ich werde Klaus Stephan also mit solchen Dingen belasten. Das Buch über die polnische Graphik habe ich bekommen. Es gefällt mir sehr. Polen ist auf diesem Gebiet ziemlich weit vorn. Nun, meine anderen Wünsche? Ich hätte, wenn es schon sein muß, gern eine Chopin-Langspielplatte, natürlich mit polnischen Solisten.

Vor einigen Wochen war der Kultur- und Presseattaché Raczkowski bei mir. Er traf mich leider an einem Tag im Fasching, an dem ich sehr müde war. Wir haben einen noch stärkeren Austausch deutscher und polnischer Schriftsteller verabredet. Außerdem eine Ausstellung Henry Meyer-Brockmanns (Zeichnung und Karikaturen) in Warschau. Hoffentlich wird etwas draus. Vielleicht komme ich selbst auch bald wieder einmal nach Polen. Meine Chinareise hängt zur Zeit in der Luft. Oder kommen Sie bald wieder einmal nach München? Auf jeden Fall müssen Sie an der Tagung der »Gruppe 47« teilnehmen, die, falls ich nicht nach China fahre, Mitte Mai sein wird, andernfalls aber erst im Herbst. Auf einer solchen Tagung übersehen Sie schnell Strömungen und Richtungen in der deutschen Nachkriegsliteratur, außerdem sind Atmosphäre und Art der Diskussionen und Kritiken für Sie wahrscheinlich von großem Interesse. Ich werde Sie rechtzeitig dazu einladen.

Vom Grünwalder Kreis kommen im März Jürgen Neven du Mont und, wie oben erwähnt, Klaus Stephan nach Warschau. Beide werden Sie aufsuchen.

Ich werde alle Ihre Freunde hier grüßen. Bitte schreiben Sie mir recht bald wieder. Wir wollen den Kontakt nicht wieder verlorengehen lassen. Ich werde mich auch dann darum bemühen, wenn ein Brief von Ihnen einmal etwas länger unbeantwortet liegen bleibt.

Von meiner Frau besonders herzliche Grüße.

Mit den gleichen Grüßen bin ich

Ihr Hans Werner Richter

München-Pasing, den 29. 9. 1958

Lieber Marcel Ranicki,

die Gruppe 47 tagt vom 31. 10. bis 2. 11. 1958 im Gasthof »Adler« in Großholzleuten im Allgäu (siehe Prospekt). Anreisetag ist der 30. 10., also Donnerstag.

Ich würde mich sehr freuen, wenn Sie kommen könnten. Für eine Zu- oder Absage, eventuell auch für die Mitteilung, an welchem Tag Sie voraussichtlich eintreffen werden, wäre ich dankbar.

Mit den besten Grüßen bin ich Ihr Hans Werner Richter

München, den 4. 9. 1959

Lieber Marcel Ranicki,

ich komme soeben von einer Reise durch Irland, England und zum Schluß durch einen Teil der DDR zurück und finde Ihren Brief vom 10. Juli vor. Ich will ihn trotz aller Gerüchte, daß ich nie Briefe beantworte, sofort beantworten. Erstaunt nahm ich zur Kenntnis, daß Sie Deutscher geworden sind. Darf ich Ihnen sagen, daß ich mich darüber freue? Wissen Sie auch, warum? Nun, weil es hier so wenig Ranickis gibt und weil dieses Land und Volk sie so dringend gebraucht. Kurz gesagt, ich gratuliere mir selbst, obwohl ich das Gefühl nicht loswerde, daß wir Ihnen seinerzeit ein wenig blauen Dunst vorgemacht haben, so daß Sie die Entwicklung hier etwas rosiger sehen mußten, als sie in Wirklichkeit ist. Aber Sie sind ja konsequenter Optimist, und ich wünsche Ihnen zu Ihrer neuen Staatsangehörigkeit, daß Sie es auch unter der neuen Obrigkeit bleiben.

Ich hoffe sehr, Sie im nächsten Monat zu sehen. Die Tagung der Gruppe 47 findet nämlich am 23. Oktober auf Schloß Elmau bei Mittenwald statt. Einen Prospekt, aus dem Sie ersehen können, wo das ist, lege ich bei. Anreisetag ist der 22. Oktober. Sie müssen auf jeden Fall kommen, denn ich kann Sie als Kritiker nicht mehr entbehren. Es wird Ihnen wahrscheinlich nicht entgangen sein, daß Sie einen neuen Ton in die Diskussion getragen haben, bei aller Schärfe ein Ton echter und nicht angenommener Toleranz, und genau dieser Ton ist es, den die Gruppe braucht. Darf ich deshalb mit Ihrer baldigen Zusage rechnen?

Mein Buch ist gerade erschienen. Auf der Liste der Freunde, die es bekommen sollen, stehen auch Sie. Ich denke, Sie werden es in den nächsten Tagen haben. Für die Ausstattung bin ich nicht verantwortlich, jedoch unumschränkt für den Inhalt. Ich glaube kaum, daß es Ihnen gefallen wird, bin aber trotzdem gespannt, ob Sie reagieren.

Was ist mit André Wirth? Ich würde ihn gern wieder einladen. Soll ich das tun?

Mit den besten Grüßen bin ich Ihr Hans Werner Richter

München, 5. 9. 1962

Lieber Marcel,

wir tagen diesmal in Berlin. Zeit: vom 25. bis 28. Oktober. Ort: Altes Casino am großen Wannsee, Nähe Bahnhof Wannsee, gegenüber der »Alten Post«, wo sich seinerzeit Kleist erschoß. Ich bitte dies in der Kritik zu berücksichtigen. Es machen sich bei einigen bedenkliche Anzeichen von Schizophrenie bemerkbar (siehe Spiegel). Anschließend vom 29. bis 31. Oktober treffen wir uns am gleichen Ort mit der Oberhausener Filmgruppe, aber das wird Sie nicht interessieren. Wenn doch, bleiben Sie bitte. Aber vielleicht haben Sie noch nie einen Film gesehen? Immer nur Buchstaben. Wie auch immer, ich würde mich freuen, Sie die ganze Zeit, also vom 25. bis 31. Oktober, dort am Wannsee zu haben. Es gibt so viel zu reden. Finden Sie nicht? Und grüßen Sie Ihre Frau recht herzlich von mir. Wenn sie mitkommen will, ist sie herzlich eingeladen. Ich bin mit allen guten Wünschen

Ihr Hans Werner Richter

PS: Es handelt sich um eine »Jubiläumstagung und Feier«. Grund: Fünfzehn Jahre ohne Schaden an Leib und Seele überstanden. Jedenfalls: ich.

PS: besorgen Sie sich das Buch »Dichter und Richter«. Die Gruppe 47 und ihre Gäste, im Rheinsberg Verlag, München, Widenmayerstr. 48. Dort sehen Sie sich selbst, so wie Sie der Zeichner, oder die Umwelt, sieht. Haben Sie schon den Almanach? Das war eine scheußliche Arbeit. Trotzdem ist die Biographie, nein, Bibliographie, durcheinandergerutscht. Ihren Beitrag finde ich gut. Bin überhaupt zufrieden. Mehr ist nicht drin!!!!

München, den 23. August 1966

Lieber Marcel,

Ich nehme an, daß Dich die nachstehende Mitteilung interessieren wird. Ich wollte in diesen Tagen meine Familie in der DDR besuchen: Verwandte ersten Grades, wie man das drüben nennt. Meine Brüder beantragten bei dem zuständigen Kreisrat die Aufenthaltsgenehmigung. Heute bekam ich Bescheid: Aufenthaltsgenehmigung kann nicht erteilt werden. Mein ältester Bruder wurde dort auf das »Amt« gerufen, wo ihm ein leitender Beamter der »Abteilung für innere Angelegenheiten« eine Information von »Zentraler Stelle« vorlas: »Die Einreise westdeutscher Schriftsteller in die DDR ist im Augenblick nicht erwünscht, eine Ausnahme gilt nur für solche Schriftsteller, die besonders engen Kontakt mit dem Schriftstellerverband der DDR unterhalten.«

Diese Ablehnung ist erstaunlich. Seit dem Bestehen der DDR habe ich die Einreise- und Aufenthaltsgenehmigung immer anstandslos bekommen, auch in Zeiten harter polemischer Auseinandersetzungen. Nach den Gesetzen der DDR steht sie mir sogar zu.

Kuriosum: Zur gleichen Zeit liegt hier eine Einladung nach Moskau und eine Einladung nach Prag vor. Und: alle meine Neffen (Elektriker, Dekorateure usw.), die in den Jahren 1955–60 aus der DDR geflohen sind, haben in diesem Jahr die Aufenthaltsgenehmigung bekommen und ihre Familien in der DDR besucht.

Frage: Sind Schriftsteller gefährlicher als Elektriker?

Frage: Von wo kam die Initialzündung zu dem Spektakel gegen die Gruppe 47 im »konkret«?

Frage: Wer hat den »besonders engen Kontakt« zum Schriftstellerverband der DDR?

Denkfragen sind das nicht!

Wenn Du von dieser Mitteilung Gebrauch machen willst, kannst Du es tun. Dies gilt auch für Dieter E. Zimmer, den ich herzlich zu grüßen bitte.

Dein Hans Werner

München, den 1. November 1983

Lieber Marcel,

obwohl nun alles schon am Telefon gesagt worden ist, will ich doch noch schnell Deinen Brief beantworten. Tatsächlich war ich schlecht unterrichtet. Von dem ganzen Zerwürfnis wußte ich nur, daß es besteht. Das »Warum« kannte ich nicht. Trotzdem bedauere ich sehr, daß Du nicht kommen kannst. Aber ich verstehe es voll und ganz. Wahrscheinlich würde ich unter den gleichen Umständen nicht anders handeln. Nun muß ich also ohne Dich feiern. Es ist mit 75 wohl mehr ein Selbstabfeiern, denn alle Wege darüber hinaus sind mehr als unsicher.

Du schreibst, Du hättest mir etwas zu verdanken. Wenn dem wirklich so ist, hast Du das längst ausgeglichen. Ich bin Dir auch für etwas dankbar. Als es mir in Stockholm die Sprache verschlug, da hast Du mich in einer Art verteidigt, die ich nicht vergessen werde. Wer hätte das wohl sonst getan. Du siehst, wir haben uns beide nichts nachzutragen noch vorzuwerfen, und auch zur Dankbarkeit besteht kein Anlaß. Alles war, so meine ich, selbstverständlich. Es gehört doch zu unserem Leben in dieser Zeit.

Ich lese täglich die FAZ, manchmal mit Zustimmung, manchmal mit Ärger, manchmal mit Verdruß. So lese ich auch Dich, oft mit Vergnügen, oft mit Schmunzeln, oft aber auch mit Ablehnung. Das kann doch gar nicht anders sein.

Ich habe mich über alles, was Du mir am Telefon erzählt hast, sehr amüsiert. Über »meine liebe Sylvia« habe ich noch den ganzen Tag gelacht. Von all dem erfahre ich selten etwas, ich lebe mehr oder weniger im Abseits, und das kann und darf in meinem Alter auch nicht anders sein.

Grüße Deine Frau recht herzlich. Ich bedauere sehr, daß ich sie jetzt nicht sehe. Vielleicht ergibt sich doch bald eine andere Gelegenheit. Übrigens, das wollte ich noch sagen, die Berliner Akademie will meinen Geburtstag am 17. November feiern und die Bayerische Akademie am 18. November. Solltest Du an einem dieser Tage in Berlin oder in München sein, würde ich mich sehr freuen, Dich dort zu sehen. In München vielleicht! Es kann ja sein.

Mit den besten Grüßen bin ich

Dein Hans Werner

CURT RIESS

Scheuren, 8. Februar 1989

Lieber Herr Dr. Reich-Ranicki!

Ich war im Krankenhaus und habe Ihre Aufsätze über Thomas Mann, respektive die Familie gelesen.

Sie wissen noch: Bei unserem »großen« Gespräch machten Sie mir zum Vorwurf, über Gründgens ein Buch geschrieben zu haben, obwohl ich doch seine Jahre im Dritten Reich nicht miterlebt hatte. Damals, als es herauskam, meinten viele, das »richtige« Buch über G. G. würde erst erscheinen. Es ist aber keines mehr gekommen, und mein damaliges erscheint immer noch und gilt als »gültig«.

Sie können Thomas Mann in den fraglichen Jahren gar nicht gekannt haben, auch nicht Klaus, schon gar nicht, in den entscheidenden Jahren, Erika, die nun wiederum ich alle sehr genau kannte. Aber es ist erstaunlich, wie richtig Sie fast immer liegen.

Mein Kompliment!

Nur einige Berichtigungen:

Erika sehen Sie falsch. Sie war einmal ein reizendes und vielseitig begabtes Mädchen. Zu vielseitig. Sie hätte eine ganz gute (nicht hervorragende) Schauspielerin werden können. Sie hätte eine gute (nicht hervorragende) Schriftstellerin werden können. Sie hätte noch vieles andere werden können – aber sie zog es vor, um mit den Worten ihres ersten Mannes zu sprechen, überall ein bißchen zu dilettisieren.

Sie war verbittert, weil sie, wie so viele Frauen, die einen Homosexuellen lieben, es nicht fertigbrachte, ihn zu »bekehren«.

Zuletzt haßte sie nur noch. Sie brach mit allen, die ihr nahestanden, unter anderem mit mir, weil wir nicht unbedingt auf alle schossen, die sie zum Schuß freigegeben hatte. In meinem Falle Gründgens und Furtwängler.

Klaus war viel, viel gütiger. Sie irren, wenn Sie ihn nach seiner Autobiografie »Wendepunkt« beurteilen. Was Sie da gelesen haben, ist eine Fälschung Erikas. Zum Beispiel alles, was er angeblich über Gründgens geschrieben haben soll und was er so nie schrieb. Von meiner Wenigkeit ganz zu schweigen. In der Originalausgabe findet sich nicht ein gehässiger Satz gegen mich. Ich kann sie Ihnen liefern.

Alles, was Klaus angeht, war viel komplizierter, vor allem das mit der Drogenabhängigkeit. So war er doch in den Jahren seines Militärdienstes nicht drogenabhängig. Aber unglücklich – wie die meisten alternden Homos, jedenfalls alle, die ich gekannt habe.

Was Golo angeht: Ich glaube, er war viel beliebter und ist es noch heute, als er ahnt. Ich habe nie jemanden getroffen, der ihn als »häßlich« empfand. Meine Frau, zum Beispiel, hielt ihn immer für faszinierend. Sein »Gentz« war von uns allen überaus geschätzt. Ich glaube, nur sein eigener Vater mochte Golo nicht.

Was Peter de Mendelssohn angeht: Er war ein Hochstapler. Er war kein de, sondern ein ganz simpler Peter Mendelsohn, mit einem s – nicht für mich, wohl aber für die betroffenen Familien ein Unterschied von Welten. Er hat viel auf dem Gewissen.

Frau K.: Zu diesem Thema könnte ich Ihnen viel erzählen. Aber nicht schriftlich und auch nicht zur Publikation.

Was schließlich und endlich Thomas Mann angeht: er war ein Genie, wie heute ja jeder weiß. Ich lag vor ihm auf den Knien und werde es den Rest meines Lebens tun. Aber er war ein eher böser Mensch. Ich darf es sagen, denn ich war einer der wenigen, der es ihm auch ins Gesicht sagte und sogar zwei- oder dreimal schrieb.

Nochmals Dank für alles, was Sie über die Familie geschrieben haben.

Mit freundlichen Grüßen

Ihr [Curt Riess]

P. S. Betrifft noch einmal Erika. Sie hat zwar als Verfasserin von Drehbüchern gezeichnet, aber keine geschrieben, respektive keine, die verfilmt worden sind. Es handelte sich da schlicht um Erpressung. Ein Produzent, der einen Thomas Mann-Stoff verfilmen wollte, mußte sie als Drehbuchautorin akzeptieren. Das waren für ihn eben erhöhte Unkosten, denn die Drehbücher mußten dann andere schreiben.

Die Tatsache, daß sie nie für ein Drehbuch gezeichnet hat, dem nicht ein Thomas Mann-Stoff zugrunde lag, besagt alles.

Bei dieser Gelegenheit: Der »Blaue Engel« ist zwar dem Vorspann zufolge von Zuckmayer und Vollmoeller geschrieben. In Wahrheit taugte das, was sie lieferten, überhaupt nichts. Das endgültige Drehbuch schrieb Robert Liebmann, der ursprünglich Feuilletonchef der B. Z. am Mittag war und unter zahllosen Pseudonymen zahllose Drehbücher geschrieben hatte, unter anderem auch für Lubitsch.

Scheuren, den 24. 11. 89

Lieber Herr Reich-Ranicki,

Ich habe Sie neulich für ein paar Minuten im Fernsehen gesehen. Am Stammtisch. Sie sagten etwas davon, daß die Schriftsteller in der DDR korrumpiert seien. Ich kann das, von wenigen mir bekannten Ausnahmen abgesehen, nur bestätigen. Was mich am meisten erbittert, ist, daß diejenigen, die noch bis vor kurzem ganz auf der kommunistischen Linie lagen, jetzt plötzlich gegen alles sind, was sie gestern noch moralisch unterstützten. Und, das Schlimmste, daß sie als Experten genommen werden.

Dies ist eine nicht neue Haltung der allzu gutgläubigen Öffentlichkeit, was ich seit Jahren mit steigendem Mißmut beobachte.

Ich erinnere mich noch, als sei es gestern gewesen: André Gide, den ich zufällig aus meiner Pariser Emigration kenne, war lange Zeit ein begeisterter Marxist und wurde als solcher entsprechend gefeiert. Dann fuhr er in die Sowjetunion und kam sehr enttäuscht zurück. Er schrieb darüber ein Buch, das Sie vielleicht kennen, in dem er eine hundertprozentige Drehung vornahm. Und wurde nun als ein Experte des Antikommunismus gefeiert.

Oder Yves Montand, der kein so guter Schauspieler ist, wie allgemein angenommen, aber dafür ein wundervoller Chansonnier, war jahrelang ein wilder Verfechter des Marxismus. Eines Tages begriff er, daß das Gegenteil von dem, was er gepredigt hatte, stimmte. Nun wurde er ein Prediger für den Antimarxismus. Und man stimmte ihm begeistert zu, zitierte ihn, feierte ihn, tut es noch immer.

Oder nehmen Sie Stefan Heym (ich nehme ihn nicht). Er hat unlängst seine Memoiren (»Nachruf«) publiziert. Darin ist zu lesen, daß er aus Amerika, angeblich vor dem Senator McCarthy flüchtend und in verschiedenen kommunistisch regierten Staaten Zuflucht suchend, schließlich in der DDR landete. In ständiger Furcht, zufällig oder aus Versehen auf dem Boden der Bundesrepublik zu landen, die ihn sofort den USA ausgeliefert hätte. Welche Idiotie! Mir ist überhaupt kein solcher Fall bekannt, und es gibt ihn vermutlich auch nicht. Und was Heym angeht, so spielte er nie eine Rolle in der Innenpolitik der Vereinigten Staaten.

Aber was ich von dem, was er geschrieben hat, kontrollieren kann – vor allem seine amerikanische Zeit – wimmelt von Lügen. Und dieser Heym, der sich also nur in kommunistisch regierten Ländern sicher fühlte, ist nun über Nacht ein Kronzeuge des Antikommunismus geworden. Nun, sagen wir nicht über Nacht, aber doch erst reichlich spät. Und obwohl er in der DDR gar nicht veröffentlicht werden durfte und sein erhebliches Einkommen aus westlichen Ländern bezog.

Was mich erbittert und, so finde ich, was einmal an den Pranger gestellt werden muß: daß die Umfaller eine größere Wirkung auf die öffentliche Meinung haben als diejenigen, die von Anfang an eine bestimmte Meinung propagierten und niemals umfielen. Als Axel Springer, auf dessen Freundschaft ich bis zu meinem – nahen – Lebensende stolz sein werde, den Kampf gegen den Kommunismus proklamierte, war es kalter Krieg. Es ist noch heute bei vielen Intellektuellen in Verruf, zumindest posthum, als ein echter Prophet zu gelten. Und man hat sich seit langem lustig gemacht über seine Anordnung, die DDR in Anführungsstrichen zu drucken. Als ob die DDR je demokratisch gewesen wäre oder es auch nur versucht hätte!

Da ich gerade diesen Brief an Sie schreibe: Vor einiger Zeit baten Sie mich um gewisse Details über eine prominente Dame und versprachen, was immer ich Ihnen mitteilen würde, nicht weiterzugeben.

Ich beantwortete Ihre Frage, hörte aber nie wieder von Ihnen über diese Sache, obwohl ich Sie einige Male – ich glaube zweimal – darauf ansprach. Könnten Sie mir nicht Bescheid geben? Es würde mich beruhigen zu wissen, daß Sie diesen sehr privaten Brief von mir erhalten und, wie ich damals bat, vernichtet haben.

Mit freundlichen Grüßen Ihr Curt Riess

ALBRECHT RIETHMÜLLER

Berlin, 20. Februar 1994

Sehr verehrter, lieber Herr Reich-Ranicki,

mit großem Vergnügen habe ich Ihren so schönen Artikel über Thomas Mann, den Eros und die Musik gelesen, der gestern in »Bilder und Zeiten« stand. Es ist überaus dankenswert, daß Sie die erotischen Verstrickungen mit Musik bei Thomas Mann einmal entfaltet haben. Gestatten Sie mir nur, daß ich zu der Stelle, an der der achtjährige Hanno sich in seinen »geliebten Schluß« hineinsteigert – ein wahrhaft »feuchter Traum« –, die Herkunft der Musik zusetze: Es ist das Ende, genauer gesagt der letzte Harmoniewechsel von Wagners »Tristan«.

Thomas Mann macht sich eigens die Mühe, die Töne zu nennen. Hanno tremoliert den e-Moll-Akkord, setzt das »dissonierende« cis hinzu und löst, während es um ihn geschehen ist, nach H-Dur auf. Das ist so genau angegeben, daß ein Zweifel ausgeschlossen werden kann. Auch das Vokabular, das Mann außer den Angaben der Töne benutzt, ist dem Text des »Liebestodes« entnommen (»wogend«, »umrauscht« usw.). Pikanterweise ist Hanno nicht allein, als er die Wonne nicht mehr zurückhalten kann und es zur Auflösung kommt, sondern die Stradivari und Gerda sind beteiligt; für Gerda mußte Pfühl etwas früher im selben Kapitel den »Liebestod« für Geige und Klavier einrichten. (Ich fürchte, daß auch an der Parallelstelle – am Ende von XI,2 – noch einmal der »Tristan«-Schluß gemeint ist.)

Meine Erfahrung im Hörsaal ist die, daß die jungen Leute, insbesondere die Mädchen, pikiert sind, wenn zur Behandlung des Plagalschlusses wie des Tristan-Schlusses Hannos unfreiwillig-freiwillige sexuelle Handlung beigezogen wird. Wenn mich künftig in diesem Kontext wieder ein prüder Blick treffen sollte, dann kann ich mich auf Sie berufen.

Das dankt Ihnen mit guten Wünschen und vielen freundlichen Grüßen

Ihr Albrecht Riethmüller

Das Thomas Mann entnommene superlativische Lemma (anbei) erzählt wohl auch von seinem besonderen musikalischen Eros.

LUISE RINSER

14-7-70

Lieber Marcel Reich-Ranicki,

ich bedanke mich herzlich für die »Verrisse«, die ich um so lieber las, als sie nicht mich betreffen. Das Vergnügen bei der Lektüre lag nicht darin, daß ich andere Autoren verrissen sah (das geniert mich vielmehr), sondern daß ich Prosastücke las, die selber »Sprachkunst-« (auch Denkkunst-) Stücke sind. Bei Hagelstange mußte ich laut lachen. Daß Sie den frechen Peter Verriß des bösen R-R mit ins Buch nahmen, ist ein hübscher Akt der Souveränität, einer tiefen Verletzbarkeit abgerungen – auch ein Akt des Selbstschutzes. (Es würde mich reizen, darüber etwas zu scherzen. Seit ich Ihnen 2 Tage gegenübersaß, weiß ich nämlich einiges über Sie – falls Sie gestatten.) – Kennen Sie das Buch »Fehlkritik« von Franz Roh, einem verstorbenen Kunstkritiker? Es ist vergriffen. Bei der Lektüre staunt man dann doch, was für dummes Zeug sehr gescheite Rezensenten schreiben über Werke, die heute »die ganz großen« genannt werden. Die Relativität und Subjektivität der kritischen Meinung muß doch selbst Ihnen zu schaffen machen. Ich schrieb von 1945 bis etwa 52 auch Rezensionen, für die »Neue Zeitung«, und ich habe sie noch; als ich vor einiger Zeit darin herumlas, war ich verblüfft, wie gut mein Instinkt war: aus der Fülle der damals ganz neuen Namen hab ich dort mit Sicherheit diejenigen herausgepickt, die dann auch wirklich blieben. Stolz bin ich auf einen Aufsatz über H. H. Jahnn (»Holzschiff«), den damals alle fast vergessen haben, teils überhaupt nicht kannten – auch ich wußte nichts von ihm. – Bei einigen habe ich mich freilich geirrt, so bei Schnabel u. bei H. W. Richter, bei denen es

»nicht gereicht« hat. Ich frage mich, woran ein Kritiker denn eigentlich das mißt, das er verreißt oder lobt. *Ihnen* schwebt ein Buch vor, das so groß wäre wie der »Ulysses« etwa. Sehr schlecht, wenn Sie damals gelebt hätten, bzw. rezensiert hätten – hätten Sie es gar nicht als groß erkannt? Möglich. Sie haben einen närrischen Eifer für die deutsche Literatur, einen donquichotteschen Eifer. Das macht Sie mir sympathisch. Jemand, der sein Leben dahingibt für die belanglosen Bücher andrer ... nein: für das Buch, das Ihnen als Utopie vorschwebt vielmehr – der verdient Respekt wie alle echten Narren. Ich meine das gar nicht un-ernst. – Ich könnte auch sagen: Sie sind ein großer Moralist u. wollen die Literaten zur Wahrhaftigkeit erziehen. – Ja. Aber das ist wiederum eine Sache für sich, eine gefährliche, eine Irrtumsquelle.

Zu wissen, was bei einem anderen Menschen ganz echt ist, was nicht, bedarf es der Identifikation mit ihm. Die kann aber nicht stattfinden, wenn man die Probleme des anderen gar nicht verstehen kann. *Da* liegt der Hase im Pfeffer. Etwas anderes, damit aber Zusammenhängendes: neulich erzählte man mir von dem Nachruf auf Stefan Andres in der »Zeit«. Da bin ich doch erschrocken. Auch ich kann mit Andres nichts anfangen, obgleich ich seine Probleme verstehe. Mir ist er halt zu geschwätzig und zu wenig welt- und zeit-offen. (Lustig: »Welt« und »Zeit« – ich merke es eben.) Aber als ich (Sie können es in »Baustelle« lesen, u. »Publik« druckte es eben nach) über ihn schrieb zu seinen Lebzeiten, da tat ichs doch mit Respekt. Es ist keine laudatio geworden, aber doch eine Würdigung. Ich finde, so etwas wie jener Nachruf ist ein Zeichen für Verwilderung, für das Erwachen des In-humanen in Deutschland. Sie sind doch kein Deutscher – Sie müssen *besser* sein! Ich halte all das für faschistisch. Ich finde, wir sollten auch im kritischen Umgang mit Büchern, das heißt Autoren, human sein und Respekt vor der Würde des Menschen zeigen. Jemanden lächerlich machen ist eine arge Sache. Ich verzeihe mir selber nicht ganz, daß ich Kiesinger *so* lächerlich machte in »Baustelle«, vom »Spiegel« ohne mein Wissen so hämisch-groß gebracht. Nun: K. ist ein öffentlicher Herr, da muß mans vielleicht tun, um seiner Sache willen. Aber bei harmlosen Schriftstellern ... Man haut ihnen auf den Kopf, nimmt ihnen (oft so unbedacht, so aus einer Sprachkunstlaune heraus) die Selbstachtung u. den Elan zu Besserem – *darf* man das? Ich meine jetzt nicht Sie, denn – was viele nicht merken – Sie verreißen oft aus enttäuschter Liebe u. lassen diese Liebe sogar ein bißchen durchblicken. (Bloß bei mir nicht; das war – wenn ich mich recht erinnere, es ist 200 Jahre her – doch recht arg bös, weils nicht mein Buch – *eines* meiner Bücher!! pars pro toto – verriß, sondern mich. Na schön. Oder, um Härtling zu zitieren – im Tonfall seiner Tochter, Sie erinnern sich an seine Lesung in Klagenfurt – »ist gut.«) Also das ist ein laaanger Brief.

Wir sollten einmal miteinander *reden.*

Ihre Luise Rinser

25-3-72

Lieber Marcel Reich-Ranicki,

weil Sie meine Handschrift nicht lesen können, greife ich zur Schreibmaschine ... Das unleserliche Wort in meinem letzten Brief – oh welche Freude hätte Freud, oder Kortner, der auch scharf war auf Derartiges! – das Wort heißt »Nazi-Dichter«. Mein Vorschlag war: anhand von Ausgewähltem aus den Büchern echter Nazi-Dichter zeigen, was faschistische Literatur eigentlich ist. Aber da gibt es sicher schon einiges. Ich bin aber sicher, daß, machten *Sie* die Auswahl, sehr Interessantes zustande käme. Das *versteckt* Faschistische etwa bei Ernst Jünger, bei Carossa, bei Ina Seidel, usw. Vielleicht wäre das wirklich wichtig, zu zeigen, wie sich Spuren bei vielen sonst ehrenwerten Herren und Damen finden.

Also, Sie sind nicht krank. Aber ich hörte das nicht von bösen Menschen, die Ihnen Krankheit an den Hals wünschen, sondern sogar von Leuten, die Sie mögen, weil Sie deren Bücher nie verrissen, das heißt überhaupt nicht rezensierten ... Ich habe mein neues Tagebuch fertig, mit meinen Reisen nach Polen, Irland, Rußland (seit Dezember liegt, verlangt und angenommen, mein Aufsatz über einiges von der Rußlandreise bei der »Zeit« und ist *noch* nicht gedruckt, obwohl mir Haug von Kuenheim am 8. Februar in Bonn sagte, er, der Aufsatz, käme in einer der nächsten Nummern. Was ist damit?).

Ich denke (hoffe!), wir, Sie und ich, sehen uns bei der PEN-Tagung in Dortmund und wir können uns dort mündlich (pardon, ist schlecht) alles Weitere und Nähere sagen. Es ist früher Morgen, die Sonne scheint, alles blüht, mein Ältester ist hier in Ferien, er ist (nach seinem Theologiestudium) Lehrer für Religion und Deutsch bei jungen Arbeitern (Berufsaufbauschule) und macht nebenbei in Siegburg (Köln) Gefängnisfürsorge. Er erzählt Aufregendes. Ich mache nach der PEN-Tagung eine Woche wieder Propaganda für Brandt und werde jetzt schon, nach der Presse-Ankündigung, von biederen Leuten belehrt darüber, daß ich dem Kommunismus in die Arme arbeite und der katholischen Kirche das Grab grabe.

Auf bald! Herzlichst Ihre Luise Rinser

HERBERT ROSENDORFER

Taufkirchen, 1. 7. 1986

Lieber Herr Reich-Ranicki,

wir hatten leider beim Geburtstag von Wolfgang Koeppen nur ganz kurz Gelegenheit, miteinander zu reden. Wenn wir länger Zeit gehabt hätten, hätte ich Ihnen noch ein paar Sätze über jene Geschichte gesagt. Es ist vielleicht nicht wichtig und nicht weltbewegend, aber ich möchte doch, daß Sie es erfahren. Ob Sie es glauben oder nicht: die Geschichte ist als Huldigung für Wolfgang Koeppen gedacht gewesen. Als Geschichte ist sie vielleicht ganz gut, als Huldigung scheint sie mißglückt zu sein. Das passiert mir aber mit meinen Huldigungen offenbar öfters. Meine Huldigung an Richard Wagner (Bayreuth für Fortgeschrittene) ist dem Präsidenten des Wagner-Vereins so in den falschen Hals gekommen, daß er versucht hat, die Sendung beim Bayerischen Rundfunk zu unterbinden. Es ist ihm aber nur gelungen, sie auf einen Sendetermin legen zu lassen, bei dem keine Zuhörer mehr da waren.

Ich werde also zukünftige Huldigungen unterlassen, mich nur noch auf die kleinen Schweinereien beschränken.

Mit freundlichen Grüßen
bin ich Ihr Herbert Rosendorfer

PETER RÜHMKORF

Hamburg, den 28. 5. 76

Lieber Herr Ranicki,

bei liegt der Benn – wieder mal ein Lebenswerk mitsamt seinen zeitgenössischen Reflexen im Kompreßverfahren abgehandelt – eine aasige Arbeit. Auf der anderen Seite hab ich aber auch keine Lust, nochmal nachzuschreiben und nachzudenken, was bereits wissenschaftlich oder feuilletonistisch ausgebreitet worden ist, so muß ich mich jedesmal ganz neu in schwierigste Materien versenken, Unterfangen, die eigentlich nur die Muse vergilt – nebst Ihren freundlichen Bestätigungsschreiben, versteht sich. Wann Weiteres kommt, kann ich im Moment noch nicht ganz sicher sagen. Ich bin ja jeden Monat für eine Woche in Essen im Joch, das heißt dann mindestens noch eine Woche pädagogischer Vor- und Aufbereitung, ein schauerliches Kärrnerleben mit dem einzigen Zweck, bißchen Geld für neue Bücher anzuhäufen, die nicht mich tragen, die *ich* tragen muß. Vielen Dank auf jeden Fall, daß Sie mir immer so freundlich geneigte Kritiken angedeihen lassen, bzw. sie eintreiben/auftreiben. Sie stärken wenigstens den Lebensmut, wo schon so viel den Bach runtergeht: z. B. die zweite Auflage »Walther« an den Verlag und die »Gesammelten« gesammelt an denselben, weil wegen Schulden verpfändet. Die alte Leier, ich weiß es, aber täglich neu verstimmt.

Ihnen die herzlichsten Grüße! Ihr P. R.

Hamburg, den 8. 3. 79

Lieber Herr Ranicki,

Ihre zierliche Laudatio hat mir zu großem Ruhm verholfen, und die Mama ist froh, und der Verleger lacht, und bei Felix Juds Achtzigstem war großer Wirbel um den so lange Verkannten. Mit der Romantik am Ende haben Sie die Blume natürlich voll auf den Stempel getroffen. Weiß nicht mehr, ob ich Ihnen schon mal sagte, schon mal schrieb (aber ich glaube, nicht), daß Sie bei mir das gesamte romantische Syndrom in nuce haben: Poesie plus Kritik, Ironie plus Parodie, Volks- und Kinderverse, dann noch das Mittelalter – und erst neuerlich, wo ich mich an Kunstmärchen heranexperimentiere, geht mir selbst erst das volle Spektrum richtig auf. Keinerlei Kontinuum scheinbar viele Jahre lang, und am Ende runden sich die Tortenstücke ganz plausibel zur Rosette. Um auch unsre gemeinsamen Segmente nicht zu vergessen: vorgezogen werden a) der Krolow und b) ein Zimmer-Poem für die Anthologie – bloß bitte im laufenden Augenblick mich nicht zu pressen: ein Gedichtbuch ist zu Ende zu komponieren, und ein Märchen will aus dem Ei – muß den Feierlichkeiten nun mal was halbwegs Haltbares entgegensetzen. In alter Herzlichkeit Ihr Peter Rühmkorf

Hamburg, d. 26. Mai 83

Lieber Herr Ranicki,

keine Angst, ich beschwere mich nicht, schäume nicht, ereifre mich nicht, ich erinnere nur kurz an unser harmonisches Telefonat vom 22. 4., als Sie das »Steinerne Herz« (›Moment, Moment, das haben wir gleich‹) hörbar aus Ihrem Regal hervorzogen und die Zeilen zu zählen begannen: »1, 2, 3, 4, 5, 6, 7, 8, 9, 10, 11, 12 – Benn – Brecht – macht ein Kreuz hinter Riegel – 13, 14, 15 – Ja, Arno Schmidt, das ist mal etwas besonderes – 16, 17, 18 – etc. etc. – das fällt aus dem Rahmen, und den haben wir noch nicht gehabt …« Nun, wie gesagt, und da ist er denn ja plumpswirklich aus dem Rahmen gefallen.

Dies nur noch mal zur Erinnerung, weil ich Ihnen mitnichten eine Katze im Sack ins Haus geliefert habe. Und ich hab meinen Beitrag – nach langen, mühsamen Dechiffrierdebatten in Marbacher Spezialistenkreisen und, nachfolgend hier, unter Arnologen und Syndikalisten – sogar noch hübsch persönlich gehalten und das subjektive Engagement leuchten lassen. Was kann man eigentlich noch mehr tun, um der Aufgabenstellung zu genügen und dem Auftraggeber entgegenzukommen? Ich weiß es nicht. Aber eines weiß ich gewiß, lieber Herr Ranicki, nicht in der Länge liegt hier die Enge, sondern in der merklich geschrumpften Brust der FAZ – die hat nicht mehr die schöne pluralistische Breite von Anno 76–80. Machen wir uns nichts vor und fassen *Ihre* Schwierigkeiten ins Auge. Der Wind, wir wissen es, hat sich gedreht, der Trend sich gewendet, und die geliebt-gelobten Fuffziger sind (wo auch nicht als Schwung der Räder, Vormarsch der Förderbänder, so doch als ideologischer Stickmief) richtig hübsch wieder real geworden. Da bilden sich denn so kleine Modellfälle wie der unsere quasi unter der Hand. Da kommt es bei offensichtlichen Geringfügigkeiten plötzlich zum Spruch. Und wie sollte es nicht, liegen doch die alten Blöker und Blockierer immer noch auf der Lauer und läuten – genau wie Anno Dunnemals – mit Wilhelm Lehmann einen neuen Sonntag ein: wie soll sich in solchen Regelkreisen denn noch geistiges Leben entfalten. Um es zum Schluß zu bringen. Ich gehöre nicht zu den Autoren, die ihren Mangel an Anklang mit politischen Schwierigkeiten begründen. Ich sage nur, was ich sehe – »und die Regenmaschine tippt's denunzierend mit« – mehr nicht, nicht mehr, und wenn wir mal gestorben sind, dann geistern wenigstens noch ein paar Briefelfen über Land.

Herzlich und mit wehmütigem Rückblick auf bessere Zeiten

Ihr Peter Rühmkorf

Hamburg, d. 3. 2. 88

Lieber Herr Ranicki,

sah schon gleich durchs Klarsichtfenster Ihr geschätztes Blaues und fühlte mich nostalgetisch an gute alte Zeiten erinnert. Dachte zunächst, es gehe wohl um die Frankfurter Anthologie, wo ich ja immer noch mit einem halb versprochenen Goethe-Text ausstehe, den ich Ihnen auch ungeöffneten Briefes so!-fort noch einmal zu akkreditieren bereit war – aber nun: so etwas Großes, Umfassendes – ein ganzes Dichterleben Umfangendes ... Bleiben wir kurz noch einmal bei Goethe. Drei mal vier Zeilen »Phänomen« wären ja wohl nicht zu lang und für einen geborenen und gebliebenen Phänomenologen eine lohnende Aufgabe. Könnten wir uns darauf einigen und *Sie* mir noch für ein Weilchen Option darauf einräumen?

Nun ist Ihr Antrag allerdings anderer Art, und das läßt mich schon etwas schwerer atmen. Um Himmelswillen, wie soll ich denn meinem fluchwürdigen Sechzigsten mit der nötigen Gelassenheit entgegenarbeiten, wenn mich unentwegt Jubiläen, Apotheosen und Preiskörungen aus der Ruhe bringen?! Trotzdem, weil Karl Krolow eine nicht nur poetisch herausragende, sondern auch menschlich gewinnende Erscheinung ist, muß ich mir diesen Ruck wohl geben und ihm eine angemessene Girlande winden. Übermittlung von Gesamtwerk nochmal zum Anstreichen und Ausschreiben und Zerarbeiten dürfte wohl kein trennendes Problem sein, wobei gesamt auch poetologische Schriften, Roman und Karol Kröpcke mitmeint.

In Hannover seinerzeit hatte ich mir Gedichte und ihre Begleitumstände zum Thema genommen, was ja direkt mit unserm alten Dissens zu tun hat, da hatte ich dann auszugsweise aus unseren Briefwechseln zitiert. D. h., nur aus dem bezüglichen, weil Sie mir in Hamburg mal Ihr mündliches Placet für eine Veröffentlichung eingeräumt hatten. Sich anschließende Fragen aus dem Publikum hatte ich dann mit einem Hinweis auf immerhin mögliche Verständnisschwierigkeiten zwischen Hochliteratur und Großkritik beschieden: hier kommen ja gelegentlich zwei Schwingungskreise nicht zur Deckung, die mit unterschiedlichen Standpunkten im Konzertsaal zu tun haben, und nicht alles, was sich dem Verständnis der Scheidekunst entzieht, muß dem gemeinen menschlichen Zusammenhangs-/Zusammenklangsbedürfnis Hekuba bleiben. Wirklich beunruhigend finde ich bei solchen kulturhistorisch überhaupt nicht neuen Reibereien zwischen Kunst und Kritik eigentlich nur diese äußerste Mimosenhaftigkeit auf seiten des Machtmonopols. Jeder Redaktionsdirektor darf jeden Autor oder Beiträger jederzeit auf seine beinah schon austauschbare Teilchenhaftigkeit im kulturellen Spiralnebel verweisen, aber wehe dem Autor, der nur einmal zartest an die immerhin möglichen Anziehungskräfte weiterer Galaxen zu erinnern wagt! Ich könnte es auch anders ausdrücken. Bei sehr ungleich verteilten Zugkräften/Druckmitteln hat ein Eingesandtes nicht viel mehr als die Rechte der ersten Nächte zu vergeben, seine Unschuldsaura, seinen Neuigkeitsreiz, und wo es den anträgt, darf es doch wohl noch sagen: especially for you, aber nicht für ewig und schon gar nicht auf unbestimmte Zeit im Wartestand. Na, dies nur, weil Sie immer wieder so beharrlich auf diesen einen für Sie wunden Punkt zu sprechen kommen, der für Sie ein Äußerstes an Nötigung zu beinhalten scheint, für den reisenden Dichter aber nur die nötige Erinnerung an eine allgemein segensreiche Gewerbefreiheit.

Lieber Herr Ranicki, die kleine Einzelheit ist von uns genügend hin und her gewendet worden, und wir können uns neuen Gegenständen zuwenden, möglicherweise von Haus und Natur aus verträglicheren.

Herzlich wie immer

Ihr Peter Rühmkorf

Hamburg, den 29. 11. 93

Lieber Herr Ranicki,

es war mir eine große Freude (und sie hält an), einmal wieder so herzlich von Ihnen beworben zu werden. Und wirklich sind Ihre Loreleyflöten bzw. Sirenengesänge so verlockend wie seinerzeit, als die Welt noch einigermaßen in Ordnung war. Ist es denn wirklich schon so lange her mit dem Ringel, nicht zu fassen. Und ebenfalls kaum zu glauben, daß die Erde mittlerweile doch wohl ziemlich heillos die Milchstraße runtergeht, und Sie hüten immer noch eisern und unbeirrt Ihre Schäfchen. Bißchen späte Stunde im Augenblick, was vielleicht verzeihlich erscheinen läßt, daß Sie mir teils als Sirene und dann gleich wieder als Guter Hirte erscheinen, aber Sie sind ja vermutlich auch beides – und am Ende mündet alle Mythologie in den Fängen Ihrer Frankfurter Anthologie. Ja, Heine, ja, Brecht, ich glaube, die sind beide (und seit langem) ein bißchen überrepräsentiert in diesem Rahmen, und auch Rilke hat sich mit den Jahren ein kleines feines Plätzchen bei Ihnen erobert. Ich muß nachdenken und mal ein bißchen in Büchern blättern. Bin ziemlich tief mit meinem TaBus befaßt und muß mit Lebenszeit/Schreibezeit haushalten. Aber sonst, wie gesagt und s. o. –

ganz herzlich Ihr Peter Rühmkorf

* Oder denken Sie etwa an so Sonder-Einzelbände wie beim Goethe? Dann ließe sich über Brecht gern reden.

Hamburg, d. 27. 8. 95

Lieber Herr Ranicki,

das »mein« erspare ich mir, um gar nicht erst erheuchelte Einvernehmlichkeit aufscheinen zu lassen. Was ich Ihnen mitzuteilen habe, hat auch mit früher fast blind vorausgesetzten Gemeinsamkeiten nicht mehr viel zu tun. Mit Ihrem Auftritt im letzten »Quartett« haben Sie einen Graben zwischen der Schönen Literatur und ihrer zur ideologischen Lehrmeisterin verklärten Kritik aufgerissen, der unserer geplanten Gemeinschaftsveranstaltung am 20. September leider den Boden entzieht. Nein, das war kein sogenannter »Verriß« mehr (wie noch am vorausgegangenen Montag im »Spiegel«), das war das autoritäre Niederschreien eines schwierigen Buches und der in ihm vertretenen Meinungen, die sicher nicht jedermanns Billigung, aber doch wohl ein gewisses Maß an abwägender Duldsamkeit verdient gehabt hätten. Ich hatte ja immer gehofft, daß Sie Ihrer überzogenen Devalvation ein Minimum an verbliebenem Selbstzweifel oder des revidierenden Common sense folgen lassen würden. Das Gegenteil war der Fall. Statt dem Autor auch nur so etwas wie rechtsanwaltlichen Beistand zu gönnen, rückten Sie den Namen eines auf vielen Podien bewährten Nazigegners und Radikaldemokraten in die Nähe von Joseph Goebbels, für mich das absolute Nonplusgehtnichtmehr, so etwas müssen Sie für sich mit Ihrem Dämon ausmachen, das Feixen der Mozartkugelclaque und den Samstagskommentar der völkischen »Welt« immer inklusive.

Da ich nicht der Richtkanonier vom Hohenzollernring bin und narzißtische Exaltationen hasse, schicke ich Ihnen diesen Brief auch nicht über das Reflexblatt, sondern privatnachhaus in die Gustav-Freytag-Straße. Ich werde Grass, der keine Kenntnis von ihm hat, weil er in Dänemark weilt, einen Durchschlag schicken; dito Michael Naumann vom Rowohlt Verlag, der im Augenblick noch unschuldsvoll in der Karibik surft. Ob Sie meine Absage als ein Äußerstes an Affront registrieren, kann ich natürlich nicht ahnen. Ich selbst empfinde mein »Ich-möchte-lieber-nicht-sagte Barthleby« eher als ein Äußerstes an Loyalität und möchte auch keine weiteren Kommentare damit verbinden. Daß dieser Schritt der Fortüne meines eigenen Buches nicht gerade förderlich ist, nehme ich in Kauf, ich kann seine über 600 Seiten hin vertretene Kunstmoral, die sich gegen Gesinnungswertungen wendet, aber nicht durch ein opportunistisches Tête-à-tête mit der neudeutschen »Einheits«-Ästhetik in Frage stellen. Da ich selbst einmal als Ersatzmann für einen kurzfristig ausgefallenen Martin Walser eingesprungen bin, habe ich freilich keine Sorge, daß sich auch diesmal Abhilfe schaffen lassen wird. Ich denke z.B. an Karl Corino, der doch auch ganz hübsche Gedichte schreibt. Weiß der Himmel, ob ich Ihnen mit meinem Verzicht nicht sogar einen voreilig heranzitierten Alp von der Seele nehme.

Ich grüße Sie einseitig-herzlich (linke Klappe) und wiederhole die dreieinhalb Worte-inhaltsschwer, die ich bei meiner Geburtstagsrede an den Schluß setzte: er hat Anlaß gegeben.

Ihr Peter Rühmkorf

JEAN RODOLPHE VON SALIS

Brunegg, 23. Juni 1991

Sehr geehrter Herr Reich-Ranicki,

Ihr Buch über Thomas Mann und die Seinen habe ich erst jetzt, intensiv und zustimmend, gelesen. Im Rückblick auf meine Beschäftigung mit Thomas Manns Werk, das mir in meinem Leben Entscheidendes bot, und auf meine persönlichen Beziehungen zu ihm und zu seiner Familie, hat mir Ihr Buch neue Einsichten gewährt. Ihre Bemühung um analytische Kritik an den Personen und ihren Werken, die der Bedeutung von Thomas Mann keinen Abbruch tut, auch seinem Bruder Heinrich und seinen Kindern zweifellos gerecht wird, machte auf mich einen nachhaltigen Eindruck. Ich bin selber kein Literaturkritiker – eher Essayist und Kommentator. Das »Höfische« von Peter de Mendelssohn lag mir während meiner langen Beziehung zu Thomas Mann und den Seinen freilich fern. Aber man mußte vorsichtig und nachsichtig sein im Umgang mit ihnen. Denn man fühlte ständig die »musische Empfindlichkeit«, von der T. M. in seiner Tischrede an Eduard Korrodis 50. Geburtstag in Zürich sprach.

Merkwürdigerweise empfand ich im Verkehr mit Thomas Mann immer so etwas wie Mitleid. Er war, ich spürte es immer, ein Leidender, leidend an sich selbst, an der Familie, an den Leistungen anderer, an der Welt Lauf. Seine fast undurchdringliche Zurückhaltung, die sich auch darin äußerte, daß er nicht zu Konversation begabt war (wie ich sie in meinen Pariser Jahren so selbstverständlich im Verkehr mit Gelehrten und Intellektuellen praktiziert hatte), ließ mich manchmal versuchen, diesen steifen und schwer zugänglichen Hanseaten herauszulocken.

Ich erinnere mich, daß wir einmal abends über unsere Väter sprachen, den seinen und den meinen; beide waren patrizische und ehrenhafte Berufsmenschen, ihren Söhnen reserviert, aber keineswegs lieblos zugetan. Auf solchen Wegen kam man Thomas Mann näher.

Zu meiner Überraschung schrieb er mir zu meinem Buch »Rilkes Schweizer Jahre« zustimmende, Rilkes Wesen rühmende Zeilen (1936). Ich war neugierig, ob er in seinem Tagebuch über diesen Gegenstand nicht anderes, weniger wohlwollendes gesagt habe. Nein, seine Tagebuch-Eintragung ist fast wörtlich identisch mit seinem Brief, er hat diesen von seinem Tagebuch abgeschrieben, oder umgekehrt dieses für den Brief verwendet. In einem Gespräch erinnerte ich ihn damals, ich hätte (1925) Rilke von meiner Lektüre des »Zauberbergs« erzählt, den dieser noch nicht gelesen hatte. »Da haben Sie ihm gesagt, es sei nichts Rechtes«, meinte T. M.. Verblüfft erwiderte ich, ich würde ihm diese Geschichte doch nicht erzählen, wenn ich etwas Derartiges gesagt hätte. Nach seiner Hauptmann-Rede in Frankfurt drangen wir ein wenig indiskret in ihn, um zu erfahren, wie aufrichtig sie gemeint gewesen sei. Er meinte, zur Kultur gehöre es auch, daß man nicht immer der Wahrheit verpflichtet rede (übrigens steht in dieser Rede eine anerkennende Erwähnung von Rilkes Lyrik). Ich habe von Hauptmanns persönlicher Ausstrahlung (an seinem 60. Geburtstag in Berlin) noch eine deutliche Erinnerung, sein Pseudoporträt im »Zauberberg« erschien später.

Wir waren uns in unserem Zürcher Kreis einig, daß das »Kartell« der großen Schriftsteller und Dichter seiner Zeit (Sie zählen sie in Ihrem Buch in diesem Zusammenhang auf) Thomas Manns »Persönlichkeit« und Werke nicht zu den Seinen zählte, und daß er daran litt, noch ehe es Hans Mayer in seinem Buch sagte. Daher dann auch dieses unerschöpfliche, fast peinliche Bedürfnis nach Bestätigung. Es tat ihm wohl (es war in Kilchberg an seinem 79. Geburtstag), als meine Frau seine Erzählung »Die Betrogene« gesprächsweise guthieß und billigte; er schrieb in dieses Büchlein eine Widmung für »die liebe Frau, die tapfer und frei genug ist, diese angefochtene Geschichte gutzuheißen«. Ein Beispiel mehr, daß noch im höchsten Alter die Kritik an der »Betrogenen« ihm Kummer bereitete.

Er war übrigens fähig zu Mitleid. An einem Abend bei uns hatte ich das Pech, daß bei der Aufhebung der Tafel mein Schultergelenk auskugelte, was einen abscheulichen Schmerz verursacht. Alle Gäste verließen das Zimmer, Thomas Mann blieb allein bei mir zurück, setzte sich neben mich und richtete mit ruhiger Stimme teilnehmende Worte an mich – worauf plötzlich mein Schultergelenk wieder einklickte. Als wir dann zusammen, wie wenn nichts geschehen wäre, zu der Gesellschaft in meine Bibliothek traten, glaubten alle, der große Mann habe »gezaubert«!

Das sind Anekdoten. Ich habe in meinen Schriften oft charakteristische Anekdoten verwendet, wenn sie anschaulich einen Sachverhalt aufklären können. Meine »Notizen eines Müßiggängers« (in die ich in Hermann Burgers Gegenwart an der Buchmesse eine Widmung für Sie einschrieb) habe ich in Tagebuchform geschrieben; sie gewährt einem die Freiheit, Autobiographisches, Anekdotisches, Historisches und Gedachtes locker aneinanderzureihen; die »Notizen« stehen unter der dreifachen Schutzherrschaft von Montaigne, Benjamin Constant und Jacob Burckhardt. Schließlich bin ich Historiker, homo politicus und Leser von guten Büchern. Was ich in meinem langen Leben rezipiert habe, versuchte ich in jenem Buch zu berichten und zu kommentieren. Das ist weniger wichtig, als daß es Hermann Burger war, der mich damals in Frankfurt mit Ihnen bekannt machte. Sie verstehen zweifellos, daß in Brunegg die Nachbarschaft Hermann Burgers und die vielen Gespräche mit ihm voller Probleme waren. Ich erlebte mit ihm seinen Leidensweg, er hatte das Bedürfnis, sich ausführlich mit mir über seine Depressionen und über seine Selbstmordpläne auszusprechen. Ich wußte sehr wohl, daß in seinem Fall kein gutgemeinter »Zuspruch« nütze war, aber ich ging auf ihn ein, versuchte, seine Klagen und Anklagen mit ihm durchzusprechen – in der verschwiegenen Annahme, daß ich seinen unwiderstehlichen Drang zur Selbstvernichtung nicht aufhalten konnte. Ich habe seine »Künstliche Mutter« (auch »Schilten«) bewundert und mich für ihn gefreut, daß gerade Sie ihm große Anerkennung widerfahren ließen. Daß auch in seinem Fall schwierige Charakteranlagen und seine Weigerung, kritische Einsicht in sich selbst zu versuchen, zu Vorbehalten an seinem Menschenbild Anlaß geben könnten, versteht sich von selbst. In Burgers Fall könnte ich infolge der engen Beziehungen zu ihm und seiner Familie, auch wegen der Probleme, die er mit Freunden, Kollegen und Angehörigen hatte – meist selbstgeschaffene Probleme, wobei er anderen daran Schuld gab –, keinen aufrichtigen Essay über ihn schreiben. Auch in diesem Fall gebietet Kultur, nicht die volle Wahrheit zu sagen. Es war in seinen beiden letzten Jahren unendlich traurig, mir bleibt neben der Bewunderung für sein Werk das tiefe Mitleid mit dem Menschen. Aus diesen Gründen möchte ich nichts über ihn publizieren. Natürlich war ich mir auch bewußt, daß sein Verhältnis zu mir wohl freundschaftlich, aber auch ambivalent war. Er habe mich zwar, sagen seine Freunde, »verehrt«, aber ich fühlte auch seinen Neid. Ich begriff sehr wohl, daß da in seiner engsten Nachbarschaft ein alter Mann saß, noch gesund und leistungsfähig, der manche Lebensprobleme bereits hinter sich gebracht hatte, und er selbst rang verzweifelt mit ungelösten, sogar unlösbaren Lebensproblemen. Ich glaube, daß ich für diese Situation Verständnis aufbrachte: ich ließ mich nicht aus der Fassung bringen, und er, der schwer leidende, ehrgeizige, von seiner Bedeutung als Schriftsteller überzeugte junge Mann, litt unter seinen Berufs- und Familienverhältnissen und an seinen Depressionen. Wir weilten fern, als Hermann Burger starb. Er wurde gemäß seinem Wunsch in unserem Dorffriedhof bestattet.

Ihr Buch hat mich zu diesem langen Brief verführt.

Mit herzlichen Grüßen Ihr J. R. v. Salis

MICHAEL SCHNEIDER

Wiesbaden, der 31. 11. 1980

Sehr geehrter Herr Reich-Ranicki!

Ich möchte Ihnen, wenn auch etwas verspätet, für die Aufmerksamkeit und Anteilnahme danken, mit der Sie meine novellistische Chronik über das Schicksal der zaubernden Gebrüder Cambiani aufgenommen haben. Wie Sie wissen, bin ich als Präsident des Magischen Zirkels seinerzeit zurückgetreten, weil die Ausübung meines Amtes mit meinen – vielleicht utopischen – Vorstellungen von einer »weißen Magie«, d. h. von einer wahrhaft menschlichen Zauberkunst, unvereinbar geworden war. Umso dringlicher wurde mir in der Folgezeit das Bedürfnis, mich in dieser ebenso einsamen wie anfechtbaren Entscheidung, die dem großen Publikum unverständlich bleiben mußte, von berufener Seite bestätigt zu finden. Daß meine unzeitgemäßen Betrachtungen zum Fall Cambiani, mein »episches Plädoyer gegen den Irrationalismus, gegen Mythenbildung und Massentaumel«, bei einem Kritiker Ihrer Güte auf soviel Verständnis gestoßen sind, hat mich sehr erfreut; ja, vielleicht nicht weniger überrascht, als Sie das Phänomen überrascht haben dürfte, daß ausgerechnet ein zeitferner Zeitgenosse wie ich, »auf den einst die Barrikade eine offenbar unwiderstehliche Anziehungskraft ausgeübt hat«, seinen derzeitigen Lesern ein »wahrhaft kulinarisches Prosastück« zu liefern vermochte. Nun, auch ich kann Ihnen die Feststellung nicht ersparen – auch wenn Sie darüber vielleicht zu Tode erschrecken! –, daß die »Botschaft« meiner Novelle von keinem Kenner der Wortmagie hierzulande besser verstanden und treffender charakterisiert worden ist als von Ihnen, dem Feuilleton-Chef einer Zeitung, für deren Inhaber wie Leser es wohl kaum etwas Obszöneres geben dürfte als die Barrikade. Daß die Kunst der Ort sein kann, an dem die Streiter diesseits und jenseits der (längst zum historischen Faktotum gewordenen) Barrikade sich zuweilen treffen, diese Tatsache hat mich ebenso nachdenklich wie hoffnungsvoll gestimmt. Muß man aus dieser frappierenden Koinzidenz im Ästhetischen schließen, daß in mir, dem getreuen Chronisten und Kommentatoren einer Bewegung, die einmal den »neuen Menschen« aus dem Hut zaubern wollte, ebenso sehr ein heimlicher Konservativer steckt wie in Ihnen, dem kulturellen Obwalter einer Zeitung, die dieses seinerzeit gewagte historische »Erscheinungswunder« stets nur mit konservativer Ablehnung quittiert hat, ein verstohlener Sympathisant der Rebellion? Denn sicher ist Ihrem künstlerischen Feingefühl nicht entgangen, daß Marco, der jüngere Bruder, nicht nur gegen seine Rolle als Double, sondern auch gegen ein gesellschaftliches und kulturelles System rebelliert, das die Menschen nach der Devise »Der eine hat's, und der andere hat's eben nicht!« zu taxieren und zu verwerten pflegt.

Was meine Auffassung von der Kunst im allgemeinen und der Zauberkunst im besonderen betrifft: ich habe fast den Eindruck, daß man als Zauberer – wie als Wortkünstler – heute wieder zwei Schritte zurückgehen muß, um einen Schritt vorwärtszukommen; daß man, um wirklich fortschreiten zu können, in den richtigen Punkten wieder konservativ sein muß. Seit je hat die klassische Salon-Magie eines Hofzinsers (eines berühmten Wiener Zauberkünstlers, der die Vorführung des Ringspiels zur höchsten Meisterschaft getrieben hat) auf mich eine größere Faszination ausgeübt als die spektakulären Bühnen-Illusionen etwa eines Galanag. Ich halte es für das viel größere Wunder, wenn ein Zauberkünstler einer einzelnen Spielkarte eine solch phantastisch genaue Drehung mitteilt, daß sie durch den Raum segelt, um wie ein Bumerang wieder in seine Hand zurückzukehren, als wenn er mit viel Getöse und technischem Aufwand ein komplettes Automobil nebst Insassen von der Bühne zaubert. Ähnlich geht es mir auch mit den Magiern des Wortes. Zwischen der fünf Seiten langen Kurzgeschichte eines Anton Tschechow, der mit wenigen Strichen ein menschliches Gesicht oder Schicksal erscheinen läßt, und dem fünfhundert Seiten langen Roman eines modernen Großschriftstellers, der vermittels einer spektakulären literarischen Apparatur seine Figuren zwischen den Zeilen verschwinden läßt, fällt mir die Wahl nicht schwer.

Ihrer Besprechung glaube ich entnehmen zu können, daß mich, den ehemaligen Präsidenten der zaubernden Zunft, mit Ihnen, dem amtierenden Präsidenten der schreibenden Zunft, außer der Vorliebe für alte Formen, d. h. für eine im fortschrittlichsten Sinne konservative Ästhetik, noch etwas anderes verbindet: nämlich die gemeinsame Sorge um die Entwicklung einer Kunst, die ihren wichtigsten und wertvollsten Gegenstand, den Menschen nämlich, im kalten Glanze einer zwar virtuosen, aber entmenschten Technik zum Verschwinden zu bringen droht; einer Kunst, die die Welt zunehmend als bloße Staffage, als Kulisse der eigenen Selbstbespiegelung benutzt, statt ihr – wie in früheren Zeiten – den Spiegel vorzuhalten.

Mit besten magischen Grüßen

Ihr Michael Schneider
i. A. des Präsidenten des Magischen Zirkels a. D.

P. S.: Was die von Ihnen eingangs erwähnten »Früchte einer linken Sturm-und-Drang-Zeit« betrifft, so sind diese in meinem Falle weder schnell gereift noch schnell verwelkt. Mein Buch »Neurose und Klassenkampf. Materialistische Kritik und Versuch einer emanzipativen Neubegründung der Psychoanalyse« hat mit 24000 Exemplaren inzwischen die vierte Auflage erreicht und wird soeben – nach der Übersetzung ins Amerikanische, Schwedische, Spanische, Portugiesische und Italienische – auch in die Sprache Homers übertragen.

WOLFDIETRICH SCHNURRE

Berlin, den 3. 11. 77

Lieber Herr Reich-Ranicki,

sehr herzlichen Dank für Ihren schönen Band *Nachprüfung* und für die Widmung. Ich habe ungewohnt viel in ihm gelesen, und eigentlich haben Sie es, hinsichtlich jedes dieser Autoren, verstanden, vage glimmendes Interesse meinerseits in stetig wärmende Glut zu verwandeln, womit ich auf den Charakter des Hinweisens und der Vermittlung hinauswill, den Ihr Buch für mich in hohem Maße beanspruchen darf. Und ich wüßte eigentlich kein positiveres Prädikat für diese Art Bücher, von denen es in Deutschland, wo der homme de lettre ja immer schon eine rare Persönlichkeit gewesen ist und oft genug über die (eigene) Schulter angesehen wurde, nicht gerade allzu viele gibt. Ich bin oft anderer Meinung; aber sich diese andere Meinung klarzumachen – auch das ist ein Verdienst dieses Buches; es reizt zum Widerspruch, oder es informiert auf klare und innerlich beteiligte Weise: Eine konstruktivere Alternative wüßte ich, in diesem Zusammenhang, nicht zu nennen. Zudem hat mich Ihr Buch in einem eigenen Buchplan bestärkt. Ich möchte mal einen Geschichtenband machen, ein Buch mit kurzen, prägnant komprimierten Stükken nebst dialogischem Durchschuß, dabei der Pointe nicht abhold. Deutsche (Un-)Tiefen auslotend, Blochs »fabelnd denken« als Arbeitsmotto. Thema: Unsere Großen in zugespitzten Typischst-Situationen; Literaten bevorzugt. Zum Beispiel:

Lichtenberg, seiner zweiten jugendlichen Geliebten (und späteren Frau) das Kaffeekochen mit den Kaffeekochkünsten der gestorbenen ersten erklärend: »Die kleine Stechardin machte das s o …«

Oder:

Schiller, am Don Carlos feilend, wird von der Mutter eines gefallenen Soldaten des indirekten Mordes bezichtigt. Hat als Regimentsmedikus einen Simulanten für tauglich erklärt; der Mann ist gefallen.

Oder:

Hölderlin, zum ersten Mal im Tübinger Klinikum, von Medizin-Professor und Kanzler Autenrieth zum Tragen der von diesem erfundenen Gesichtsmaske genötigt.

Oder:

Rahel Varnhagen, von der Putzfrau im Stich gelassen, bohnert wütend ihren Salon für den Abend. Heinrich Heine, der sich verfrüht, hilft ihr animiert. Auf Knien rutschend, Gespräch über die Auswüchse der Romantik dabei. Schluß: Heines romantische Liebeserklärung.

Oder:

Nietzsche wird von der Dame, nach der ihn gelüstet, gewarnt, sie sei krank. Er fürchtet, sie zu beleidigen, verschmähte er sie; und holt sich die Lues.

Oder:

Rilke berichtet Kafka in einem Prager Café von den Vorzügen, auf Fürstenschlössern zu dichten. Kafka bekommt einen Weinkrampf, konzipiert vor Neid und Verzweiflung *Das Schloß*.

Oder:

Alfred Döblin, der aufgeklärte Jude, bei entfernten Verwandten in Galizien. Versteht den Chassidismus nicht, entsetzt sich über einen Wunder-Rabbi und wird von einem verkrachten Pfarrer für den Katholizismus gewonnen.

Oder:

Ernst Barlach empfängt in Güstrow einen hohen NS-Funktionär, der ein Verehrer seines Gesamtwerkes ist und ihm das Arbeitsverbot überbringt. Barlach zeichnet den Mann, verehrt ihm das Blatt und macht ihn beim Gang über die Felder auf die gute Runkelrübenernte aufmerksam, die bevorsteht.

Oder:

Eichmann beim Mittagessen, kauend das Schema Israel lernend. Ein Untergebener stört: Einer der KZ-Insassen hat im elektrisch geladenen Stacheldraht Selbstmord begangen. Eichmann verärgert: Es ist der Professor für Judaistik gewesen, der ihn abhören sollte.

Oder:

Albert Schweitzer in Lambarene einen Eingeborenen operierend. Läßt sich vom Assistenten ablösen, wie er erfährt, einen heidnischen Medizinmann mit beachtlichen Heilerfolgen unterm Messer zu haben. Spielt Bach zur Beruhigung.

Na, und so weiter.

Danke übrigens noch für den schönen en-bloc-Abdruck meiner Geschichte. Ich bin sehr froh, daß ich Sie praktisch durch das Motto gezwungen habe, beim ursprünglichen Titel zu bleiben. Denn er signalisiert ja den Stil des Ganzen; hier wird literarisch denunziert – finde ich. Meinen Text zum Gryphius-Gedicht werden Sie in Kürze erhalten.

Für heute die herzlichsten Grüße,

Ihr Wolfdietrich Schnurre

Berlin 38, den 7. XII. 77

Lieber Herr Reich-Ranicki,

haben Sie schon mal Kopfgrippe mit einer prima prima vereiterten Stirnhöhle gehabt? Wenn nicht, bin ich gern bereit, nach Absolvierung derselben Bericht zu erstatten. Im Augenblick kaum zu mehr fähig als zu diesen zugegeben dürftigen Zeilen. Sobald wieder voll aktionsfähig, wird das erste, was ich mache, der Beitrag für die Gedicht-Anthologie sein. Bitte noch einige konzentrierte Behandlungstage Geduld.

Und das versprochene Porträt habe ich *auch* nicht vergessen. Im Augenblick allerdings würde es etwa so ausfallen:

Deshalb warte ich lieber noch ein wenig.
Sehr herzlich,

Ihr Wolfdietrich Schnurre

ROLF SCHROERS

Meckenheim b. Bonn, 9/IX/61

Lieber Herr Reich-Ranicki,

eben las ich Ihren Koeppen-Aufsatz in der »Zeit«, und ich habe das Bedürfnis, Ihnen zu danken. Ihre Analyse trifft ja nicht nur Koeppen, sondern eine sehr bittere allgemeine Situation. Mich bewegt Ihre Überlegung, weil ich sie in vieler Hinsicht auf mich beziehen kann und – verzeihen Sie die einem Schriftsteller wohl natürliche Egozentrik für diesen Augenblick und Brief – eben auch bis auf die »Reisebeschreibung« hin. Die meine hieß »Herbst in Apulien«, erschien nach harten Zeitbüchern wie »Der Trödler mit den Drahtfiguren«, »Jakob und die Sehnsucht«, »In fremder Sache«, alles Dinge mit akzentuierter Kritik, sogar *mit* Preisen – aber im Grunde ganz echolos, das wichtigste sogar mit einer Auflage von nur 1000 Expl.

Dieser Katalog, weil ich nicht voraussetze, daß Sie meine Arbeiten genauer kennen. Tatsächlich sind sie in keiner Kontinuität aufgehoben, wie sie der Schriftsteller für sich braucht, sind sie mithin auf zufällige Leser angewiesen.

Lassen wir die Frage nach der Qualität beiseite, die natürlich unterschiedlich beurteilt wird – es geht mir ja nicht um Selbstvorstellung, sondern um Ihre Überlegungen, die den tatsächlich verzweifelten Aspekt der Lage treffen. Man ist auf seine Weise »berühmt« – eben auch Koeppen – bei gleichzeitig ganz haarsträubender Indifferenz für das, was man wirklich tut. Wie die Höhe der verkauften Auflagen das beweist.

Es hat das soziologische Gründe, auch. Böll hat wenigstens ein, wenn auch amorphes, katholisches Publikum, nicht nur als Leserschaft, sondern auch im Schreibbewußtsein, als Adressaten. Damit überschritt er, gottlob unverdorben, die Publizitätsschwelle. Komplizierteres, zu deutsch Musil, aber auch Ausland, kommt über intellektuelle Zirkel nicht hinaus. Die unendlich mühsame Arbeit der künstlerischen Intelligenz hat, anders als die künstlerische Vitalität, keinerlei Chance. Was sich auf die von Ihnen erkannte Weise auswirkt. Es kommt kein Öl auf die Flamme.

Doch gibt es auch innerliterarische Gründe, echte Krisen der epischen Prosa. Daher soviel Lyrik, die sich, soweit gut, einer momentaneren Konzentration verdankt, als die Epik sie erlaubt – selbst Böll bringt ja die Kraft zur Ausführlichkeit noch kaum auf.

Die literarische Krux ist die Unglaubwürdigkeit von Handlung. Ich denke dem seit langem nach, auch als einem anthropologischen Problem. Reisebeschreibung – siehe Stifter auf seine Weise – ist ein scheinbares Movens, wo der Mensch als Movens abgeschrieben ist, wo er nicht mehr agiert, sondern nur noch re-agiert. Wovon der psychologische Roman den Verlust an Tatwirklichkeit noch als Gewinn an innerer Wirklichkeit verbuchen konnte, bis die Ausflucht nicht mehr zu kaschieren war.

Wie aber, anders als handelnd und sein Handeln verantwortend – was dem Bösen, das sichtbar schuldig wird, die große epische Möglichkeit gab –, kann Person entstehen, im Leben wie im Roman? Die Bitterkeit der neuen Prosa liegt im hoffnungslosen Protest Unangepaßter, den Angepaßte lesen sollen …

Par conséquence trieben mich solche Überlegungen ins Politische ab, selbst ins Tagespolitische als in gegebene Realitäten, wenn es denn welche sind und nicht nur abgeleitetes tieferes Versagen. Und nach Jahr und Tag kommt zum Herbst ein Buch über den »Partisan«, also die Figur des illegalen Handelns, wo Handeln in personhaftem Sinn illegal geworden ist, extrem. Man will am Mann, an seiner Sache bleiben, die Umwege sind manchmal seltsam und ohne Übersicht auf die Kontinuität eines Autors ganz und gar nicht mehr einsichtig. Daß Sie – soweit ich sehe – als erster und einziger diesem Phänomen in seiner aktuellen Bedeutung auch für den Schriftsteller selbst und grade für ihn nachgegangen sind, läßt mich hoffen. Der Zustand ist wahrhaft entsetzlich, in dem jedes Werk die Einjahrsfliege seines Erscheinungsdatums ist und nicht im Kontinuum zählt.

Verzeihen Sie diesen allzu spontanen Brief. Es hat mich halt berührt, was Sie schrieben, und Sie sollten von mir wissen, daß ich es dankbar las,

herzlich und mit guten Wünschen,

Ihr Rolf Schroers

GERHARD SCHULZ

Ascot Vale, 29. September 1999

Lieber Herr Reich-Ranicki,

gewöhnlich fällt es mir ziemlich schwer, in der sterilen Atmosphäre der Flugzeuge über lange Zeit hinweg zu lesen, aber diesmal war es anders. Überhaupt verlief die lange Reise rascher, gelegentlich fast atemlos schnell, und das lag an Ihnen, denn ich habe Sie in diesen 24 Stunden durch Ihr Leben begleitet.

Irgendwo über Ungarn habe ich angefangen mit dem Lesen, und während unten das Schwarze Meer, Afghanistan, Indien, Burma vorbeizogen, später dann die malayische Halbinsel, Indonesien und die braune Öde Australiens, bin ich Ihnen – Ihnen beiden – mit nur kleinen Schlafpausen durch die Jahre gefolgt – Ihnen, die mit mir den Abend zuvor zusammengesessen hatten.

Um es gleich ganz deutlich zu sagen: über der Aufgabe, die Sie sich setzten, sind Sie zu einem meisterhaften Erzähler geworden. Das heißt: Sie berichten nicht, sondern schaffen Wirklichkeit, in der Sie selbst und die Menschen, die Ihnen begegnet sind, lebendig agieren. Man denkt und fühlt mit Ihnen, geht mit Ihnen durch Böses und Gutes, sieht schärfer durch Ihre Augen und lacht auch mit Ihnen, verhalten zumeist, nimmt teil an Ihrer Weisheit, die aber leicht daherkommt, weil ja eben erzählt und nicht gelehrt wird. Am meisten wohl bewundere ich Sie der Zartheit wegen, mit der Sie auch dort noch zu sprechen wissen, wo eigentlich die Worte versagen, im Leiden wie im Glück. Wie spricht jene polnische Zensorin? Mild und leise natürlich, und Tristan spielt dazu im Hintergrund.

Gegen Ende erwähnen Sie Walsers Rede vom vergangenen

Jahr. Mich hat Walser nie wirklich beeindruckt, weder als Person noch als Autor, und so hatte mich die Eitelkeit nicht überrascht, die ihn zu Sätzen trieb, deren Bedeutung er wohl gar nicht begriff, obwohl er den Ruf hat, ein intelligenter Schriftsteller zu sein. Daß er wenigstens in diesem einen Fall nicht in der Lage war, seine Eitelkeit zu erkennen, über sie hinauszugehen und jene Scham einzugestehen, die jeden Deutschen zumindest meiner Generation erfassen muß angesichts des blutigen Irrwitzes und des Grauens der Judenverfolgung, das bleibt unverzeihlich. In den vierzig Jahren Australien bin ich vielen Überlebenden dieser Schreckenszeit begegnet und habe enge und gute Freunde unter ihnen gefunden. Aber die Scham hat mich dennoch nicht verlassen, und sie hat mich auch wieder zutiefst erfaßt, als ich Ihre Jugendgeschichte las. Und was das Vergessen angeht: man mag eigene Todesangst allmählich wenn nicht vergessen, so doch verdrängen können, aber von derjenigen der Nächsten, der Eltern zum Beispiel, der Opfer überhaupt gibt es keine Erlösung – für die nicht, die es durchlitten und noch weniger für diejenigen, die sie verursacht haben. Und das ist nun eben einmal in deutschem Namen geschehen. Ihr Buch soll gelesen und wieder gelesen werden und in die Lesebücher der jungen Deutschen eingehen.

In der zweiten Hälfte fiele es ab, hat ein Kritiker gemeint. Ja, hätten Sie denn Kriminalkommissar werden sollen, um die Leser durch interessante Fälle bei Spannung zu halten? Für mich ist auch diese zweite Hälfte – nach Singapore und über Australien gelesen – spannend genug. Meine eigenen DDR-Erfahrungen haben mich Ihre Erlebnisse im stalinistischen Polen sehr lebhaft nachempfinden lassen. Was aber danach kommt, nach ihren deutschen Anfängen, unter anderem in der kleinen Hamburger Wohnung, in der ich zuerst Ihr Gast war – ja, das ist es doch eigentlich erst, was der grausamen Jugendgeschichte eine Art Gegengewicht gibt und wofür gerade die Deutschen Ihnen besonders dankbar sein sollten. Denn eben daß die Hitler kommen und gehen (hoffentlich nicht zu oft kommen, allerdings), ohne daß sie die Substanz einer Kultur gänzlich kaputtmachen können, und daß Ihre Liebe zur deutschen Literatur nicht nur passiv war oder nur zu privatem Nutzen, sondern daß Sie als Kritiker und Analytiker eine Menge Geburtshilfe für diese Literatur nach 1945 geleistet haben – das rundet doch erst die Geschichte Ihres Lebens.

Welcher Reichtum an Gestalten in diesem Buch! Eine Reihe von ihnen habe ich selbst gekannt oder kenne sie genug, um zu ermessen, mit welcher Vorsicht und welchem Takt Sie sie behandeln. Daß Sie Konflikten nicht aus dem Wege gehen, versteht sich – sonst sollte man es ebenso sein lassen wie das Rezensieren von Büchern (wie Sie mir einmal in meinen Anfängen erklärt haben). Aber wie wenig Selbstgerechtigkeit und Eitelkeit ist da bei Ihnen, wo von soviel Eitelkeiten anderer gesprochen werden muß, wie sehr nehmen Sie sich immer wieder zurück. Wie oft sehe ich Sie auch lächeln, höre Sie lachen. Aber wie wenig sind wiederum die Anekdoten um ihrer selbst willen erzählt, sondern immer Teil eines größeren Ganzen – wie es sich nun eben für ein richtiges Kunstwerk gehört. Kurz: ein Meisterwerk ist Ihnen gelungen, das viele Bücher all derer überdauern wird, die Sie über die Jahre hin kritisch sichtend den Deutschen vorgestellt haben.

Daß mein alter Freund Carl Beck einen Ehrenplatz erhalten hat, freut mich. Und es freut mich zutiefst, daß ich das Buch aus Ihrer Hand, aus Ihrer beider Hand erhalten habe. Vor kaum mehr als einer Woche durfte ich Ihr Gast sein. So danke ich Ihnen also noch einmal, grüße Sie beide herzlich, auch von meiner Frau, und umarme Sie.

Ihr Gerhard Schulz

Beiliegend die um den Archipoeten verringerte Wolfskehl-Interpretation sowie der Vorschlag eines Benn-Gedichts.

ANNA SEGHERS

Berlin, den 17. Februar 1975

Sehr geehrter Herr Reich-Ranicki,

meine Stellung zu Thomas Mann ist sehr zwiespältig. Deshalb ziehe ich es vor, mich über ihn nicht zu äußern.

Ich bitte Sie, dafür Verständnis zu haben.

Die besten Grüße fügt hinzu

Anna Seghers

GÜNTER SEUREN

Zürich, 21. Dez. 68

Sehr geehrter Herr Reich-Ranicki!

Sie haben geschwiegen. Wie furchtbar. Die Hofschranzen können mit Ihnen zufrieden sein. Auch ich bin mit Ihnen zufrieden, weil ich Sie los bin. Also doch nicht furchtbar. Also im Gegenteil. Ich kann jedem Autor nur wünschen, daß ihm sein angetrauter Kritiker freiwillig wegstirbt. Und siehe da: Sein durchsichtiger Sarg ist der Flimmerkasten, da macht er hinter der Scheibe allerhand Hokuspokus mit sich selber, indem er kleine Büchertürme auf- und abbaut. Bücher, Herr Reich-Ranicki, soll man lesen, nicht tätscheln. Und sehen Sie, da beginnt die faule Zärtlichkeit, das halbe Denken. Wie sind Sie heute aufgestanden? Waren Sie heilfroh, als Sie sich wiedererkannten? Es gibt alte Teller, auf dem Tellergrund steht: Aha, ich bin noch da. – Kommen Sie nie an den Punkt, wo Sie den Teller umdrehen möchten?

Es gibt zu viele Kritiker, die mit dem Gehirn scheißen. Mehr ist dem Aufsatz Baumgarts im *Spiegel* nicht hinzuzufügen.

Fröhliche Weihnachten Seuren

München, 7. Sept. 85

Sehr geehrter Marcel Reich-Ranicki,

damals, eine Ewigkeit ist das her, schrieb ich Ihnen einen wütenden Abschiedsbrief. Man war leicht verletzbar als Anfänger, fühlte sich geehrt und deshalb auch abhängig. Und als die Ehre mal Pause hatte, weil Sie schwiegen, kam der Zorn auf. Man macht die üblichen Fehler und Umwege im Leben. Kommt über

Zürich nach München zurück, älter geworden, mit gemischten Gefühlen arbeitet man für die Medien, ein Balanceakt zwischen Schreiben, Leben, Geldverdienen. Ich las in Erlangen auf dem »Poetenfest«. Piwitt, Fels, Höllerer waren da. Ich erzählte Höllerer, daß Vormweg in der »Süddeutschen« über Walsers neues Buch schrieb: »Bittersüß die Schmerzen des Alterns« – er lachte herzlich gereizt auf. Die Vereinfachungen in der Presse. Otto, der Spaniel, tot, vom Auto überfahren. Eine kalifornische Welle wirft den Strandgast um. Das Alter. So originell ist das alles natürlich nicht, wie es auf dem Papier steht. Und Vormwegs Fazit ist sicher ein begrenztes. Ich wollte aber etwas anderes sagen: ich las die einfühlsame, sachverständige Kritik von Jens Jessen über mein Buch. Und da fiel mir mein komischer Abschiedsbrief an Sie wieder ein. Ich habe nicht mehr damit gerechnet, eine gute Kritik in der FAZ zu bekommen. Wer schreibt, provoziert. Ihre Zeile. Wer schreibt, muß mit Lohn oder Strafe rechnen, würde ich sagen. Und da ich krumme Wege gehe, einem schnüffelnden Spürhund ähnlicher als einem literarischen Schwan, bin ich an Hiebe gewöhnt. Um so mehr freue ich mich, daß der Rezensent jemand ist, der präzise das herausgelesen hat, was ich sagen wollte. Es hätte ja auch mal wieder einer von den journalistischen Grabenkämpfern antworten können, die Feuilletons benutzen, um ihre Eifersucht auf Literatur und deren Autoren abzureagieren. Man freut sich über verspätete, aber willkommene Überraschungen am meisten.

Meine letzte lange Erzählung »Der Angriff« wird von dem Münchner Regisseur Kotulla (»Aus einem deutschen Leben«, Höß in Auschwitz) für das Kino verfilmt, Coproduktion ZDF. Zum Davidoff-Buch liegt mir ein erstes Verfilmungsangebot vor. Vielleicht freut es Sie ein wenig in Erinnerung an die frühen Jahre, an Wege, die sich getrennt haben. Immerhin, es lebt sich besser mit einem unerwarteten Lob als mit Schweigen.

Herzlichen Gruß Günter Seuren

HILDE SPIEL

Wien, 19. Juni 1967

Lieber Marcel Reich Ranicki,

nur ungern enttäusche ich Sie – außer durch meine Romane –, aber Böll ist bei mir eine Bildungslücke, die ich errötend eingestehen muß. Ich liebe sehr das Gesammelte Schweigen des Herrn Murke und habe Böll diese Geschichte auch vorlesen gehört, aber ich kenne die wenigsten seiner Bücher und weiß von ihnen, wie der Schulknabe von Julius Cäsar, nur das Beste, aber nicht viel mehr. Bitte haben Sie die große Güte, mich in diesem Fall zu dispensieren.

Die Torberg-Freundschaft hat ungeahnte Formen angenommen. Wir telefonieren miteinander und haben bei zwei Gelegenheiten auf das Freundlichste miteinander parliert.

Die schönsten Grüße von

Ihrer Hilde Spiel

St. Wolfgang, 3. Juli 1979

Lieber Marcel,

[...] Klagenfurt hat für mich noch ein kränkendes Nachspiel gehabt: in der langen, von vielen Wasserrosen, Entchen auf dem See und Naturaufnahmen malerisch umrahmten Fernsehsendung kam ich mit keinem einzigen Wort, lediglich mit zwei recht unvorteilhaften Nahaufnahmen ins Bild, während alle anderen österreichischen Juroren und viele der übrigen mit besonderen Interviews und Ausschnitten aus ihren Kommentaren zu den Lesungen ausgiebig präsentiert wurden. In Österreich nichts dahinter zu vermuten wäre unmöglich.

Ich habe inzwischen noch über die beiden Dinge, die ich in Klagenfurt mit Dir besprochen hatte, ein bißchen nachgedacht. Sie sind beide, das hatte ich schon angedeutet, im Licht der schauerlichen Überanspruchung während der letzten Wochen – ohne die geringste Atempause während der langen Hitzewelle – so von mir gesehen worden, wie ich sie Dir dann geschildert habe. Jetzt, in Kälte und Regen endlich in meinem Haus in St. Wolfgang sitzend, habe ich zumindest ein wenig Muße, mir das alles noch einmal zu überlegen. Was Klagenfurt betrifft, so will ich dazu stehen, mein Amt als Jurorin zurückzulegen, falls Euch das hilft, die Jury zu verkleinern und den nötigen Wechsel herbeizuführen. Aber eine kleine Reservation möchte ich dabei doch machen: wenn Frau Fussenegger bleibt, dann will ich's auch tun. Ich halte das für eine Frage der Balance.

Eine Reduktion meiner Tätigkeit für die FAZ durch die völlige Aufgabe jeder Theaterkritik erscheint mir nachträglich doch ein wenig fragwürdig, vor allem aus einer gewissen Existenzangst, die Dir nicht unberechtigt erscheinen würde, wenn Du wüßtest, was alles auf mir ruht. Selbst bei gleichbleibender Monatspauschale würde ich auf alle Spesen verzichten müssen, wenn ich die aktuelle Berichterstattung aufgebe, und ich glaube nicht, daß ich mir das leisten kann. Ganz sicher aber möchte ich nie wieder diese Art von Festwochen-Coverage machen wie in diesem Jahr und vielen vorangegangenen Jahren. Mehr als einen Monat Tag für Tag in der einzig wirklich schönen Jahreszeit in einer stickigen kleinen Wiener Wohnung zu arbeiten und Abend für Abend, manchmal dazu noch Vormittage oder Nachmittage irgendeiner, in den seltensten Fällen lohnenden Darbietung beizuwohnen, während in Wolfgang ungesehen meine Magnolien blühen – dazu ist mein Leben zu kurz, oder vielmehr nicht mehr allzu lang, das wirst Du verstehen.

Nun, vielleicht kann ich mit Deiner Hilfe und Joachim Fests Entgegenkommen ein etwas erträglicheres Arbeitsverhältnis herstellen.

Sehr herzliche Grüße Deine Hilde

Wien, 1. Juni 1987

Mein lieber Marcel,

– »und höre nur, wie bös er war: Er peitschte seine Gretchen gar!«

Du kennst das Zitat und weißt, daß ich Dich für einen argen Wüterich halte, der seine Freunde nicht von seinen Feinden zu unterscheiden weiß. Du hast mir eine lange Lektion erteilt, deren ersten Teil ich gar nicht anfechten möchte. Hier steht Meinung oder Empfinden gegen Meinung und Empfinden. Mir gut bekannte, aber auch wildfremde Menschen fanden die »Wegklage« rührend und auch L.H.s gewiß epigonale, aber die von Herrn Koneffke immer noch übertreffende Lyrik schön. Sei's drum. Mich hat zuletzt nur die »Einkehr« in meinen Aufsatz eben dieses Herrn Koneffke gestört; die immer noch beträchtlichen Kürzungen hatte ich überwunden.

Nun zu dem makabren Begräbnisbericht. Ich wußte, daß er zu lang war, hatte ihn an meinem ersten Tag in London rasch mit einem Stift verfaßt, um nicht an Aktualität zu verlieren. Bei all meinem Respekt für das christliche Ritual, in dem ich ja selbst aufgewachsen bin – nebenbei sagt man in Österreich *ein*segnen, nicht *aus*segnen, wie mir irgend jemand verbessert hat –, war ich von der Abwesenheit jeglichen Hinweises auf den jüdischen Ursprung der Christiane Zimmer nun doch ein wenig aigriert und habe eben deshalb, um das Ganze wieder zurechtzurücken, den Umstand der Herkunft ihrer Mutter erwähnt. Keineswegs kann diese jüdischer Religion gewesen sein, denn sonst hätte sie H.v.H. nicht kirchlich geheiratet und wäre ihr Bruder Hans nicht zu irgendeinem Zeitpunkt Mönch geworden.

Sie als Jüdin rundweg zu bezeichnen habe ich deshalb nicht erwogen, aber doch ihren Ursprung nicht verschwiegen – wenn auch durch Umschreibung, was mir ausreichend schien. Ich sehe nicht den geringsten Grund, dies zu ändern oder geändert zu sehen. Von schamhaft kann keine Rede sein. Du hast zuweilen meine – in aller Bescheidenheit angestrebte – Affinität zu

H.v.H. gelobt. Daß Du hier eine Formulierung in seinem Sinn tadelst, muß andere Gründe haben.

Du sagst, ich hätte seit vielen Wochen Dich nicht angerufen. Ich gebe diesen Vorwurf an Dich zurück. Sonst warst immer Du es, der anrief, darum hat mich gekränkt, nichts von Dir zu hören. Fast scheint mir, nach Deinen ironischen Sätzen über meine Reisen in die USA und nach England oder gar (woher denn das?) Südafrika, Du bedauertest, meinen Nachruf noch nicht schreiben zu können. Nach fünf Chemotherapien und mit allmonatlichen Kontrollen wage ich, unter Aufbietung meiner gesamten Willenskraft, in den kurzen Wochen zwischen verschiedentlichen Anfällen, ein mehr oder weniger normales Leben zu führen. Auf Zeit. Ich bitte, mir das zu gönnen.

Und nun höre auf, Dein Gretchen zu peitschen, die Dir trotz allen möglichen Meinungsverschiedenheiten immer die Treue gehalten hat und hält. Deine Hilde

Wien, 7. 7. 1989

Liebster,

Dein Brief hat mich über alle Maßen gefreut. Nicht nur nimmst Du mir nichts übel, es sind auch, was ich als Wichtigstes aus ihm entnehme, die Beziehungen zu Fest und Schirrmacher »wieder vernünftig geregelt«. Beweis: der Abdruck Deines großartigen Döblin-Essays heute in der Zeitung. Bitte denke wirklich nicht, ich hätte Dir in erster Linie wegen der mangelnden Äußerungen zu meinen Erinnerungen geschrieben. Nein, daß Du überhaupt nichts von Dir hören ließest, also auch nicht zu den Erinnerungen etwas sagtest, hat mich verwundert und auf die Idee gebracht, es sei irgend etwas nicht in Ordnung zwischen uns.

Ich habe ein paar Mal versucht, Dich telefonisch zu erreichen, wie ich Dir ja schon schrieb, und das gelang mir nicht. Du warst ja auch viel unterwegs. Und ich muß Dir ehrlich sagen, daß ich selbst zur Zeit sehr kommunikationsträge bin – ganz einfach aus dem Gefühl heraus, daß ich mit dem wenigen, das ich noch machen möchte und meiner stets schwindenden Tatkraft abringe, also mit dem Schreiben und – hoffentlich – Beenden des zweiten Bandes dieser Erinnerungen, einen Wettlauf mit der Zeit vor mir habe. Dann werde ich unruhig und gebe zu rasch auf, wenn ich jemanden nicht am Telefon erwische, oder ich fürchte mich vor dem Berg unbeantworteter Briefe und gehe lieber nicht an den Schreibtisch, sondern tippe auf einer anderen kleinen Maschine, sitzend, im Bett.

Bitte glaub nicht, daß ich all Deine Sorgen und Plagen, Tosias Krankheit und die Deiner Schwester, und Deine vielen Verpflichtungen unterschätze. Es ist ja sehr eindrucksvoll, was Du alles tust. (Mich wundert übrigens ein bißchen, daß Krüger keinen Beitrag von mir wollte, aber es erleichtert mir zugleich das Leben, weil mir auch dazu die Zeit gefehlt hätte und ich es dennoch nicht hätte absagen können.) Bedenke aber auch ein bißchen, daß ich in zwei Jahren achtzig werde – wenn ich es werde – und doch gesundheitlich recht angeknackst bin, so daß ein Freund sich auch ab und zu nach mir erkundigen könnte, wie Du es früher immer tatest.

In Liebe zu Dir und Tosia, Deine Hilde

EMIL STAIGER

Zürich, 12. 6. 67

Sehr geehrter Herr Reich-Ranicki,

es fällt mir sehr schwer, Ihre freundliche Einladung mit einer Absage zu beantworten. Und doch muß ich es tun. Die Ansprüche haben sich in den letzten Wochen und Monaten so gehäuft, daß ich längst nicht mehr allen genügen kann, geschweige denn mich auf neue einlassen darf. Es wäre gar nicht so einfach, zu dem in der Tat erstaunlichen Phänomen Böll etwas Stichhaltiges zu sagen. Die Frage reicht weit ins Kultursoziologische hinein. Da müßte ich mich zuerst auf Gedankengänge einlassen, die mir nicht ohne weiteres vertraut sind. Ich bitte Sie um wohlwollendes Verständnis, was ich mir insofern glaube gestatten zu dürfen, als ich ja weit mehr Historiker als Kritiker bin.

Da nun aber das Stichwort Kritiker fällt, möchte ich Ihnen bei dieser Gelegenheit meine aufrichtige Bewunderung aussprechen. Unter den zeitgenössischen Kritikern deutscher Sprache kenne ich keinen, dessen Äußerungen so substantiell, so wohlbegründet und so frei von allem unechten Glanz sind wie die Ihrigen. Ich habe viele Ihrer Aufsätze mit dem allergrößten Gewinn gelesen und freue mich jedes Mal, wenn ich Ihrem Namen begegne. Sonst wird es mir bei der Lektüre der Zeitungen – schweizerischer und deutscher – meist höchst unbehaglich zumute. Die Slogans herrschen vor, und von einem selbständigen, sachlich erarbeiteten Urteil ist in der Regel wenig zu erkennen. Bei Ihnen fühle ich mich immer aufs lebhafteste angesprochen, auch dort, wo ich mit Ihnen einmal nicht einverstanden bin. Denn auf Zustimmung kommt es ja wahrhaftig nicht an, wohl aber auf den Austausch von wirklichen Gedanken. Und wie selten ist ein solcher noch möglich!

So denn mit dem Ausdruck meiner aufrichtigen Verehrung und

bestem Gruß, Ihr sehr ergebener Emil Staiger

CAROLA STERN

z. Z. Bad Hofgastein, 14. 6. 94

Lieber Marcel,

zunächst ging der Skandal an mir vorüber. Als dieser widerwärtige Beitrag im WDR gesendet wurde, war ich mit früheren Mitschülerinnen in Pommern, habe auch Deine Entgegnung nicht gesehen und bin nach kurzem Zwischenstop in Köln gleich nach hierher weitergereist. Vergraben in die Liebesgeschichte zwischen der Duncan und Jessenin und mit allerlei beschäftigt, was der Gesundheit dienen soll, habe ich auch die letzte *Zeit* noch nicht gelesen und bin nun aufgescheucht von einer Rundfunknachricht, hinweisend auf Deine heutige Erklärung in der FAZ.

Es bedrückt mich, Dich diesem Rechtfertigungszwang ausgesetzt zu sehen, denn Du hast nicht nötig, Dich einer Gesellschaft gegenüber zu verteidigen, deren Bürger nichts wissen von Hoffnung und Verzweiflung, Gewissensqual und aus gewonnenen Einsichten gezogenen Konsequenzen. Das gilt für Alte im Blick auf die NS- sowie die SED-Vergangenheit und für Junge, unfähig, dieses vergangene Jahrhundert zu begreifen.

Es bedrückt mich, mitanzusehen, wie der Abbruch der Freundschaft zwischen Euch und Jens immer mehr die Züge einer Tragödie annimmt.

Aber vor allem anderen macht mir Sorge, wie Du und Deine Frau mit den Beschuldigungen der einen und dem Schweigen anderer, den psychischen Belastungen fertig werdet. Ich kann mir vorstellen, wie Deine Frau das alles mitnimmt und möchte sie sehr herzlich grüßen.

Herta Müller hat zwar neulich auf dem PEN-Kongreß gesagt, daß sie bei dem Wort Solidarität das Kotzen kriege. Für mich aber ist das ein Begriff, der mir sehr viel bedeutet, und wenn ich was Vernünftiges tue, so meistens aus diesem Gefühl heraus.

Also, Solidarität möchte ich ausdrücken und alte, unverbrüchliche Zuneigung und Liebe. Carola Stern

DOLF STERNBERGER

Darmstadt, 28. 3. 86

Lieber Herr Reich-Ranicki,

ich danke Ihnen für Ihren schönen und ernsten Brief. In einem Punkt haben Sie meinen Einwand ein wenig mißverstanden: ich hatte nicht Zweifel daran ausdrücken wollen, ob Golo Manns Buch den Erwartungen entsprechen werde, die die Ankündigung mit ihrem ersten Satz erweckt hat. Solange man nicht das ganze Buch kennt, kann man diese Frage nicht entscheiden. Nein, ich meinte nur, der Leser werde, hat er diese Ankündigung in Erinnerung – und Sie haben sie derart suggestiv vorgetragen, daß man sie gar nicht vergessen kann –, fortwährend bei seiner Lektüre im stillen den Text zu examinieren versucht sein, ob er diese Fanfare wahrmacht oder nicht, und das nehme ihm die Unbefangenheit, schade daher dem Autor.

Guderians Maxime mag für einen Panzerangriff taugen, aber darauf versteht sich unsereiner doch nicht. Mir lag, als ich Ihren Brief las, eine Maxime (ungenau) im Sinn, die für die Literatur taugt und auch für sie gemünzt war:

»Beredsamkeit, die durch Milde, nicht durch Herrschaft überzeugt, als König, nicht als Tyrann.«

Das ist von *Pascal*. Ich sehe, daß meine beiden deutschen Übersetzungen der »Pensées« (Wasmuth und Rüttenauer) diese Bemerkung nur unvollkommen und mißverständlich wiedergeben – die obige Version habe ich selbst durch eine gewisse Umstellung verständlicher zu machen versucht. Ich will dieser Tage den originalen Wortlaut vergleichen. Aber jedenfalls ist die Meinung deutlich, der Vergleich der literarischen Methoden mit dem Figurenpaar des Königs und des Tyrannen, das die Staatslehre des ganzen Mittelalters durchzieht, scheint mir höchst geistreich und auch lehrreich.

Natürlich hilft es nicht viel, die drei Adjektive vorsichtiger zu wählen: das macht die Sache in der Tat nur fade. Ich habe keinen Gegenvorschlag zu bieten,

bleibe aber mit herzlichen Grüßen für Sie beide

Ihr Dolf Sternberger

DIETER STOLTE

Mainz, 25. 7. 94

Lieber Marcel Reich-Ranicki,

in diesen schwierigen Tagen sollten Sie wissen, daß ich mich nicht irritieren lasse. Ich bin stolz darauf, daß Sie im ZDF arbeiten. Und so soll es auch bleiben!

Grüßen Sie Ihre verehrte Gattin herzlich von mir. Bis auf bald und mit zuversichtlichen Grüßen,

Ihr Dieter Stolte

FRIEDRICH TORBERG

Wien, 22. Dezember 1963

Lieber Reich-Ranicki,

Hamburg ist von Wien tatsächlich so weit entfernt, daß ich die letzte Ausgabe der »Zeit« erst heute in die Hand bekam und Ihnen inmitten des Feiertagswirbels nur noch in aller Eile sagen kann, wie sehr ich mich über Ihren Artikel gefreut habe. Das ist doch etwas *ganz* andres als diese jammervollen Leserbriefe in der »Welt«, oder was einem sonst an Ablehnung begegnet (von der Zustimmung ganz zu schweigen). Wirklich: Sie sind der beste Beweis dafür, daß ich gegen die Linksintellektuellen vor allem deshalb polemisiere, um auf würdige Gegnerschaft zu stoßen …

Leider bin ich infolge meiner übermäßig lang geratenen Deutschlandreise jetzt mit Arbeitsrückständen so überlastet, daß ich mich auf eine wirkliche Replik, wie sie für einen Partner Ihres Rangs erforderlich wäre, nicht einlassen kann. Darf ich statt dessen eine (Ihnen hoffentlich unbekannte) Friedell-Anekdote variieren? Als Friedell Anfang der zwanziger Jahre in einem Berliner literarischen Cabaret gastierte, wurde er von einem Kritiker entsetzlich verrissen und u. a. als »versoffener Münchner Dilettant« bezeichnet. Friedell reagierte mit einem offenen Brief, in dem es hieß: »Wenn Sie mir einen Vorwurf daraus machen wollen, daß ich gerne trinke, so ist das Ihre Sache. Auch dagegen, daß Sie mich einen Dilettanten nennen, habe ich nichts einzuwenden, denn Dilettantismus schließt ehrliches Kunstbestreben keineswegs aus. Aber das Wort ›Münchner‹ wird ein gerichtliches Nachspiel haben!« Auf unsern Fall variiert: Daß Sie eine der ironischen Überspitzungen meines »Hyperion«-Briefs als geschmacklos empfinden, sei Ihnen konzediert. Die Unterstellung, Brecht »beschimpft« zu haben, steht in so offenkundigem und jederzeit nachweisbarem Widerspruch zu den Tatsachen, daß es mich nicht weiter stört. Aber das Wort »Vegetarier« wird ein gerichtliches Nachspiel haben.

Sie können ihm nur dadurch entgehen, daß Sie bald nach Wien kommen und sich hier von mir mindestens drei Tage lang zu Fraß und Völlerei ausführen lassen. Ich würde mich über ein Wiedersehn mit Ihnen ebenso aufrichtig freuen, wie ich mich über die menschliche Wärme und Sympathie gefreut habe, die ich Ihrem Artikel anzumerken glaubte. Sie beruht auf Gegenseitigkeit.

Herzlichst Ihr Torberg

Wien, Freitag [Anfang Februar 1964]

Herr!!!

Gern hab ich sowas. Mit einem am Freitag eintreffenden Brief das Wochenende eines friedlichen Menschen auf den Kopf stellen und gar noch Spezialwünsche äußern. Wieder einmal typisch hamburgisch. Also passen Sie auf:

Sie haben mehr Glück als Verstand (und Ihre polemische Meisterschaft soll Sie jetzt bitte nicht zu der Replik verleiten: »Dazu gehört nicht viel!«). Sie gehen am Abend des von Ihnen als Sonnabend bezeichneten Tags, also am Sonnahmtahmt, *ins Akademietheater zur Wessely*, die nur alle heiligen Zeiten einmal spielt, diesmal sogar in dem nur alle heiligen Zeiten einmal im Repertoire aufscheinenden »Anatol« von Schnitzler. Sie bekommen da etwas garantiert Ein- und Letztmaliges zu sehen, und wenn's Ihnen nicht gefällt, werden gefl. *Sie* sich zu verantworten haben, nicht ich.*

Ich hole Sie vom Theater ab und geleite Sie, damit Sie außer mir *noch* ein paar nette Leute treffen, in die Wohnung eines Wiener Freundes. Ich wohne nämlich nicht in Wien, Herr. Ich wohne 40 Autominuten von Wien entfernt, bei den derzeitigen Straßenverhältnissen eine Stunde. Und trotzdem.

Sonntag nachmittag kommt um 5 Uhr der *Dr. Wolfgang Kraus* zu Ihnen ins Hotel, um in seiner Eigenschaft als Leiter der »Österreichischen Gesellschaft für Literatur« Ihnen eine (von mir angeregte) Einladung zu einem Wiener Gastspiel zu überbringen. Ich behalte mir vor, mich dieser Besprechung beizugesellen.

Sonntag abend gehen Sie ins kabarettartige »Theater am Kärntnertor«, die einstige Wirkungsstätte Qualtingers (der im Augenblick serieeses und nicht sonderlich sehenswertes Theater spielt). Dortselbst sehen Sie *»Die Arche Nowak«*, die vorige Woche nach einer Hunderter-Serie bereits abgesetzt wurde, aber auf allgemeines Verlangen an diesem Wochenende – vgl. oben unter »Verstand«. Sie besuchen die Vorstellung in der sachkundigen Begleitung unsrer Literatur-Redaktrice Dr. Elisabeth Stengel, einer intelligenten und netten jungen Dame, deren einziger Fehler es ist, Reich-Ranicki zu schätzen.

Anschließend erwarte ich Sie im nahe gelegenen Café Sacher.

Alles weitere mündlich. Soyez nevertheless le bienvenu, Herr.

Ihr F. T.

* Ihre Karte liegt von Frau Johanna Matz an der Abendkasse.

Breitenfurth, 25. Juni 1970

Lieber Marcel R-R,

nun ist es mir also doch gelungen, Ihr Schweigen zu brechen, noch dazu zwei Seiten lang. Das rechne ich mir hoch an.

Und das alles hätten wir uns (und einander) erspart, wenn Sie meinen Brief vom November 1968 einer – sei's auch noch so kurzen – Antwort gewürdigt hätten, wie es unter zivilisierten Menschen, die noch dazu persönlich ganz gut miteinander auskommen, üblich und schicklich ist. Denn was mich anfangs verwundert und allmählich verstimmt und schließlich vor ein unlösbares oder doch sehr vertracktes Rätsel gestellt hat, war *weit* weniger die Nichtbeachtung meines Nachworts als die Nichtbeantwortung meines Briefs.

Daß Sie ihn – aus Zartgefühl? oder warum sonst? – nicht beantworten *wollten* (Ihre Unterstreichung): auf diesen Gedanken konnte ich selbst bei größtem Aufwand an Phantasie nicht verfallen. Dazu müßte unser persönlicher und schriftlicher Kontakt doch um ein vielfaches intensiver sein. Dann hätte ich mir vielleicht sagen können: aha, wenn ein so bewährter Korrespondenzpartner, der seit Jahr und Tag auf jede Nuance richtig reagiert, einen solchen Brief unbeantwortet läßt, wird schon etwas Richtiges dahinterstecken, worüber er sich jetzt nicht äußern will, er wird das sicherlich bei nächster Gelegenheit tun, warten wir sie ab, es kann nichts passieren … Leider war ich mangels jeglichen Anhaltspunktes (und mangels übermenschlicher Hellsichtigkeit) außerstande, einen Gedankengang dieser Art anzustellen. Leider war ich auf die zu Tage liegenden Tatsachen angewiesen, welche darin bestanden, daß Sie mich zuerst in Ihrer Besprechung ignoriert hatten, dann auch noch den Brief ignorierten, den ich Ihnen (in gewiß nicht ungehörigem Tonfall) schrieb, und schließlich über ein andres Buch eine – ich wiederhole es – enthusiastische Kritik veröffentlichten, von der Sie auch ohne übermenschliche Hellsichtigkeit wissen mußten, daß ich sie nach allem Vorangegangenen nur als eine weitere feindselige oder zumindest hämische Reaktion von Ihrer Seite empfinden konnte. Unsere Vorfahren pflegten in solchen Fällen zu sagen: Faule Fisch und Klepp dazu.

Und jetzt, da meine instinktlos aufrechterhaltene Beharrlichkeit Ihnen offenbar zu blöd geworden ist, sagen Sie mir's endlich ins Gesicht, »Sei's drum«, sagen Sie, Tu l'as voulu, George Dandin, Sie wollten ja nicht, aber ich zwinge Sie dazu, und da ist sie auch schon, die ganze bittere Wahrheit: Sie haben mein Nachwort zur Schnitzler-Autobiographie nicht erwähnt, weil Sie es für »sehr unerheblich« hielten und halten.

Als ob das nicht Ihr gutes Recht wäre. Als ob Sie mir das nicht längst, nicht schon auf meinen Brief hin hätten sagen können. Als ob da mein literarischer Status auf dem Spiel stünde. Und weil wir, Humanisten unter uns, schon bei französischen Zitaten sind: Tant de silence pour une omelette! Fast hat es den Anschein, daß Sie dieses Nachwort wichtiger nehmen als ich. Aber, wie es bei Reich-Ranicki so richtig heißt: Sei's drum. Dieses Nachwort ist also ganz gewiß kein Meisterwerk, auch in meinen Augen nicht, und es mag in der Tat unerheblich sein, sogar »sehr« unerheblich. *So* unerheblich, daß nicht einmal in der Titelangabe Ihrer Besprechung der Vermerk »Mit einem Nachwort von F. T.« Platz finden durfte, scheint es mir allerdings nicht. Ein solcher Vermerk hätte sich schon aus Gründen der bibliographischen Ordnung empfohlen und wäre mir persönlich schon aus Gründen eines sozusagen demonstrativen Bekenntnisses zu Schnitzler wichtig gewesen. Auch daß Sie selbst, in Ihrer Besprechung, sich mit einigen ganz ähnlichen Thesen auseinandersetzen, wie sie in meinem Nachwort enthalten sind, scheint mir nicht gerade für dessen Unerheblichkeit zu sprechen. Und jetzt einmal abgesehen von den übrigen Rezensionen, die (mit Ihrer und Hilde Spiels Ausnahme) samt und sonders und positiv auf mein Nachwort hingewiesen haben: die »Süddeutsche« fand es sogar erheblich genug, um es als ungekürzten Vorabdruck zu bringen. – Natürlich soll und darf dies alles Ihre Meinung in keiner Weise beeinflussen, da haben Sie vollkommen recht, und das sagte ich schon. Aber ich konnte unter den gegebenen Umständen unmöglich ahnen, daß Sie meine schriftstellerischen und brieflichen Bemühungen nur deshalb ignoriert haben, weil Sie jene (nämlich das Nachwort) für unerheblich hielten und weil Sie mir das nicht sagen wollten. Ich mußte aus den gegebenen Umständen andere Schlüsse ziehen, die sich nunmehr, zu meiner Freude, als unzutreffend erwiesen haben.

Das Ausbleiben einer Besprechung meines Novellenbandes »beanstande« ich nicht, so wenig wie mir eine an Sie gerichtete

»Aufforderung« zustünde. Es hätte mich nur getröstet, wenn Sie »Golems Wiederkehr« besprochen hätten, und ich habe Ihnen das als eine Art freundschaftlicher Wiedergutmachung vorgeschlagen; anders war die betreffende Stelle meines Briefs nicht gemeint. Und vollends davon, daß ich Sie für »gewissermaßen verpflichtet« hielte, über meine Bücher zu schreiben, kann keine Rede sein. Ihre ausdrücklich nicht gestellte Frage, warum *ich* nicht über *Ihre* Bücher schreibe, muß ich trotzdem beantworten. Die Antwort lautet *nicht*, wie Sie im voraus zu wissen glauben, daß ich »Wichtigeres zu tun hätte«, noch lautet sie, daß ich nur ein »Auch-Kritiker« bin und Sie ein »Nur-Kritiker« sind. Sondern ich fände es unpassend und zu peinlichen Mißdeutungen einladend, über einen Kritiker zu schreiben, von dem ich selbst kritisiert werden möchte, der mich in eine von ihm herausgegebene Anthologie aufgenommen hat und dessen Betätigungsfeld sich gelegentlich mit dem meinen überschneidet. Mein Bestreben, den Anschein wechselseitiger Händewaschungen zu vermeiden, geht so weit, daß ich – besonders seit ich das FORVM aufgegeben und mich wieder auf die Belletristik zurückgeworfen habe – die von der »Welt der Literatur« dringlich gewünschte Besprechung von Romanen anerkannter Zeitgenossen ablehne, weil ich sie, um nicht in den Verdacht des Konkurrenzneids zu geraten, loben müßte. Die Themen meiner Beiträge zur WdL waren, wie Sie unschwer feststellen könnten, Trakl, Lasker-Schüler, Alfred Adler, der Briefwechsel Freud–Arnold Zweig (über den wir, glaube ich, einer Meinung waren), die Gedichte von Handke und andres dergleichen. *Wenn* ich ausnahmsweise einmal über einen Roman schreibe, dann ist es (wie bei Rosendorfers »Ruinenbaumeister« und demnächst bei Fischers »Wohnungen«) das Erstlingswerk eines jungen Autors, den ich gerne fördern möchte. – Damit ist, so hoffe ich, auch dieser Punkt geklärt.

Bleibt noch der Punkt Hilde Spiel. Zunächst, was Sie überraschen oder gar enttäuschen wird: ich bin nicht mit ihr verkracht; genauer: nicht mehr. Wir haben uns am Grabe Doderers, also vor etwa zwei Jahren, versöhnt und zwar keine Freundschaft geschlossen (die es ja nie zwischen uns gab), aber doch eine Art Burgfrieden, mit dem wir ein urbanes Auslangen finden. Das wußten Sie freilich nicht, und ich meinerseits wußte, daß Sie es nicht wußten – womit die von mir als »hämisch« bezeichnete Nebenwirkung Ihrer Kritik über »Rückkehr nach Wien« gegeben war. Und was den Unterschied zwischen einer »enthusiastischen Kritik« und einer »empfehlenden 30-Zeilen-Notiz« betrifft, so wollen wir über solche Kinkerlitzchen nicht rechten. Nein, natürlich »erwarte« ich von Ihnen keineswegs, daß Sie die Hilde Spiel »bekämpfen«, weil ich mit ihr »verkracht« bin. Wozu wäre solche »Bekämpfung« gut? Die Hilde Spiel ist eine wohlerzogene, vielseitig gebildete Dame, die mit guter Beobachtungsgabe und flüssigem Stil, notabene nicht ohne Niveau, über vielerlei Dinge der Kunst journalistisch zu berichten weiß. Aber, auf die Gefahr hin, daß das irgendwie zu ihr zurückkommt und den oben erwähnten Burgfrieden stört: in literarischer Hinsicht halte ich sie, um wieder einmal einen Ausdruck Reich-Ranickis zu gebrauchen, für unerheblich. Und wenn in einer Zeitschrift vom Range der »Zeit« unter dem Signum eines Kritikers vom Range Reich-Ranickis über ein »Tagebuch« von Hilde Spiel 30 empfehlende Zeilen erscheinen, aber keine einzige Silbe über einen neuen Novellenband von mir, der sogar – was bei deutschsprachigen Büchern nur sehr selten geschieht – im »Times Literary Supplement« gewürdigt wurde, dann muß ich mich wundern und hätte das auch dann getan, wenn dem allen nichts weiter vorangegangen wäre.

Mein Lieber, das ist nun ein noch längerer Brief geworden als der Ihre und überhaupt eine schöne Korrespondenz, so recht geschaffen für die Aufnahme in den Supplementband III der zwanzigbändigen kritisch-historischen Ausgabe meiner Gesammelten Werke, 1998, Staatsverlag der UdDSR (Union der Deutschsprachigen Sowjetrepubliken), Straßburg–Preßburg–Torbergogorsk. Ich werde Ihre entpersönlichte Objektivität weiterhin respektieren und weiterhin zu jenen wenigen gehören, die Sie sich damit zu Freunden gemacht haben. In diesem Sinne hoffe ich auf ein persönliches Wiedersehen um die Julimitte in Hamburg.

Bis dahin, mit allen guten Wünschen und Grüßen,

Ihr Torberg

Breitenfurth, 5. 1. 1972

Lieber MMRR (das erste M steht für Meister),

seien Sie bedankt für Ihren Brief, für das durch Widmung entwertete Exemplar Ihrer jüngsten Anthologie (die ich ohne Widmung natürlich schon längst besitze) und vor allem für Ihre aufregend verpackte Mitteilung, daß Sie mich sowohl in Massada wie in der »Erfundenen Wahrheit« untergebracht haben. Ich weiß es zu schätzen und bin gerührt. Ja mehr als das: ich bin beruhigt. Denn da Sie mich bei meinen letzten Anwesenheiten in Hamburg durch Abwesenheit brüskiert hatten und seither nichts von sich hören ließen, war ich schon ein wenig besorgt, ob die zarte Knospe unsrer Beziehung nicht irgendeiner Witterungsunbill zum Opfer gefallen sei. Im literarischen Gefild kann ja sowas immer passieren.

Apropos passieren: Vielleicht haben Sie der Weihnachts-Beilage der »Welt« entnommen, daß ich mit meinem Roman über den jüdischen Minnesänger Süßkind von Trimberg fertig geworden bin. Er wird zwar nicht (wie es in der Präambel des Vorabdrucks hieß) »demnächst« erscheinen, aber doch im März. Und da könnte es Ihnen also passieren, daß ich Sie bitten werde, diesem von mir als Lebenswerk empfundenen Buch Ihre kritische Aufmerksamkeit zuzuwenden. Um die volle Wahrheit zu sagen: es *ist* Ihnen soeben passiert. Ich kann mich nicht entsinnen, eine solche Bitte jemals vorgebracht zu haben, sondern meutere immer erst nachher, wenn's zu spät ist. Diesmal riskiere ich den Versuch, rechtzeitig etwas zu unternehmen. Falls ich von Ihnen nichts ausdrücklich Gegenteiliges höre, wird Ihnen der Verlag Fischer ein Vorexemplar schicken.

Davon abgesehen wünsche ich Ihnen alles Gute für 1972 und bin mit den herzlichsten Grüßen

Ihr Torberg

dzt. Alt-Aussee, 4. April 1972

Lieber Reich-Ranicki,

dank feiertäglicher Postunterbrechung und dörflicher Abgeschiedenheit habe ich die letzte Nummer der »Zeit« mit Ihrem »Süßkind«-Verriß erst jetzt zu Gesicht bekommen. Wie tief mich dieser durch Sympathiebekundungen getarnte Meuchelmord getroffen hat und wie sehr ich mich – vollends nach unserm letzten Wiener Gespräch – von Ihnen düpiert fühle, kann ich Ihnen gar nicht sagen, und wenn ich's könnte, täte ich's nicht. Selbstverständlich sollen Sie über ein Buch, das Ihnen mißfällt, nicht etwa aus Freundschaft eine gute Kritik publizieren. Wohl aber hätten Sie, ohne sich etwas zu vergeben, auf die Publikation einer schlechten Kritik verzichten können. Eine würdevoll historisierende Erzählung à la Scheffel oder Gustav Freytag wird schon keinen so großen Schaden stiften, daß ein verantwortungsbewußter Kritiker unbedingt dagegen einschreiten müßte. Sie haben solches Einschreiten dennoch für nötig befunden, im vollen Bewußtsein der ruinösen Folgen, die Sie damit heraufbeschwören. Sie haben meinen »Süßkind«-Roman – das Ergebnis vieljähriger Arbeit und, wenn ich so sagen darf, mein Lebenswerk – wissentlich und vorsätzlich und ohne jede Not ruiniert. Ich gestehe Ihnen gerne, daß ich an der persönlichen Enttäuschung, die mir das verursacht, viel schwerer trage als an der sachlichen (was im übrigen durchaus nicht bedeutet, daß ich die Art Ihres Verrisses für sachlich halte).

Darum keine Feindschaft nicht, aber auch keine Freundschaft mehr – um die es mir herzlich leid tut. Jeder von uns beiden bleibt, der er ist. Und so, mit besten Grüßen, bin ich

Ihr Torberg

Alt-Aussee, 31. Dezember 1976

Lieber Herr MR-R,

noch rasch vor Jahresabschluß einen schönen Dank für Ihre freundlichen Zeilen vom 20. und für die Aufforderung, wieder etwas für Ihre »Frankfurter Anthologie« zu schreiben. Das diesbezügliche Gedicht liegt bei, aber ich muß Ihnen vorsorglich mitteilen, daß ich mehr über den Dichter schreiben möchte als über das Gedicht – und daß eigentlich der ganze Beitrag ein wenig aus dem üblichen Rahmen fiele. Erstens ist das Gedicht bisher ungedruckt, und zweitens ist der Name des Autors heute so gut wie verschollen; es kennen ihn höchstens noch ein paar Insider, die ihn szt. in Berlin auch persönlich gekannt haben. Seeler gehörte damals, d. i. vor 1933, zum »smart set« des Theater- und Literaturbetriebs, betätigte sich gelegentlich als Regieassistent oder als Mitarbeiter literarischer »Revuen« (wie das damals hieß) und ließ in keiner wie immer gearteten Weise vermuten oder merken, daß ein Dichter in ihm steckte; vielleicht wußte er's selber nicht. Erst als Hitler an die Macht kam, begann er – offenbar unter der Wirkung des damit verbundenen Schocks, der auch sein äußeres Leben völlig veränderte – Gedichte zu schreiben, die zunächst nur einem kleinen Kreis bekannt wurden. Wie es dann weiterging, würde ich gegebenenfalls etwas ausführlicher schildern – heute nur noch soviel, daß im Februar 1938 unter dem Titel »Die Flut« und mit Bauchbindentext von Carl Zuckmayer und mir in einem kleinen Wiener Verlag ein Auswahlbändchen seiner Gedichte erschien, das wenige Wochen später in den Untergang Österreichs mit einbezogen wurde. Seeler selbst dürfte 1940 umgekommen sein, Genaueres war nie zu erfahren. Sein Nachlaß befindet sich teils bei Erich Heller, teils bei mir (wir hatten ihn beide persönlich gekannt). Zur Zeit, als Peter Härtling das »Fischernetz« herausgab, hatte ich ihn für Seeler bereits interessiert, aber dann wurde nichts daraus, weil Härtling aus dem Verlag Fischer ausschied (und bald darauf auch ich).

Mit der geplanten Interpretation – die, wie gesagt, mit einer

Lebensgeschichte Seelers kombiniert wäre – will ich eigentlich darauf hinaus, einen Verleger für ihn zu finden und ihn vor der unverdienten Vergessenheit zu bewahren. Bitte lassen Sie mich wissen, wie Sie dazu stehen.

Ihnen und Ihrer Frau die besten Neujahrswünsche von uns beiden, und die herzlichsten Grüße

Ihres Torberg

Breitenfurth, 22. Januar 1977

LIEBER HERR R-R,

wenn man irgendwo falsch geparkt hat, kommt ein Polizeimann und kassiert mit den Worten »An dieser Stelle darf nicht geparkt werden« eine Ordnungsstrafe. Natürlich erklärt man ihm, daß man nur rasch etwas abgeholt hat, weist mit Recht darauf hin, daß der Verkehr durch diese kurzfristige Verletzung des Parkverbots in keiner Weise behindert wurde, und versucht ihm unter Vorzeigung eindrucksvoller Legitimationen klarzumachen, daß der minimale Gesetzesverstoß aus zwingenden Berufsgründen erfolgt ist. Daraufhin sagt der Polizeimann »An dieser Stelle darf nicht geparkt werden« und kassiert die Ordnungsstrafe.

So auch Sie. Ich habe Ihnen ausführlich zu erklären versucht, warum ich gerne ein Gedicht von Moriz Seeler interpretiert hätte, und Sie sagen mir daraufhin, was ich sowieso gewußt habe, nämlich daß usw. Sie sagen es mir einen ganzen Brief lang, mit dem satten Hohn des Ordnungsträgers, gegen den unsereins sowieso machtlos ist. Die simple Mitteilung, daß es nicht geht, hätte vollauf genügt. Eigentlich sind Sie noch schlimmer als der Polizeimann. Und daß Sie mir obendrein unterstellen, ich hätte Ihre Rubrik »für meine Zwecke verwenden« wollen, schmerzt mich ganz besonders. Wieso meine Zwecke? Ich wollte einen von den Nazis umgebrachten Dichter vor der Vergessenheit bewahren und ich wollte, daß Sie mir dabei helfen. In künftigen Literaturgeschichten hätte man dann lesen können, daß die Wiederentdeckung dieses bedeutenden Lyrikers dem bedeutenden Literaturkritiker Reich-Ranicki zu verdanken sei, der die Interpretation eines Gedichtes von Seeler veröffentlicht hatte. Im Grunde wollte ich also nicht nur für Seeler, sondern auch für Sie etwas tun. Ich nehme zur Kenntnis, daß Sie mich wieder einmal von sich gestoßen haben. Was mich nicht hindern soll, über ein andres Interpretationsgedicht nachzudenken und mich mit dem Ergebnis bei Ihnen einzustellen.

Und gleich bei dieser Gelegenheit, apropos Stoß, noch ein zweites. Sie haben kürzlich in der FAZ mit gewohnt kundiger und kenntnisreicher Hand über den zeitkritisch-psychologischen Roman geschrieben und haben dabei eine Reihe von Autoren genannt, darunter sogar einen, der noch älter ist als ich (Koeppen). Nun glaube ich mindestens zwei Romane geschrieben zu haben, in denen – lange bevor die von Ihnen genannten Jüngeren etwas dergleichen taten – Zeitkritik auf psychologischer Basis geübt wurde. Einer von diesen beiden Romanen (»Hier bin ich, mein Vater«), erstmals 1948 bei S. Fischer erschienen, wurde in mehrere Sprachen übersetzt und hat eine deutsche Gesamtauflage von ungefähr 60000 erreicht. Der andere, ursprünglich gleichfalls bei S. Fischer (»Die zweite Begegnung«, 1950), erscheint demnächst in einer neuen, insgesamt 3. Auflage bei Langen-Müller. In der sicheren Annahme, daß Sie außer dem »Süßkind« keinen Roman von mir kennen, werde ich mir erlauben, Ihnen ein Exemplar zuzuschicken, ohne Sie damit unter irgendeinen andren Druck setzen zu wollen als den, mich in meiner Primäreigenschaft als Romanschriftsteller zur Kenntnis zu nehmen.

Ich hoffe, Ihnen mit all dem keinen übermäßigen Tort anzutun und bin mit den herzlichsten Grüßen, auch namens der Ihnen ebenso freundlich gesinnten Damen,

Ihr Torberg

Breitenfurth, 30. April 1977

Lieber Herr Marcel Reich-Ranicki,

ich bin Ihnen mindestens 1 Dank und 2 Bitten schuldig, ganz zu schweigen von mehreren anderen Anlässen, die mich schon längst zu einem Brief an Sie hätten bestimmen müssen. Daß ich mich dieser Bestimmung entzogen habe, liegt hauptsächlich, wo nicht gar ausschließlich, an den üblen Streichen, die meine Gesundheit mir neuerdings zu spielen beliebt und die mich beispielsweise vermittels einer Herzattacke zu einem zeitraubenden Spitalsaufenthalt genötigt hatten. Im Ganzen besehen, sind alle diese Störungen, einschließlich der vom Diabetes verursachten, weniger bedrohlich als ärgerlich, vor allem deshalb, weil sie meine Zeit- und Arbeitsdispositionen völlig durcheinanderbringen und mich zwingen, das, was mir wirklich Spaß machen würde, z.B. meine Korrespondenz mit Reich-Ranicki, zu vernachlässigen.

Der eingangs erwähnte Dank gilt Ihrem soeben eingetroffenen Widmungsexemplar der »Nachprüfung«, und zwar sowohl dem Exemplar wie der Widmung, die mich darüber beruhigt, daß Sie mir mein langes Schweigen nicht übelgenommen haben. Auch für die ehrenvolle Erwähnung in Ihrem Aufsatz über Karl Kraus habe ich zu danken, was freilich nichts daran ändert, daß der Aufsatz als solcher mich nicht besonders glücklich macht. Aber das wußten Sie ja ohnehin. – Zur Lektüre des Buchs werde ich noch einige Zeit brauchen, denn ich will es gründlich lesen, um mich dann gründlich mit Ihnen streiten zu können. Möglicherweise werde ich in diesen Streit auch Ihre gar zu kratzbürstige Reaktion auf das Thema Moriz Seeler einbeziehen. Wenn ich Sie richtig verstanden habe, verdächtigen Sie mich sogar einer Beeinflussung durch den Umstand, daß es sich bei Seeler um ein jüdisches Nazi-Opfer handelt. Ich dächte, meine scharfen Polemiken gegen Kortner, Salcia Landmann und andere wären Beweis genug, daß ich gerade in diesem Punkt keine Verwaschenheiten zulasse.

Damit bin ich fast schon bei meiner ersten Bitte: geben Sie mir noch etwas Zeit für meinen nächsten Beitrag zu Ihrer »Frankfurter Anthologie«. Er kommt, sobald ich ein wenig zu Atem komme.

Meine zweite Bitte reicht in eine Vergangenheit zurück, die ich offenbar noch immer nicht ganz bewältigt habe. Und zwar bitte ich Sie um Kenntnisnahme, und zwar um schuldbewußte Kenntnisnahme, der Beilage. Ich verdanke sie einem begeisterten »Süßkind«-Leser – die gibt's nämlich, sogar in steigender Zahl, seit der Roman auch als Taschenbuch erhältlich ist –, und sie sollte vor allem für jene interessant sein, die bei der Ablehnung meines Romans davon ausgegangen sind, daß Süßkind kein Jude gewesen sei. Die Beilage dokumentiert auf unwidersprechliche Art, daß er sehr wohl einer war. Ihre Quelle ist das 1929 erschienene Werk eines wackeren hessischen Heimatforschers, der keine Ahnung hatte, welch brisantes Material ihm da in die Hand gefallen war; er hätte damit einen jahrzehntelangen Gelehrtenstreit glatt vom Tisch fegen können. – Im übrigen wußte auch ich nichts davon, sonst hätte ich meinen Süßkind mit seinem richtigen hebräischen Namen genannt (Isaac, nicht Mordechai).

Unter den anderen von mir nicht effektuierten Anlässen, Ihnen zu schreiben, befand sich auch Ihre Canetti-Rezension, ein leuchtendes Beispiel jener Hinrichtungstechnik, die ich den »Dolchstoß im Nebensatz« nenne.

Daß Sie in der heutigen Wochenend-Beilage einen so kompetenten Herzmanovsky-Kenner wie Herbert Rosendorfer zu Wort kommen ließen, ehrt Sie, ihn, mich und Herzmanovsky selbst. Eine ganz schöne Quote für einen einzigen Aufsatz.

Ich bin nur vorübergehend hier und kehre alsbald wieder nach Alt-Aussee zurück, wo ich die mir vorgeschriebene Rekonvaleszenz mit der rechtzeitigen Fertigstellung eines Nachtragsbandes zur »Tante Jolesch« in Einklang zu bringen versuche – ein Vorhaben, das sich von der Quadratur des Kreises nur minimal unterscheidet.

Ich melde mich wieder, sowie ich etwas zu melden habe. Für heute, mit den herzlichsten Grüßen von Haus zu Haus,

Ihr Torberg

P. S. Bitte bemerken Sie die Noblesse, mit der ich die Frage unterdrücke, ob Sie »Die zweite Begegnung« bekommen haben.

16. Oktober 1978

Lieber Marcel R-R,

vielleicht interessiert es Sie, daß man sogar in Polen (wo man doch wirklich etwas gegen mich haben könnte) vorteilhafte Notiz von mir nimmt, indessen man in Deutschland den Heine-Preis lieber einem »Stern«-Kolumnisten zuspricht als mir. Wie ich höre, habe ich – nein, falsch – hat er das nicht zuletzt Ihrem Votum zu verdanken. Hoffentlich trifft dieses Gerücht zu, denn dann hätte ich einen weiteren Grund, die (wenn ich so sagen darf) freundschaftliche Beziehung mit Ihnen zu hegen und zu pflegen, damit nur ja niemand auf den Gedanken kommt, daß ich Ihnen Ihren »Süßkind«-Verriß nachtrage. Das wäre, falls es jemals Sinn gehabt hätte, nach Ihrem Beitrag für meine Festschrift völlig sinnlos. Habe ich mich eigentlich schon bei Ihnen bedankt? Dann tu ich's jetzt und bin mit herzlichen Grüßen

Ihr Torberg

SIEGFRIED UNSELD

Frankfurt/Main, am 27. November 1986

Lieber Marcel,

im Telefonat vorvorgestern stelltest Du den Suhrkamp Verlag und seinen Verleger in ein Aus oder zumindest in ein Abseits: wir produzieren keine Autoren mehr, die »in der Diskussion« stehen, und in der Diskussion stehen nach Deinem Urteil Thorsten Becker, Hermann Burger, Ludwig Fels, Barbara Honigmann, Gerhard Köpf, Katja Lange-Müller.

Ich erinnere daran, daß es die Aufgabe eines Literarischen Verlages ist, nicht nur Autoren zu entdecken, sondern auch Autoren in der Literarischen Szene durchzusetzen, gleichgültig, ob die ersten Bücher im eigenen Hause erschienen sind. Ich will aber nicht von diesen Autoren sprechen, die wirklich die Szene bestimmen: Jürgen Becker, Thomas Bernhard, Peter Handke, Adolf Muschg, ich möchte »Erstlinge« anführen, die nach meinem Urteil es in jeder Hinsicht mit den von Dir Genannten aufnehmen könnten: Josef Winkler, Bodo Morshäuser, Hans Ulrich Treichel, Ilma Rakusa, Ulla Berkéwicz.

Ich möchte diese unsere Kontroverse brieflich festhalten. In zehn Jahren nehmen wir den Brief vor und wir werden sehen, was aus Deiner Reihe, was aus der meinen geworden ist. Dabei hast Du es einfacher: Du kritisierst »Fertig-Produkte« und wählst aus Produktionen vieler Verlage aus. Ich bin in anderer Position: ich muß diese Produkte nämlich erst schaffen. Aber eben nur das Buchgewordene zählt.

Videremus. Schöne Grüße Dein Siegfried

Frankfurt/Main, am 16. November 1987

Lieber Marcel,

Dein Brief vom 15. Oktober liegt nun schon eine Weile bei mir, und ich war schon dabei, ihn unbeantwortet in meinem Dossier M. R.-R. abzulegen. Aber ich kann es einfach nicht. Ich weiß, daß Kritiker die empfindlichsten Menschen sind und vor allem nie kritisiert werden dürfen. Wirst Du kritisiert, schlägst Du um Dich.

Unser Problem war ganz klar: Kann ein Kritiker ein Werk verurteilen, das er nicht gelesen hat? Und das Zweite: Am Telefon hast Du mir gesagt, den Satz zu Hesses »Demian«: »Dies ist ein reines Nazi-Buch«, habest Du nicht gesagt, das sei Unsinn. Diesen Unsinn hast Du nun einmal gesagt, auf welchem Hintergrund auch immer, und Du schriebst mir, Du habest kein Wort zurückzunehmen. Das mag Deine Sache sein. Ich finde es empörend.

Wie gesagt, Du wirst kritisiert, und dann kommen Rundumschläge: Verleger sind Kaufleute und verstehen nichts von Büchern. Wenn ich »enthusiastisch« über ein Buch meines Verlages spreche, dann weißt Du, daß ich diesem Buch mehr schade als nütze. Daß Dir mein Verhältnis zu Hesse »immer schon mißfallen« hat, ist ganz Deine Sache, aber mich betrifft dies nicht im geringsten. Und ich meine, Du irrst Dich auch fundamental, wenn Du schreibst: »Es geht gar nicht darum, ob man dieses oder jenes Buch von ihm so oder anders beurteilt, vielmehr darum, daß man alle Autoren auf dieser Erde, von Homer bis Handke, kritisch beurteilen sollte.« Wer so denkt, kann kein richtiges Verhältnis zu Literatur haben. Literatur hat andere Funktionen, Wirkungen und Aufgaben, und allen ist dies hinlänglich bekannt. Deine »kritische« Einstellung, die Du offensichtlich mit niemandem Deiner Umgebung besprechen kannst, verleitet Dich dann zu einem solchen Total-Angriff auf Christa Wolf. Wenigstens stand das Wort Polemik im Untertitel, doch ich kann mir niemanden denken, der mit der so geführten Totalkritik einverstanden sein konnte. Ich weiß, daß Dich dies nicht kümmert. In der Sache bist Du rücksichtslos, als Person empfindlich. Macht macht einsam, aber in unserer demokratischen Lebensform sollte es so sein, »daß die Menschen sich mit allen ihren Kräften, mit Herz und Geist, mit Verstand und Liebe« voneinander Kenntnis nehmen. So Johann Wolfgang.

Traurig, aber herzlich – Dein Siegfried

6. Januar 96

Lieber Marcel,

das Zitat …, ich kann mich an den Vorgang nicht erinnern, ein Journalist kann alles in Anführungszeichen setzen.

Aber wäre es so gesprochen, war es nicht als Beleidigung gemeint, schon gar nicht als ehrenrührig aufzufassen. Wenn Du es so empfindest, bedauere ich die mögliche Äußerung, und ich entschuldige mich dafür.

Im übrigen sollten wir die gegenseitige Kritik einstellen, Verlag und Verleger werden dies tun.

In alter Verbundenheit Siegfried

JOHN UPDIKE

October 10, [1985]

Dear Mr. Reich-Ranicki:

Thank you for your kind letter. My expertise in modern German literature, about which you are so flattering, is of course fraudulent, since I can hardly read a sentence of German. Whereas you write an excellent English. Our visit to you and your wife remains one of the vividest and most pleasant of our German memories.

About your request: I am in danger of being a critical journalist when I had hoped to be a creative writer! I have lately accepted far too many such assignments and find when I sit down to write some fiction my mind is cluttered with a critic's mincing vocabulary. Also, I really do not know enough to write about the state of American literature now. I am spottily read in the classics and in my own contemporaries and very poorly read indeed in the younger writers. So forgive me if I decline the kind invitation from Frankfurter Allgemeine.

Forgive also my bad typing; I am about to go on a trip and am hurrying to answer your letter.

On the Nabokov: you must mean the opening sentences of my review, long ago when I was young and given to sweeping statements, of »The Defense«. I think N. had the opportunity to be an American writer, and in »Lolita« and even »Pale Fire« was brilliantly so, for stretches; but by going to Montreux he turned his back on that material and became a writer of almost no nationality – which is perhaps what we're all heading toward.

My wife joins me in sending you and Mrs. Reich-Ranicki our warm regards.

Yours truly, John Updike

HANS RUDOLF VAGET

22. Juni 1990

Lieber Herr Reich-Ranicki,

ich las gerade Ihren guten Essay über den »Erwählten«. Das erinnerte mich daran, daß Sie mir einmal schrieben, Sie interessierten sich für alles, was ich über TM zu sagen hätte. Hier ist nun wieder eine neuere Drucksache, die an etwas entlegener Stelle erschienen ist und die ich Ihnen eigentlich schon längst schicken wollte. Sie handelt von der FBI-Akte über TM – einer haarsträubenden, doch letztlich dummen Geschichte, die aber, als sie just passierte, dem Betroffenen doch sehr zu schaffen machte.

Übrigens habe ich auch die FBI-Akte über Klaus Mann, bin mir aber noch nicht ganz schlüssig, was ich damit machen soll. Gegen Klaus lag ja eigentlich mehr vor; bezeichnenderweise wurden aber in diesem Fall weniger Blätter freigegeben als über TM.

Über den Meyer-Briefwechsel gibt es leider nichts Gutes zu berichten. Ich habe ihn im vorigen Sommer abgeschlossen, und seither liegt er im Verlag herum. Als ich im August letzten Jahres in Frankfurt war, versprach man mir, daß der Band im Herbst 90 erscheinen wird. Jetzt aber hat man die ganze Sache verschoben, weil dieses Jahr die Edition der Notizbücher erscheint und der Markt angeblich keine zwei großen TM-Titel im selben Jahr verträgt. Mir will das nicht recht einleuchten, da sich die beiden Titel ja keineswegs an den gleichen Interessentenkreis richten.

Zu Ihren Bemerkungen über den »Erwählten«: Sie haben tausendmal recht, wenn Sie das aufgeklärtere, keckere und moralkritische Verhältnis zur Sexualität in diesem Buch herausstreichen. Ich versuche auch schon seit Jahren zu predigen, daß wir in TM den größten Psychologen der Sexualität in der deutschen Literatur haben. Seine Natur trieb ihn gleichsam dazu. Andererseits möchte ich aber, bei aller Zustimmung, daran erinnern, daß dieser Roman ein Ableger des Doktor Faustus ist und dessen Gnaden-Diskurs fortschreibt und in gewissem Sinn auf die Spitze treibt. Die Spannung zwischen dem keckeren Verhältnis zum Sexus einerseits und dem still verzweifelten Plädoyer um Gnade im weitesten Sinn andererseits macht für mich den Kern dieses trotz allem zutiefst protestantischen Schriftstellers aus. Halten zu Gnaden.

Mit allen guten Wünschen und herzlichen Grüßen bin ich

Ihr Hans R. Vaget

KLAUS WAGENBACH

Berlin, 25. 12. [1965]

Lieber Marcel Reich-Ranicki,

Weihnachten hat den Vorteil, daß niemand anruft, keine Post kommt, und ich also endlich den Brief schreiben kann an Sie, den ich schon seit vorigem Freitag schreiben will.

Lieber! Vielen Dank dafür, was Sie mit großer Delikatesse, Sachkenntnis und mit hervorragender Taktik zu Biermann geschrieben und an Erklärungen erreicht haben. Das war wirklich eine Rettung in hoher Not für Biermann. Alles war richtig und hat auch Wirkung gehabt.

Gewiß, die Entwicklung in der DDR wird es wenig verändern, weil eben die Entstalinisierung seinerzeit Verner, Kröllich, Sindermann, Köller, Kurella, Abusch, Girnus nur auf den zweiten Rang abschob, von wo sie sich jetzt ohne weiteres wieder in den ersten mogeln konnten. Es sieht nicht gut aus. Aber es sieht ja auch bei uns nicht gut aus – wie oft habe ich Flüche in den letzten Wochen darüber hören müssen, daß nun das Geschrei nach dem Mitdrücken auf den roten Knopf hier anhebt. Wie auch? Mit einer SPD-Regierung – sage ich als Wahlkontorist – hätte diese Entwicklung in der DDR nicht stattfinden können. Mag diese Fixierung auf Bonn albern sein, in der DDR, sie ist aber vorhanden. Havemanns Aufsatz hat nun die Situation natürlich verschärft – im *ungünstigsten* Augenblick, und wohl nicht ohne zarte Publizitätssucht veröffentlicht. Ich fürchte, dieser Aufsatz ist nun doch imstande, die »Solidarität des Schweigens« der bedeutenden Schriftsteller zu sprengen. Biermann »läßt grüßen«; er wird in ein paar Tagen endgültig an die Ostsee fahren und schreiben.

Da ich weiß, daß Sie mich doch fragen werden, wie es dem Verlag ginge, sage ich es lieber gleich: Ordentlich. 2000 bis 4000,– werden übrig bleiben, und ich kann mir also nachträglich ein Monatsgehalt von 300,– zahlen. Freilich habe ich in meinem Leben und wohl noch nie so irrsinnig gearbeitet, auch vieles, was gar nicht zum Verlag gehörte. Bobrowskis Krankheit, das Wahlkontor, Biermann, und jetzt die Kafka-Ausstellung in der Akademie der Künste, ab Mitte Januar, die sehr schön wird.

Sorgen gibt es genug, aber politische, also dieselben, die Sie auch haben.

Die beiden letzten »Zeit«-Nummern haben mir sehr gefallen: Aufruf-Abdruck und Vietnam-Diskussion der Redaktion – wer ficht sowas sonst schon so öffentlich aus?

Herzliche Grüße und Dank

Ihr Klaus Wagenbach

Ist eigentlich jemals »John Heartfield. Leben und Werk. Dargestellt von seinem Bruder Wieland Herzfelde. VEB Verlag der Kunst, Dresden, 1962« in der »Zeit« besprochen worden? Es wäre es wohl wert.

Berlin [1980]

Mein Liiiieber,

(es wird ja immer mehr Brauch, in Festschriften die Redefiguren des zu Feiernden aufzuspießen: Man versteht es nicht), vielen Dank für die löbliche Festschrift, die ich gerade durchwühle, von den Sonntagspredigten Walter Busses (sozusagen vom Hochsitz des »Spiegel« herab zu uns masochistischen Wühlern, haha) bis zu den nun aber sehr bemerkenswerten Überlegungen des lieben Rühmkorf über das Opfer und jenen »inneren Suchstrahl«. Wie Sie das machen, weiß ich doch aus immerhin – hab ich ja mit Schrecken aus mancherlei Widmungen festgestellt – sechzehn Jahren kritischer Betrachtung Ihrer

Tätigkeiten und hab mir da nie das Aug verkleben lassen, schon gar nicht das linke, also beide, mal abgesehen von unsern beiden Dissensen (also einmal auf der Buchmesse, wo Sie sagten, Mandel gehöre nicht in den PEN, weil er kein deutscher Schriftsteller sei, und einmal im Vorraum der Schaubühne, wo Sie dem Brückner förmlich Schreibverbot erteilen wollten und ich, beide Augen aufreißend, also ganz links, mir dachte, jetzt hat er, der R.-R., ja einen richtigen dschugaschwilischen Anfall, wie wird mich denn und wie muß denn ihm werden, da wird er doch hoffentlich wieder rausfinden? Hat ja auch).

Wie schade, dachte ich also weiter, Jens' Vorbemerkung bedenkend, daß der Verlegerteil so knapp geworden sei, daß der Jens nicht mal gefragt hat, ja, denkt er denn, ich hau, ganz im Gruppenkonsens, auf den R.-R. los? Wie kommt der Walter denn nun wieder zu so was?

Da hätte ich dann, in aller Kürze natürlich und nicht recht ausgemährt, geschrieben, daß R.-R. zwar manchmal berechenbar ist, also z. B. bei der »Fürsorglichen Belagerung« (also das kann man ja wirklich nicht verstehen, warum *der* Böll nun gerade *so* unter Niveau gerutscht ist, bei *dem* Thema, na gut, aber das war berechenbar), überwiegend aber eben *nicht*, und das gefällt mir natürlich außerordentlich: dieses Nashorn, das da wütend durch den Urwald der Literatur bricht, größere Flächen von Niederholz plattwalzend, nicht genug damit, sich anschließend noch mal drüberwälzt, damit selbst die Quecken flach bleiben für einige Zeit. Und am nächsten Samstag (es sind ja sozusagen überwiegend Feiertagsauftritte) steht es ganz freundlich in einer ausgesuchten und z. T. noch sorgfältig hergerichteten Waldlichtung, brummelt friedlich, weist einen zart ums Horn dekorierten Fund vor und stimmt einen ausgefeilten Panegyrikus an. Na, das paßt doch nicht in die Gegend, jedenfalls schon gar nicht in die Betonwüste Frankfurts, nicht in ein Bürgertum, das bei dem Wort »Literatur« (immerhin höchst mitbeteiligt daran) kaum noch den Geldbeutel entsichert, geschweige denn das Hirn, und es paßt ebensowenig in einen totalen Versorgungsstaat, dessen geöltes Getriebe nun auch nicht gerade gut Freund ist mit mutwilligen Sandschmeißern oder zärtlichem Gequieke; das stört doch den Betrieb. So ungefähr.

Herzliche Grüße, werthes Nashorn!

Ihr Klaus Wagenbach

WALDEMAR WAHREN

Sande, 21. 1. 1986

Sehr verehrter Professor Reich-Ranicki!

Ich schreibe Ihnen wegen des hinreißenden Aufsatzes »Thomas Manns treue Tochter« in der FAZ vom Wochenende.

Seit Jahr und Tag will ich Ihnen mitteilen, daß ich die FAZ fast nur noch in der Hoffnung lese, einem Artikel aus Ihrer Feder zu begegnen. Das erfüllt sich nach Pausen immer wieder auf das Dankenswerteste und diesmal noch darüber hinaus. Alles, was der Leser nach der Lektüre der Briefbände Erika Manns auf dem Herzen hat, haben Sie ausgesprochen. Dabei ist es wieder in dem klaren Ton der Plausibilität geschehen, der Ihr unnachahmliches Markenzeichen ist. Oft machte ich mir Gedanken, ob Sie die schlüssige Seite eines jeden Gegenstandes so leicht ausmachen können, oder ob es die Gabe ist, was immer Sie vorbringen, ganz und gar einleuchtend zu gestalten. Wahrscheinlich beides.

Als Adressat des Briefs vom April 1966, worin Erika Mann Adorno etwas kräftig zaust (was Sie auch auszugsweise wiedergeben), muß ich mich zu Worte melden und die teure Verblichene in Schutz nehmen. Den Brief habe ich in dieser Form nie erhalten, sondern gekürzt und um seine Kraftstellen gebracht. Nicht wenig erstaunt war ich, als mir die Herausgeberin Prestl 1984 die saftige Fassung zustellte. Dr. Prestl hatte wohl meine Version erbeten, ich konnte nicht umgehend dienen. Wie es so ist, die »Staatsbriefe« legt man in eine Extramappe, und gerade die verliert sich. (Ich finde sie!)

Noch etwas zugunsten Erika Manns. In einem als Briefwechsel mit dem verstorbenen Komponisten Karl Amadeus Hartmann angelegten Bruckner-Aufsatz hatte ich vor Adorno einen zu tiefen Kotau gemacht, das hat Erika Mann auf den Plan gerufen. In dem Aufsatz selbst versuchte ich, alles Psychiatrische (Bruckner war Zwangsneurotiker) mit den Augen Thomas Manns zu sehen, ein mir auch heute noch lieber Gedanke, denn T.M. hat im kleinen Finger mehr Psychiatrie als die Fachwelt im Großhirn.

Das war es, was E.M. überhaupt veranlaßt hatte, sich damit zu beschäftigen.

Für einen Tübinger Professor ist es vielleicht nicht uninteressant, woher Erika Mann die lustige Manier nahm, Namen durch ein angehängtes »ingen« provinziell zu entschärfen (Hitlinger, Europlingen). Mörike, dessen Märchen sie ja kannte, schreibt eines Tags, daß er sein Fähnchen nach Preussingen flattern lasse (sich Bismarck zuwandte).

Noch etwas: E.M. hat nicht nur zweimal entscheidend den Weg von T.M. bestimmt. Sie tat es ein drittes Mal, als sie im August 1955 im Züricher Spital verfügte, Morphium zu geben. Intensivmediziner, wie sie heute gebaut sind und sich damals schon formierten, würden die Hände über den Kopf zusammenschlagen, (wenn sie das läsen). Sie fühlen sich mächtig, das große Leben noch einmal angefacht zu haben. Tatsächlich ist der pathologische Befund etwas dürftig und wahrscheinlich, wie ich das kenne, sogar aufgetragen. Dennoch bin ich mit E.M. der Meinung, daß seine Zeit zu Ende, seine Entelechie erschöpft war, kurzum, daß sie auch da die richtige Wahl getroffen hatte. (Man ist hier im Halbdunkel des Praeagonalen, das immer wieder seine eigenen Wege geht.)

Mit etwas Beklemmung lege ich meine Besprechung der Briefe in der Nordwestzeitung bei. Werfen Sie, bitte, einen nachsichtigen Blick darauf.

Mit verehrungsvollen Grüßen Ihr Waldemar Wahren

MARTIN WALSER

13/8/75

Lieber Marcel Reich-Ranicki,

ich mußte mir Ihr Angebot – in der F.A.Z. zu schreiben – doch bei verschiedenen Wetterlagen durch den Kopf gehen lassen: deshalb habe ich nicht früher geantwortet. Und jetzt kann ich auch nur antworten, daß ich, mich wirklich zu erklären, ein Gespräch (gelegentlich) einem Brief vorziehe. Ich müßte ein halbes Buch schreiben, Erfahrungen mit »Zeit« und »Spiegel« aufblättern ... Der Kern: solche Organe lassen einen Mitarbeiter zu, wann immer es ihnen paßt; will aber der Mitarbeiter einmal etwas ganz Bestimmtes unterbringen, dann kann man ihn ohne weiteres wegschicken. Das heißt: man nährt durch gelegentliche Mitarbeit den Anschein von Meinungsfreiheit; die Beschränkung derselben im prekären Fall kriegt das Publikum nicht zu sehen: die bleibt im Telephon, im Briefumschlag verborgen. Ich hoffe nicht, daß Sie solche Gründe für Produkte bloßer Empfindlichkeit halten.

Mit herzlichen Grüßen

Ihr Martin Walser

3/4/81

Lieber Herr Reich-Ranicki,

hier also 1) mein Entschädigungsversuch, 2) unter den Reaktionen auf die Heine-Rede die, die mich am meisten gefreut hat.

Auch würde mich interessieren, ob Sie eine Möglichkeit sehen, Herrn Auster (dessen Papiere ich Ihnen schickte) zu helfen.

Zu Ihrer Düsseldorfer Rede: Sie liest sich gelinder als sie sich hören ließ; einfach weil man die Stellen, an denen das Publikum, vom Redner gepeitscht, über einen in Lachen ausbrach, ein wenig vergessen hat. Wahrscheinlich muß ich lernen, das für eine Laudatio zu halten.

Ihre Frau möchte ich herzlich grüßen! Sie dürfen, solang Sie im Amte sind, gar nicht wollen, mehr als freundlich gegrüßt zu werden; es sei denn von G. Blöcker, Herrn Bucerius u.s.w.!

Für heute also, Ihr Martin Walser

Berkeley 6/9/83

Lieber Kollege und Marcel RR,

der Kerr-Aufsatz ist leichter verständlich als der über TM. Man freut sich auch immer, wenn man Ähnliches schon gemeint hat; daß der Kritiker Autor sei. Meine Rede, mein Anspruch seit langem. Das Kerr-Bild entsteht klar durch Licht und Schatten und es ist schön. Das Kafka-Bild ist interessant durch unterdrückte Abneigung. Man wünscht sich, daß Sie sich durchringen, zuzugeben, was Sie wirklich empfinden. Hoffentlich haben Sie einen schönen Herbst. Wir sehen aus allen Fenstern auf San Francisco hinüber. Die Entfernung von der BRD ist wieder einmal die reine Kur. Andererseits kommt man sich nirgends so alt vor (wie man ist) wie in Californien. Hier bebt ja fast ununterbrochen ein bißchen die Erde, sie ist noch ganz pubertär; und von sowas wird man andauernd hoffnungslos geschüttelt. In einer einzigen Hinsicht hat mich das Jugendhafte dieser Gegend erfaßt: ich arbeite nichts. Ich tu mein bißchen Pflicht, ansonsten steh ich herum, sitz ich herum, schau ich herum, als hätte ich Zeit. Das macht, glaub ich, der Pacific. Genug der Geständnisse. Schon daß ich einen Brief schreib, ist skandalös! Grüßen Sie Ihre Frau! Grüßen Sie Herrn Fest! Grüßen Sie sich selbst: von Ihrem Martin Walser

(der solche Stimmungen nicht verantworten will)

Oct. 29th, 1983

Dear Marcel:

Since I am here with easy going people, sharing manners which lend themselves to my ever vacillating Ego more amicably than do those in that FRG, I feel empowered to use your first name! Your review then. I would not like to react to what you have written in our Old World's Language. I could not even think of writing to you in German about your review. In English I don't feel responsible for what will eventually be on that sheet. Your review then! Siegfried seems to be very satisfied. Or he tries to look as if he was. You never know. Of course I am not satisfied. Sure you know. You knew it when you wrote your review. I feel in every line of yours that you try to be friendly. Am I getting presumptous now? I can't keep off from sensing how strenous it must have been for you to write this review. Only as far as Heine is concerned you can react directly. Only because I followed one of your views? Might be. To see a critic trying so hard to be friendly is an experience as touching as painful. I can't thank you for that but I may admit that I feel pity for you because of all the hardship this review must have caused you. I am sending my very best wishes to you and to your wife and to Mr. Fest also!

Sincerely, Martin

2. Juni 85

Für
Marcel Reich-Ranicki
den Sänger:

Clowns sind wir, der Zirkus heißt Kultur,
Unsre Nummer: Watschen mit Gesang.
Streicheln dürfen wir uns nur
Draußen in dem dunklen Gang.

Von Martin Walser
dem Gesungenen

PETER WAPNEWSKI

Baden-Baden, den 4-IV-77

Lieber Marcel:

glücklich in der Tat darf ich mich schätzen: bin ich der einzige doch wohl, der sich rühmen darf, daß sein Exemplar der »Nachprüfungen« vom Autor eigenhändig noch vor der Titelseite um drei (drei) nachprüfbare Fehlurteile vermehrt wurde:

»Talent« wird da dem Empfänger der Widmung nachgesagt. Schon falsch. Denn Talent, lieber Marcel, hat man mit 54 nicht mehr. In diesem Alter hat man Talent gehabt. Und hat entweder etwas aus ihm gemacht – oder aber falliert.

Sodann:

Es habe, heißt es da, der Autor vom Widmungsempfänger »viel gelernt«. Wieder falsch. Denn, lieber Marcel, von mir können Sie gar nicht lernen. Ein Kompliment? Eine Sottise? Ich will es Ihnen auflösen: viel mehr Kompliment als Sottise.

Endlich: der Autor hält den Empfänger trotz allem für einen »Halunken«. Ein Fehlurteil, am leichtesten zu widerlegen. Nur einer darf sich um solchen Nachweis nicht bemühen: der Betroffene.

So viel davon – was die übrigen, die bedruckten Seiten aber angeht, so halten Sie es meiner unverbesserlichen Sympathie für den Schreiber zugute, daß ich sie gut finde. Am schönsten finde ich – im Augenblick – Hermann Hesse und Karl Kraus. Aber das wandelt sich – und hängt damit zusammen, daß Sie hier Ihre mich am meisten impressionierenden Talente (!) entfalten: Die Fähigkeit zur Entlarvung von Mythen, zur Demaskierung von Legenden.

Und daß Hesse fad war, wußten einige schon lang – nur daß Kraus nicht groß, sondern eher gräßlich war, das beginnt man Ihnen erst jetzt nachzuschreiben.

Im übrigen weiß ich nicht, was in unserer Beziehung passiert ist. Irgendeine Zwischenträgerei, irgendein Mißverständnis. Da jede Klärung auf eine Rechtfertigung meinerseits hinausläuft (notwendigerweise, denn Sie sind's, der hadert), unterbleibt eine Klärung. Denn wie, und wieso sollte ich mich rechtfertigen?

Im übrigen aber versuche ich weise genug zu sein, mein Faible für andere nicht abhängig zu machen von dem Umstand, daß diese anderen auch ein Faible für mich haben.

Unter solcher Voraussetzung mag es mit unserer Beziehung auf wenn auch eingeschränkte Weise weiterhin seinen guten Gang gehen. Schon der hinreißenden Toscia zuliebe, der jeder verfallen ist, der ein Herz hat zu fühlen, ein Auge zu sehen, einen Verstand zu denken – und ein Ohr, um zuzuhören (nicht: zu hören, sondern *zu*zuhören; welch ein Unterschied!). Sie hätte den besten Mann verdient. Davon aber, daß sie Sie hat, will Sie beharrlich profitieren lassen

Ihr Sie herzlich grüßender und Ihnen für Buch und Zueignung aufrichtig dankender (ja das ist keine Phrase)

Peter Wapnewski

den 2-Juni-1994

Liebster Marcel,

ich wünschte, Du könntest Deinen 74. unter einem heitereren Himmel begehen oder gar feiern, als er jetzt aufgezogen ist. Es mag ja aber auch sein, daß Dich die Schweinerei nicht in eben dem gleichen Maße bewegt und irritiert wie Deine Freunde. Zu denen ja nicht nur die wackere FAZ gehört, sondern sogar – im heutigen Tagesspiegel, ich schick Dir's mit – jene Sibylle, die Du nicht für Deine Freundin hieltest/hältst.

Ich hab die Sendung nicht gesehn, zweifle aber nicht, daß die gelesenen Reaktionen angemessen sind, also das (Un-)Wesen der Sache trafen. Dabei bleibt mir unbegreiflich, welche Obsession jenen Sohn des einstigen Freundes geradezu panisch antreibt. »Wir sind Freunde gewesen und sind uns fremd geworden« – so etwas gibt es, und Nietzsche hat es auf diese wunderbar würdige Weise formuliert (in der »Sternenfreundschaft«). Aber muß daraus eine solche elende Miesigkeit werden, ein Clan-Haß mit pathologischen Zügen? Ich möchte aber immer noch zugunsten von Walter und Inge, die ja doch keine schlechten Charaktere sind, unterstellen, daß auch sie entsetzt sind und gern verhindert hätten, was Frau Krone-Schmalz offenbar genüßlich anzubieten den lustvollen Ehrgeiz hatte.

Lieber Marcel, vor zwei Tagen noch hätte dieser Brief anders eingesetzt, und jetzt geh ich zwei Tage zurück und sage:

Hoch sollst Du leben, und lang noch und vergnüglich noch und zur Freude und Belehrung Deiner Freunde und Anhänger! Du hast in Deinem Leben die Fürchterlichkeit des Daseins und seine Gebrechlichkeit hinreichend und im Übermaß kennengelernt, – es sei Dir nun wirklich so sehr gewünscht wie gegönnt, daß die späten Jahre solche des gelassenen Genießens werden. Und der beharrlichen Umsetzung dessen, was Du als Entwurf, als lang schon realisierter, bist, in ständig dynamische Tat: Schreibend, sprechend, missionierend. Und möglichst oft auch: lachend.

Lauter Wünsche und Gedanken, die mutatis mutandis (das ist kein Fremdwort sondern ein Zitat aus fremder Sprache und insofern tolerabel ...!) auch Tosia gelten, die ja nach Lage der Dinge von Deinem Leben und Schicksal nicht zu trennen ist. Gottlob nicht zu trennen ist.

Monica grüßt und gratuliert mit mir, sie ist wie immer über die Sommermonate hin in unsere toskanische Hütte und werkelt und wirkt im Marmor. Irgendwann Ende Juni werde ich sie besuchen.

Es war schön, Euch hier zu haben (nur mein Kuchen war

mißraten, aber taktvoll, wie Ihr seid, habt Ihr es mich nicht entgelten lassen) – und das nächste Mal sollte es etwas länger ausgedehnt werden. Hoffentlich gibts einen Vorwand, bald einmal wieder nach Berlin zu kommen.

Lieber Marcel, Deine »Anwälte« impressionieren mich nachhaltig – und daß *Du* darin fehlst, ist insofern zu verschmerzen, als Du ja doch »irgendwie« in den meisten von ihnen drinsteckst. Vielleicht am wenigsten in Kaiser und in Jens – und das hat dann auch seine Richtigkeit. Fontane – den Du natürlich grad in seiner milden Begrenztheit völlig zutreffend charakterisierst – hätte ich lieber doch nicht als »Profi« bezeichnet, weil dieser flotte Begriff der Umgangssprache sich nicht tonrein verträgt mit der Stilhöhe Deines Schreibens.

Ich hoffe, Ihr habt – trotz allem, s.o. – einen schönen und möglichst ungetrübten Geburtstag und versichert Euch der Zuneigung Eurer Freunde. Zu denen sich zählen zu dürfen
stolz ist Euer Euch beide von Herzen umarmender
und nochmals heftig gratulierender alter Peter

Berlin den 22-VIII-95

Lieber Marcel,

Seite 166 linke Spalte Mitte: »brauchten Sie für Ihren Fontane-Narr Fonty ...« etc. Nein, bitte nicht so; sondern: für Ihren Fontane-Narr*en*! Ein schwaches Substantiv nämlich.

Du siehst: diese Beckmesserei ist alles, was ich an Einwänden zu sagen habe, – im übrigen: Großes Lob. Es stimmt alles, was Du sagst und wie Dus sagst, und der Verzicht auf Formulierungen, die wie Hohn oder Häme klingen könnten, kommt dem Urteil und seiner Wirkung zugute. Ich weiß, was ich sage, habe doch auch ich das Monster rezensiert, aber *Focus* und damit der Rezensent hielten sich beflissen an die Sperrfrist, also wirds erst am Montag erscheinen; und Deinem Text nicht nur nicht überlegen sein. (Zumal ich nur 6 Seiten hatte im Ms., die doppelte Menge werde ich morgen ins Mikrophon des SFB pusten.) Und alles dies durchaus in dem Tenor, den auch Du angeschlagen hast, – und durchgehalten. Eben ein mißglücktes Buch, – was alles ja so schlimm nicht wäre, hätten Autor und Verlag sich nicht in diesem ungebührlichen Maße der Aufmerksamkeit der Öffentlichkeit bemächtigt, die sog. Campagne hat geradezu widerwärtige Züge angenommen.

›Bitte wo liegt Altaussee? und was macht man dort? Karauschen angeln, dem Regenpfeifer nachstellen, Enziane pflükken?‹

Bitte umarme die liebe und verehrte Tosia mit meinen Gefühlen für sie

und seid beide herzlich gegrüßt

von Eurem alten Peter

Das Titelblatt-Bild muß jedem mißfallen, der weiß (und wie ich ständig betont), daß Du unendlich viel lieber lobst und rühmst statt zu »verreißen« … Nur muß man Grund dafür haben …

HANS WEIGEL

Verein zur Abwehr
der Überschätzung
H. v. Hofmannsthals

Mitgliedskarte
für das
~~ordentliche außerordentliche korrespondierende~~
Ehren-Mitglied
Marcel Reich-Ranicki
Frankfurt a. M.

Rodaun, am 12. IV. 77

Hans Weigel
Der Präsident

Maria Enzersdorf, 24. III. 78

Lieber und Verehrter,

es ist an dem, daß wir am R-R-Day – 6. April – Wien um 20 Uhr 45 verlassen müssen. Nicht wegen Ihres Vortrags, den hätten wir gern gehört.

Hingegen bitten wir herzlich, das gnä. Programm derart einzuteilen, daß wir Sie am 5. tagsüber oder abends, am 6. tagsüber in Maria Enzersdorf sehen können. Dazu wen Sie wollen, außer Friedrich Heer und Robert Jungk!

Am 4. ist übrigens das Piper-Bachmann-Fest. Zu Ehren von Ingeborg Bachmann werden die Wiener Wachleute künftig Bachleute heißen, Klaus Piper bekommt den Titel »Johann Sebastian Bachmann«.

Hoffend, von Ihnen zu hören,

Ihr gelehriger Hans Weigel

Maria Enzersdorf, 23. XI. 1989

Edler Herr,

Ihre Furcht, ich könnte Sie »für einen Flegel halten«, ist unbegründet.

Ich bestätige hiermit bindend, daß ich Sie für keinen Flegel halte.

Herzliche Grüße! Ihr Hans Weigel

PETER WEISS

Stockholm, 7/3/74

Lieber Marcel,

besten Dank für Ihren Brief vom 4. März. Ja – man sollte zumindest 2 Leben haben, wenn nicht 3 oder 4 – aber man hat eben leider nur eines. Und dieses eine ist derartig überladen, daß mir nur noch Platz für das absolut Notwendige bleibt. Da habe ich mir, in einer Pause, nachdem ich eben den ersten Teil meines Romans hinter mich gebracht habe, nun die Dramatisierung von Kafkas »Prozeß« vorgenommen, im Auftrag von Ingmar Bergman. Daran werde ich ein paar Monate sitzen – dazwischen steht noch eine kürzere Reise nach Spanien (Studium von Lokalitäten für meinen Roman) – ja: und wo sollte da nun noch, mein Lieber, der gute Hesse auftauchen können –? Ich möchte mich ihm ja schon sehr gern widmen, aber wie und wann? Einmal wird es ganz bestimmt werden – vielleicht wenn ich mit dem »Prozeß« fertig bin (denn hier gibt es einige Parallelen zum »Steppenwolf«). Aber ich muß Sie schon bitten, Geduld zu üben. Hesse ist ja ein Thema, das jedenfalls für mich zeit meines Lebens aktuell bleiben wird.

Seien Sie herzlichst gegrüßt von Ihrem Peter Weiss

Stockholm, 4. Nov. 1977

Lieber Marcel Reich-Ranicki,

Ihr Vorschlag, mir den diesjährigen Thomas-Dehler-Preis zu verleihen, war sowohl eine mutige als auch ermutigende Tat.

Der Gedanke an die Entgegennahme des Preises und an die Vorbereitungen, die für mich damit verbunden wären, versetzt mich jedoch in solche Unruhe, daß mir die Konzentration, die ich für meine Arbeit benötige, verlorenginge.

Ich brauche diesen Winter, und mindestens noch die erste Hälfte des Jahrs 1978, um den zweiten Band der »Ästhetik des Widerstands« zum Abschluß zu bringen. Bis dahin darf ich, in Kenntnis meines Schreibvermögens, keinerlei Unterbrechungen in die vor mir liegende Perspektive einfügen.

Aus diesem Grund also bitte ich Sie und Ihre Herren Kollegen, die die große Freundlichkeit hatten, meine Tätigkeit als Autor mit dem Preis belohnen zu wollen, Ihren Entschluß zurückzunehmen.

In Erwartung Ihres Verständnisses verbleibe ich mit herzlichem Gruß

Ihr Peter Weiss

BENNO VON WIESE

Ippendorf bei Bonn, 28. Juni 65

Verehrter lieber Herr Reich-Ranicki!

Für die Zusendung Ihres neuen Buches habe ich herzlich zu danken. Es erfreut mich, Ihre klugen und geistvollen Besprechungen und Aufsätze, von denen ich viele bereits kannte, so in toto zu besitzen und erneut in ihnen lesen zu können. Ich wünsche dem Buch guten Erfolg.

Neulich habe ich Sie im Fernsehen gesehen und gehört. Die Diskussion hat mich im ganzen enttäuscht, die Empfindlichkeiten der Autoren sind sagenhaft, schlimmer als bei Professoren! Ich habe Ihre Ruhe bewundert, denn die »Angriffe« von Neumann grenzten an Unverschämtheit, und Walser rennt wie ein junger Stier los, der immer nur ein rotes Tuch sieht. Offen gestanden, ich persönlich hätte besser und fruchtbarer mit Ihnen darüber diskutieren können, vor allem nicht mit so vielen Schein-Antithesen, die gar keine sind. Das Ganze wirkte am Fernseher zwar lebendig, aber doch sehr als privates Gezänk, und da hatten Sie kaum einen leichten Stand. Kritiker [sind] zunächst einmal böse Leute, was für ein blöder Standpunkt!

In der Hoffnung auf eine Wiederbegegnung herzlichst

Ihr Benno von Wiese

Ich las gerade die »Liebesgeschichten« von Eisenreich, vieles darin finde ich ausgezeichnet!, besonders die Kriegsgeschichte (Doppelbödige Welt) und die letzte »Abschied zur Liebe«!

Bonn-Ippendorf, 25. 3. 73

Lieber Herr Reich-Ranicki,

für Ihre kleine, so gehaltvolle Schrift über die Juden in der deutschen Literatur mit ihrem ergreifenden Vorspruch möchte ich Ihnen sehr herzlich danken. Die Lektüre hat mich sehr beschäftigt. Vieles fand ich sehr überzeugend und in einer Weise ausgesprochen, wie nur Sie es sich leisten können. Aber ich frage mich trotzdem, ob manche Phänomene, die Sie als spezifisch jüdisch beschreiben, die Flucht ins Bizarre und Skurrile, die radikalen Haltungen, die Grenzsituationen, die Heimatlosigkeit und die Entfremdung, nicht weitgehend auch für nichtjüdische Dichter gelten. Man nehme nur Ödön v. Horvath als Beispiel. Sie werden sagen, das war eben auch ein Exilierter. Aber beschreiben Sie nicht zum Teil Phänomene, die für die moderne Situation überhaupt charakteristisch sind und für die Juden eine im hohen Maße stellvertretende Funktion übernommen haben? Sie nennen in Ihrem Bändchen einige Autoren, von denen ich bisher gar nicht wußte, daß sie jüdischer Herkunft waren, und ich frage mich, ob es notwendig ist, das zu wissen und ob nicht auf diese Weise, nur mit umgekehrten Vorzeichen, wiederum jene im Grunde fatale Situation entstehen kann, daß jüdische Schriftsteller weiter mit dem »gelben Stern« ausgezeichnet werden. Ich selber lese Autoren von heute als Autoren unserer Gegenwart und finde sie gut oder schlecht, ganz unabhängig davon, ob sie Juden sind oder nicht. Das Problem freilich, da haben Sie recht, ist bis heute noch nicht erledigt, und ich möchte hoffen, daß Ihre so eindringlich geschriebene Schrift mit dazu beiträgt, daß es sich in Zukunft endgültig erledigt.

Mit herzlichen Grüßen

Ihr Benno von Wiese

GABRIELE WOHMANN

Darmstadt, 8. 8. 92

Lieber Marcel Reich-Ranicki,

33 Grad am Schreibtisch, und doch frage ich: Kam mein gekürzter Kunze, abgeschickt am 20. 4., je an? (Es geht um das »Stirb früher«-Gedicht.) Daß der »Radwechsel«, Brecht, bei Ihnen ist, weiß ich ja. Ich frage *nicht* aus Ungeduld, bin nur korrekt.

Es freut mich, daß Sie alle meine (10) Romane gelesen haben. Und woher weiß ich das? Neulich, in Bad Vilbel, trat ich nach Ihnen bei diesen Wasserburg-Veranstaltungen auf. Dort hörte ich, Sie hätten mir Gutes gewünscht: »Gott möge G. W. ihre Romane verzeihen!« Was Gott betrifft, kann ich Sie beruhigen, er macht das, verzeihen. Mehr noch, er verzeiht sogar auch Ihnen dieses Flehen um Gnade für mich, von der die Leute natürlich, wie sie halt so sind, wissen wollen, ob es mich gekränkt habe …

Aber auf wie harte Proben wird doch immer mal wieder unsere große Liebe gestellt, nicht wahr?

Herzlich Ihre Gabriele Wohmann

DIETER E. ZIMMER

Hamburg, 11. 11. 1993

Mein lieber Marcel;

es freut mich, daß ich Sie veranlaßt habe, mir einen Brief zu schreiben; ich hatte es nicht erwartet. Sie hingegen werden jetzt erwarten, daß ich Ihnen widerspreche, und da sollen Sie sich nicht getäuscht haben. Ihre Argumentation überzeugt mich überhaupt nicht. Sicher könnte man bei den Anmerkungen zur »Gabe«, wenn man noch knausriger mit dem Platz umginge, als wir es schon getan haben, hier und da ein, zwei Zeilen sparen. Aber als langjähriger Redakteur haben Sie doch bestimmt genug Gefühl für Textquantitäten, um zu wissen, daß man durch derlei Kürzungen von 200 Seiten vielleicht auf 190 oder 180 käme, nie und nimmer aber auf Ihre Idealmenge, 70 oder 80. Dazu müßte man schon viele ganz weglassen und viele andere so zusammenstreichen, daß sie in der Tat überflüssig würden. Denn Anmerkungen im Stil »I. I. Iwanow (1820–1880), russischer Schriftsteller« halte ich, mit Verlaub, für total unsinnig: soviel kann sich jeder sowieso selber denken. Etliche waren bereits an der Grenze dazu.

Es wird Ihnen nicht entgangen sein, daß es nicht nur keine vergleichbare Ausgabe des »Zauberbergs« und des »Mannes ohne Eigenschaften« gibt (was ich eigentlich schade finde und nicht vorbildlich), sondern daß kein anderer Band der Nabokov-Ausgabe Anmerkungen in auch nur annähernd dieser Menge enthält. Sie wissen warum, Sie haben es selber gesagt und wiederholen es in Ihrem Brief, fallen sich dann aber sozusagen selber in die Parade.

Auf den Ladenpreis wiederum haben die Anmerkungen

keine Auswirkung, und das aus einem traurigen, aber einfachen Grund: die ganze Ausgabe ist nicht reell kalkuliert: Herstellungskosten mal soundsoviel gleich Ladenpreis. Die Ladenpreise werden vielmehr vom Verlag ohne Rücksicht auf die Kosten angesetzt, nämlich zu niedrig. Sollten Sie aber annehmen, daß die Honorare von Kommentator oder Herausgeber mit der Menge des Abgelieferten stiegen, dann muß ich Ihnen verraten: deren Honorar ist pauschaliert, und zwar in einer Weise, daß jeder vernünftige Mensch sich sagen würde: dafür liefere ich so wenig wie möglich ab. Der Leser kriegt also von Verlag und Editoren in der Tat etwas geschenkt, und zwar etwas ganz Ordentliches, meinen wir vermessen. Darum hat es mir im übrigen auch eine ein wenig boshafte Freude gemacht, Ihrem Brief zu entnehmen, daß Sie ja offenbar gar nicht davon ablassen konnten, hinten in diesen so langweiligen und überwiegend überflüssigen Anmerkungen zu lesen.

Sie werden mich aber nicht dazu verleiten, mich zur Qualität dieses oder eines anderen Nabokov-Romans zu äußern. Ich habe sehr wohl meine Vorlieben, und sie sind, wie wir beide noch von früher wissen, mit Ihren nicht identisch, aber einem Herausgeber müssen alle Kinder gleich lieb sein. Sonst verkünden Sie das nächste Mal vom Bildschirm herunter: »Der Herausgeber hat mir gestanden, daß er diesen oder jenen Roman nicht so mag, und leider, leider merkt man es im vorliegenden Fall.«

Im übrigen bin ich hier glücklicherweise in einer nicht unvorteilhaften Position. Zu einem derart aufwendigen Hobby, wie es diese Ausgabe ist, bin ich durch nichts in der Welt verpflichtet. Das heißt: wenn euch daran liegt, daß die Ausgabe fortgesetzt wird, müßt ihr mich schon bei Laune halten – ich meine nicht Sie persönlich, ich meine sozusagen die Menschheit oder vielmehr deren in dieser Sache sich artikulierenden Teil. In dem Augenblick, wo ich die Lust verlöre, oder anderes wichtiger fände, oder mich ums Geldverdienen kümmern müßte usw., wäre das Verzeichnis »Nabokov« in zehn Sekunden von meiner Festplatte gelöscht, und es erschiene kein einziger Band mehr. Das sollte die Kritik immer wohl bedenken! Noch ist es nicht soweit. Aber ab 1994 wird es wahrscheinlich nur noch einen Band pro Jahr geben, als nächsten eine Neuübersetzung von »Pnin«, dann den Nabokov/Wilson-Briefwechsel. An die schwierigen vier letzten Romane könnte ich mich sowieso frühestens nach meiner Berentung machen, das heißt erst im nächsten Jahrtausend, falls das in alter Besetzung stattfinden sollte. Und sagen Sie nicht, wir brauchten uns ja nicht soviel Mühe zu machen. Das ganze Unternehmen lohnt überhaupt nur, wenn nicht geschlampt wird. Pannen passieren leider auch dann noch genug, um die Kritik nicht um ihre Arbeit zu bringen.

Herzlich wie immer,

Ihr alter Dieter E.

CARL ZUCKMAYER

Zürich: Hotel Neues Schloß, 18. 2. 75

Sehr geehrter Herr Reich-Ranicki,

seien Sie bedankt für Ihren Brief vom 5. 2., der mir nachgesandt wurde. Ich stecke wieder einmal, immer mal wieder, in jenem Zwischenreich, eher Fegefeuer als Inferno, letzten Proben und weiß nicht, wo mir der Kopf steht – vermutlich nicht da, wo er hingehört. Natürlich möchte ich Sie in Sachen Th. M. nicht im Stich lassen. Leider sind Sie zu einem solchen Hundertsten nicht der einzige, der anklopft (Fernseh – Radio – Zeitungsumfragen usf.).

Nun habe ich schon etwas über den Einfluß Thomas Manns, d. h. seiner frühen Novellen, auf meine eigene frühe Zeit geschrieben, ziemlich konzis – und zwar für den S. Fischer-Verlag. Ich habe mich sehr bemüht, das so kurz wie gut zu machen – und ein zweiter Thomas-Mann-Beitrag will mir einfach nicht in die Feder – verstehen Sie das? Etwas, einmal gut gesagt, kann durch Versionen nur verwässert werden, und ich verkaufe keinen gewässerten Wein. Doch scheint es mir durchaus möglich, daß Sie in der FAZ unter Hinweis auf das Th. M.-Buch des S. F. V. meinen Beitrag dazu vorabdrucken, es ist die genaue Antwort auf Ihre Fragestellung – Länge etwa 1 1/2 Schreibmaschinenseiten oder nicht ganz 2.

Zuständig dafür ist noch Herr Wolfgang Mertz im S. F. V. – der dieser Tage auch nach Zürich kommt und dem ich die Sache empfehlen werde.

Ich hoffe, es ist Ihnen recht so.

Mit herzlichen Grüßen,

Ihr sehr ergebener Carl Zuckmayer

ARNOLD ZWEIG

Berlin-Niederschönhausen, 19. 7. 1955

Sehr geehrter Herr Ranicki!

Sie wissen ja wohl, daß ich außerstande bin, selber zu lesen, so daß es mir also keine Schwierigkeit macht, Ihnen zu gestehen, daß ich mir in Ihrem sehr interessanten Buche hauptsächlich Bilder ansah, als ich es nach meiner Rückkehr von Wien in der Hand hielt. Vielleicht findet sich auch einmal jemand, der mir daraus vorlesen wird, was über mich darin steht.

Sicherlich macht es Ihnen Spaß, wenn ich Ihnen erzähle, was eine Ohrenzeugin nach dem Ersten Weltkrieg berichtete. Da gingen Heinrich Mann, Arthur Schnitzler und Hugo von Hofmannsthal am Starnberger See miteinander spazieren, sprachen über literarische Kritik und erhielten von Hofmannsthal auf die Frage, was er von Tageskritik halte, die klassische Antwort: »G'lobt soll mer wern, g'lobt soll mer wern, g'lobt soll mer wern!« – Und falls Sie für eine Neuauflage einmal ein besseres Bild von mir haben wollen: vor drei Monaten hat mich eine Dresdener Fotografin aufgenommen, und ihre Fotos enthalten wirklich etwas von meinem Wesen.

Besten Dank also

Ihr aufrichtig grüßender Arnold Zweig

BEATRICE ZWEIG

Berlin-Niederschönhausen, 24. 2. 1969

Sehr geehrter Herr Reich-Ranicki!

Herzlichen Dank für Ihren Brief. An die Geschichte »Alter Mann am Stock« möchte ich noch etwas Menschliches hinzufügen: Arnold war mitten in tiefer Konzentration befangen in seinen Kriegsromanen, als man mit der Bitte an ihn herantrat, für eine Werbeschrift, die zur Gründung eines Jüdischen Altersheims Geld bringen mußte, etwas beizutragen. Ich besinne mich heute noch allerdeutlichst, wie schwer es ihm wurde, sich herauszureißen, und auch seine Sekretärin seufzte sehr. Er hat sich Zeit und Ablenkung damals abgerungen für die gute Sache. Als die Erzählung dann dem Initiator, der ein guter Freund war, zugeleitet wurde, gab er sie ihm zurück mit einem sehr beschämten Lächeln, sagte in einem etwas abschätzigen Tonfall, die Novelle eigne sich nicht. Es hat mich damals etwas gekränkt, da in jener Zeit niemals Zurückgaben erfolgten. Als ich die Werbeschrift nachher las, mußte ich wirklich lachen, denn in diesen Rahmen paßte Arnold tatsächlich nicht. Nach einiger Zeit, da die Novelle in irgendeiner Mappe herumlag, meinte unsere praktische Sekretärin: »Da liegt nun unsere Arbeit so unangewendet herum, und wir haben uns doch damals so bemüht. Ich werde sie mal an irgendeine Zeitschrift senden.« Dies geschah denn auch, und das Geld floß dennoch dem Hilfsfonds zu. Das Altersheim konnte aber nur sehr wenige Jahre bestehen, da sehr bald das Jahr 33 anbrach und die alten Menschen, verjagt, ermordet, ihrer Menschenwürde beraubt und zertreten, aus unserem Gesichtskreis verschwanden. Wir gingen dann fünfzehn Jahre in die Emigration. Ich habe kürzlich im Fernsehen einen Film gesehen, der mir einen tiefen Eindruck hinterlassen hat: »Kaddisch für einen Lebenden«. Ich kann den Eindruck gar nicht mehr loswerden; nur daß ich Tel Aviv noch einmal sah, hat mich sehr gefreut.

Vielleicht sind Sie einmal in Berlin, und man kann sich dann des weiteren unterhalten.

Mit freundlichem Gruß Beatrice Zweig

ANHANG

KOMMENTAR

THEODOR W. ADORNO 7. Juni 1967

7 *über Böll formulieren*: Für den Band »In Sachen Böll. Ansichten und Einsichten«, den Reich-Ranicki 1967 zum 50. Geburtstag des Autors zusammenstellte und der 1968 erschien.
si parva licet componere magnis: Zu deutsch: Wenn es erlaubt ist, Kleines mit Großem zu vergleichen. Adorno spielt mit der lateinischen Wendung darauf an, daß sein Beitrag lediglich eineinhalb Druckseiten umfaßt. Er eröffnete übrigens den Band.

RICHARD ALEWYN 3. Oktober 1965

9 *Zusendung Ihres – nun gar nicht mehr letzten – Buches*: Gemeint ist der Band »Deutsche Literatur in West und Ost. Prosa seit 1945«. München 1963.
Ihrer Rezension des neuen Johnson: Die Kritik zu Johnsons Buch »Zwei Ansichten« unter dem Titel »Dichter der beiden Deutschland?« erschien in der Wochenzeitung »Die Zeit« vom 24. September 1965.
10 *bei unserer Diskussion in Bonn*: Im Wintersemester 1963/64 hatte sich Reich-Ranicki an einer Podiumsdiskussion in der Universität Bonn über die Situation der Gegenwartsliteratur beteiligt, die von Benno von Wiese geleitet wurde und an der unter anderen Alewyn teilnahm.

JEAN AMÉRY 1. Juni 1970

11 *»Die Ungeliebten«*: Reich-Ranickis Buch mit der Unterzeile »Sieben Emigranten« war 1968 erschienen.
Ausnahme des Andersch: In »Lauter Verrisse« (1970) war auch der Verriß von Anderschs Roman »Efraim« aufgenommen (vgl. Anm. zu S. 13: *Ihre »Efraim«-Kritik*).
Handke-Beitrags: In der ersten Auflage von »Lauter Verrisse« war, gleichsam als Nachwort, eine Polemik von Peter Handke gegen Reich-Ranicki enthalten. Sie lautete »Von mir aus ist Reich-Ranicki unumstritten« und findet sich auch in Handkes Band »Ich bin ein Bewohner des

Elfenbeinturms«. Frankfurt am Main 1972. In späteren Auflagen von »Lauter Verrisse« fehlt dieser Aufsatz.

18. 1. 73

Bachmann: Gemeint ist die Dichterin Ingeborg Bachmann.
Benjamin: Gemeint ist der Philosoph, Kritiker und Essayist Walter Benjamin (1892–1940), dessen Schriften – zumal die Abhandlung »Das Kunstwerk im Zeitalter seiner technischen Reproduzierbarkeit« (1936) – damals wiederentdeckt wurden.

5. April 1973

12 »*Ruhestörer*«: »Über Ruhestörer. Juden in der deutschen Literatur«, München 1973.
Wo sich Graf Dunois ...: Zitat aus Friedrich Schillers romantischer Tragödie »Die Jungfrau von Orléans«, dritter Aufzug, erster Auftritt.
Brecht-Besprechung: »Brecht war kein Brechtianer. Zu seinem Arbeitsjournal 1938–1955«. In: »Die Zeit« vom 16. März 1973.

Alfred Andersch 5. 8. 1972

13 *Aufnahme von »Jesuskingdutschke« in Ihre neue Anthologie*: »Verteidigung der Zukunft. Deutsche Geschichten seit 1960«. München 1972.
Rezension eines Herrn Behr: Der Band »Norden Süden rechts und links. Von Reisen und Büchern 1951–1971« (Zürich 1972) wurde von Hans-Georg Behr unter dem Titel »Die Welt des Wie« in der »Zeit« vom 2. Juni 1972 rezensiert.
»Roten«: Der Roman »Die Rote« erschien 1960.
»Providence«: Der Band »Mein Verschwinden in Providence. Neun neue Erzählungen« erschien 1971 und wurde in der »Zeit« vom 12. November 1971 unter dem Titel »Ein Autor verschwindet in Providence« von Werner Ross rezensiert.
Karasek über »Tochter«: Unter dem Titel »Was man nicht immer kann ...« rezensierte Hellmuth Karasek die 1970 erschienene Erzählung »Tochter« in der »Zeit« vom 7. August 1970.
Gegen Ihren »Geschlagenen Revolutionär«: »Alfred Andersch. Ein geschlagener Revolutionär« ist ein Kapitel des Bandes »Deutsche Literatur in West und Ost«.
Ihre »Efraim«-Kritik: Die Kritik des Romans »Efraim« erschien unter dem Titel »Sentimentalität und Gewissensbisse« in der »Zeit« vom 3. November 1967.
14 *in welchem tatsächlichen Verhältnis Sie zur Redaktion der »Zeit« stehen*: Reich-Ranicki war von Januar 1960 bis Dezember 1973 bei der »Zeit« als Kritiker tätig, zunächst als freier Mitarbeiter, dann mit einem

festen Vertrag. Redakteur war er nie, in den vierzehn Jahren hat er an keiner Redaktionskonferenz teilgenommen.
Leonhardt: Rudolf Walter Leonhardt, damals Feuilletonchef der »Zeit«.
»Erfundene Wahrheit«: »Erfundene Wahrheit. Deutsche Geschichten seit 1945«. München 1965.

Hannah Arendt 3. März 1975

15 *das Herzl-Buch*: Desmond Stuart: »Theodor Herzl. Artist and Politician«. London 1974
Thomas Mann: Siehe Anmerkung zu Seite 153: *mein Beitrag über Thomas Mann.*

Rose Ausländer [März 1979]

16 *»Ein Stück weiter«*: Der Band war im Frühjahr 1979 erschienen. Dies legt nahe, den Brief auf März 1979 zu datieren.
ausführlich besprechen zu lassen: Dieser Band wurde in der F.A.Z. nicht besprochen.

Ingeborg Bachmann 20-5-65

17 *Herr Piper hat leider …*: Der Verleger Klaus Piper, der am 25. März 2000 starb, hatte 1963 Reich-Ranickis »Deutsche Literatur in West und Ost« publiziert, die erste Buchveröffentlichung nach dessen Rückkehr nach Deutschland. Darin findet sich auch ein eher ablehnender Beitrag über die Prosaistin und Erzählerin Ingeborg Bachmann. Die Bachmann aber war Star-Autorin des Piper Verlags. Piper hatte, so Reich-Ranickis mündliche Auskunft gegenüber dem Herausgeber, bei ihm interveniert und Milderungen des Beitrags erbeten. Reich-Ranicki lehnte dies ab, er kürzte lediglich ein Bachmann-Zitat, das er zum Beleg ihrer Erzählmängel angeführt hatte. Zwei Jahre später hat er dann Ingeborg Bachmann diese Geschichte erzählt. Darauf reagiert sie mit diesem Brief.

Lothar Baier 28. 6. 1994

18 *an der derzeitigen öffentlichen Beschäftigung mit Ihrer Biographie*: Ausgehend von einem Fernsehbeitrag des Journalisten Tilman Jens für den »Kulturweltspiegel« des Westdeutschen Rundfunks am 29. Mai 1994 entwickelte sich im Sommer und Herbst 1994 eine breite publizistische Debatte über Reich-Ranickis Verhalten im Polen der letzten Kriegsjahre und der unmittelbaren Nachkriegszeit. Er selbst hat dazu in

mehreren Interviews Stellung genommen, vor allem auch in dem Vortrag »Rede über das eigene Land«, der am 13. November 1994 in den Münchner Kammerspielen gehalten und am 26. November 1994 in der »Frankfurter Allgemeinen Zeitung« gedruckt wurde.
19 *Zanussis Film über Musik im Ghetto*: Dem Fernsehfilm »Musik im Warschauer Ghetto« des 1939 geborenen polnischen Regisseurs Krzysztof Zanussi, der im Frühjahr 1993 von mehreren 3. Fernsehprogrammen der ARD ausgestrahlt wurde, lagen, neben dem dokumentarischen Material, Aufnahmen von einem Vortrag Reich-Ranickis zugrunde, der im November 1991 im Kölner Schauspielhaus gehalten wurde.
demnächst einen Bundespräsidenten, der den Ghettoaufstand nicht vom Aufstand der Heimatarmee unterscheiden kann: Bezieht sich auf Roman Herzog, der am 1. Juli 1994 als Bundespräsident vereidigt wurde.

Daniel Barenboim — 17. August 1996

20 *Lieber Professor Reich-Ranicki*: Auf Wunsch von Daniel Barenboim wird das Schreiben Reich-Ranickis vom 13. August 1996 wiedergegeben, auf das sich Barenboims Replik bezieht:
Lieber, verehrter Herr Barenboim,
unser kurzes Gespräch nach der »Meistersinger«-Premiere hat bei mir ein unangenehmes Gefühl hinterlassen. Die Ursache ist, glaube ich, nichts anderes als ein Mißverständnis. Ihre Leistung als »Meistersinger«-Dirigent hat mich begeistert, und nur das wollte ich Ihnen mitteilen. Aber kaum habe ich gesagt, daß mir das Tempo der Ouvertüre ungewöhnlich schnell vorkam, da haben Sie mich schon sehr gereizt unterbrochen und hielten es für angemessen, sich auf kränkende und beleidigende Weise zu äußern. Sie wollten nichts hören, ich aber wollte Ihnen unbedingt noch sagen, daß ich gerade ein solch rasches und leichtes Tempo sehr wohl verstehe und goutiere, denn es hat Ihnen im weiteren Verlauf ermöglicht, die »Meistersinger«-Partitur von allem Monumentalen zu entlasten. Ich wollte meine Begeisterung ausdrücken und Ihnen danken. Sie waren gleich ungeduldig. Ich kann den Grund wohl verstehen: Sie waren übermüdet. Wie auch immer. Ich danke Ihnen für diesen Abend, der für mich unvergeßlich ist, und hoffe, daß Sie mir nicht mehr grollen.
Mit sehr herzlichen Grüßen
Ihr Reich-Ranicki.

P.S.: Ich sende Ihnen beiliegend meinen 1993 in der »Frankfurter Allgemeinen Zeitung« veröffentlichten Aufsatz über die »Meistersinger« und eine kleine Broschüre über »Juden in der deutschen Literatur«. Vielleicht wird Sie das eine oder andere interessieren.

Arnulf Baring 12. Februar 1988

21 *Ihr herrliches Buch*: »Thomas Mann und die Seinen«, Stuttgart 1987.

Ulrich Becher 15. Juni 69

23 *»Zwei im Frack«-Story*: Die gekürzte Fassung erschien in Reich-Ranickis Anthologie »Gesichtete Zeit. Deutsche Geschichten 1918–1933«. München 1969.
Ödön Horváth ... sei bei einem Unfall schwer verletzt worden ...: Der Dramatiker und Erzähler Ödön von Horváth, seit 1938 als Emigrant in Paris, war auf den Champs-Elysées von einem herabstürzenden Ast erschlagen worden.
24 *mit Bellman-Liedern*: Gemeint ist der schwedische Dichter und Barde Carl Michael Bellman, der von 1740 bis 1795 lebte und besonders mit den Trink- und Gesellschaftsliedern des Bandes »Fredmans epistlar« (1790) berüchtigt und berühmt wurde.

Jurek Becker 21. 12. 77

25 *Busch-Aufnahmen*: Reich-Ranicki hatte von Becker Schallplatten mit Aufnahmen des kommunistischen Schauspielers und Sängers Ernst Busch erbeten.

21. 3. 86

bei Elisabeths Geburtstag die Kassette angefordert: Beim sechzigsten Geburtstag der Dichterin und Lektorin Elisabeth Borchers hatte Reich-Ranicki um Videokassetten mit den ersten Folgen von Beckers Fernsehserie »Liebling Kreuzberg« gebeten.
Krug: Der Schauspieler Manfred Krug, der den Rechtsanwalt Liebling spielte.

10. September 88

26 *Heinrich-Mann-Essay*: Der Aufsatz »Heinrich Mann – Ein Abschied nicht ohne Wehmut« ist ein Kapitel des Bandes »Thomas Mann und die Seinen«. Stuttgart 1987.
27 *Von Proust stammt der Satz*: Der Satz steht in »Die wiedergefundene Zeit«, dem siebten Teil des Romans »Auf der Suche nach der verlorenen Zeit«. Er lautet: »Ein Buch, das Theorien enthält, ist wie ein Gegenstand, an dem noch das Preisschild hängt.«

6. Dezember 1988

28 *für die »Frankfurter Anthologie« ein Gedicht zu besprechen*: Im Juni 1974 begründete Reich-Ranicki die »Frankfurter Anthologie«: An jedem Samstag erscheinen seither in der Beilage »Bilder und Zeiten« der

F.A.Z. ein deutschsprachiges Gedicht und seine Interpretation. Gesammelt ist die »Frankfurter Anthologie« in bisher 22 Bänden (Frankfurt am Main 1975 ff.), zudem in der zehnbändigen Kassette »1000 Deutsche Gedichte« (Frankfurt am Main 1994). Jurek Becker, der 1997 starb, konnte sein Versprechen, ein Gedicht seiner Wahl zu interpretieren, nicht mehr wahr machen.

THORSTEN BECKER 23. März 1986

30 *Blitzaktion*: Becker hatte seine Dankrede zum F.A.Z.-Preis bei der Konkurrenz drucken lassen, weil die F.A.Z. keine Anstalten machte, sie zu veröffentlichen. Also publizierte sie Wolfram Schütte, der Literaturredakteur der Frankfurter Rundschau, am 11. März 1986 in seinem Blatt unter dem Titel: »Anmut sparet nicht. Unterschiedliche Bedingungen der Literatur in der Bundesrepublik und in der DDR«.
keine Lobrede: Reich-Ranickis Rede bei der Preisverleihung erschien unter dem Titel »Der Ohrwurm des Feuilletons« am 7. März 1986 im Feuilleton der F.A.Z.
31 *Bürgschaft*: Für die Erzählung »Die Bürgschaft«, die 1985 in Zürich erschienen war, hatte Becker den Literaturpreis der F.A.Z. erhalten.
32 *Einladung für Klagenfurt*: Zum Ingeborg-Bachmann-Wettbewerb, der alljährlich stattfindet und dessen Jury Reich-Ranicki damals leitete.

12. 4. 98

33 *Emine S. Ö.*: Die türkisch-deutsche Autorin Emine Sevgi Özdamar veröffentlichte 1998 den Roman »Die Brücke vom Goldenen Horn«.
34 *Buch von der Plessen*: Katia Mann: »Meine ungeschriebenen Memoiren«. Hrsg. von Elisabeth Plessen und Michael Mann. Frankfurt am Main 1974.
Ihrem Kollegen Hans Mayer … zur Seite springen: Im Kapitel »Der Ungeliebte« schildert und wertet Reich-Ranicki Thomas Manns Vorbehalte gegen Hans Mayers 1950 erschienenes Buch »Thomas Mann – Werk und Entwicklung«.

PETER BICHSEL 29. März 1982

39 *Jene Stelle in den »Jahreszeiten«*: Kritik des Bandes »Jahreszeiten« unter dem Titel »Versteckspiele mit einer Hauptperson« in der »Zeit« vom 15. September 1967.

Horst Bienek 25/IV/68

41 *wie Sie es Krüger andeuteten*: Der Schriftsteller und Publizist Horst Krüger.
daß mich Ihre Kritik getroffen hat: Die Kritik von Bieneks Roman »Die Zelle« erschien unter dem Titel »Gefängnis mit Sentiments« in der »Zeit« vom 12. April 1968.
Vexierspiel mit Alban (das z. B. Hartung und Vormweg hervorheben): Gemeint sind die Kritiken der »Zelle« von Rudolf Hartung in der »Süddeutschen Zeitung« vom 28. März 1968 und von Heinrich Vormweg im Heft 5/1968 der Zeitschrift »Merkur«.
42 *Brinkmann oder Fichte*: Unter dem Titel »Übungsstücke eines Talents« hatte Reich-Ranicki in der »Zeit« vom 7. Mai 1965 Rolf Dieter Brinkmanns Erzählband »Die Umarmung« gerühmt; unter dem Titel »Gammler, Gauner, Ganoven« in der »Zeit« vom 29. März 1968 hatte er Hubert Fichtes Roman »Die Palette« gelobt.
um noch einmal Cayrol zu zitieren: Anspielung auf den 1950 erschienenen Essayband »Lazare parmi nous« des französischen Lyrikers und Erzählers Jean Cayrol.
Wann kommen Sie wieder nach Deutschland?: Von Januar bis Mitte Mai 1968 war Reich-Ranicki Gastprofessor an der Washington University in St. Louis (Missouri).
Für die »Endstation Sehnsucht« danke ich Ihnen: Reich-Ranicki hatte Bienek aus New Orleans eine Postkarte geschickt, auf der jene Straßenbahn abgebildet war, der man, in Anspielung auf Tennessee Williams' Stück »A Streetcar named Desire«, den Namen »Desire« gegeben hatte.
In Ihrem Böll-Buch: »In Sachen Böll. Ansichten und Einsichten.« Hrsg. von Marcel Reich-Ranicki. Köln 1968.

10/XI/81

auch mit Tadeusz: Der polnische, damals in München lebende, 1996 im polnischen Bydgoszcz gestorbene Publizist Tadeusz Nowakowski.
43 *den Fall der Frankfurter Anthologie*: Bienek war bis zu seinem Tod im Jahr 1990 regelmäßiger Interpret für die »Frankfurter Anthologie«.

28/VI/88

44 *Herr Hupka*: Herbert Hupka, 1915 geboren, ist seit 1968 Bundesvorsitzender der Landsmannschaft Schlesien.
Sein Nachruf sehr würdig: Walter Jens: »Seine Sanftmut war konsequent. Zum Tode des Schriftstellers Martin Gregor-Dellin«. Feuilleton der F.A.Z. vom 24. Juni 1988.
bei Boettner (!): Münchner Traditionslokal

Wolf Biermann 21. Juli 79

45 *Und daß ein alter Nazi Bundespräsident wurde*: Gemeint ist die Mitgliedschaft von Karl Carstens in der NSDAP.
46 *ein »glänzend Übel«*: »Die Tugenden der Deutschen aber sind ein glänzend Übel und nichts weiter«, heißt es im vorletzten Brief von Hyperion an Bellarmin (Zweiter Band, zweites Buch) in Friedrich Hölderlins zwischen 1797 und 1799 erschienenem Roman »Hyperion oder Der Eremit in Griechenland«.
Vom Regen in die Jauche: Refrainzeile aus Biermanns Gedicht »Deutsches Miserere«.
assistiert von Ihrem Freund Fest: Der Historiker und Publizist Joachim Fest, von Dezember 1973 bis Dezember 1993 einer der Herausgeber der F.A.Z.
47 *aus der neuen Schallplatte meiner lieben Eva-Maria Hagen*: Die Langspielplatte kam im Herbst 1979 unter dem Titel »Nicht Liebe ohne Liebe. Eva-Maria Hagen singt russische Liebeslieder, Romanzen, Balladen und Zigeunerlieder« auf den Markt.

27. 12. 81

48 *Hermlins Friedenskonferenz*: Gemeint ist die »Berliner Begegnung zur Friedensförderung« vom 13. bis 15. Dezember 1981, die der Schriftsteller Stephan Hermlin gemeinsam mit der Ost-Berliner Akademie der Künste vorbereitet hatte.
Der Militärputsch: Am 13. Dezember 1981 hatte General Wojciech Jaruzelski über Polen das Kriegsrecht verhängt.

3. Jan. 83

49 *Ihren liebenswürdigen erpresserischen Parteiauftrag*: Am 23. Dezember 1982 schrieb Reich-Ranicki an Biermann unter anderem: »Die Balladen von Villon sind in einer zweisprachigen Ausgabe mit Illustrationen von A. Paul Weber erschienen. Ich schicke Ihnen das Buch und werde Sie, ich schwöre es, für einen Schuft halten, wenn Sie nicht etwas über Villon und seine Balladen und dieses Buch schreiben.« Biermanns Brief ist quasi eine Privatrezension für den Auftraggeber, in der F.A.Z. blieb der Band unbesprochen.
Josef Hegenbarth: Maler und Buchillustrator aus Dresden, der von 1884 bis 1962 lebte.
50 *Nuria Quevedo*: Die Malerin wird besungen in Biermanns »Ballade von den Spaniern im Dresdner Exil«.

20. 4. 89

51 *»Dos lid funm oisgehargetn jidischn folk«*: Das Poem von Jizchak Katzenelson erschien, zusammen mit Biermanns Übersetzung »Großer Gesang vom ausgerotteten jüdischen Volk«, als Buch im Herbst 1994.

Arno Lustiger … schreibt an einem Buch über den jüdischen Widerstand: Der Band erschien unter dem Titel »Zum Kampf auf Leben und Tod! Vom Widerstand der Juden 1933–1945« im Herbst 1994.
Der Übersetzer Hermann Adler: Hermann Adlers Übersetzung von Katzenelsons Poem erschien unter dem Titel »Das Lied vom letzten Juden« 1951 in Zürich (Neuausgabe Berlin 1992).

MAXIM BILLER 15. 7. 95

53 *»Die verkehrte Krone«*: Der Aufsatz erschien am 15. Juli 1995 in der Beilage »Bilder und Zeiten« der F.A.Z.
Ludwig Winders »Jüdische Orgel«: Der Roman erschien erstmals 1922.
»Portnoys Beschwerden«: Philip Roths Roman erschien 1969 in den Vereinigten Staaten, 1970 auf deutsch.

HEINRICH BÖLL 13. VI. 57

55 *Visum verweigert*: Unter der Überschrift »Verweigert« und gezeichnet mit dem Kürzel »K. W.« veröffentlichte die Tageszeitung »Die Welt« am 27. Mai 1957 eine kommentierte Meldung, in der es unter anderem hieß: »Es war ein guter Einfall, den polnischen Schriftsteller Artur Maria Swinarski und den polnischen Literaturkritiker Marceli Ranicki in die Bundesrepublik einzuladen. Der Einfall wurde schlecht belohnt – nicht vom Osten, sondern vom Westen. Bonn hat den beiden Polen das Einreisevisum verweigert, und diese seltsame Entscheidung soll, wie sich Bonn vernehmen ließ, sogar endgültig sein.« Der für Sommer geplante Besuch konnte, wohl auch auf Grund der Interventionen von Böll und des Kommentars in der »Welt«, im Dezember 1957 stattfinden.

5. 5. 58

in Ruhe meinen Roman zu schreiben: Es handelt sich um »Billard um halbzehn«, erschienen 1959.
56 *Ihr Urteil über Anderschs Buch*: Gemeint ist der Roman »Sansibar oder Der letzte Grund« von 1957.
ich finde auch Walser besser: Bölls Urteil bezieht sich auf Martin Walsers Roman »Ehen in Philippsburg« von 1957. Sowohl über »Sansibar« wie über »Ehen in Philippsburg« hat Reich-Ranicki noch in Polen Kritiken veröffentlicht – über Andersch in der Zeitschrift »Twórczo« (März 1958), über Walser in der Krakauer Wochenzeitung »Zycie Literackie« (27. April 1958). Böll hatte er seine Ansichten über diese Bücher brieflich mitgeteilt.
Ihre beiden Kinderbücher: Zwei in Polen erschienene Kinderbücher, Autor und Titel nicht mehr feststellbar.

5. Juli 77

57 *auf die Widmung nicht verzichten*: Die Kurzgeschichte »Du fährst zu oft nach Heidelberg« erschien in der F.A.Z. vom 19. September 1977 mit der gewünschten Widmung für den Graphiker Klaus Staeck.

27. April 1981

59 *die »Knobel«-Bemerkung*: Reich-Ranicki hatte Böll in einem Brief vom 23. April 1981 unter anderem geschrieben: »Sie schreiben auf Seite 22 des Manuskripts, die Familie habe beschlossen, daß Ihr Bruder Alois der SA beitreten solle, was denn auch geschah. Dann heißt es: ›Er nahm uns das bis zum Ende seiner Tage übel – und er hatte recht: Wir hätten wenigstens knobeln sollen.‹ Ich kann es Ihnen nicht ersparen – diese Stelle ist eine Geschmacklosigkeit, eine Taktlosigkeit. Ich hatte auch einen Bruder. Er ist in einem Konzentrationslager umgekommen. Ich kann nicht ausschließen, daß es ein SA-Mann oder jedenfalls ein Zögling der SA war, der ihn ermordet hat ... Daß Sie schreiben konnten, man hätte knobeln sollen, wer SA-Mann werden soll – das empfinde ich, verzeihen Sie, als eine Ungeheuerlichkeit.«

der Eindruck absoluter Willkür: Bölls Beitrag zu der Reihe »Meine Schulzeit im Dritten Reich« erschien am 18. April 1981 in der F.A.Z. unter dem Titel »Den Nazis verdanke ich mein Abitur«. In einer redaktionellen Notiz wurde darauf hingewiesen, daß es sich dabei lediglich um einen »Ausschnitt aus einer ungleich längeren Arbeit« handle, die im Herbst 1981 unter dem Titel »Was soll bloß aus dem Jungen werden?« als Buch publiziert werde. Das Buch erschien wie angekündigt.

60 *Herrn Weinsteins ... Verleumdung von Herrn Bastian*: Adelbert Weinsteins Artikel »Der ›Dauerbrenner‹ Bastian. Ein deutscher General als Kronzeuge gegen die Nato« erschien in der F.A.Z. vom 5. Februar 1981. Der Artikel hatte ein gerichtliches Nachspiel, das am 16. Juni 1982 durch ein Urteil des Oberlandesgerichts Celle zugunsten von Bastian entschieden wurde.

uns »alten« Springerboykotteuren: Bei ihrer Tagung in der »Pulvermühle« Anfang Oktober 1967 hatten rund 75 Mitglieder der »Gruppe 47« eine Resolution gegen den Axel Springer Verlag verfaßt, die unter anderem den Passus enthielt: »Wir werden an keiner Zeitung oder Zeitschrift des Springer-Konzerns mitarbeiten.« Auch Reich-Ranicki gehörte zu den Unterzeichnern.

62 *»Entfernung von der Truppe«*: Die Erzählung erschien 1964.

Seite 3 von Bilder und Zeiten: »Bilder und Zeiten«, die Wochenendbeilage der F.A.Z., bietet auf der Seite 3 unter dem Titel »Ereignisse und Gestalten« häufig politische Reportagen und Hintergrundberichte.

63 *Verlag meines Sohnes*: René Böll hat den Lamuv-Verlag 1975 gegründet und bis 1988 geführt.
64 *das PX-Abzeichen*: das griechische Christusmonogramm.

Willy Brandt 7. Juni 1990

66 *Der Mond in Nürnberg*: Am 28. Januar 1990 hatte die Stadt Nürnberg den Schriftsteller Hermann Kesten, einen Sohn der Stadt, zu dessen 90. Geburtstag geehrt. Brandt und Reich-Ranicki, die bei der Feier waren, gingen nachher gemeinsam durch die nächtlichen Straßen in das Hotel, in dem beide wohnten.

Felix Braun [November 1973]

67 *Aufsatz über Hofmannsthal*: »Mitleid mit dem großen Hofmannsthal«, Die Zeit, 2. Februar 1973.

Joseph Breitbach 22. 10. 64

68 *»Etudes Germaniques«*: Renommierte germanistische Fachzeitschrift.
wie in Ihrem Buch: »Deutsche Literatur in West und Ost. Prosa seit 1945«. München 1963.
meine Kritik an der Literatur-Kritik: Unmittelbarer Anlaß für Breitbachs Bemerkungen ist die Kritik seines Romans »Bericht über Bruno« (1962) durch Günter Blöcker. Sie war unter dem Titel »Literarisch verschlüsselter Klatsch? Joseph Breitbach: ›Bericht über Bruno‹« in der »Zeit« vom 12. Oktober 1962 zu lesen.
69 *Kopie meines Glückwunschtelegramms*: Breitbach hatte Blöcker, dem 1964 der Johann-Heinrich-Merck-Preis für Kritik und Essay der Deutschen Akademie für Sprache und Dichtung verliehen worden war, in einem Telegramm gefragt, ob er sich »wirklich noch immer für einen achtbaren Menschen« halte, »dem es ansteht, einen Preis für Kritik entgegenzunehmen«.
Gruppe 47: 1947 hatte Hans Werner Richter in München den Kreis aus Schriftstellern und Literaturkritikern gegründet, der sich fortan bei jährlichen Tagungen traf. Nahezu alle Autoren, die in der westdeutschen Nachkriegsliteratur Rang und Namen erwarben, lasen hier ihre Texte vor und unterwarfen sich der Sofortkritik des Plenums. Wer jeweils zu den Tagungen eingeladen wurde, bestimmte Richter allein.
René Wintzen: Der 1924 in der Normandie geborene René Wintzen ist als Übersetzer deutschsprachiger Gegenwartsliteratur ins Französische

hervorgetreten. Mit Heinrich Böll führte er das Interview »Eine deutsche Erinnerung«, das 1979 als Buch erschien.
70 *Gruppe »Tel quel«*: Gruppe von Autoren um die 1960 gegründete Pariser Zeitschrift »Tel Quel«, die bis 1983 existierte und im Lauf ihres Bestehens fast alle intellektuellen Moden vom Strukturalismus bis zum Leninismus mitmachte oder propagierte. Kopf der Gruppe war der Schriftsteller Philippe Sollers. 1964 galt das Engagement der Gruppe dem »nouveau roman«.
Erklärungen des jungen Hallier: Der 1936 geborene Schriftsteller Jean-Edern Hallier galt als das »enfant terrible« unter den französischen Schriftstellern. Er war unter anderem Herausgeber der Zeitschrift »L'idiot international«. Hallier starb am 12. Januar 1997 in Deauville.
71 *Erval*: Der in Berlin geborene Kritiker und Lektor René Erval.
72 *Heinz von Cramer*: Der 1924 geborene Schriftsteller und Hörspielregisseur.

25. Mai 1973

»Ruhestörer«: »Über Ruhestörer. Juden in der deutschen Literatur«. München 1973.
73 *Sohn eines Lothringers*: Der Vater, Johann Breitbach, stammte aus dem Rheinland, war also Deutscher. Nach Lothringen hatte die Familie verwandtschaftliche Beziehungen.
76 *aktives Mitglied der KP*: Der Katalog zur Ausstellung »Erinnerung an Joseph Breitbach« (Stadtbibliothek Koblenz 1983) spricht für 1926 lediglich über »enge Beziehungen zur KP in Augsburg«, für Januar 1929 über eine »Mitarbeit im kommunistischen ›Neuen Deutschen Verlag‹« und für das Frühjahr 1939 über die »Trennung von der KP«.
Léon Blum: Der französische Sozialist und Schriftsteller, der von 1872 bis 1950 lebte, war 1936 und 1937 Ministerpräsident einer Volksfrontregierung.
77 *Marthe Robert*: Französische Germanistin und Komparatistin, geboren 1914, starb 1996 in Paris.
»Das Alte und das Neue«: Der deutsche Titel lautet »Das Alte im Neuen. Von Don Quijote zu Franz Kafka«. München 1969.
gehen Sie zur FAZ: Am 1. Dezember 1973 trat Reich-Ranicki als Redakteur in die F.A.Z. ein und übernahm die Leitung der Redaktion »Literatur und literarisches Leben«.
Wort zu Torbergs Roman: Friedrich Torbergs Buch »Süßkind von Trimberg« erschien 1972. Reich-Ranickis Kritik darüber war in der »Zeit« vom 31. März 1972 unter dem Titel »Kulissenzauber mit Anspruch« zu lesen.

7. September 1973

Ihren Aufsatz über Feuchtwanger: »Lion Feuchtwanger oder Der Weltruhm und seine Folgen«. In: »Die deutsche Exilliteratur 1933–1945«. Hrsg. von Manfred Durzack. Stuttgart 1973.

78 *Emil Oprecht*: Schweizer Buchhändler und Verleger, der sich um die deutschsprachige Exilliteratur verdient gemacht hat.

Über Heinrich Böll objektiver ...: Bezieht sich auf Reich-Ranickis Aufsatz »Gegen die linken Eiferer« in der »Zeit« vom 11. Mai 1973.

bei Middelhauve erschienenen Erzählungen: Im Middelhauve Verlag erschien Bölls erstes Buch, die Erzählung »Der Zug war pünktlich« (1949), ebenso die Erzählsammlung »Wanderer, kommst du nach Spa...« (1950) und die Erzählung »Die schwarzen Schafe« (1951).

Kesten: Der Schriftsteller Hermann Kesten.

79 *Mitscherlich*: Der Psychoanalytiker Alexander Mitscherlich.

81 *Lattmann*: Der Schriftsteller Dieter Lattmann.

Frau Mechtel: Die Schriftstellerin Angelika Mechtel, die am 8. Februar 2000 in Köln gestorben ist.

meinen »Genosse Veygond«: »Genosse Veygond. Komödie in fünf Akten«. Frankfurt 1970.

31. Januar 1979

Lothringen: Siehe Anmerkung zu Seite 73: »Sohn eines Lothringers«.

82 *kürzlich abschätzig behandelt zu sehen*: Unter dem Titel »Unterhaltung mit Niveau« rezensierte Wolfgang Leppmann in der F.A.Z. vom 6. Januar 1979 Breitbachs Roman »Das blaue Bidet oder Das eigentliche Leben« (1978) und den von Wolfgang Mettmann herausgegebenen Band »Joseph Breitbach: ›Feuilletons zu Literatur und Politik‹« (1978).

83 *Blöckers Kritik*: Siehe Anmerkung zu Seite 68: »meine Kritik an der Literatur-Kritik«.

Ihre Rolle in der »Zeit«: Siehe Anmerkung zu Seite 14: »in welchem tatsächlichen Verhältnis Sie zur Redaktion der ›Zeit‹ stehen«.

85 *Rosei*: der Schriftsteller Peter Rosei.

HANS CHRISTOPH BUCH 23. 9. 99

86 *Ihr Buch*: »Mein Leben«, Stuttgart 1999.

HERMANN BURGER 12. November 1983

87 *»Schilten«*: Der Roman »Schilten. Schulbericht zuhanden der Inspektorenkonferenz« erschien 1976.

4. Juni 1987

89 *Der »Tractatus logico-suizidalis«*: Der Essay mit dem Untertitel »Über die Selbsttötung« erschien in Buchform 1988 in Frankfurt am Main.

ELIAS CANETTI 18. März 1972

90 *für Ihre Anthologie*: Die Anthologien »Erfundene Wahrheit. Deutsche Geschichten 1945–1960« und »Verteidigung der Zukunft. Deutsche Geschichten seit 1960« erschienen im Herbst 1972 ohne Beiträge von Canetti.
Zum Roman: Unvollendet geblieben und nicht veröffentlicht.

MANFRED DELLING 30. 5. 85

92 *Gratulationscour, dtv 10415*: »Über Marcel Reich-Ranicki. Aufsätze und Kommentare«. Hrsg. von Jens Jessen. München 1985.
93 *Steinmetz(!)lehre*: Anspielung auf den gelernten Steinmetz Günter Grass.
Naumann ... Wegner: Michael Naumann, heute Staatsminister im Kanzleramt, war bis 1995 Leiter des Rowohlt Verlages. Er löste 1985 Matthias Wegner ab, der zu Bertelsmann ging.
94 *Büchlein von Klowski*: Detlef Klowskis Prosa »Die nächste Pythonschlange wird in Königsberg in hundert Jahren aufgerollt« (Reinbek 1985) wurde von Claus-Ulrich Bielefeld am 8. Juli 1985 im Feuilleton der F.A.Z. rezensiert.
Adolf Frisé: Der Rundfunkredakteur, Musil-Editor und Romancier Adolf Frisé lebt in Bad Homburg und wird am 29. Mai 2000 neunzig Jahre alt.

EVA DEMSKI 30. April 92

95 *für den gestrigen Abend*: Im Rahmen des von ihm verantworteten »Literaturforums« im Jüdischen Gemeindezentrum in Frankfurt am Main hielt Reich-Ranicki einen Heine-Vortrag, der unter dem Titel »Heine und die Liebe« am 12. Dezember 1992 in der Beilage »Bilder und Zeiten« der F.A.Z. gedruckt wurde.

FRIEDRICH DIECKMANN 18. 4. 1994

96 *meine Besprechung der Erzählungen von Christoph Hein*: Die gedruckte Fassung von Heins Band »Exekution eines Kalbes und andere Erzählungen« (Berlin 1994) erschien unter dem Titel »Schutzwehr des strengen Tons« in der Berliner Zeitung »Neue Zeit« vom 17. März 1994.

den Band am 26. Mai zu erörtern: An diesem Tag nahm Dieckmann als Gast am »Literarischen Quartett« des ZDF teil. Über Heins Band wurde nicht diskutiert.
den Christa-Wolf-Band: »Auf dem Weg nach Tabou. Texte 1990–1994«. Köln 1994.
Ihre Besprechung gelesen: Sie erschien unter dem Titel »Tante Christa, Mutter Wolfen« im »Spiegel« vom 4. April 1994.
97 *Sealsfield hätte gewiß nicht den geeigneten Kritiker für Grillparzer abgegeben*: Charles Sealsfield, der von 1793 bis 1864 lebte und eigentlich Karl Anton Postl hieß, stammte aus Mähren, flüchtete 1819 aus politischen Gründen aus Österreich über die Schweiz in die Vereinigten Staaten, kehrte 1858 wieder in die Schweiz zurück. Der Dramatiker Franz Grillparzer (1791 bis 1872) gilt als der geistige Repräsentant des offiziellen Österreich im neunzehnten Jahrhundert.
98 *Leipziger Laudatio von Schorlemmer*: Friedrich Schorlemmers Rede zum 65. Geburtstag von Christa Wolf erschien im »Tagesspiegel« vom 10. April 1994 unter dem Titel »Wir brauchten Euch, Ihr brauchtet uns. Rede an die lieben Westgermanen von Leipzig aus, für Christa Wolf und ihre Verächter«.

CLAUDE DÖBLIN 8. August 1989

99 *Ihren Artikel*: Der Aufsatz über Alfred Döblins Roman »Berlin Alexanderplatz« erschien in der Reihe »Romane von gestern – heute gelesen« am 7. Juli 1989 im Feuilleton der F.A.Z.
Fernsehvorführung 1980: Gemeint ist Rainer Werner Fassbinders Verfilmung des Romans, die von Oktober bis Dezember 1980 in vierzehn Folgen in der ARD gesendet wurde und als ein Meisterwerk des Regisseurs gilt.

HILDE DOMIN 26. 3. 73

100 *dies Büchlein*: »Über Ruhestörer. Juden in der deutschen Literatur«. München 1973.
Ivan Goll …, dessen Name Celan zuliebe tabuisiert wurde: Der Dichter Ivan Goll (1891 bis 1950) war in den verschiedenen Phasen seines Werks ein bedeutender Vertreter des Expressionismus, des Surrealismus und der Neuen Sachlichkeit. Im Herbst 1960 hatte der Kritiker Rainer K. Abel den Dichter Paul Celan in der Wochenzeitung »Christ und Welt« bezichtigt, ein Plagiator Ivan Golls zu sein. Diese Anschuldigung wurde alsbald widerlegt. Die Zeitung entschuldigte sich bei ihren Lesern.

das von Ihnen zitierte Gedicht: Im Aufsatz über Hilde Domin in den »Ruhestörern«.
101 *»Offenen Brief an Nelly Sachs«*: In der Festschrift: »Nelly Sachs zu Ehren. Zum 75. Geburtstag am 10. Dezember 1966«. Frankfurt am Main 1966.

Herbert Eisenreich 19. 2. 65

102 *Einladung zu der geplanten Anthologie*: Gemeint ist Reich-Ranickis Anthologie »Erfundene Wahrheit. Deutsche Geschichten 1945–1960«. München 1967. Sie enthielt Eisenreichs Geschichte »Luftballons, um sie loszulassen«.
»Böse schöne Welt«: Eisenreichs Erzählband »Böse schöne Welt« erschien 1957 in Stuttgart.
103 *Jener Essay*: Der Beitrag zur österreichischen Literatur in dem Band »Reaktionen. Essays zur Literatur«, Gütersloh 1965.
104 *ang'rührt*: überempfindlich.
105 *Beurteilung eines Enzensberger doch lieber mit der FAZ als mit Andersch, Kaiser und verwandten Schmöcken*: Eisenreich bezieht sich auf den Artikel von Klaus Wagenbach mit dem Titel »FAZ contra Enzensberger« (in: »Neue Rundschau« 1963, Heft 4). Der Schriftsteller Alfred Andersch und der Kritiker Joachim Kaiser hatten den Lyriker Hans Magnus Enzensberger schon früh gerühmt. »Schmöcken« ist Eisenreichs Plural von Schmock, einem Lieblingswort von Karl Kraus.
4. 7. 67
106 *Böll-Buch*: »In Sachen Böll. Ansichten und Einsichten.« Hrsg. von Marcel Reich-Ranicki. Köln 1968.
108 *die »Notwendigen Geschichten«*: Reich-Ranickis Anthologie »Notwendige Geschichten. 1933–1945« erschien 1967 in München.
21. 12. 1971
Besonderen Dank für Joseph Roth: Beitrag über Joseph Roth in Reich-Ranickis Band »Die Ungeliebten. Sieben Emigranten«. Pfullingen 1968.

August Everding 15. 4. 1997

110 *»Welt am Sonntag«*: Everding war regelmäßiger Kolumnist des Blattes.

Iring Fetscher 16. 11. 1973

111 *Die Verrisse*: »Lauter Verrisse. Mit einem einleitenden Essay«. München 1970.

»Über Ruhestörer«: »Über Ruhestörer. Juden in der deutschen Literatur«. München 1973.
112 *der EWG-Erklärung der 9*: Nahost-Erklärung der EWG-Außenminister am 6. November 1973 in Brüssel, die sie ausdrücklich auch namens ihrer Staats- und Regierungschefs abgaben.

Ota Filip 13. 6. 1994

114 *Verleumdungen über Sie*: Siehe Anmerkung zu Seite 18: *an der derzeitigen öffentlichen Beschäftigung mit Ihrer Biographie.*

Erich Fried 18. Januar 1966

115 *Amokläufer am Rande der Literatur*: In der Kritik zu Frieds Erzählband »Kinder und Narren« (1965) schrieb Reich-Ranicki unter dem Titel »Die Anläufe eines Heimatlosen« (»Die Zeit« vom 17. Dezember 1965): »So sollte man diesem tappenden Amokläufer am Rand der deutschen Literatur nichts mehr wünschen als Geduld und Ruhe, Ausdauer und Beharrlichkeit.«
nach dem heiteren Intermezzo: Reich-Ranicki hatte Fried in dessen Londoner Wohnung besucht und mit ihm und seiner Frau (Miss Furtmuller) über Frieds Shakespeare-Übersetzungen diskutiert.
116 *Ihr Artikel in der Zeit ... Ihre politische Einschätzung der Lage*: »Rückzugsgefechte der Gestrigen. Die Situation der Schriftsteller in der DDR«. In: »Die Zeit« vom 7. Januar 1966.
zum Unterschied von Kai Hermanns: Der Journalist Kai Hermann.
Havemann: Der DDR-Dissident Robert Havemann.
im Gespräch mit Dr. Sommer ..., der in Abwesenheit Gräfin Dönhoffs die Arbeit tat: In der Chefredaktion der »Zeit«.
117 *Herrn Zimmer*: Dieter E. Zimmer, damals leitender Literaturredakteur der »Zeit«.

14. November 1979

Deinen Angriff in der FAZ: »Verleumdung statt Aufklärung. Zu einem ›Zeit‹-Dossier von Fritz J. Raddatz«. In: F.A.Z. vom 18. Oktober 1979.
den Raddatz-Aufsatz: »Wir werden weiterdichten, wenn alles in Scherben fällt. Der Beginn der deutschen Nachkriegsliteratur«. In: »Die Zeit« vom 12. Oktober 1979.
118 *am ehesten Hans Mayer zustimmen*: In der »Zeit« vom 9. November 1979 druckte die Redaktion unter der Rubrik »Forum« auf mehreren Seiten Stellungnahmen zu Raddatz' Dossier ab, darunter auch einen Beitrag des Literaturwissenschaftlers und Kritikers Hans Mayer, der sich polemisch gegen Reich-Ranicki wandte.

in seiner Zwerenzrezension: Fritz J. Raddatz hatte den Band von Gerhard Zwerenz »Kurt Tucholsky. Biographie eines guten Deutschen« in der »Zeit« vom 1. Juni 1979 unter dem Titel »Kein besserer Herr. Gerhard Zwerenz vergreift sich an Kurt Tucholsky« rezensiert.
Frau Dönhoff: Auch Marion Gräfin Dönhoff beteiligte sich am »Forum« der »Zeit« vom 9. November 1979.
119 *meinen Band »Liebesgedichte«*: Unter dem Titel »Vexierbilder des Ichs« rezensierte Karl Krolow den Band in der F.A.Z. vom 27. Februar 1980.

Max Frisch 21. 6. 67

120 *es freut mich, daß der verehrte Heinrich Böll*: Reich-Ranicki hatte Frisch um einen Beitrag für den Band »In Sachen Böll« gebeten.

Franz Fühmann 11. 1. 1957

121 *Daß Ihnen die Erzählung nicht gefällt*: Vermutlich die Geschichte »König Ödipus«, die dann 1966 in dem gleichnamigen Band mit dem Untertitel »Gesammelte Erzählungen« in Berlin und Weimar erschien.
Georg Maurer …, Bodo Uhse …, Max Schroeder …, Louis Fürnberg …, Günther Caspar: Schriftsteller aus der DDR und Freunde Fühmanns.
»Kameraden«: »Kameraden. Novelle«. Berlin (Ost) 1953.
122 *ein Band Gedichte von mir*: »Aber die Schöpfung soll dauern. Gedichte«. Berlin (Ost) 1957.

5. 1. 78

123 *das wäre also die Geschichte*: Aus dem Band »Irrfahrt und Heimkehr des Odysseus. Prometheus. Die Geliebte der Morgenröte und andere Geschichten«. Rostock 1980.
Sarah: Die Dichterin Sarah Kirsch, die 1977 die DDR verlassen hatte und damals in West-Berlin lebte.
Uwe Greßmann: Über das Gedicht »Kosmos« des Lyrikers Uwe Greßmann schrieb in der »Frankfurter Anthologie« Günter Kunert, siehe: »1000 Deutsche Gedichte und ihre Interpretationen«, Band 9.

Manfred Fuhrmann 4. 4. 1999

124 *Geschenk zweier Bücher*: »Der doppelte Boden. Ein Gespräch mit Peter von Matt« (Zürich 1992) und »Die Anwälte der Literatur« (Stuttgart 1998).

mein nächstes Buch: »Der europäische Bildungskanon des bürgerlichen Zeitalters«, Frankfurt am Main 1999.
Tmesis: Trennung eigentlich zusammengehörender Wort- oder Satzteile.

GERTRUD FUSSENEGGER 9. August 1994

127 *in diesen Wochen viele Briefe*: Siehe Anmerkung zu Seite 18: *an der derzeitigen öffentlichen Beschäftigung mit Ihrer Biographie.*

HANS-MARTIN GAUGER 2. 6. 90

128 *Sternberger*: Der Politologe und Publizist Dolf Sternberger.
Ich war damals sauer: Reich-Ranicki hatte am 11. Mai 1988 im Feuilleton der F.A.Z. unter dem Titel »Lauter Unglücke« gegen die Jury des Büchner-Preises und gegen die Vergabe an Albert Drach polemisiert.
129 *Heckmann*: Der Schriftsteller Herbert Heckmann.

ALBRECHT GOES 2. Juli 1962

131 *Ihre Rezension*: Reich-Ranickis Rezension zu Luise Rinsers Roman »Die vollkommene Freude« (1962) erschien unter dem Titel »... denn sie wissen nicht, was sie konsumieren« in der »Zeit« vom 25. Mai 1962.

20. Februar 1965

132 *Ihr Anpfiff »Das unbegreifliche Schweigen«*: Gemeint ist Reich-Ranickis Artikel »Das unbegreifliche Schweigen. Eine der wichtigsten deutschen Debatten findet ohne die Beteiligung der Schriftsteller statt«. In: »Die Zeit« vom 12. Februar 1965. Der Artikel bezog sich vorab auf die Bundestagsdebatte über die Verjährung von NS-Verbrechen, die dann am 10. März 1965 stattfand.
Mordbubenhaufen des Krumey, ... Sadistenclique Boger–Kaduk: Krumey war Eichmanns Stellvertreter in Budapest, Boger und Kaduk gehörten zur Wachmannschaft in Auschwitz.

23. März 1965

133 *Ihre Glosse »Goes, Grass und Weiss«*: Ein weiterer Kommentar zur Verjährungsdebatte. In: »Die Zeit« vom 19. März 1965.
134 *an der Seite des Abgeordneten Arndt*: Der SPD-Abgeordnete Adolf Arndt (1904 bis 1974) hatte sich als einer der Hauptredner seiner Fraktion für eine weitere Verfolgung der NS-Verbrechen ausgesprochen, indem er für die Verlängerung oder Aufhebung von Verjährungsfristen bei sämtlichen Mordtaten eintrat.

3. Okt. 1973

Ihre Hesse-Rezension: »Unser lieber Steppenwolf. Der erste Brief der gesammelten Briefe von Hermann Hesse«. In: »Die Zeit« vom 28. September 1973.
abusus non tollit usum: Der Mißbrauch schließt den Gebrauch nicht aus; römischer Rechtssatz.
135 *Hans Habe in den Erfahrungen mit HH*: In seinem Band »Erfahrungen« (Olten 1973) notierte der Journalist und Schriftsteller Hans Habe, er halte Hesse »für keinen großen, nicht einmal für einen bedeutenden Schriftsteller«.

12. März 1978

Thomas-Mann-Aufsatz in der FAZ: »Die Wahrheit über Thomas Mann. Zu den Tagebüchern aus den Jahren 1933 und 1934«. In: F.A.Z. vom 11. März 1978.

GEORGES-ARTHUR GOLDSCHMIDT 21. IX. 91

137 *von Ammann gehört, Sie hätten im Fernsehen mein Buch gelobt*: Egon Ammann, der Leiter des Zürcher Ammann Verlags, in dem Goldschmidts Bücher erscheinen, hatte seinem Autor erzählt, daß Reich-Ranicki im »Literarischen Quartett« vom 18. Juli 1991 die Erzählung »Die Absonderung« gerühmt hatte.
»La Forêt interrompue«: »Der unterbrochene Wald«. Aus dem Französischen von Peter Handke. Zürich 1992.
138 *so schön von Hans Mayer*: Im Band »Über Ruhestörer« findet sich sowohl ein Kapitel über »Heinrich Heine, das Genie der Selbstliebe« als auch über »Hans Mayers Selbstauseinandersetzung«.

THOMAS GOTTSCHALK 17. November 1999

139 *Ihr Buch*: »Mein Leben«, Stuttgart 1999.
140 *am 11. Dezember*: Reich-Ranicki kam. Er war auch schon am 28. September 1992 Gast in »Wetten dass …?« gewesen.

GÜNTER GRASS 12. Februar 1965

141 *Schweigen zur immer näherkommenden Verjährungsdebatte*: Siehe Anmerkung zu Seite 132: »Ihr Anpfiff ›Das unbegreifliche Schweigen‹«.
Herr Habe hat natürlich ähnliche Töne gesungen: Hans Habe war damals Starkommentator für eine Reihe konservativer Blätter vom »Bayernkurier« bis zur »Welt«. Auf welchen Artikel sich Grass genau bezieht, ist nicht zu ermitteln.

142 *im Herbst über die Bretter gehen*: Die Premiere der »Plebejer« fand am 15. Januar 1966 im Berliner Schiller-Theater statt.

27. 1. 1982

Kampagne der FAZ: Bezieht sich auf »Berliner Begegnung zur Friedensförderung« vom Dezember 1981 in Ost-Berlin und Reich-Ranickis Kommentar unter dem Titel »Gespräch unter der Glasglocke. Anmerkungen nach dem Ost-Berliner Schriftsteller-Treffen« in der F.A.Z. vom 17. Dezember 1981.
143 *die Herren Kurella und Hager*: Alfred Kurella und Kurt Hager waren hohe Kulturfunktionäre der DDR.

ULRICH GREINER 17. Juli 1995

145 *Geburtstagsgruß zum Fünfundsechzigsten … Veröffentlichung des Fragebogens*: »Die Zeit«, 31. Mai 1985 und 1. Juni 1990.
Abdruck einer Entgegnung: Tilman Jens: »Der Fall Reich-Ranicki. Kein Goldenes Ghetto«. In: »Die Zeit« vom 12. August 1994.
146 *Brief Lothar Baiers*: Siehe Seite 18f.

PETER HAMM 18. 9. 84

148 *Exemplar meiner »Poetischen Arche Noah«*: »Welches Tier gehört zu dir? Eine poetische Arche Noah, eingerichtet von Peter Hamm«. München 1984.
149 *Buchtip in Aussicht*: Für eine der von Peter Hamm betreuten Hörfunksendungen zur Literatur im Bayerischen Rundfunk.

WOLFGANG HARICH 3. Juli 1974

150 *Mein Absagetelegramm*: Reich-Ranicki hatte von Harich einen Beitrag zum 225. Geburtstag von Goethe erbeten.
Jean Paul-Buch: »Jean Pauls Revolutionsdichtung«. Reinbek 1974.
Es geht mir da wie der May: Die 1924 geborene Sängerin und Schauspielerin Gisela May.
Abusch-Aufguß: Alexander Abusch war von 1958 bis 1961 Kulturminister, von 1961 bis 1971 einer der Stellvertreter des Vorsitzenden des Ministerrats der DDR. Er lebte von 1902 bis 1982.
151 *Rezension meines Jean Paul-Buchs*: Der Band wurde in der F.A.Z. vom 10. August 1974 von Wolf Lepenies unter dem Titel »Jean Paul, ein linksstehender Klassiker« rezensiert.
152 *seinen dicken Wälzer*: Joachim Fest: »Hitler. Eine Biographie«. Berlin 1973.

4. 10. 1985

153 *mein Beitrag über Thomas Mann*: Am 31. Mai 1975, wenige Tage vor dem hundertsten Geburtstag Thomas Manns, präsentierte Reich-Ranicki in der F.A.Z. »Achtzehn Antworten auf die Fragen: Was bedeutet Ihnen Thomas Mann, was verdanken Sie ihm?«. An dieser Umfrage hatte sich auch Harich beteiligt. Zehn Jahre später forderte Reich-Ranicki einige der Autoren auf, ihre Äußerungen von damals zu reflektieren, zu bekräftigen oder zu verändern. Nachzulesen auch in dem Buch: »Was halten Sie von Thomas Mann? Achtzehn Autoren antworten«. Herausgegeben von Marcel Reich-Ranicki. Frankfurt am Main 1994.
Jahre, in denen ich im Westen war: Harich, der im März 1995 starb, hielt sich zwischen 1979 und 1981 mit einem Langzeitvisum der DDR in Österreich, Spanien, der Schweiz und der Bundesrepublik auf.
154 *Opus über Nicolai Hartmann*: unveröffentlicht.
155 *Was Eisler, laut Harich, über Th. Mann 1949 gesagt hat*: Nachzulesen in dem Band »Was halten Sie von Thomas Mann? Achtzehn Autoren antworten«. Hrsg. von Marcel Reich-Ranicki. Frankfurt am Main 1994.

1. 6. 92

Assoziationspsychologie von Wilhelm Wundt: Der Psychologe und Philosoph lebte von 1832 bis 1920.
156 *eine Ausnahme durchgehen lassen?*: Harich plante, das Miegel-Gedicht für die »Frankfurter Anthologie« zu interpretieren. Seine Frage bezieht sich darauf, daß, aus Platzgründen, die Obergrenze für die Gedichtlänge bei 42 Verszeilen liegt (Reich-Ranickis Maßstab ist Goethes Gedicht »Grenzen der Menschheit«).
H. v. F.: August Heinrich Hoffmann von Fallersleben (1798 bis 1874).

LUDWIG HARIG — 1. Dezember 1994

157 *bekannt gewordenen Vorwürfen*: Siehe Anmerkung zu Seite 18: *an der derzeitigen öffentlichen Beschäftigung mit Ihrer Biographie.*
158 *beim Feiern der »Frankfurter Anthologie«*: Aus Anlaß des Erscheinens der »1000 Deutsche Gedichte« fand am 12. Februar 1995 im Großen Sendesaal des Hessischen Rundfunks in Frankfurt am Main eine Matinee statt, bei der Dichter und Deuter gemeinsam Gedichte und Interpretationen lasen. Auch Harig war dabei.

PETER HÄRTLING — 16. 12. 64

159 *schicke ich Ihnen mein Buch*: »Niembsch oder Der Stillstand. Eine Suite«. Stuttgart 1964.

2. 8. 1975

160 *M. Z.*: Der Hinweis von M. Z. (Michael Zeller) auf die Taschenbuchausgabe von Härtlings »Niembsch« erschien in der F.A.Z. vom 2. August 1975.

26. 9. 92

161 *journalistische Gemeinheit*: Am 1. Mai 1992 hatte das Allgemeine Deutsche Sonntagsblatt gemeldet, daß sich Härtling nach einer Lesung angeblich zu antisemitischen Äußerungen über Reich-Ranicki habe hinreißen lassen.

GERT HEIDENREICH 10. Januar 2000

163 *Louis Begley, Roman Frister, Sally Ganor*: Begleys Roman »Lügen in Zeiten des Krieges« erschien 1994, Fristers Buch »Die Mütze oder Der Preis des Lebens« 1997 und Ganors Aufzeichnungen »Das andere Leben. Kindheit im Holocaust« ebenfalls 1997.

GÜNTER HERBURGER 31. 10. 67

165 *»Literatur der kleinen Schritte«*: Der Band erschien mit dem Untertitel »Deutsche Schriftsteller heute« 1967 in München.
Blöcker: Der Kritiker Günter Blöcker.
Heißenbüttel: Der Schriftsteller und Kritiker Helmut Heißenbüttel.
166 *Die letzte Geschichte in der »Gleichmäßigen Landschaft«*: Der Erzählband »Die gleichmäßige Landschaft« erschien 1964 in Köln.

STEPHAN HERMLIN 25. März 1975

168 *Thomas-Mann-Umfrage*: Siehe Anmerkung zu Seite 153: *mein Beitrag über Thomas Mann.*
unqualifizierbare Blödsinn … Pseudonymen: Der Essay über Hermlin findet sich in dem Band »Deutsche Literatur in West und Ost« (1963). Dort räsoniert Reich-Ranicki auch über die Kostbarkeit des Künstlernamens Hermlin.

WOLFGANG HILDESHEIMER 16. 11. 79

169 *Zusendung Ihrer Polemik*: »Verleumdung statt Aufklärung. Zu einem ›Zeit‹-Dossier von Fritz J. Raddatz«. In: F.A.Z. vom 18. Oktober 1979.
meinen Beitrag: Hildesheimer beteiligte sich am »Forum« der »Zeit« in Sachen Raddatz vom 9. November 1979 mit dem Beitrag »Waren meine Freunde Nazis?«.

170 *Bense*: Der Philosoph und Sprachtheoretiker Max Bense.
Borchert: Der Schriftsteller Wolfgang Borchert.
Gerold Späth: Der 1939 in Rapperswil geborene Erzähler und Romancier, der 1979 in Berlin den Alfred-Döblin-Preis erhalten hatte.

8. 12. 80

»Tod des Vergil«: Reich-Ranicki hatte Hildesheimer gebeten, für die Reihe »Romane von gestern – heute gelesen« über Hermann Brochs Roman »Der Tod des Vergil« zu schreiben. Trotz der Begeisterung für das Buch kam der Aufsatz nicht zustande.

WALTER HINCK 29. Juli 1996

173 *Börne-Preis-Veranstaltung 1995 … Ihre Dankrede*: Reich-Ranicki hatte 1995 den Frankfurter Börne-Preis erhalten. Seine Dankrede »Die doppelte Optik der Kritik« erschien am 11. November 1995 auch in der Beilage »Bilder und Zeiten« der F.A.Z.
Dokumentation des Steidl Verlags: Oskar Negt (Hrsg.): »Der Fall Fonty«. Göttingen 1996.

ROLF HOCHHUTH 20. 2. 72

175 *»Sieben Emigranten«*: Marcel Reich-Ranicki: »Die Ungeliebten. Sieben Emigranten«. Pfullingen 1968.
Roro-Tucholsky: Werke Tucholskys in der Taschenbuchreihe »rororo«.
daß Sie nun Flake aufnehmen: Otto Flakes Erzählung »Der Brief« findet sich in der Anthologie »Verteidigung der Zukunft. Deutsche Geschichten seit 1960«. München 1972.
176 *Der Satz heißt ungefähr*: Der Satz in Penzoldts Erzählung »Korporal Mombour« von 1940 lautet: »Einmal im Leben einen Mann zu töten, sei dem Manne eingeboren.« Er gibt die Ansicht einer Figur der Geschichte wieder, nicht die Überzeugung des Autors. Reich-Ranicki hatte diese Erzählung in seine Anthologie »Notwendige Geschichten 1933–1945« (München 1967) aufgenommen.
wegen meiner Anekdote: Hochhuths »Anekdote« nahm Reich-Ranicki in seine Anthologie »Verteidigung der Zukunft. Deutsche Geschichten seit 1960« (München 1972) auf.

1. Nov. 75

177 *Ihre Hemingway-Interpretation*: »Freude durch Kraft. Über Ernest Hemingway und die Deutschen«. In: »Die Zeit« vom 19. November 1971.
mein Vorwort: Die Vorbemerkung zu Hochhuths Hemingway-Stück »Tod eines Jägers« (Reinbek 1976).

178 *Hier ist mein Text*: Teil der Vorbemerkung mit Zitaten aus Reich-Ranickis Hemingway-Aufsatz.

9. 9. 89

180 *Ihren lustig gebliebenen Essay aus dem Jahr 64*: »Rolf Hochhuth und die Gemütlichkeit«. In: »Die Zeit« vom 6. März 1964.

181 *Das berühmteste Wort Burckhardts – er hat's beim alten Schlosser gestohlen –*: Gemeint sind der Kulturhistoriker Jacob Burckhardt und der Kunsthistoriker Julius von Schlosser.

182 *gemeingefährlichen Quatsch*: Reich-Ranicki schrieb: »Indes sollte man nicht meinen, die Ende der sechziger Jahre kühn angekündigten Versuche der raschen und radikalen Politisierung der Literatur seien ganz ohne Folgen geblieben. Aber dieser Prozeß hat nicht die Politik verändert, sondern die deutsche Literatur ruiniert.« In: Marcel Reich-Ranicki: »Entgegnung. Zur deutschen Literatur der siebziger Jahre«. Stuttgart 1981, S. 21.

Thomas Schröder: Damals Chefredakteur des »Frankfurter Allgemeine Magazin«. Das Magazin wurde inzwischen eingestellt.

23. 7. 93

183 *ein sehr dickes Buch*: Rolf Hochhuth: »Panik im Mai. Sämtliche Gedichte und Erzählungen«. Reinbek 1991.

die 2 Seiten 745 und 750: Die Gedichte »Wer wagte, *davon* je zu sprechen« (745) und »Geschichte« (750).

für Sie schon zu »lange«: Bezieht sich auf die Obergrenze der Gedichtlänge in der »Frankfurter Anthologie«. Siehe Anmerkung zu Seite 156: *eine Ausnahme durchgehen lassen?*

da oben die Widmung: Hochhuth hatte auf den oberen rechten Rand dieses Briefes eine Widmung Reich-Ranickis an ihn kopiert. Reich-Ranicki hatte ihm den Band »Nichts als Literatur. Aufsätze und Anmerkungen« (Stuttgart 1985) zugeschickt und geschrieben: »Für Rolf Hochhuth, den ich seit einem Vierteljahrhundert bewundere. Reich-Ranicki«.

184 *nur Walter Hinck ein einziges Mal*: Der Kölner Germanist Walter Hinck hat für die »Frankfurter Anthologie« das Gedicht »Einstein« interpretiert (siehe: »1000 Deutsche Gedichte«. Frankfurt am Main 1994, Band 9).

Seite 339: Das Gedicht »Fontana di Trevi, 16. Oktober«.

27. Juli 99

aus Ihren Seiten 163–297: Gemeint sind die Kapitel aus »Mein Leben«, die von Reich-Ranickis Deportation im Jahr 1938 bis zum Ende des Zweiten Weltkriegs reichen. (S. 163–314).

›Eingeschlossene von Altona‹: Jean Paul Sartres Stück »Die Eingeschlossenen von Altona« wurde 1959 in Paris uraufgeführt und 1960 auf fünfzehn deutschen Bühnen gespielt.

Ioan Holender 10. Februar 1997

185 *Artikel über die Frankfurter Oper*: Am 16. Januar 1997 hielt Reich-Ranicki auf Bitten der Oberbürgermeisterin Petra Roth die Rede beim Neujahrsempfang der Stadt Frankfurt am Main. Sie wurde unter dem Titel »Wo nicht einmal Brandstiftung hilft. Eine Polemik zur Misere der Frankfurter Kulturpolitik« am 21. Januar 1997 im »Spiegel« gedruckt.

Hans Egon Holthusen 26. Januar 64

187 *Hohoff*: Der Kritiker und Essayist Curt Hohoff
188 *Nachdem Sie Herrn Baumgart*: Reich-Ranicki hatte Baumgarts Erzählband »Hausmusik« in der »Zeit« vom 21. September 1962 rezensiert, Reinhard Baumgart Reich-Ranickis Sammlung »Deutsche Literatur in West und Ost« im »Spiegel«, Nr. 4, 1964.
den Manager zu spielen habe: Holthusen leitete von 1961 bis 1964 das Goethe-Haus in New York.

29. August 1965

»Literarisches Leben in Deutschland«: Der Band mit dem Untertitel »Kommentare und Pamphlete« erschien 1965 in München.
189 *Der »Zeit«-Artikel vom 1. Juni 1962*: Darin wurde in der Tat der Name Edschmid durch Holthusen ersetzt.

12. 9. 70

190 *Mörike für die bekannte Rowohlt-Reihe*: Gemeint ist die Reihe »rowohlts monographien«. Holthusens Band »Eduard Mörike in Selbstzeugnissen und Bilddokumenten« erschien 1971.
191 *Ernst Schnabel*: Der Schriftsteller Ernst Schnabel, der von 1913 bis 1986 lebte, war von 1946 bis 1949 Leiter der Abteilung Wort beim Nordwestdeutschen Rundfunk und von 1951 bis 1955 Intendant dieses Senders.
über das Verhältnis Lukács–Solschenizyn: Reich-Ranickis Artikel »Solschenizyn und wir« erschien in der »Zeit« vom 1. Mai 1970.

Ernst Jandl 27. Mai 1981

194 *»Meine Schulzeit im Dritten Reich«*: Jandls Beitrag zu dieser Serie erschien unter dem Titel »Die Prophezeiung des Tischlers« in der F.A.Z. vom 5. September 1981.
195 *»Sprechoper«*: »Aus der Fremde. Sprechoper in 7 Szenen«. Darmstadt und Neuwied 1980.
die neuen Gedichte, für die F.A.Z.: Reich-Ranicki hatte Jandl aufgefordert, unveröffentlichte Gedichte für einen Erstdruck im Feuilleton der

F.A.Z. zu schicken. Jandl kam diesem Wunsch erst 1984 entgegen. Damals erschienen die Gedichte »hier und dort« (6. Oktober) und »mutters früher tod« (13. Oktober).

29. 7. 1991

»Was ich liebe« von Felix Dörmann: Jandl hat dieses Gedicht für die »Frankfurter Anthologie« interpretiert. Siehe »1000 Deutsche Gedichte«. Frankfurt am Main 1994, Band 5.

WALTER JENS [Herbst 1990]

201 *die Widmung*: Die Widmung im Band von Walter Jens »Die Buddenbrooks und ihre Pastoren. Zu Gast im Weihnachtshause Thomas Mann« (München 1990) lautet: »Für Marcel, in Freundschaft, die, Turbulenzen hin und her, unzerstörbar ist. Walter«.
meine Rede auf Dich: In: »Reden anläßlich der Geburtstagsfeier für Marcel Reich-Ranicki am 8. Juni 1990. Für die Freunde von Prof. Dr. Marcel Reich-Ranicki herausgegeben von der Frankfurter Allgemeinen Zeitung«. Frankfurt am Main 1990.

GERT KAISER 26. 12. 94

204 *Walser-Buch*: »Martin Walser. Aufsätze«. Zürich 1994.
Egon Schwarz ... wenn er Katzenelson rezensiert: Die Rezension erschien unter dem Titel »Im Schmerz der ganzen Welt den Untergang vorhersagen« am 24. Dezember 1994 in der Beilage »Bilder und Zeiten« der F.A.Z.
Sie und Wolf Biermann entzweien: Biermann veröffentlichte am 13. Juli 1994 im »Spiegel« unter dem Titel »Faule Tomaten« zunächst eine Verteidigung Reich-Ranickis, änderte aber nach dessen öffentlichen Aussagen seine Meinung. Am 4. Juli 1994 erschien, ebenfalls im »Spiegel« Biermanns Angriff »In die Falle getappt«.
Heine-Lehrstuhl: Reich-Ranicki trat im Wintersemester 1991 für ein Jahr die Heinrich-Heine-Gastprofessur an der Universität Düsseldorf an. Sein Nachfolger war Wolf Biermann.

JOACHIM KAISER 26. 8. 87

206 *bei Ihrem Hölderlin*: Der Aufsatz »Hölderlin und eine Annäherung« erschien am 27. Juni 1987 in der Beilage »Bilder und Zeiten« der F.A.Z.
zum unseligen Heinrich Mann: »Ein Abschied nicht ohne Wehmut«, F.A.Z. vom 15. August 1987. Stark erweitert auch in »Thomas Mann und die Seinen«

20. VI. 93

207 *Börne-Preis … Begründungsworten*: Kaiser erhielt den Börne-Preis 1993. Alleiniger Juror war Reich-Ranicki. In seiner Begründung hieß es, Kaiser sei, wie Börne, »ein Sachwalter der Vernunft und der Toleranz, ein leidenschaftlicher und heiterer Aufklärer im Reich der Kunst.« Zudem sei er »der einzige deutschsprachige Kritiker von Rang und Format, der gleichermaßen unterhaltsam und belehrend, geistvoll und urteilssicher über Musik, Literatur und Theater zu schreiben vermag.«

Marie Luise Kaschnitz (1967)

208 *»Literatur der kleinen Schritte«*: Der Band erschien 1967.
Ferngespräche: Über den Erzählband »Ferngespräche« (1966) hatte Reich-Ranicki in »Literatur der kleinen Schritte« auf Seite 225 ff. geschrieben.

Erhart Kästner 12. Juni 1967

210 *Auftritt, wie ihn Böll in Wuppertal gab*: Ende September 1966 hielt Böll unter dem Titel »Die Freiheit der Kunst« eine Rede zur Eröffnung des Wuppertaler Schauspielhauses.
Studenten der Wartburg: Am 18. Oktober 1817 waren etwa 500 Abgesandte von 12 deutschen Universitäten auf der Wartburg zusammengekommen, um des Reformationsjahres 1517 und der Leipziger Völkerschlacht von 1813 zu gedenken.

Rainer Kirsch 16. Februar 1991

216 *Korrekturen zur ›Wandelnden Glocke‹*: Siehe »1000 Deutsche Gedichte«. Frankfurt am Main 1994, Band 2. Goethes ursprünglicher Titel blieb erhalten.
Herrn Nicolai: Heinz Nicolai, der Herausgeber des Bandes »Goethes Gedichte in zeitlicher Folge«. Frankfurt am Main 1982. Kirsch irrt in diesem Fall: Nicolai beließ in der 5. Strophe »im Schrecken«.
Ostrakismos: wörtlich: Scherbengericht. Altathenisches Volksgericht, das die Verbannung eines Bürgers beschließen konnte.

Sarah Kirsch 16. 12. 81

218 *das Ricarda-Huch-Büchlein*: »Ricarda-Huch-Preis. Reden zur Preisverleihung am 17. Juni 1981 an Marcel Reich-Ranicki«. Herausgegeben von der Stadt Darmstadt. Darmstadt 1981.

dieses seltsame Dichtertreffen: Siehe Anmerkung zu Seite 48: *Hermlins Friedenskonferenz*.
Jurek: Der Schriftsteller Jurek Becker.
de Bruyn: Der Schriftsteller Günter de Bruyn.
Biermann-Petition: Am 17. November 1976 protestierten elf Schriftsteller der DDR, darunter auch Sarah Kirsch, sowie der Bildhauer Fritz Cremer gegen die Ausbürgerung Wolf Biermanns und appellierten an die Regierung, »die beschlossene Maßnahme zu überdenken«.
1 Hermlin oder ein Fuchs: Die Schriftsteller Stephan Hermlin und Jürgen Fuchs.
SV: Schriftstellerverband der DDR.
Die Ereignisse in Polen: Siehe Anmerkung zu Seite 48: *Der Militärputsch*.
219 *Kant*: Der Schriftsteller Hermann Kant, von 1978 bis Dezember 1989 Vorsitzender des Schriftstellerverbandes der DDR.
Ulla: Die Dichterin Ulla Hahn.

21. Juli 82

die Gedichte der Elke: Elke Erb: »Trost. Gedichte und Prosa«. Ausgewählt von Sarah Kirsch. Stuttgart 1982.
220 *Der Komponist*: Der 1953 in Hamburg geborene Wolfgang von Schweinitz.
Schädlich: Der Schriftsteller Hans Joachim Schädlich.

29. Dez. 82

Kahlfrost-Gedicht: Das Gedicht »Kahlfrost« erschien in der F.A.Z. vom 24. Dezember 1982.
keine gebrochenen Gräten: »Kahlfrost« erschien zweispaltig, also mußten keine Verszeilen gebrochen werden.
Moritz: der 1969 geborene Sohn von Sarah Kirsch.
hundert Gedichte der Frankfurter Anthologie: »Hundert Gedichte werden vorgestellt. Eine zeitgenössische Auswahl aus der Frankfurter Anthologie«. Gütersloh o. J.
Heinz Politzer, der meine Nachricht aus Lesbos so schön interpretiert hat: Politzers Deutung des Gedichts »Nachricht aus Lesbos« erschien in der F.A.Z. vom 7. Mai 1977 unter dem Titel »Verhohlene Leidenschaft als politische Metapher«.
221 *1984 ist weit*: Anspielung auf George Orwells Roman.

18. Sept. 1984

Fühmann: der Dichter Franz Fühmann. Er war am 8. Juli 1984 gestorben.
bei dieser Akademie: Die Akademie der Künste in Ost-Berlin.

9. Junius 1986

bei diesem Autor-Scooter: Längst eingestellte Fernsehreihe des Senders Freies Berlin.

Leiter der Anstalt: Deutsche Verlags-Anstalt, der Verlag von Sarah Kirsch.
222 *mein liebster Bundespräsident*: Richard von Weizsäcker.
Ulrich F.-P.: Ulrich Frank-Planitz, »der Leiter der Anstalt«.
Seller-Liste: Gemeint ist die »Bestenliste des Südwestfunks«, die allmonatlich von deutschsprachigen Literaturkritikern zusammengestellt wird. Sie besteht auch nach der Fusion von Süddeutschem und Südwestdeutschem Rundfunk zum Südwestrundfunk weiter.
Anbey das Gedicht: das Poem »Schneewärme«, das am 9. Juli 1986 in der F.A.Z. erschien.
Jesse Jensen: Sarah Kirschs Spitzname für Jens Jessen, damals ihr Lektor bei der Deutschen Verlags-Anstalt, seit Anfang 2000 Feuilletonchef der Wochenzeitung »Die Zeit«.
nicht wie der Bachmännin: Die als Lyrikerin berühmt gewordene Ingeborg Bachmann war mit ihren Erzählbänden »Das dreißigste Jahr« (1961) und »Simultan« (1972) auf große Skepsis bei der Kritik gestoßen.
Ihre Rättin-Rezension: »Ein katastrophales Buch. Betriebsstille herrscht und Ultimo ist: Der Roman ›Die Rättin‹ des Günter Grass«. In: F.A.Z. vom 10. Mai 1986.
Rezension von Herrn Hartung: Am 3. Mai 1986 hatte Harald Hartung in der F.A.Z. unter dem Titel »Die Doppellast der Dichterin« Sarah Kirschs Prosaband »Irrstern« rezensiert.

Sommeranfang 87

223 *was Schlaues darüber krächzen*: Reich-Ranicki hatte Sarah Kirsch um die Interpretation eines Trakl-Gedichts für die »Frankfurter Anthologie« gebeten.
in meinem Ländchen: die DDR.
für den einen oder anderen Jubilar: Sarah Kirsch interpretierte am 11. Juni 1983 Johannes Bobrowskis Gedicht »Märkisches Museum« und am 9. März 1985 Karl Krolows Gedicht »Diese alten Männer« für die »Frankfurter Anthologie«.

9. Jan. 89

224 *für das ZDF mir was ausstanzen*: Der Film »Briefe an eine Freundin«, 1988.

1. Decembrius 92

Leuschner-Medaille: Reich-Ranicki erhielt im Herbst 1992 die Wilhelm-Leuschner-Medaille des Landes Hessen für seine Verdienste um die Demokratie und Kultur in Deutschland.
1mal von Ihnen genannt muß Erlkönigs Tochter ficks in die zweite Auflage: Reich-Ranicki hatte in der ZDF-Sendung »Das Literarische Quartett« Ende November Sarah Kirschs im Herbst 1992 erschienenen Gedichtband »Erlkönigs Tochter« als Weihnachtsempfehlung genannt.

WOLFGANG KOEPPEN 26. 2. 76

225 *Unseld*: Siegfried Unseld, Verleger von Wolfgang Koeppen im Suhrkamp Verlag.
Fragmentband »Jugend«: Der autobiographische Band »Jugend« erschien noch 1976 in Frankfurt am Main.
Der Roman: nicht erschienen.

10. 1. 81

226 *Also der Börsen-Courier*: Koeppen kam 1931 als Redakteur zum »Berliner Börsen-Courier«. Er blieb dort bis 1935.
»Löbe im Konzentrationslager«: Gemeint ist der sozialdemokratische Politiker Paul Löbe, der von 1875 bis 1967 lebte.

27. 12. 81

227 *»Die elenden Skribenten«*: Das Buch, herausgegeben von Marcel Reich-Ranicki, war mit dem Untertitel »Aufsätze« 1981 in Frankfurt am Main erschienen.
SZ: Süddeutsche Zeitung.
228 *FZ*: Frankfurter Allgemeine Zeitung.
Marion: Koeppens Frau.
Bewunderung für Wollschläger: Hans Wollschlägers Übersetzung des »Ulysses« von James Joyce erschien zuerst 1975.

07. 02. 1991

229 *Hermann-Sinsheimer-Preis*: Dieser Preis der Stadt Freinsheim wird alle zwei Jahre zur Erinnerung an den Publizisten Hermann Sinsheimer verliehen. Sinsheimer war zuletzt Feuilletonchef des Berliner Tagblatts, ehe er 1938 vor den Nazis nach London fliehen mußte.

RENÉ KOLLO 21. 9. 1999

230 *wichtiges Buch*: »Mein Leben«. Stuttgart 1999.
Barnowsky: Eine Episode mit dem Berliner Theaterdirektor und Regisseur Victor Barnovsky schildert »Mein Leben« auf Seite 50.
in meine Biographie: Die Biographie »René Kollo« (hrsg. von Jürgen Haase und Jasmin Kassai) erschien 1997.

HELMUT KOOPMANN 28. 8. 98

231 *schönen Beitrag*: Reich-Ranickis Beitrag »Glück und Unglück der Alleinreisenden« über die Geschichten des Bandes »Der kleine Herr Friedemann« (1898) ist außerhalb der Festschrift für Helmut Koopmann noch ungedruckt.
Vagets Kommentar: Gemeint ist Hans Rudolf Vaget. Siehe auch Seite 399.

Ernst Krawehl 22. November 1966

233 *Trommler beim Zaren*: Der Band erschien 1966 im Stahlberg Verlag, Karlsruhe.
Perec: Georges Perecs »Die Dinge« erschienen dort ebenfalls 1966.
Verteidigung der Schiller-Gedichte: »Kein Lied mehr von der Glocke« in »Die Zeit« vom 6. September 1966. Auch in »Lauter Verrisse«.

Karl Krolow 2. X. 88

237 *hinsichtlich Marbachs*: Das Deutsche Literaturarchiv in Marbach hatte mit Krolow über eine spätere Übernahme seines literarischen Nachlasses verhandelt.
Gert Uedings Rezension: Ueding hatte Krolows Band »Als es soweit war« am 1. Oktober 1988 unter dem Titel »Lieblingssterben allerorts« in der F.A.Z. rezensiert.

Horst Krüger 16. April 68

238 *über den Atlantik reichend*: Siehe Anmerkung zu Seite 42: *Wann kommen Sie wieder nach Deutschland?*
Ihre Bienek-Rezension: Siehe Anmerkung zu Seite 41: *daß mich Ihre Kritik getroffen hat.*
240 *Vormweg*: Der Kritiker Heinrich Vormweg.
241 *Fritz Bauer*: Der Jurist Fritz Bauer, der von 1903 bis 1968 lebte, wurde 1933 von den Nazis als Amtsrichter entlassen, war im KZ, emigrierte nach Schweden, war ab 1950 Generalstaatsanwalt in Braunschweig, ab 1956 hessischer Generalstaatsanwalt und trat als publizistischer Verfechter der Strafrechtsreform in Erscheinung.

9. März 71

Neugier auf deutsche Nachrichten: Reich-Ranicki lehrte zwischen 1971 und 1975 als ständiger Gastprofessor an den Universitäten Stockholm und Uppsala.
mein Jugoslawien: Kapitel des Bandes »Fremde Vaterländer. Reiseerfahrungen eines Deutschen«. München 1971.
242 *Ihre neue Anthologie*: »Anbruch der Gegenwart. Deutsche Geschichten 1900–1918«. München 1971.
Baumgart: Der Kritiker Reinhard Baumgart.
VS: Verband deutscher Schriftsteller.

7. Okt. 85

243 *die Kleßmann-Kritik*: Eckart Kleßmanns Verriß von Krügers Buch »Tiefer deutscher Traum. Reisen in die Vergangenheit« (1983) erschien

in der F.A.Z. vom 14. Januar 1984 unter dem Titel »Schwarze Wälder, stolze Berge«.
244 *Eingangsbestätigung meines »Demian«-Textes*: Krügers Essay über Hesses »Demian« war im Rahmen der Reihe »Romane von gestern – heute gelesen« unter dem Titel »Unendliche Lust an der privaten Revolte« in der F.A.Z. vom 29. Februar 1984 erschienen.

Erich Kuby 7. 12. 61

246 *Beitrag mit »Unvergleichbar« überschrieben*: Der Artikel erschien in der »Zeit« vom 8. Dezember 1961. Zum Verständnis des ganzen Briefes: Im November 1961 hatte das Theaterstück »Die Mauer« des Amerikaners Millard Lampell deutsche Erstaufführung. Im Programmheft war eine »Fußnote« des Übersetzers Hans Sahl abgedruckt, in der es unter anderem hieß: »Welche Mauer ist gemeint? ... Ich habe die Mauer von Berlin gesehen ... Es war nicht die Mauer von Warschau, und doch war es dieselbe.« Gegen diese »Gleichsetzung« protestierte Kuby in einem offenen Brief. Es stellte sich heraus, daß die »Fußnote« von Sahl auf besonderen Wunsch des Verlegers Bermann Fischer, der die Rechte an Lampells Stück hielt, im Programmheft veröffentlicht wurde.

6. 8. 67

247 *2. 6. (was für ein Datum!)*: Reich-Ranickis Geburtstag. Kuby bezieht sich hier aber auf etwas anderes. An diesem Tag wurde der Student Benno Ohnesorg von einer Kugel des Polizisten Kurras tödlich verletzt. Die Empörung dagegen gab der Studentenbewegung Auftrieb.
in den Wogen der FU: Freie Universität Berlin zu Zeiten der Studentenbewegung.
über Ihren Vorschlag: Reich-Ranicki hatte Kuby um einen Beitrag zum Band »In Sachen Böll« (1968) gebeten.

Günter Kunert 6. 12. 80

249 *Ihr großes Wort zur Lyrik*: »Der Menschheit schönste Krankheit. Ein Plädoyer in Sachen Lyrik«. In: F.A.Z. vom 6. Dezember 1980.

20. 5. 83

250 *lege ich nun doch wieder ein Gedicht bei*: Vermutlich »Golf von Neapel«. Das Gedicht erschien am 11. Juni 1983 in der F.A.Z.

Reiner Kunze 6. 5. 85

251 *Beitrag von Gertrud Fussenegger*: Die Interpretation von Kunzes Gedicht »Literaturarchiv in M« durch Gertrud Fussenegger erschien

unter dem Titel »Schattenwelt mit Oberlicht« in der F.A.Z. vom 17. Januar 1985.
252 *Anthologie aus den Originalgedichtbänden*: »Über, o über dem Dorn. Gedichte aus 100 Jahren S. Fischer Verlag.« Herausgegeben von Reiner Kunze. Frankfurt am Main 1986.
meines Gedichtbandes: »eines jeden einziges leben«. Frankfurt am Main 1986.
Seifert: Jaroslav Seifert: »Erdlast. Gedichte«. Hauzenberg 1985.

Stanislaw Jerzy Lec — 7. XII. 65

253 *»Narr in der Meisterkappe«*: Anspielung auf Reich-Ranickis Artikel über Lec, der am 4. September 1964 unter dem Titel »Ein Meister mit der Narrenkappe« in der »Zeit« erschienen war.
deutsch sagen: Der Brief von Lec ist auf polnisch geschrieben (Übersetzung für diesen Band: Marcel Reich-Ranicki) und enthält einige deutsche Wendungen.

Franz Lennartz — 16. 12. 1979

254 *Verbindung zu meinem Verlag*: Lennartz' Nachschlagewerke erschienen im Stuttgarter Alfred Kröner Verlag.

Siegfried Lenz — 8. II. 58

257 *Kritik meines Buches*: Reich-Ranicki hatte Lenz' Buch »Der Mann im Strom« (1956) in der polnischen Zeitschrift »Twórczo« (März 1958) besprochen und Lenz in einem Brief den Inhalt der Kritik mitgeteilt.
Korrekturen zu einem Erzählband: »Jäger des Spotts«. Hamburg 1958.
Das neue Buch: »Das Feuerschiff«. Hamburg 1960.
258 *Georg Ramseger*: Der 1912 geborene Journalist, Feuilletonredakteur und Kritiker. Er starb am 22. Juli 1996.
W. Weyrauch: Der Dichter Wolfgang Weyrauch, der von 1907 bis 1980 lebte.

20. 7. 60

Gaspodin: russisch: Herr.
von der neuen Wohnung Besitz ergreifen: vom Sozialamt der Stadt zugewiesene 2 1/2-Zimmer-Wohnung im Hamburger Stadtteil Niendorf.
259 *Manfred Delling*: Der 1927 geborene Journalist war Feuilletonredakteur der Tageszeitung »Die Welt« und Lektor im Rowohlt Verlag.
den Scouts-General: Reich-Ranickis Sohn Andrew war damals Mitglied bei den englischen Pfadfindern in Hamburg.

21. 7. 70

261 *»Verrisse«*: Der Einleitungsessay von »Lauter Verrisse« (1970) trägt den Titel »Nicht nur in eigener Sache. Bemerkungen über Literaturkritik in Deutschland«.
»Das Vorbild«: Der Roman erschien 1973 in Hamburg.
262 *Deine Kritik*: Unter dem Titel »Babel ist wie Babel. Ein neuer Prosaband des großen russischen Erzählers« erschienen in der »Zeit« vom 26. Juni 1970.

3. 12. 80

263 *Subrowka*: Eigentlich ubrówka. Polnischer Schnaps.
für ein von oben geplantes Buch: »Begegnungen. Eine Festschrift für Max Frisch zum siebzigsten Geburtstag«. Frankfurt am Main 1981.

Zum 1. 1. 89

264 *Aufhören? Du? Undenkbar!*: Ende 1988 endete, altersbedingt, auch Reich-Ranickis Ära als Leiter der Literaturredaktion der F.A.Z. Er ist in der Zeitung redaktionell aber nach wie vor zuständig für die »Frankfurter Anthologie«.

RUDOLF WALTER LEONHARDT [Herbst 1967]

265 *als mein Chef und Herausgeber*: »In Sachen Böll«. Leonhardt schrieb für das Buch einen Essay über Bölls Erzählungen.
ich mußte es ja abzeichnen: Leonhardt war als Feuilletonchef der »Zeit« auch mit der Honorierung von Reich-Ranickis Beiträgen befaßt und mußte den festen Vertrag, der mit dem Verlag geschlossen wurde, »abzeichnen«.

29. Mai 1985

267 *Geburtstags-Artikel unseres jungen Kollegen Greiner*: Ulrich Greiners Artikel erschien unter dem Titel »Marcel Reich-Ranicki« in der »Zeit« vom 31. Mai 1985.
Sabine Schultze: Lebte von 1941 bis 1979, war Redakteurin der Rhein-Neckar-Zeitung in Heidelberg.
Ach, war sint verswunden alliu unsriu jar: Variation auf die erste Zeile von Walther von der Vogelweides Gedicht

»Owê war sint verswunden alliu mîniu jâr!«

268 *Ulrike*: Leonhardts Frau.
im Anthologie-Teil der FAZ: Gemeint sind die Reihen »Frankfurter Anthologie« und »Romane von gestern – heute gelesen«.

Alexander Lernet-Holenia — 20. März 1974

270 *Ihre Ausführungen über Hofmannsthals Briefe*: »Hofmannsthal in seinen Briefen«. In: Neue Rundschau, Heft 1, 1974.
»Märchen der sechshundert und Gott weiß wievielten Nacht«: Hofmannsthals 1895 erstmals erschienene Erzählung trägt den Titel »Das Märchen der 672. Nacht«.
Hermann Bahr: Der österreichische Schriftsteller und Kritiker Hermann Bahr, der von 1863 bis 1934 lebte.
Mais passons là-dessus: Aber lassen wir das.
271 *Urgroßvater*: Hofmannsthals 1835 geadelter Urgroßvater war der Repräsentant der jüdischen Gemeinde Wiens.
von jenem ordinären Faninal: Figur aus dem »Rosenkavalier«: Herr von Faninal, »ein reicher Neugeadelter«.
in jenem Ordenshabit: Siehe den Brief von Felix Braun vom November 1973.

Gertrud Leutenegger — 27. 10. 80

273 *in dem damaligen Frankfurter Gedränge*: Während der Buchmesse Anfang Oktober.

Friedrich Luft — 20. Juni 1978

274 *huch-preis*: Luft hatte am 17. Juni den erstmals verliehenen Ricarda-Huch-Preis der Stadt Darmstadt erhalten.
im druck zu finden: Reich-Ranickis Laudatio erschien unter dem Titel »Quittungen für Erlebtes. Rede auf den Theaterkritiker Friedrich Luft« in der F.A.Z. vom 24. Juni 1978.
275 *dva*: Deutsche Verlags-Anstalt.

Peter Maiwald — 4. 1. 1985

276 *von einem produktiven Arbeitsverhältnis*: Seit November 1981 waren etwa fünfzig Gedichte Maiwalds in der F.A.Z. erschienen.
277 *die »Debatte«*: Maiwald redigierte damals die Zeitschrift.

Golo Mann — 23. April 1977

279 *»Nachprüfungen«*: »Nachprüfung. Aufsätze über deutsche Schriftsteller von gestern«. München 1977.
Es fürchte die Götter das Menschengeschlecht …: Monolog der Iphigenie

am Schluß des vierten Akts von Goethes Schauspiel »Iphigenie auf Tauris«.
281 *über die Kleist-Anekdoten*: Kam nicht zustande.

12. Juni 1981

Ihre Besprechung der Tagebücher: »Leiden und Größe Thomas Manns. Aus Anlaß der Tagebücher aus den Jahren 1937 bis 1939«. In: F.A.Z. vom 13. Juni 1981.
in der Arcisstraße: Münchner Wohnsitz der Pringsheims, der Schwiegereltern von Thomas Mann.
282 *von Ihren Tübinger Freunden*: Gemeint ist vor allem Walter Jens.
in »Peter Schlemihl«: Adelbert von Chamisso: »Peter Schlemihl's wundersame Geschichte«.

20. Juni 1990

großen Aufsatz in der FAZ: »Die Liebe ist nie unnatürlich. Über Thomas Manns unterschätzten und beinahe vergessenen Roman ›Der Erwählte‹«. F.A.Z. vom 2. Juni 1990.
283 *Daß Sie mich zum »ungeliebten Sohn« machen*: Das Kapitel über Golo Mann in »Thomas Mann und die Seinen« trägt den Titel »Die Befreiung eines Ungeliebten«.
284 *Wysling*: Der Germanist und Thomas-Mann-Forscher Hans Wysling.
von Ihrem Ehrentag, ... in Ihrer Rede: Wenige Tage nach seinem siebzigsten Geburtstag fand in Frankfurt am Main ein Empfang zu Ehren Reich-Ranickis statt. Die Ansprachen wurden gedruckt in dem Band »Reden anläßlich der Geburtstagsfeier für Marcel Reich-Ranicki am 8. Juni 1990. Für die Freunde von Prof. Dr. Marcel Reich-Ranicki herausgegeben von der Frankfurter Allgemeinen Zeitung«. Reich-Ranicki sagte damals wörtlich: »Thomas Mann war Deutschlands Glück in Deutschlands Unglück.«

KATIA MANN 2. August 1955

285 *glücklicherweise geht es ihm aber schon besser*: Thomas Mann starb am 12. August 1955.
Ihr Buch: Marceli Ranicki: »Z dziejów literatury niemieckiej« (»Zur Geschichte der deutschen Literatur«). Warschau 1955.

MONIKA MANN [Dezember 1983]

286 *H. Breloers Sekretärin schickt mir da einen Stoß Kritiken*: Im Herbst 1983 wurde in den Dritten Fernsehprogrammen der ARD ein Dokumentarfilm von Heinrich Breloer über Klaus Mann ausgestrahlt. Reich-

Ranickis Rezension dieses Films erschien unter dem Titel »Umwege zu Thomas Mann. Ein Fernsehporträt seines Sohnes Klaus« in der F.A.Z. vom 4. November 1983.
Stups von der Hexe E.: Gemeint ist Monikas Schwester Erika Mann.

JÜRGEN MANTHEY 25. Juni 1994

287 *Rufmordversuch*: Siehe dazu die Anmerkung zu Seite 18 »an der derzeitigen öffentlichen Beschäftigung mit Ihrer Biographie«.
Reck-Malleczewen: Gemeint ist wohl eine Passage aus Friedrich Percyval Reck-Malleczewens 1947 postum erschienenem »Tagebuch eines Verzweifelten«. Der 1884 in Ostpreußen geborene Autor starb am 17. Februar 1945 in Dachau.
die von Inge Jens: In einer Meldung des Feuilletons der F.A.Z. wird Inge Jens mit der Bemerkung zitiert, was nun zu Tage gekommen sei, sei »die Bestätigung dessen, was wir seit Jahren vermutet haben.«

LUDWIG MARCUSE [März 1962]

288 *Sie sind im Unrecht*: Gemeint ist Reich-Ranickis Artikel unter dem Titel »Der Fall Baumann« in: »Die Zeit« vom 9. März. Der Verfasser vertrat darin die These, Baumann habe im Grunde nie etwas dazugelernt.
Es handelt sich nicht um die Hamburger Aufführung: Hans Baumanns Stück »Im Zeichen der Fische« wurde damals im »Jungen Theater« in Barmbek gespielt. Bereits 1959 aber, und darauf bezieht sich Marcuse, hatte Baumann für dieses Stück den Gerhart-Hauptmann-Preis erhalten.
Baumann: Die Debatte in der »Zeit« zwischen Marcuse, Leonhardt und Reich-Ranicki ging um die Frage, ob Hans Baumann ein Nazi-Dichter gewesen und ob er es auch nach 1945 geblieben sei.
den Deutschen zu geigen: Bezieht sich auf Marcuses Beitrag »Ist es richtig, diesen Artikel zu drucken?« aus der »Zeit« vom 2. März 1962. Marcuse verteidigte dort Leonhardts Kommentar, der Baumann eher in Schutz nahm.
Spranger: Der Kulturphilosoph Eduard Spranger (1898 bis 1963).
Leonhardts Artikel: »Der Dichter und Dramatiker Hans Baumann«. In: »Die Zeit« vom 2. März 1962.
Mayer: Gemeint ist der Literaturwissenschaftler und Kritiker Hans Mayer.
Diatribe: Streitschrift.

31. 12. 1964

den ersten Absatz Ihres Kesten-Artikels: Gemeint ist der Schriftsteller Hermann Kesten. Der Artikel erschien unter dem Titel »Wenig Kunst und viel Leben. Deutsche Schriftsteller in der Emigration« in der »Zeit«

vom 1. Januar 1965. Marcuse kannte den Aufsatz schon einen Tag vorher, weil »Die Zeit« stets einen Tag früher ausgeliefert wird, als die Datumszeile verkündet.

17. 6. 1966

289 *à propos Roth*: Joseph Roth.

27. 1. 1967

290 *Zusendung Ihrer Anthologie*: »Notwendige Geschichten 1933–1945«. München 1967.
291 *am zwanzigsten Februar starb Sascha*: Ludwig Marcuses Frau starb am 20. Februar 1967. Folglich kann das von Marcuse selbst stammende Datum dieses Briefes nicht stimmen. Wahrscheinlich wurde er am 27. März 1967 geschrieben (Hinweis von Andreas Wozelka-Orth).

Javier Marías 20. June, 1996

292 Lieber Herr Reich-Ranicki,
bitte entschuldigen Sie, daß ich auf englisch schreibe, aber unglücklicherweise existiert mein Deutsch nicht.

Wann immer ich ein Videoband mit dem »Literarischen Quartett« vom vergangenen Donnerstag bekomme, werde ich damit meinen 82 Jahre alten Vater besuchen, der deutsch spricht und versteht und sogar in seiner Jugend Jaspers, Dilthey und Karl Bühler ins Spanische übersetzte. Ich werde ihn zum Arbeiten bringen.

Mir wurde indes bereits darüber berichtet von jemandem, der die Sendung in Saarbrücken gesehen hat, und ich will Ihnen danken für alles, was Sie über meinen Roman »Mein Herz so weiß« gesagt haben. Ich fürchte, das Buch hat es nicht ganz verdient (ich bin mir darüber fast sicher), aber Ihre Bemerkungen zeigen eine Großmut und eine Güte, die höchst ungewöhnlich sind und die ein immer grauer werdendes Herz immer mehr zu würdigen weiß.

Es gibt da noch etwas, was mich noch glücklicher über Ihre Meinung macht. Sie werden sich nicht erinnern, daß Sie und ich zum Lunch verabredet waren, ich glaube, es war in München, vor achtzehn Jahren. Ich war Gast von Inter Nationes, ich war sechsundzwanzig, gerade hatte mich die Frau verlassen, mit der ich drei Jahre lang gelebt hatte. Inter Nationes muß Sie gefragt haben, ob Sie mit mir essen wollen, wie sie auch einige deutsche Schriftsteller gefragt haben, ob sie mich treffen wollten (getroffen habe ich nicht viele). Ich wartete eine Zeitlang in dem Restaurant – ein sehr hübsches –, und jemand sagte schließlich, daß Sie doch nicht hätten kommen können, was ich vollkommen verstand. Ich habe trotzdem gut gegessen. Seither ist Ihr Name immer geläufiger und berühmter geworden, und im letzten Sommer, als ich alte Lieblingsorte in Oxford besuchte, erwarb ich Ihr Buch »Thomas Mann und die Seinen« auf englisch, das mich enorm beglückt hat in zwei verschiedenen Zügen. Und Züge sind immer noch die besten Plätze, um zu lesen, denke ich.

Wenn ich darf, lassen Sie mich sagen, wie stolz (aber mehr noch: wie erstaunt) ich mich fühlte, als ich von Ihren Worten am vergangenen Donnerstag erfuhr. Sie sagten über meinen Roman das Bestmögliche, was man über einen Roman sagen kann, in der Tat das, was ich, in anderen Worten, für gewöhnlich sage über die Literatur, die ich liebe: Daß sie einen erkennen läßt, was man schon wußte, aber nicht wußte, daß man es wußte, bevor es gesagt und gelesen war.

Ihr dankbarer Javier Marías

292 *Corazón ton blanco*: Im »Literarischen Quartett« vom 13. Juni 1996 hatten auch die anderen Kritiker (wie üblich: Sigrid Löffler und Hellmuth Karasek, als Gast: Hajo Steinert vom Deutschlandfunk) den eben auf deutsch erschienenen Roman »Mein Herz so weiß« gelobt. Reich-Ranicki aber konnte seine Begeisterung in Worte fassen, die Marías wiedererzählt wurden und ihn tief berührten. Das nicht eben einfache Werk wurde, vor allem dank dieser Sendung, in Deutschland über Monate hinweg ein Bestseller.

PETER VON MATT 7. Juni 1997

294 *bei der FAZ gelegentlich mitarbeiten*: Reich-Ranicki schildert diese Szene in »Mein Leben«, Seite 487f.
295 *Pour le mérite*: Preußischer Orden für Wissenschaften und Künste, Friedensklasse des 1918 letztmals verliehenen Kriegsordens. Höchste Auszeichnung für wissenschaftliche und künstlerische Verdienste. 1952 in der Bundesrepublik wiederbelebt.

YEHUDI MENUHIN 13. Juni 1986

296 *Kurt Hahn*: Der Pädagoge, 1886 in Berlin geboren, leitete ab 1920 das Landerziehungsheim Schloß Salem, emigrierte 1933, gründete 1934 in Schottland zunächst die British Salem School. Selbstverantwortung auf der Grundlage einer engen Erlebnisgemeinschaft war sein Ziel. Hahn starb 1974 in Salem.

28. April 1995

297 *Ihre Wörter voller Mut*: Reich-Ranicki hatte bei der Londoner Feier aus Anlaß des achtzigsten Geburtstags von Menuhin eine Festrede gehalten.

KARL MICKEL 21. 11. 91

298 *Ihr Buch*: »Ohne Rabatt. Über Literatur aus der DDR«. Stuttgart 1991.
Zweiten Schlesischen Schule: Spätbarocke Vereinigung um die Dichter Lohenstein und Hofmannswaldau, deren schwülstiger Stil den maßvollen Ton der Ersten Schlesischen Schule um Opitz ablöste.

ROBERT MINDER 10. 6. 67

299 *Böll-Symposium*: Reich-Ranicki hatte Minder zur Teilnahme an dem Band »In Sachen Böll« eingeladen.
Prosa-Anthologie: »Notwendige Geschichten 1933–1945«. München 1967.
W. Schäfer: Wilhelm Schäfer ist in der Anthologie mit der Erzählung »Das goldene Vlies des Kirchenrates« vertreten.

GERARD MORTIER 9. April 1997

300 *gegen die Frankfurter Oper*: Siehe Anmerkung zu Seite 185: *Artikel über die Frankfurter Oper.*

STEN NADOLNY 9. 7. 1980

301 *seit Klagenfurt*: Nadolny hatte 1980 den Ingeborg-Bachmann-Wettbewerb gewonnen.
302 *Herrn Willner*: Ernst Willner war seit 1975 und bis zu seinem Tod im Jahr 1983 Intendant des Senders Klagenfurt des Österreichischen Rundfunks. Er hat den Ingeborg-Bachmann-Wettbewerb vielfach gefördert.
302 *Den offenen Brief*: »Mit Haut und Haaren. Sten Nadolny schreibt an die Jury des Ingeborg-Bachmann-Preises«. In: »Süddeutsche Zeitung« vom 5. Juli 1980.

22. 8. [1981]

304 *das Buch »Netzkarte«*: Der Roman »Netzkarte« erschien 1981 in München.
Der Roman über Franklins Langsamkeit: »Die Entdeckung der Langsamkeit« erschien 1983 in München.
meinem Filmberuf: Nadolny arbeitete als Aufnahmeleiter.

Michael Naumann 12. Mai 1995

307 *in jenem wunderbaren Essay*: Gemeint ist wohl der Vortrag »Rede über das eigene Land«, der am 13. November 1994 in den Münchner Kammerspielen gehalten und am 26. November 1994 in der »Frankfurter Allgemeinen Zeitung« gedruckt wurde.

Robert Neumann 7. 5. 61

309 *Ihre Kritik*: Zu Neumanns Roman »Olympia« (1961). Sie erschien unter dem Titel »Nitribitt der Jahrhundertwende. Der Schatten ihres großen Bruders Felix fällt über Olympia de Croulle« in der »Zeit« vom 28. April 1961.
Sieburg: Der Kritiker Friedrich Sieburg, der damals das Literaturblatt der F.A.Z. leitete.
ein mir nahestehender Autor: Neumann selbst.
310 *zumitten eines schweren und kostspieligen Prozesses*: Neumann versuchte in »Olympia« in der Gestalt der im »Felix Krull« nur beiläufig erwähnten Schwester Krulls ein parodistisches Seitenstück zu Thomas Manns Roman zu schaffen. Der S. Fischer Verlag und Thomas Manns Tochter Erika gingen gerichtlich gegen Neumann vor und setzten Änderungen durch.
mein anderes Buch: Robert Neumann und Helga Koppel: »Hitler – Aufstieg und Untergang des Dritten Reichs. Ein Dokument in Bildern«. München 1961.

10. 7. 61

312 *Rückkehr in diesen deutschen Kulturkreis*: Neumann emigrierte 1934 nach England und übersiedelte erst 1958, nach dem Tod seiner Frau, auf Dauer ins Tessin.

Hans Erich Nossack 17. März 1965

314 *»Das Mal« für Ihre Anthologie*: »Erfundene Wahrheit. Deutsche Geschichten 1945–1960«. München 1972.
Italiaander: Der Schriftsteller und Völkerkundler Rolf Italiaander, der von 1913 bis 1991 lebte.

21. März 1975

315 *Rundfrage wegen Thomas Mann*: Siehe Anmerkung zu Seite 153: »mein Beitrag über Thomas Mann«.
in einem neuen Buch: »Ein glücklicher Mensch. Erinnerungen an Aporée. Roman«. Frankfurt am Main 1975.

Benno Reifenberg 21. Mai 1963

316 *Ludwig Renns Werk »Krieg«*: Der Roman erschien 1928.
auf die Redaktion: Reifenberg war von 1924 bis 1930 Feuilletonchef der »Frankfurter Zeitung«.
Hauptmann Vit von Goltzenau: Ludwig Renn hieß eigentlich Arnold Friedrich Vieth von Golßenau.

Christa Reinig 17. 2. 1964

318 *was Sie in Angelegenheiten Peter Huchel geschrieben haben*: »Ein anderer Sinn, eine andere Form. Der Dichter und Redakteur Peter Huchel ist in Ungnade gefallen«. In: »Die Zeit« vom 4. Januar 1963.

Karin Reschke 9. März 1983

320 *Dave Brubeck*: Der Jazzpianist und Komponist wurde 1920 in Concord/Kalifornien geboren.

Hans Werner Richter 2. März 1958

321 *die »Geschlagenen«*: Richters Roman »Die Geschlagenen« war 1949 in München erschienen.
Klaus Stephan: Schriftsteller und Fernsehjournalist.
Nina Fischer: d. i. Nina Fischer-Stephan, Fernsehjournalistin.
um einen Verleger dort: Da Reich-Ranicki im Sommer 1958 von einer Studienreise nicht ins kommunistische Polen zurückkehrte, sondern in der Bundesrepublik blieb, wurde aus dem Plan nichts.
322 *Grünwalder Kreis*: Eine parteiübergreifende Vereinigung von Politikern, Publizisten und Pädagogen, die rechts- und linksradikale Tendenzen in der noch jungen Bundesrepublik bekämpfte und deren Präsident Richter war.
Jürgen Neven du Mont: Schriftsteller und Fernsehjournalist, 1979 gestorben.

29. 9. 1958

die Gruppe 47: Erste Einladung an Reich-Ranicki, der danach ständiger Teilnehmer war.

4. 9. 1959

323 *Mein Buch ist gerade erschienen*: »Linus Fleck oder Der Verlust der Würde«. München 1959.
André Wirth: Gemeint ist der Theaterwissenschaftler Andrzej Wirth, mit dem Reich-Ranicki in Polen unter anderem Dürrenmatts »Besuch der alten Dame« übersetzt hatte.

5. 9. 1962

324 *Oberhausener Filmgruppe*: Gruppe von 26 damals jungen Filmemachern um Alexander Kluge, Edgar Reitz und Peter Schamoni, die während der 8. Westdeutschen Kurzfilmtage im Februar 1962 das »Oberhausener Manifest« verfaßt und unterzeichnet hatten. Das Manifest gipfelte in den beiden Schlußsätzen: »Der alte Film ist tot. Wir glauben an den neuen.«

23. August 1966

325 *Spektakel gegen die Gruppe 47 in »konkret«*: Im Mai-Heft 1966 von »konkret« schrieb Robert Neumann über die »Gruppe 47 in Berlin«, im Juni-Heft Hans Erich Nossack über »Literarische Prostitution. Bemerkungen über die Gruppe 47«. Im August-Heft antworteten Joachim Kaiser (»Eine Entzauberung wird entzaubert«) und Fritz J. Raddatz (»Polemik ist gut, Kenntnisse sind besser«).

1. November 1983

326 *Von dem ganzen Zerwürfnis*: Zwischen Hans Mayer und Reich-Ranicki. Das früher fast freundschaftliche, jedenfalls kollegiale Verhältnis war spätestens seit der Kontroverse um das Raddatz-Dossier in der »Zeit« zerbrochen. (Siehe Anmerkung zu Seite 118: *am ehesten Hans Mayer zustimmen.*) Mayer sprach beim 75. Geburtstag von Richter.
Als es mir in Stockholm die Sprache verschlug: Bei einem Vortrag in der Universität in den frühen siebziger Jahren. Reich-Ranicki war damals als Gastprofessor in Stockholm und sprang Richter bei.
»meine liebe Sylvia«: Reich-Ranicki hatte eine Anekdote über Wolfgang Hildesheimer und dessen Frau Sylvia erzählt.

Curt Riess — 8. Februar 1989

328 *Ihre Aufsätze über Thomas Mann*: »Thomas Mann und die Seinen«. Stuttgart 1987.
über Gründgens ein Buch: »Gustav Gründgens. Eine Biographie«. Hamburg 1975.
329 *Sein »Gentz«*: »Friedrich von Gentz. Geschichte eines europäischen Staatsmannes«, 1947 erschienen.
Peter de Mendelssohn: Der Schriftsteller Peter de Mendelssohn hatte 1975 unter dem Titel »Der Zauberer« den ersten Band einer Biographie Thomas Manns vorgelegt.

24. 11. 89

330 *Am Stammtisch*: Gemeint ist »Das Literarische Quartett« im ZDF.
331 *Stefan Heym ..., »Nachruf«*: Der Band erschien 1988 in München.

Albrecht Riethmüller 20. Februar 1994

333 *schönen Artikel*: »O sink hernieder, Nacht der Liebe. Der junge Thomas Mann, der Eros und die Musik«. In: F.A.Z., Bilder und Zeiten vom 19. Februar 1994.

Luise Rinser 14-7-70

335 *die »Verrisse«*: »Lauter Verrisse«. München 1970.
den frechen Peter Verriß: Siehe dazu die Anmerkung zu Seite 11: *Handke-Beitrags.*
Seit ich Ihnen 2 Tage gegenübersaß: Bei einer Tagung des PEN-Clubs.
»Fehlkritik« von Franz Roh: Gemeint ist wohl das 1948 erschienene Buch des Kunsthistorikers und Kritikers Franz Roh mit dem Titel »Der verkannte Künstler. Studien zur Geschichte und Theorie des kulturellen Mißverstehens«.
»Neue Zeitung«: Die Zeitung erschien in München.
336 *Nachruf auf Stefan Andres in der »Zeit«*: Rudolf Walter Leonhardts Nachruf erschien in der »Zeit« vom 3. Juli 1970.
»Baustelle«: »Baustelle. Eine Art Tagebuch 1967–1970«. Frankfurt am Main 1970.
»Publik«: Katholische Wochenzeitung, inzwischen eingestellt.
Kiesinger: Kurt Georg Kiesinger war Bundeskanzler der Großen Koalition von 1966 bis 1969.
337 *Bloß bei mir nicht*: Siehe Anmerkung zu Seite 131: *Ihre Rezension.*

25-3-72

338 *mein neues Tagebuch*: »Grenzübergänge. Tagebuch«. Frankfurt am Main 1972.

Herbert Rosendorfer 1. 7. 1986

339 *Geburtstag von Wolfgang Koeppen*: Koeppen hatte am 23. Juni 1986 in München seinen achtzigsten Geburtstag gefeiert.
die Geschichte: Gemeint ist wohl eine der Schriftsteller-Geschichten des Bandes »Die Frau seines Lebens und andere Geschichten«. München 1985.

Peter Rühmkorf 28. 5. 76

340 *bei liegt der Benn*: Rühmkorfs Rezension der »Gesammelten Werke in acht Bänden« erschien unter dem Titel »Und aller Fluch der ganzen Kreatur. Gottfried Benn 1976« in der F.A.Z. vom 19. Juni 1976.

in Essen im Joch: Rühmkorf war Gastdozent an der Universität Essen.
»Walther«: »Walther von der Vogelweide, Klopstock und ich«. Die erste Auflage war 1975 in Reinbek erschienen.
die »Gesammelten«: »Gesammelte Gedichte«. Reinbek 1976.

8. 3. 79

341 *Ihre zierliche Laudatio*: »Peter Rühmkorf, der Prediger mit der Schiebermütze«. Laudatio zur Verleihung des Erich-Kästner-Preises. Zuerst gedruckt in der F.A.Z. vom 3. März 1979.
bei Felix Juds Achtzigstem: Der Hamburger Buchhändler Felix Jud.
der Krolow: Die Rezension zu Krolows Erzählung »Das andere Leben« erschien unter dem Titel »Von einem, der auszog, das Lieben zu lernen« in der F.A.Z. vom 28. April 1979.
ein Zimmer-Poem für die Anthologie: Möglicherweise das Angebot Rühmkorfs, ein von Hölderlin dem Schreinermeister Zimmer gewidmetes Gedicht für die »Frankfurter Anthologie« zu interpretieren. Nicht verwirklicht.

26. Mai 83

das »Steinerne Herz«: Arno Schmidt: »Das steinerne Herz. Historischer Roman aus dem Jahre 1954«. Karlsruhe 1956.
zu zählen begannen: Rühmkorf hatte vorgeschlagen, das Eingangsgedicht zum »Steinernen Herz« (»Nicht nur die allerorten ...«) für die »Frankfurter Anthologie« zu interpretieren. Zur Umfangsbeschränkung für Gedichte in der »Frankfurter Anthologie« siehe Seite 156: »eine Ausnahme durchgehen lassen?«
Benn – Brecht – macht ein Kreuz hinter Riegel: Die Zeile aus Schmidts Gedicht lautet: »Brecht stirbt, Benn ist tot, macht ein Kreuz hinter Riegel«.
342 *mit Wilhelm Lehmann*: Der Dichter Wilhelm Lehmann (1882 bis 1968), Vertreter einer magisch-realistischen Naturlyrik.

3. 2. 88

343 *durchs Klarsichtfenster Ihr geschätztes Blaues*: Briefumschlag mit Sichtfenster. Das »geschätzte Blaue« ist der blaue Briefkopf des F.A.Z.-Redaktionspapiers.
Goethe-Text: Die Interpretation von Goethes Gedicht »Phänomen« erschien in der F.A.Z. vom 15. Juli 1989.
Karl Krolow ... eine angemessene Girlande winden: Krolow erhielt 1988 den Hölderlin-Preis der Stadt Bad Homburg. Reich-Ranicki, damals Vorsitzender der Jury, bat Rühmkorf um die Laudatio. Rühmkorf hielt sie am 7. Juni 1988. Sie erschien unter dem Titel »Von der Körpersprache der Poesie« in der F.A.Z. vom 8. Oktober 1988.
poetologische Schriften, Roman und Karol Kröpcke: Gemeint sind Krolows Bände »Ein Gedicht entsteht« (1973), die Erzählung »Das andere

Leben« (1979) und die »Bürgerlichen Gedichte« (1970), die Krolow unter dem Pseudonym Karol Kröpcke verfaßte.
In Hannover seinerzeit: Bei einer öffentlichen Hörfunksendung im Funkhaus des NDR in Hannover.

29. 11. 93

345 *mit dem Ringel*: Offenkundig hatte Reich-Ranicki Rühmkorf an seine frühesten Artikel in der F.A.Z. erinnert. Sie galten Joachim Ringelnatz und erschienen unter den Titeln »In flagranti erfaßt« und »Von Kuttel Daddeldu kam er nicht los« am 7. September 1974 bzw. am 20. Februar 1976.
so Sonder-Einzelbände wie beim Goethe: Marcel Reich-Ranicki (Hrsg.): »Johann Wolfgang von Goethe: Alle Freuden, die unendlichen. Liebesgedichte und Interpretationen«. Frankfurt am Main 1987.

27. 8. 95

345 *Auftritt im letzten »Quartett«*: Am 24. August 1995 hatte »Das Literarische Quartett« (Gast war Karl Corino vom Hessischen Rundfunk) über »Ein weites Feld« debattiert, den eben erschienenen Roman von Günter Grass.
346 *Gemeinschaftsveranstaltung am 20. September*: Für diesen Tag hatte Reich-Ranicki den Dichter zu einer Lesung in den großen Saal der Jüdischen Gemeinde zu Frankfurt am Main eingeladen.
im »Spiegel«: »... und es muß gesagt werden. Ein Brief von Marcel Reich-Ranicki an Günter Grass zu dessen Roman ›Ein weites Feld‹«. In: Der Spiegel vom 21. August 1995.
Fortüne meines eigenen Buchs: Gemeint ist das Diarium »Tabu I. Tagebücher 1989–1991«, das kurz darauf erschien.
Geburtstagsrede: Zum 75. Geburtstag Reich-Ranickis hatte Rühmkorf beim Empfang in Frankfurt am Main die Festrede gehalten.

Jean Rodolphe von Salis 23. Juni 1991

348 *Peter de Mendelssohn*: Siehe Anmerkung zu Seite 329: *Peter de Mendelssohn.*
in meinen Pariser Jahren: von Salis war zwischen 1926 und 1936 als Student und als Korrespondent für Schweizer Zeitungen in Paris.
349 *»Rilkes Schweizer Jahre«*: Der Band »Rainer Maria Rilkes Schweizer Jahre« erschien 1936.
Hauptmann-Rede in Frankfurt: Rede am 9. November 1952 zum 90. Geburtstag von Gerhart Hauptmann.
Hans Mayer in seinem Buch: »Thomas Mann. Werk und Entwicklung«, 1950 erschienen.
350 *»Notizen eines Müßiggängers«*: Der Band erschien 1983.

MICHAEL SCHNEIDER 31. 11. 1980

352 *für die Aufmerksamkeit und Anteilnahme danken, mit der Sie meine novellistische Chronik … aufgenommen haben*: Reich-Ranickis Kritik von Schneiders Band »Das Spiegelkabinett. Novelle« (1980) erschien unter dem Titel »Marco und der Zauberer« in der F.A.Z. vom 1. November 1980.
Feuilleton-Chef einer Zeitung: Entgegen einem weitverbreiteten Mißverständnis war Reich-Ranicki nie Feuilleton-Chef der F.A.Z., sondern Leiter der Literaturredaktion.

WOLFDIETRICH SCHNURRE 3. 11. 77

355 *Nachprüfung*: »Nachprüfung. Aufsätze über deutsche Schriftsteller von gestern«. München 1977.
ein Buch mit kurzen, prägnant komponierten Stücken: Diesem Prinzip am nächsten kommt »Der Schattenfotograf. Aufzeichnungen«. München 1978.
357 *en-bloc-Abdruck meiner Geschichte*: Schnurres Erzählung »Denunziation« erschien in der F.A.Z. vom 15. Oktober 1977.
Text zum Gryphius-Gedicht: Nicht verwirklicht.

ROLF SCHROERS 9/IX/61

359 *Ihren Koeppen-Aufsatz in der »Zeit«*: »Der Fall Wolfgang Koeppen. Ein Lehrbeispiel dafür, wie man in Deutschland mit Talenten umgeht«. In: »Die Zeit« vom 8. September 1961.
360 *ein Buch über den »Partisan«*: »Der Partisan. Ein Beitrag zur politischen Anthropologie«. Köln 1961.

GERHARD SCHULZ 29. September 1999

362 *in diesen 24 Stunden*: Auf dem Rückflug nach Melbourne las Schulz »Mein Leben«.
Walsers Rede: Die Dankrede zum Friedenspreis des Deutschen Buchhandels, die Martin Walser am 11. Oktober 1998 in der Frankfurter Paulskirche hielt, löste eine heftige Debatte um die richtige Form des Erinnerns an die Verbrechen des Holocaust aus. In »Mein Leben« setzt sich Reich-Ranicki mit der Rede auseinander (S. 549 ff.)
364 *mein alter Freund Carl Beck*: »Mein Leben«, S. 87 ff.

Anna Seghers 17. Februar 1975

364 *mich über ihn nicht zu äußern*: Reich-Ranicki hatte Anna Seghers um einen Beitrag zur Thomas-Mann-Umfrage gebeten.

Günter Seuren 21. Dez. 68

366 *Sie haben geschwiegen*: Reich-Ranicki hatte sowohl Seurens Roman »Das Gatter« (1964) als auch den Roman »Lebeck« (1966) rezensiert. Über den Roman »Das Kannibalenfest« von 1968 aber äußerte er sich nicht.
Aufsatz Baumgarts im »Spiegel«: Siehe Anmerkung zu Seite 188: *Nachdem Sie Herrn Baumgart.*

7. Sept. 85

367 *Piwitt, Fels, Höllerer*: Die Schriftsteller Peter Piwitt, Ludwig Fels und Walter Höllerer.
Vormweg in der »Süddeutschen«: Unter dem Titel »Bittersüß die Schmerzen des Alterns« rezensierte Heinrich Vormweg Walsers Roman »Brandung« (1985) in der »Süddeutschen Zeitung« vom 31. August 1985.
Jens Jessen über mein Buch: Unter dem Titel »Die Kinowelt, in der wir leben« rezensierte Jens Jessen Seurens Buch »Die Asche der Davidoff« (1985) in der F.A.Z. vom 4. September 1985.
»Der Angriff«: Die Erzählung erschien 1982 bei Rowohlt, die Verfilmung unter der Regie von Theodor Kotulla kam 1987 in die Kinos.
Davidoff-Buch: »Die Asche der Davidoff«. Reinbek 1985.

Hilde Spiel 19. Juni 1967

368 *nur ungern enttäusche ich Sie*: Reich-Ranicki hatte Hilde Spiel um einen Beitrag für den Band »In Sachen Böll« gebeten.
das Gesammelte Schweigen des Herrn Murke: »Doktor Murkes gesammeltes Schweigen und andere Satiren«. Köln 1958.
Die Torberg-Freundschaft: Diese Freundschaft war immer schwierig und oft keine.

3. Juli 1979

Klagenfurt hat für mich …: Der Ingeborg-Bachmann-Wettbewerb 1979, bei dem Hilde Spiel in der Jury war.
369 *Frau Fussenegger*: Die österreichische Schriftstellerin Gertrud Fussenegger.
Tätigkeit für die FAZ: Hilde Spiel war nach Rückkehr aus dem englischen Exil ab 1963 Kulturberichterstatterin der F.A.Z. aus Wien, 1983/84 Kulturkorrespondentin in London, danach bis zu ihrem Tod freie Mitarbeiterin der Zeitung.

1. Juni 1987

370 *»und höre nur, wie bös' er war …«*: Zitat aus Heinrich Hoffmanns »Der Struwwelpeter«.
L. H.s gewiß epigonale, aber die von Herrn Koneffke immer noch übertreffende Lyrik: L. H. ist Alexander Lernet-Holenia. In Hilde Spiels Artikel über Lernet-Holenias »Park«, der unter dem Titel »Wehklage um ein Haus und einen Park« in der F.A.Z. vom 11. April 1987 erschien, war ein Gedicht von Jan Koneffke eingeblockt.
zu dem makabren Begräbnisbericht: Hilde Spiel hatte unter dem Titel »Die Tochter. Christiane Zimmers Beerdigung« in der F.A.Z. vom 19. Mai 1987 über das Begräbnis von Hugo von Hofmannsthals Tochter berichtet. Am 20. Mai beschwerte sie sich bei Reich-Ranicki über redaktionelle Eingriffe. Reich-Ranickis Antwort vom 29. Mai 1987 ist nachzulesen in dem Band »Hilde Spiel. Briefwechsel. Herausgegeben von Hans A. Neunzig«. München 1995, S. 487ff.

7. 7. 1989

371 *die Beziehungen zu Fest und Schirrmacher*: Joachim Fest war bis Ende 1993 Herausgeber der F.A.Z.; Frank Schirrmacher war am 1. Januar 1989 Nachfolger von Reich-Ranicki als Leiter der Literaturredaktion geworden.
Abdruck Deines großartigen Döblin-Essays: Siehe dazu die Anmerkung auf Seite 99 »Ihren Artikel«.
wegen der mangelnden Äußerungen zu meinen Erinnerungen: »Die hellen und die finsteren Zeiten. Erinnerungen 1911–1946«. München 1989.
372 *Beenden des zweiten Bandes*: Der zweite Band »Welche Welt ist meine Welt? Erinnerungen 1946–1989« erschien 1990 in München.
daß Krüger keinen Beitrag von mir wollte: »Horst Krüger – ein Schriftsteller auf Reisen. Materialien und Selbstzeugnisse«. Herausgegeben von Marcel Reich-Ranicki. Hamburg 1989. Dieser Band zu Ehren des 70. Geburtstages von Horst Krüger enthielt keine Originalbeiträge, sondern eine Sammlung bereits verstreut erschienener Artikel über den Jubilar.

Emil Staiger 12. 6. 67

373 *mit einer Absage*: Reich-Ranicki hatte den Germanisten um einen Beitrag zu »In Sachen Böll« (1968) gebeten.

Carola Stern 14. 6. 94

375 *widerwärtige Beitrag im WDR*: Siehe die Anmerkung zu Seite 18: *an der derzeitigen öffentlichen Beschäftigung mit Ihrer Biographie.*

Duncan und Jessenin: Der Band »Isidora Duncan und Sergej Jessenin. Der Dichter und die Tänzerin« erschien 1996.
Deine heutige Erklärung in der FAZ: Reich-Ranicki sagte unter anderem: »Es ist richtig, daß ich in den ersten Nachkriegsjahren mit dem polnischen Geheimdienst zusammengearbeitet habe.«

Dolf Sternberger 28. 3. 86

377 *ob Golo Manns Buch den Erwartungen entsprechen werde*: Reich-Ranicki begann seine Einführung in den Vorabdruck von Golo Manns »Erinnerungen und Gedanken« in der F.A.Z. vom 15. März 1986: »Wir beginnen am Montag mit dem Vorabdruck eines außerordentlichen Buches; geschrieben hat es ein einzigartiger Autor, der einer unvergleichbaren Familie entstammt. Das sind, wir geben es zu, sehr starke Worte. Aber sie scheinen uns hier am Platze.«
Guderians Maxime: Heinz Guderian war im Zweiten Weltkrieg General-Inspekteur der Panzertruppe und Chef des Generalstabes des Heeres.

Dieter Stolte 25. 7. 94

379 *in diesen schwierigen Tagen*: Siehe dazu die Anmerkung auf Seite 18: *an der derzeitigen öffentlichen Beschäftigung mit Ihrer Biographie.*

Friedrich Torberg 22. Dezember 1963

380 *über Ihren Artikel gefreut*: Die Glosse »Denk ich an Torberg in der Nacht« erschien in der »Zeit« vom 20. Dezember 1963.
Friedell: Der Kritiker, Kabarettist und Kulturhistoriker Egon Friedell, der von 1878 bis 1938 lebte.

Freitag [Anfang Februar 1964]

382 *Dr. Wolfgang Kraus*: Wiener Kulturkritiker und Essayist.
Literatur-Redaktrice Dr. Elisabeth Stengel: In der von Torberg und Günther Nenning redigierten Zeitschrift »FORVM. Österreichische Blätter für kulturelle Freiheit«.
Johanna Matz: Österreichische Schauspielerin.

25. Juni 1970

383 *Nichtbeachtung meines Nachworts*: Torbergs Nachwort zum Band »Arthur Schnitzler: Jugend in Wien. Eine Autobiographie« (Wien 1968), den Reich-Ranicki am 22. November 1968 in der »Zeit« rezensierte.
über ein andres Buch eine … enthusiastische Kritik: über Hilde Spiels Buch »Rückkehr nach Wien. Tagebuch 1946« (München 1969) in der »Zeit« vom 21. Februar 1969.

Tu l'as voulu, George Dandin: Du hast es so haben wollen, George Dandin. Aus Molières Komödie »George Dandin« von 1668.
384 *Tant de silence pour une omelette*: Soviel Stille um ein Omelette. Variation auf das geflügelte Wort »Tant de bruit ...« (Soviel Lärm ...), das dem französischen Schriftsteller Desbarreaux zugeschrieben wird.
385 *»Welt der Literatur«*: Die Literaturbeilage der Tageszeitung »Die Welt«.
386 *30 empfehlende Zeilen*: Zu Hilde Spiels Buch hatte Reich-Ranicki 35 Zeilen geschrieben.

5. 1. 1972

387 *Exemplar Ihrer jüngsten Anthologie*: »Erfundene Wahrheit. Deutsche Geschichten 1954–1960«. München 1972. Torberg ist mit der Erzählung »Nichts leichter als das« vertreten.

4. April 1972

388 *die letzte Nummer der »Zeit« mit Ihrem »Süßkind«-Verriß*: Siehe Anmerkung zu Seite 77: *Wort zu Torbergs Roman.*

31. Dezember 1976

389 *als Härtling das »Fischernetz« herausgab*: Während seiner Zeit als Cheflektor und Sprecher der Geschäftsleitung des S. Fischer Verlags (1967 bis 1973) hatte Härtling in der Reihe »Fischernetz« vergessene Bücher ediert.

22. Januar 1977

391 *über den zeitkritisch-psychologischen Roman*: Reich-Ranickis Artikel erschien unter dem Titel »Die Literatur des kritischen Psychologismus. Ein Rückblick« in der F.A.Z. vom 8. Januar 1977.

30. April 1977

392 *»Nachprüfung«*: »Aufsätze über deutsche Schriftsteller von gestern«. München 1977.
393 *Ihre Canetti-Rezension*: »Canetti über Canetti. Zu seiner Autobiographie ›Die gerettete Zunge‹«. In: F.A.Z. vom 16. April 1977.
einen so kompetenten Herzmanovsky-Kenner wie Herbert Rosendorfer: Unter dem Titel »Der Gaulschreck und die Apokalypse in Galoschen« schrieb Rosendorfer in der F.A.Z. vom 30. April 1977 einen Artikel zum 100. Geburtstag von Fritz von Herzmanovsky-Orlando.
Fertigstellung eines Nachtragsbandes zur »Tante Jolesch«: Torbergs Roman »Die Erben der Tante Jolesch« erschien 1978 in München.

16. Oktober 1978

394 *Heine-Preis*: Den Heine-Preis 1978 erhielt der Publizist Sebastian Haffner.
nach Ihrem Beitrag für meine Festschrift: »Eine außergewöhnliche Institution« in dem von Josef Strelka herausgegebenen Band »Der Weg war schon das Ziel. Festschrift für Friedrich Torberg zum 70. Geburtstag«. München 1978.

Siegfried Unseld 16. November 1987

396 *Totalangriff auf Christa Wolf*: »Macht Verfolgung kreativ? Polemisches aus aktuellem Anlaß: Christa Wolf und Thomas Brasch«. In: F.A.Z. vom 12. November 1987.

6. Januar 96

397 *das Zitat*: Am 16. September 1995 meldete die F.A.Z., Unseld habe sich im Hessischen Rundfunk gegen »Das Literarische Quartett« und die »grelle Show« ausgesprochen, die dort betrieben werde. Das Quartett, hieß es weiter, werde nicht mehr lange leben.

John Updike October 10 [1985]

398 Lieber Herr Reich-Ranicki:
Dank für Ihren freundlichen Brief. Meine Kenntnis über die moderne deutsche Literatur, über die Sie sich so schmeichelnd äußern, ist natürlich hochstaplerisch, da ich kaum einen Satz deutsch lesen kann. Während Sie ein vortreffliches Englisch schreiben. Unser Besuch bei Ihnen und Ihrer Frau wird eine unserer lebhaftesten und angenehmsten deutschen Erinnerungen bleiben.
Zu Ihrer Anfrage: Ich bin in der Gefahr, mehr und mehr zum kritischen Journalisten zu werden, obwohl ich doch gehofft hatte, ein wirklicher Schriftsteller zu sein! Ich habe in der jüngsten Zeit viel zu viele derartige Aufträge angenommen. Wenn ich mich dann hinsetze, um literarisch zu arbeiten, ist mein Kopf vollgestopft mit dem affektierten Wortschatz eines Kritikers. Auch weiß ich wirklich nicht genug, um über den Zustand der amerikanischen Gegenwartsliteratur zu schreiben. Also verzeihen Sie mir, wenn ich die freundliche Einladung der Frankfurter Allgemeinen ablehne. Bitte verzeihen Sie auch das nachlässige Schriftbild. Ich muß zu einer Reise aufbrechen und will zugleich Ihren Brief rasch beantworten.
Zum Fall Nabokov: Sie müssen den ersten Satz meiner Besprechung von »Lushins Verteidigung« meinen, die ich vor langer Zeit schrieb, als ich jung war und zu stürmischen Feststellungen neigte. Ich glaube, N. hatte die Möglichkeit, im weitesten Sinne ein amerikanischer Autor zu sein – und in »Lolita«, ja sogar in »Fahles Feuer« war er es auch auf brillante Weise; aber als er nach Montreux ging, hat er solchen Stoffen den Rücken zugekehrt und wurde ein Autor nahezu jenseits aller Nationalität – was wir vielleicht alle anstreben.
Beste Grüße, auch von meiner Frau, an Sie und Frau Reich-Ranicki

Ihr John Updike.

398 *the opening sentences of my review*: Reich-Ranicki hatte diesen Satz in seiner Kritik von Nabokovs frühem Buch »Der Späher«, die unter dem Titel »Immer wieder: Nabokov« in der F.A.Z. vom 28. September 1985 erschien, wie folgt zitiert: 1964 »glaubte John Updike darauf hinweisen zu müssen, daß man den von ihm bewunderten Erzähler … schwerlich als einen amerikanischen Autor bezeichnen könne.«

HANS RUDOLF VAGET 22. Juni 1990

399 *Essay über den »Erwählten«*: Siehe die Anmerkung zu Seite 282: *großen Aufsatz in der FAZ.*
Meyer-Briefwechsel: Der von Vaget herausgegebene Band »Thomas Mann – Agnes Meyer. Briefwechsel« erschien 1992 in Frankfurt am Main.

KLAUS WAGENBACH 25. 12. [1965]

401 *zu Biermann geschrieben*: »Der Dichter ist kein Zuckersack«. In: »Die Zeit« vom 17. Dezember 1965.
Verner, Kröllich, Sindermann, Köller, Kurella, Abusch, Girnus: Funktionäre der DDR.
Wahlkontorist: »Willys Wahlkontor«, eine Vereinigung von Schriftstellern und Intellektuellen um Günter Grass, die Willy Brandt im Bundestagswahlkampf gegen Ludwig Erhard unterstützte. Die »Süddeutsche Zeitung« vermeldete am 23. Juli 1965 in einer Reportage: »Finanzminister der Gruppe ist der Verlagsbuchhändler Dr. Klaus Wagenbach, der vor gut einem Jahr einen eigenen Verlag gegründet hat.«
402 *Kafka-Ausstellung*: 1965/66 in der Westberliner Akademie der Künste. Der weitaus größte Teil der Ausstellungsstücke stammte aus Wagenbachs Sammlung.

[1980]

die löbliche Festschrift: »Literatur und Kritik. Aus Anlaß des 60. Geburtstags von Marcel Reich-Ranicki herausgegeben von Walter Jens«. Stuttgart 1980.
403 *Mandel*: Der marxistische Philosoph Ernest Mandel.
Brückner: Der Psychologe Peter Brückner.

WALDEMAR WAHREN 21. 1. 1986

405 *»Thomas Manns treue Tochter*: F.A.Z., Bilder und Zeiten vom 18. Januar 1986.
Briefbände Erika Manns: »Briefe und Antworten« (2 Bde., hrsg. von Anna Zanco-Prestel). München 1984 und 1985.

Martin Walser 3/4/81

407 *Zu Ihrer Düsseldorfer Rede*: Walser hatte 1981 die Heine-Plakette der Heinrich-Heine-Gesellschaft erhalten. Reich-Ranicki hielt die Lobrede, die der Gelobte zumindest teilweise eher für einen Verriß hielt. Unter dem Titel »Martin Walser, das anatomische Wunder« erschien die Laudatio zunächst in der F.A.Z. vom 28. März 1981. Die Debatte zwischen den beiden über die Gattung Lobrede, die sich über geraume Zeit hinzog und hier nicht dokumentiert werden kann, kulminierte schließlich in der Widmung, die Reich-Ranicki seinem Band »Lauter Lobreden« (Stuttgart 1985) voranstellte: »Für Martin Walser, der behauptet, meine Lobreden seien keine Lobreden«.

6/9/83

408 *der Kerr-Aufsatz*: Gemeint ist Reich-Ranickis Rezension unter dem Titel »Des Jahrhunderts mächtigster Kritiker. Aus Anlaß eines neuen Auswahlbandes der Schriften Alfred Kerrs« in der F.A.Z. vom 13. August 1983.
der über TM: »Leiden und Größe Thomas Manns. Aus Anlaß seiner Tagebücher aus den Jahren 1937 bis 1939« (F.A.Z. vom 13. Juni 1981).
Das Kafka-Bild: Bezieht sich auf Reich-Ranickis Aufsatz »Franz Kafkas geschriebene Küsse« (F.A.Z. vom 2. Juli 1983).
aus allen Fenstern auf San Francisco: Walser war damals Gastprofessor in Berkeley.

Oct. 29th, 1983

409 *Your review then*: Am 11. Oktober 1983 hatte Reich-Ranicki in der F.A.Z. unter dem Titel »Vom Stamme jener, welche lieben, wenn sie schreiben« Walsers Essayband »Liebeserklärungen« (Frankfurt am Main 1983) rezensiert.
Siegfried: Siegfried Unseld.

2. Juni 85

2. Juni 85: Reich-Ranickis 65. Geburtstag.

Peter Wapnewski 2-Juni-1994

411 *die Schweinerei*: Siehe die Anmerkung zu Seite 18: *an der derzeitigen öffentlichen Beschäftigung mit Ihrer Biographie.*
jene Sibylle: Die Kritikerin Sibylle Wirsing.
413 *Deine »Anwälte«*: »Die Anwälte der Literatur«, Stuttgart 1998.

22-VIII-95

Seite 166 linke Spalte Mitte: In Reich-Ranickis »Spiegel«-Artikel über und an Günter Grass vom 21. August 1995

das Monster rezensiert: Die Kritik erschien unter dem Titel »Ein Wörtersack« im »Focus« vom 28. August 1995.
414 *Das Titelblatt-Bild*: Das Titelblatt des »Spiegel« vom 21. August zeigte eine Fotomontage, auf der Reich-Ranicki ein Buch zerreißt.

HANS WEIGEL 24. III. 78

415 *R-R-Day – 6. April –*: Reich-Ranicki hielt an diesem Tag einen Vortrag im Wiener Palais Palffy.

PETER WEISS 7/3/74

417 *den ersten Teil meines Romans*: »Die Ästhetik des Widerstands«. Frankfurt am Main 1975.
Dramatisierung von Kafkas »Prozeß«: Peter Weiss: »Der Prozeß. Stück in 2 Akten. Nach dem gleichnamigen Roman von Franz Kafka«. In: Theater heute, 1975, Heft 7.
der gute Hesse: Am 4. März 1974 hatte Reich-Ranicki an Weiss unter anderem geschrieben: »Sie haben (feierlich!) versprochen, für uns einen Artikel über Hermann Hesse zu schreiben ... An diesem Artikel ist mir sehr gelegen. Bitte machen Sie ihn doch sobald wie möglich.«

BENNO VON WIESE 28. Juni 65

419 *Zusendung Ihres neuen Buches*: »Literarisches Leben in Deutschland. Kommentare und Pamphlete«. München 1965.
Neumann ..., Walser: Frühe Fernsehdebatte mit Robert Neumann und Martin Walser.
»Liebesgeschichten« von Eisenreich: »Sozusagen Liebesgeschichten«. Gütersloh 1965.

25. 3. 73

420 *Schrift über die Juden*: »Über Ruhestörer. Juden in der deutschen Literatur«. München 1973.

GABRIELE WOHMANN 8. 8. 92

421 *mein gekürzter Kunze*: Die Interpretation von Reiner Kunzes Gedicht »Bittgedanken, dir zu Füßen« erschien in der F.A.Z. vom 15. August 1992.
der »Radwechsel«: Die Interpretation von Bertolt Brechts Gedicht »Der Radwechsel« erschien in der F.A.Z. vom 27. März 1993.

Dieter E. Zimmer 11. 11. 1993

422 *Ihre Argumentation überzeugt mich nicht*: Im »Literarischen Quartett« hatte Reich-Ranicki bei der Diskussion der »Gabe« zwar Zimmers editorische und übersetzerische Arbeit bei der Neuausgabe von Nabokovs Werk gerühmt, indes den Umfang der kommentierenden Anmerkungen zu dem Roman »Gabe« getadelt.

Carl Zuckmayer 18. 2. 75

425 *meinen Beitrag dazu vorabdrucken*: Nicht geschehen.

Arnold Zweig 19. 7. 1955

426 *außerstande bin, selber zu lesen*: Zweig war stark sehbehindert.
in Ihrem sehr interessanten Buche: Marceli Ranicki: »Z dziejów literatury niemieckiej«. Warschau 1955.

Beatrice Zweig 24. 2. 1969

427 *»Alter Mann am Stock«*: Die Geschichte erschien dann in Reich-Ranickis Anthologie »Gesichtete Zeit. Deutsche Geschichten 1918–1933«. München 1969.

ZU DEN AUTOREN

Theodor W. Adorno, geboren 1903 in Frankfurt am Main, starb 1969 in Brig/Wallis. Nach der Rückkehr aus dem Exil ab 1949 Professor für Sozialphilosophie in Frankfurt am Main und Co-Direktor des Instituts für Sozialforschung. Er veröffentlichte unter anderem »Dialektik der Aufklärung« (1947 mit Max Horkheimer), »Minima moralia« (1951), »Noten zur Literatur« (3 Bde. 1958–1963) und »Negative Dialektik« (1967).

Richard Alewyn, geboren 1902 in Frankfurt am Main, starb 1979 in Prien am Chiemsee. Er war nach der Rückkehr aus dem Exil ab 1948 Professor für Neuere deutsche Philologie in Köln, Berlin und Bonn. Er veröffentlichte unter anderem »Das große Welttheater« (1959), »Über Hugo von Hofmannsthal« (1958) und »Probleme und Gestalten« (1974).

Jean Améry, geboren 1912 in Wien, starb 1978 in Salzburg. Er überlebte die KZs Auschwitz, Buchenwald und Bergen-Belsen. Er veröffentlichte unter anderem die Essaybände »Jenseits von Schuld und Sühne« (1966), »Über das Altern« (1968), »Widersprüche« (1971) und »Hand an sich legen« (1976).

Alfred Andersch, geboren 1914 in München, starb 1980 in Berzona/Tessin. Er veröffentlichte unter anderem den Bericht »Kirschen der Freiheit« (1952) sowie die Romane »Sansibar oder der letzte Grund« (1957), »Die Rote« (1960), »Efraim« (1967) und »Winterspelt« (1974).

Hannah Arendt, geboren 1906 in Hannover, starb 1975 in New York. 1933 Flucht aus Deutschland, seit 1940 lebte sie in den Vereinigten Staaten. Ab 1967 war sie Professorin für Politische Philosophie an der New School for Social Research in New York. Sie veröffentlichte unter anderem »Elemente und Ursprünge totaler Herrschaft« (1955), »Eichmann in Jerusalem« (1964) und »Wahrheit und Lüge in der Politik« (1972).

Rose Ausländer, geboren 1907 in Czernowitz/Bukowina, starb 1988 in Düsseldorf. Sie überlebte das Ghetto, wanderte 1946 nach New York aus und kam 1965 in die Bundesrepublik. Sie veröffentlichte unter anderem die Gedichtbände »Blinder Sommer« (1965), »Mein Atem heißt jetzt« (1981), »Mein Venedig versinkt nicht« (1982) und »Ich zähl die Sterne meiner Worte« (1985).

INGEBORG BACHMANN, geboren 1926 in Klagenfurt, starb 1973 in Rom. Sie veröffentlichte unter anderem die Gedichtbände »Die gestundete Zeit« (1953) und »Anrufung des Großen Bären« (1956), die Erzählbände »Das dreißigste Jahr« (1961) und »Simultan« (1972) sowie den Roman »Malina« (1971).

LOTHAR BAIER, geboren 1942 in Karlsruhe, lebt in Frankfurt am Main. Er veröffentlichte unter anderem die Essaybände »Französische Zustände« (1982), »Was wird Literatur?« (1993), »Ostwest-Passagen« (1996) und die Erzählung »Jahresfrist« (1985).

DANIEL BARENBOIM, geboren 1942 in Buenos Aires, ist seit 1991 Music Director des Chicago Symphony Orchestra, seit 1992 Künstlerischer Leiter und Generalmusikdirektor der Deutschen Staatsoper Berlin.

ARNULF BARING, geboren 1932 in Dresden, ist emeritierter Professor für Zeitgeschichte der Freien Universität Berlin. Er veröffentlichte unter anderem »Machtwechsel. Die Ära Brandt/Scheel« (1982), »Unser neuer Größenwahn« (1988) und »Es lebe die Republik, es lebe Deutschland« (1999).

ULRICH BECHER, geboren 1910 in Berlin, starb 1990 in Basel. 1948 Rückkehr aus dem amerikanischen Exil. Er veröffentlichte unter anderem die Novellenbände »Männer machen Fehler« (1932) und »Nachtigall will zum Vater fliegen« (1950) sowie die Romane »Das Herz des Hais« (1969) und »Murmeljagd« (1977).

JUREK BECKER, geboren 1937 in Lodz/Polen, starb 1997 in Berlin. Kindheit im Warschauer Ghetto und in den KZs Ravensbrück und Sachsenhausen. Er veröffentlichte unter anderem die Romane »Jakob der Lügner« (1969), »Irreführung der Behörden« (1973) und »Bronsteins Kinder« (1986) und schrieb das Drehbuch zur Fernsehserie »Liebling Kreuzberg« (ab 1986).

THORSTEN BECKER, geboren 1958 in Oberlahnstein, lebt in Berlin. Er veröffentlichte unter anderem die Erzählungen »Die Bürgschaft« (1985) und »Die Nase« (1987) sowie den Roman »Schönes Deutschland« (1996).

PETER BICHSEL, geboren 1935 in Luzern, lebt in Bellach/Solothurn. Er veröffentlichte unter anderem die Erzählbände »Eigentlich möchte Frau

Blum den Milchmann kennenlernen« (1964), »Kindergeschichte« (1969), »Zur Stadt Paris« (1993) und »Cherubin Hammer und Cherubin Hammer« (1999).

Horst Bienek, geboren 1930 in Gleiwitz/Oberschlesien, starb 1990 in München. Von 1952 bis 1955 im Gulag Workuta interniert, danach Ausreise in die Bundesrepublik. Er veröffentlichte unter anderem das »Traumbuch eines Gefangenen« (1957), die Romane »Die Zelle« (1968) und »Die erste Polka« (1975) sowie den Essayband »Der Blinde in der Bibliothek« (1986).

Wolf Biermann, geboren 1936 in Hamburg, lebt dort. 1953 Übersiedlung in die DDR, 1976 Ausbürgerung aus der DDR. Er veröffentlichte unter anderem die Sammlungen »Alle Lieder 1960–1990« (1990) und »Alle Gedichte« (1995), die Essaybände »Affenfels und Barrikade« (1986) und »Klartexte im Getümmel« (1990) sowie zahlreiche Schallplatten und CDs, etwa »Chausseestraße 131« (1969), »Warte nicht auf bessre Zeiten« (1973) und »Paradies uff Erden« (1999).

Maxim Biller, geboren 1960 in Prag, lebt in München. Er veröffentlichte unter anderem den Erzählband »Land der Väter und Verräter« (1994) und den Roman »Die Tochter« (2000).

Heinrich Böll, geboren 1917 in Köln, starb 1985 in Langenbroich. Nobelpreis für Literatur im Jahr 1972. Zu seinen Hauptwerken zählen: Die Kurzgeschichten »Wanderer kommst du nach Spa ...« (1950), die Erzählung »Die verlorene Ehre der Katharina Blum« (1974), die Romane »Und sagte kein einziges Wort« (1953), »Billard um halbzehn« (1959), »Ansichten eines Clowns« (1963), »Gruppenbild mit Dame« (1971) sowie die publizistische Sammlung »Einmischung erwünscht« (1977).

Sabine Brandt, geboren 1927 in Berlin, lebt in Köln. Bis Ende 1987 Redakteurin bei der Deutschen Welle. Sie veröffentlichte unter anderem den Roman »Einmal Berlin einfach« (1991) und die Erich-Loest-Monographie »Vom Schwarzmarkt nach St. Nikolai« (1998).

Willy Brandt, geboren 1913 in Lübeck, starb 1992 in Unkel. Im norwegischen und schwedischen Exil von 1933 bis 1947. Friedensnobelpreis im Jahr 1971. Bundeskanzler der Bundesrepublik Deutschland von 1969 bis 1974. Seine »Erinnerungen« erschienen 1989.

Felix Braun, geboren 1885 in Wien, starb 1973 in Klosterneuburg bei Wien. Kehrte 1951 aus dem englischen Exil zurück und veröffentlichte unter anderem die Romane »Agnes Altkirchner« (1927) und »Der Stachel in der Seele« (1948) sowie den Essayband »Anrufe des Geistes« (1965).

Joseph Breitbach, geboren 1903 in Koblenz-Ehrenbreitstein, starb 1980 in München. Er meldete sich 1939 zur französischen Armee, wurde 1945 französischer Staatsbürger. Er veröffentlichte unter anderem die Romane »Bericht über Bruno« (1962) und »Das blaue Bidet oder Das eigentliche Leben« (1978), die Erzählsammlung »Rot gegen Rot« (1929) und die Komödie »Hinter den Kulissen oder Genosse Veygond« (1970).

Hans Christoph Buch, geboren 1944 in Wetzlar, lebt in Berlin. Er veröffentlichte unter anderem den Roman »Die Hochzeit von Port-au-Prince« (1984), den Erzählband »Der Burgwart der Wartburg« (1994) sowie das »Gorlebener Tagebuch« (1979).

Hermann Burger, geboren 1942 in Menziken/Aargau, starb 1989 in Brunegg bei Zürich. Er veröffentlichte unter anderem die Romane »Schilten« (1976) und »Die künstliche Mutter« (1982) sowie die Erzählungen »Diabelli« (1979) und »Blankenburg« (1986) und die Essays »Ein Mann aus Wörtern« (1983).

Elias Canetti, geboren 1905 in Rustschuk/Bulgarien, starb 1994 in Zürich. 1938 aus Wien nach London emigriert. Nobelpreis für Literatur im Jahr 1981. Er veröffentlichte unter anderem den Roman »Die Blendung« (1936), die Studie »Masse und Macht« (1960), die Erzählung »Die Stimme von Marrakesch« (1968), die Aufzeichnungen »Die Provinz des Menschen« (1973) und seine Lebensgeschichte bis 1937 in den Bänden »Die gerettete Zunge« (1977), »Die Fackel im Ohr« (1980) und »Das Augenspiel« (1985).

Manfred Delling, geboren 1927 in Hamburg, lebt dort. Verlagslektor und Dozent an der Deutschen Film- und Fernsehakademie Berlin, jeweils bis 1992. Er veröffentlichte unter anderem den Band »Engagement für ein neues Medium. Ausgewählte Fernsehkritiken 1964–1993«.

Eva Demski, geboren 1944 in Regensburg, lebt in Frankfurt am Main. Sie veröffentlichte unter anderem die Romane »Goldkind« (1979), »Afra« (1992) und »Das Narrenhaus« (1997).

Friedrich Dieckmann, geboren 1937 in Dresden, lebt in Berlin. Er veröffentlichte unter anderem den Essayband »Temperatursprung« (1995) und die Monographien »Die Geschichte Don Giovannis« (1991) und »Gespaltene Welt und liebendes Paar« (2000).

Claude Döblin, geboren 1917 in Saargemünd, lebt in Nizza. Floh 1933 mit seinem Vater, dem Schriftsteller Alfred Döblin, über Zürich nach Paris. Er ist seit 1957 der verantwortliche Sprecher der Erbengemeinschaft Alfred Döblin.

Hilde Domin, geboren 1909 in Köln, lebt in Heidelberg. Emigrierte 1936 über Italien und England in die Dominikanische Republik. Rückkehr im Jahr 1954. Sie veröffentlichte unter anderem die Gedichtbände »Nur eine Rose als Stütze« (1959), »Ich will dich« (1970), »Abel steh auf« (1979) und »Der Baum blüht trotzdem« (1999) sowie die Prosabücher »Wozu Lyrik heute« (1968) und »Aber die Hoffnung. Autobiographisches aus und über Deutschland« (1982).

Herbert Eisenreich, geboren 1925 in Linz, starb 1986 in Wien. Er veröffentlichte unter anderem die Erzählbände »Böse schöne Welt« (1957), »Die Freunde meiner Frau« (1966) und »Die blaue Distel der Romantik« (1976) und das Romanfragment »Die abgelegte Zeit« (1985).

August Everding, geboren 1928 in Bottrop, starb 1999 in München. Er war seit 1993 Staatsintendant der Bayerischen Staatstheater. Er veröffentlichte unter anderem den Band »Zur Sache, wenn's beliebt« (1996).

Iring Fetscher, geboren 1922 in Marbach am Neckar, ist emeritierter Professor für Politikwissenschaft der Universität Frankfurt am Main. Er veröffentlichte unter anderem »Der Marxismus« (3 Bände, 1963–1968), »Die Wirksamkeit der Träume« (1987) und »Neugier und Furcht. Versuch, mein Leben zu verstehen« (1995).

Ota Filip, geboren 1930 in Ostrava/Mährisch Ostrau, lebt in München. 1969 in Prag wegen »subversiver Tätigkeit gegen die Republik« zu 18 Monaten Gefängnis verurteilt. Er emigrierte 1974 in die Bundesrepublik. Er veröffentlichte unter anderem den Roman »Café Slavia« (1985) und den Geschichtenband »... doch die Märchen sprechen deutsch« (1996).

Erich Fried, geboren 1921 in Wien, starb 1988 in Baden-Baden. Er ging 1938 ins Londoner Exil, veröffentlichte unter anderem die Gedichtbände »und Vietnam und« (1966), »So kam ich unter die Deutschen« (1977), »Liebesgedichte« (1979), »Am Rand unserer Lebenszeit« (1987) und »Unverwunden« (1988).

Max Frisch, geboren 1911 in Zürich, starb dort 1991. Zu seinen Hauptwerken zählen: »Tagebuch 1946–1949« (1950), »Tagebuch 1966–1971« (1972), die Theaterstücke »Biedermann und die Brandstifter« (1958) und »Andorra« (1961), die Erzählungen »Montauk« (1975) und »Der Mensch erscheint im Holozän« (1979) sowie die Romane »Stiller« (1954), »Homo faber« (1957), »Mein Name sei Gantenbein« (1964).

Franz Fühmann, geboren 1922 in Rochlitz, starb 1984 in Berlin/DDR. Er veröffentlichte unter anderem die Erzählbände »Das Judenauto« (1962), »König Ödipus« (1966), »Die Geliebte der Morgenröte« (1978), und »Das Ohr des Dionysos« (1985) sowie den Essay »Der Sturz des Engels« (1982).

Manfred Fuhrmann, geboren 1935 in Hiddesen bei Detmold, ist emeritierter Professor für Lateinische Philologie der Universität Konstanz. Er veröffentlichte zuletzt: »Geschichte der römischen Literatur« (1999) und »Der europäische Bildungskanon des bürgerlichen Zeitalters« (1999).

Gertrud Fussenegger, geboren 1912 in Wien, lebt in Leonding bei Linz. Sie veröffentlichte unter anderem die Erzählungen »Mohrenlegende« (1937) und »Die Leute auf Falbeson« (1940), die Romane »Das verschüttete Antlitz« (1957) und »Die Pulvermühle« (1968), die Autobiographie »Ein Spiegelbild mit Feuersäule« (1979) sowie den Novellenband »Shakespeares Töchter« (1999).

Hans-Martin Gauger, geboren 1935 in Freudenstadt, ist Professor für Romanische Philologie in Freiburg. Er veröffentlichte unter anderem »Der vollkommene Roman. Madame Bovary« (1982), »In den Rauch geschrieben« (1988) und »Über Sprache und Stil« (1995).

Albrecht Goes, geboren 1908 in Langenbeutingen, starb 2000 in Stuttgart-Rohr. Er veröffentlichte unter anderem die Erzählungen »Unruhige Nacht« (1950), »Das Brandopfer« (1954), die Sammlung »Gedichte aus 50 Jahren« (1978) und den Essayband »Mit Mörike und Mozart« (1988).

Georges-Arthur Goldschmidt, geboren 1928 in Reinbek, lebt in Paris. Er veröffentlichte unter anderem den Essayband »Als Freud das Meer sah« (1999) sowie die Erzählungen »Die Absonderung« (1991), »Der unterbrochene Wald« (1992) und »Die Aussetzung« (1996).

Thomas Gottschalk, geboren 1950 in Bamberg, lebt in Inning am Ammersee. Der Entertainer moderiert unter anderem die ZDF-Show »Wetten daß ...«.

Günter Grass, geboren 1927 in Danzig-Langfuhr, lebt in Behlendorf. Nobelpreis für Literatur 1999. Hauptwerke: Die Romane »Blechtrommel« (1959), »Hundejahre« (1963) und »Der Butt« (1977), die Novelle »Katz und Maus« (1961), die Erzählung »Das Treffen in Telgte« (1979), der Erzählessay »Aus dem Tagebuch einer Schnecke« (1972) und der Gedichtband »Gleisdreieck« (1961). Zuletzt erschien der Geschichtenband »Mein Jahrhundert« (1999).

ULRICH GREINER, geboren 1945 in Offenbach, ist Feuilletonredakteur der Wochenzeitung »Die Zeit«. Er veröffentlichte unter anderem die Essaybände »Der Tod des Nachsommers« (1980), »Der Stand der Dinge« (1987) und »Gelobtes Land« (1997).

PETER HAMM, geboren 1937 in München, ist Kulturredakteur beim Bayerischen Rundfunk. Er veröffentlichte unter anderem den Gedicht- und Essayband »Den Traum bewahren« (1989), die Rezensionssammlung »Der Wille zur Ohnmacht« (1992) und die Lobreden »Aus der Gegengeschichte« (1997).

WOLFGANG HARICH, geboren 1921 in Königsberg, starb 1995 in Berlin. Er wurde 1957 vom Obersten Gerichtshof der DDR wegen »Bildung einer konspirativen, staatsfeindlichen Gruppe« zu zehn Jahren Haft verurteilt und 1990 rehabilitiert. Er veröffentlichte unter anderem »Jean Pauls Revolutionsdichtung« (1974), »Keine Schwierigkeit mit der Wahrheit« (1993) und »Nietzsche und seine Brüder« (1994).

LUDWIG HARIG, geboren 1927 in Sulzbach/Saar, lebt dort. Er veröffentlichte unter anderem den Essayband »Die saarländische Freude« (1977) sowie die autobiographischen Romane »Ordnung ist das ganze Leben« (1986), »Weh dem, der aus der Reihe tanzt« (1990) und »Wer mit den Wölfen heult, wird Wolf« (1996).

PETER HÄRTLING, geboren 1933 in Chemnitz, lebt in Mörfelden-Walldorf. Er veröffentlichte unter anderem die Romane »Niembsch oder Der Stillstand« (1964), »Hölderlin« (1976), »Herzwand« (1990) »Schumanns Schatten« (1996) und den Gedichtband »Horizonttheater« (1997).

MARTIN HEIDEGGER, geboren in Meßkirch, starb 1976 in Freiburg. Zu den Hauptwerken des Philosophen zählen: »Sein und Zeit« (1927), »Der Feldweg« (1949), »Holzwege« (1950), »Erläuterung zu Hölderlins Gedichten« (1951) und »Einführung in die Metaphysik« (1953).

GERT HEIDENREICH, geboren 1944 in Eberswalde, lebt in Hechendorf. Er veröffentlichte unter anderem die Romane »Die Steinesammlerin« (1984) und »Abschied von Newton« (1998) sowie die Erzählung »Die Geliebte des dritten Tages« (1997) und die Geschichten »Der Mann, der nicht ankommen konnte« (2000).

GÜNTER HERBURGER, geboren 1932 in Isny, lebt in München. Er veröffentlichte unter anderem den Erzählband »Die Eroberung der Zitadelle« (1972) sowie die Romane »Flug ins Herz« (1977), »Die Augen der Kämpfer« (1983), »Thuja« (1991) und »Elsa« (1999).

STEPHAN HERMLIN, geboren 1915 in Chemnitz, starb 1997 in Berlin. Er veröffentlichte unter anderem die Erzählung »Die Kommandeuse« (1957), den Band »Gesammelte Gedichte« (1979), die Prosa »Abendlicht« (1979), »In den Kämpfen dieser Zeit« (1995) und »Lektüre« (1997).

WOLFGANG HILDESHEIMER, geboren 1916 in Hamburg, starb 1991 in Poschiavo/Schweiz. Er emigrierte 1933 nach Palästina, kehrte 1946 nach Deutschland zurück, zog 1957 in die Schweiz. Er veröffentlichte unter anderem die Prosa »Lieblose Legenden« (1952), die Romane »Tynset« (1968) und »Marbot« (1981), die Monographie »Mozart« (1977) und den Essay »Das Ende der Fiktionen« (1984.)

WALTER HINCK, geboren 1922 in Selsingen, ist emeritierter Professor für Deutsche Sprache und Literatur der Universität Köln. Er veröffentlichte unter anderem »Germanistik und Literaturkritik« (1983), »Geschichtsdichtung« (1995) und »Im Wechsel der Zeiten« (1998).

ROLF HOCHHUTH, geboren 1931 in Eschwege, lebt in Grenzach. Er veröffentlichte unter anderem die Theaterstücke »Der Stellvertreter« (1963), »Juristen« (1979) und »Wessis in Weimar« (1993) sowie den Gedicht- und Erzählungsband »Panik im Mai« (1991).

IOAN HOLENDER, geboren 1935 in Temesvar/Rumänien, ist seit 1991 Direktor der Wiener Staatsoper.

HANS EGON HOLTHUSEN, geboren 1913 in Rendsburg, starb 1997 in München. Er veröffentlichte unter anderem »Der unbehauste Mensch« (1951, erweitert 1955), »Sartre in Stammheim« (1982) und »Vom Eigensinn der Literatur« (1989).

ANGELIKA HURWICZ, geboren 1922 in Berlin, starb 1999 in Bergen/Holland. Sie war von 1949 bis 1958 als Schauspielerin an Brechts Berliner Ensemble, führte später selbst Regie. Ihre Erinnerungen »Die Nische des Insekts« erschienen 1999.

ERNST JANDL, geboren 1925 in Wien, lebt dort. Er veröffentlichte unter anderem die Gedichtbände »Laut und Luise« (1966), »lechts und rinks« (1995), »peter und die kuh« (1996) und »aus dem wirklichen leben« (1999) sowie die Sprechoper »Aus der Fremde« (1980).

HORST JANSSEN, geboren 1929 in Hamburg, starb dort 1995. Sein künstlerisches Werk umfaßt etwa 20000 Zeichnungen und Aquarelle sowie 3000 Radierungen. Er veröffentlichte unter anderem die Prosabände »Hinkepott I« (1987) und »Hinkepott II« (1989) sowie die Kunstbände »Eros, Tod und Maske« (1992), »Nature morte« (1994) und »Hundert Köpfe« (1994).

Karl Jaspers, geboren 1883 in Oldenburg, starb 1969 in Basel. Zu den Hauptwerken des Philosophen zählen unter anderem »Die geistige Situation der Zeit« (1931), »Existenzphilosophie« (1937), »Die Atombombe und die Zukunft des Menschen« (1957) und »Wohin treibt die Bundesrepublik« (1966).

Walter Jens, geboren 1923 in Hamburg, ist emeritierter Professor für Rhetorik der Universität Tübingen. Er veröffentlichte unter anderem den Roman »Die Welt der Angeklagten« (1950) und die Bände »Juden und Christen in Deutschland« (1991), »Vergangenheit – gegenwärtig« (1994, mit Inge Jens), »Macht der Erinnerung« (1997) und »Aus gegebenem Anlaß« (1998).

Gerhard Kaiser, geboren 1943 in Mainz, ist Professor für Neuere deutsche Literatur in Jena. Er veröffentlichte unter anderem »Einführung in die Vergleichende Literaturwissenschaft« (1980) und »E.T.A. Hoffmann« (1988).

Gert Kaiser, geboren 1941 in Hardheim/Odenwald, ist seit 1988 Präsident des Wissenschaftszentrums NRW. Er veröffentlichte unter anderem »Textauslegung und gesellschaftliche Selbstdeutung« (1978) und »Der Tod und die schönen Frauen« (1995).

Joachim Kaiser, geboren 1928 in Milken/Ostpreußen, ist seit 1959 Literatur- und Musikkritiker und leitender Redakteur der Süddeutschen Zeitung. Er veröffentlichte unter anderem »Mein Name ist Sarastro« (1984), »Erlebte Literatur« (1988), »Erlebte Musik« (2 Bände, 1994) und »Was mir wichtig ist« (1996).

Marie Luise Kaschnitz, geboren 1901 in Karlsruhe, starb 1974 in Rom. Sie veröffentlichte unter anderem den Roman »Elissa« (1937), die Gedichtbände »Zukunftsmusik« (1950), »Dein Schweigen – meine Stimme« (1962) und »Steht noch dahin« (1970), die Erinnerungen »Engelsbrücke« (1955) und »Das Haus der Kindheit« (1956), die Aufzeichnung »Orte« (1973) und die Skizze »Beschreibung eines Dorfes« (1966).

Erhart Kästner, geboren 1904 in Augsburg, starb 1974 in Staufen. Er war von 1950 bis 1968 Leiter der Herzog-August-Bibliothek in Wolfenbüttel. Er veröffentlichte unter anderem den Reisebereicht »Griechenland« (1942), den Kriegsgefangenenbericht »Zeltbuch von Tumilad« (1949) und den Essay »Aufstand der Dinge« (1973).

Hermann Kesten, geboren 1900 in Podwoloczyska/Kreis Tarnopol, starb 1996 in Basel. Emigrierte 1933 nach Amsterdam, 1940 in die Vereinigten Staaten. Er veröffentlichte unter anderem die Romane »Josef sucht die Freiheit« (1927) und »Die Abenteuer eines Moralisten« (1961) sowie die Bände »Meine Freunde, die Poeten« (1953) und »Dichter im Café« (1959).

RAINER KIRSCH, geboren 1934 in Döbeln/Sachsen, lebt in Berlin. Er veröffentlichte unter anderem die Sammlung »Auszog, das Fürchten zu lernen« (1978), die Gedichtbände »Ausflug machen« (1980) und »Kunst in Mark Brandenburg« (1989) sowie die Essays »Die Talare der Gottesgelehrten« (1999).

SARAH KIRSCH, geboren 1935 in Limlingerode/Harz, lebt in Tielenhemme/Schleswig-Holstein. Sie veröffentlichte unter anderem die Prosabände »La Pagerie« (1980) und »Das simple Leben« (1994) sowie die Lyrikbände »Zaubersprüche« (1973), »Drachensteigen« (1979), »Schneewärme« (1989), »Erlkönigs Tochter« (1992), »Bodenlos« (1996) und »Katzen sprangen am Rande und lachten« (2000).

WOLFGANG KOEPPEN, geboren 1906 in Greifswald, starb 1996 in München. Er veröffentlichte unter anderem die Aufsätze »Die elenden Skribenten« (hrsg. von Marcel Reich-Ranicki, 1981), die Prosa »Jugend« (1976) und »Jakob Littners Aufzeichnungen aus einem Erdloch« (1948, Neuausgabe 1992) sowie die Romane »Eine unglückliche Liebe« (1934), »Die Mauer schwankt« (1935), »Tauben im Gras« (1951), »Das Treibhaus« (1953) und »Tod in Rom« (1954).

RENÉ KOLLO, geboren 1937 in Berlin, lebt dort. Der Sänger debütierte 1964 am Staatstheater Braunschweig. 1997 erschien die Biographie »René Kollo« (hrsg. von Jürgen Haase und Jasmin Kassai).

HELMUT KOOPMANN, geboren 1933 in Bochum, ist emeritierter Professor für Neuere Deutsche Literaturwissenschaft der Universität Augsburg. Er veröffentlichte unter anderem »Das Drama der Aufklärung« (1978), das »Thomas-Mann-Handbuch« (1990) und »Thomas Mann: Buddenbrooks« (1995).

ERNST KRAWEHL, geboren 1909 in Essen, starb dort 1993. Er war von 1950 bis 1971 Verleger des Stahlberg Verlags, der seit 1955 die Werke Arno Schmidts betreute.

KARL KROLOW, geboren 1915 in Hannover, starb 1999 in Darmstadt. Er veröffentlichte unter anderem die Prosabände »Das andere Leben« (1979) und »Melanie« (1983) sowie »Gesammelte Gedichte« (4 Bände, 1965, 1975, 1985, 1998).

Horst Krüger, geboren 1919 in Magdeburg, starb 1999 in Frankfurt am Main. Er veröffentlichte unter anderem die autobiographische Erzählung »Das zerbrochene Haus« (1966) und die Reisebände »Ost-West-Passagen« (1975), »Poetische Erdkunde« (1978) und »Kennst du das Land« (1987).

Erich Kuby, geboren 1910 in Baden-Baden, lebt in München. Er veröffentlichte unter anderem »Mein Krieg« (1975), »Mein ärgerliches Vaterland« (1989), »Der Preis der Einheit« (1990) und »Lauter Patrioten« (1996).

Günter Kunert, geboren 1929 in Berlin, lebt in Kaisborstel/Schleswig-Holstein. Er veröffentlichte unter anderem die Essays »Verspätete Monologe« (1981) und »Diesseits des Erinnerns« (1983), die Autobiographie »Erwachsenenspiele« (1997) und die Gedichtbände »Erinnerung an einen Planeten« (1964), »Mein Golem« (1996) und »Nachtvorstellung« (1999).

Reiner Kunze, geboren 1933 in Oelsnitz/Erzgebirge, lebt in Obernzell-Erlau/Bayern. Er veröffentlichte unter anderem den Prosaband »Die wunderbaren Jahre« (1976), das Tagebuch »Am Sonnenhang« (1993) und die Gedichtbände »Liebesgedichte und Lieder« (1959), »sensible wege« (1969), »zimmerlautstärke« (1972), »eines jeden einziges leben« (1986) und »ein tag auf dieser erde« (1998).

Stanislaw Jerzy Lec, geboren 1909 in Lemberg, starb 1966 in Warschau. Er veröffentlichte unter anderem die Aphorismenbände »Unfrisierte Gedanken« (1960) und »Neue unfrisierte Gedanken« (1964).

Franz Lennartz, geboren 1910 in Reydt, lebt in Salem. Er veröffentlichte unter anderem die Lexika »Deutsche Schriftsteller der Gegenwart« (1938, 11. Auflage 1978), »Ausländische Dichter und Schriftsteller unserer Zeit« (1957) und »Deutsche Schriftsteller im Spiegel der Kritik« (3 Bände und ein Registerband, 1985).

Siegfried Lenz, geboren 1926 in Lyck/Ostpreußen, lebt in Hamburg. Zu seinen Hauptwerken zählen die Geschichten »So zärtlich war Suleyken« (1955), die Novelle »Ein Kriegsende« (1984), die Essays »Über den Schmerz« (1998) und die Romane »Es waren Habichte in der Luft« (1951), »Deutschstunde« (1968), »Heimatmuseum« (1978), Exerzierplatz (1985) und »Arnes Nachlaß« (1999).

Rudolf Walter Leonhardt, geboren 1921 in Altenburg/Thüringen, lebt in Hamburg. Er war von 1957 bis 1973 Feuilletonchef der Wochenzeitung »Die Zeit«. Er veröffentlichte unter anderem »77mal England« (1957, erweitert 1980), »Journalismus und Wahrheit« (1980) und »Auf gut deutsch gesagt« (1983).

Alexander Lernet-Holenia, geboren 1897 in Wien, starb dort 1976. Zu seinen Hauptwerken zählen die Erzählung »Der Baron Bagge« (1936) und die Romane »Die Auferstehung des Maltravers« (1936), »Die Inseln unter dem Winde« (1952) und »Die vertauschten Briefe« (1957).

Gertrud Leutenegger, geboren 1948 in Schwyz, lebt in Rovio/Tessin. Sie veröffentlichte unter anderem die Romane »Vorabend« (1975) und »Ninive« (1977), sowie das dramatische Poem »Sphärenklang« (1999).

Friedrich Luft, geboren 1911 in Berlin, starb dort 1990. Der Theaterkritiker veröffentlichte unter anderem »Stimme der Kritik« (2 Bde., 1961, 1979) und die Chaplin-Monographie »Vom großen schönen Schweigen« (1957).

Peter Maiwald, geboren 1946 in Grötzingen/Kreis Esslingen, lebt in Düsseldorf. Er veröffentlichte unter anderem die Gedichtbände »Balladen von Samstag auf Sonntag« (1984), »Springinsfeld« (1992) und »Lebenszeichen« (1997).

Golo Mann, geboren 1909 in München, starb 1994 in Leverkusen. Emigrierte 1933 über Frankreich und die Schweiz in die Vereinigten Staaten. Er veröffentlichte unter anderem die Studien »Friedrich von Gentz« (1947), »Deutsche Geschichte des 19. und 20. Jahrhunderts« (1958), die Biographie »Wallenstein« (1971) und die Autobiographie »Erinnerungen und Gedanken« (1986).

Katia Mann, geboren 1883 in München, starb 1980 in Kilchberg bei Zürich. 1905 heiratete sie Thomas Mann, mit dem sie 1933 auch emigrierte. Ihre Erinnerungen »Meine ungeschriebenen Memoiren« erschienen 1974.

Monika Mann, geboren 1910 in München, starb 1992 in Leverkusen. Emigrierte 1933 über London in die Vereinigten Staaten, lebte ab 1952 auf Capri. Sie veröffentlichte unter anderem die Prosabände »Vergangenes und Gegenwärtiges« (1956) und »Wunder der Kindheit« (1966).

Jürgen Manthey, geboren 1934 in Forst in der Lausitz, ist Professor für Allgemeine und Vergleichende Literaturwissenschaft in Essen. Er veröffentlichte unter anderem die Studien »Wenn Blicke zeugen könnten« (1983) und »Die Unsterblichkeit Achills« (1997).

LUDWIG MARCUSE, geboren 1894 in Berlin, starb 1971 in München. Er emigrierte 1933, war ab 1939 in den Vereinigten Staaten, kehrte 1963 zurück. Er veröffentlichte unter anderem die Bände »Die Philosophie des Glücks« (1949), »Pessimismus, ein Stadium der Reife« (1954), »Obszön. Geschichte einer Entrüstung« (1960) und die autobiographischen Bücher »Mein 20. Jahrhundert« (1960) und »Nachruf auf Ludwig Marcuse« (1969).

JAVIER MARÍAS, geboren 1951 in Madrid, lebt dort. Auf deutsch erschienen unter anderem die Romane »Mein Herz so weiß« (1996) und »Morgen in der Schlacht denk an mich« (1998), die Erzählung »Als ich sterblich war« (1999) sowie die Fußballstücke »Alle unsere früheren Schlachten« (2000).

PETER VON MATT, geboren 1937 in Luzern, ist Professor für Neuere deutsche Literatur an der Universität Zürich. Er veröffentlichte unter anderem »Literaturwissenschaft und Psychoanalyse« (1972), »Liebesverrat« (1989), »Verkommene Söhne, mißratene Töchter« (1995) und »Die verdächtigte Pracht« (1998).

YEHUDI MENUHIN, geboren 1916 in New York, starb 1999 in Berlin. Der Geigenvirtuose debütierte 1926 in New York, der Durchbruch in Europa gelang 1929 in Berlin. Er veröffentlichte unter anderem die autobiographischen Bücher »Lebenserinnerungen« (1976) und »Unterwegs. Erinnerungen 1976 bis 1995« (1996).

KARL MICKEL, geboren 1935 in Dresden, lebt in Berlin. Er veröffentlichte unter anderem die Gedichtbände »Vita nova mea. Mein neues Leben« (1966), »Odysseus in Ithaka« (1976) und »Mottek sagt« (1990) sowie den Roman »Lachtmunds Freunde« (1991).

ROBERT MINDER, geboren 1902 in Wasselonne/Elsaß, starb 1980 in Cannes. Der Germanist war von 1957 bis zur Emeritierung 1974 Professor am Collège de France. Er veröffentlichte unter anderem »Dichter in der Gesellschaft« (1966), »Wozu Literatur« (1971) und »Geist und Macht« (1972).

GERARD MORTIER, geboren 1943 in Genf, ist seit 1991 Intendant der Salzburger Festspiele.

STEN NADOLNY, geboren 1942 in Zehdenick/Havel, lebt in Berlin. Er veröffentlichte unter anderem die Romane »Netzkarte« (1981), »Die Entdeckung der Langsamkeit« (1983) und »Er und ich« (1999).

MICHAEL NAUMANN, geboren 1941 in Köthen. Der Journalist und Verleger ist seit Herbst 1998 als Staatsminister im Kanzleramt Beauftragter der Bundesregierung für die Kultur und die Medien.

ROBERT NEUMANN, geboren 1897 in Wien, starb 1975 in München. Ab 1934 im englischen und südamerikanischen Exil. Er veröffentlichte unter anderem die Parodienbände »Mit fremden Federn« (1927, erweitert 1955) und »Unter falscher Flagge« (1932) sowie die Romane »Olympia« (1961) und »Die Kinder von Wien« (1974).

HANS ERICH NOSSACK, geboren 1901 in Hamburg, starb dort 1977. Er veröffentlichte unter anderem die Romane »Spätestens im November« (1955), »Der Fall d'Arthez« (1968) und »Ein glücklicher Mensch« (1975).

BENNO REIFENBERG, geboren 1892 in Oberkassel bei Bonn, starb 1970 in Kronberg. Er war von 1958 bis 1966 Mitherausgeber der F.A.Z. Er veröffentlichte unter anderem die Bände »Das Abendland, gemalt« (1950), »Lichte Schatten« (1953) und »In den Tag gesprochen« (1962).

CHRISTA REINIG, geboren 1926 in Berlin, lebt in München. Sie veröffentlichte unter anderem die Prosa »Entmannung« (1976), den Roman »Die himmlische und die irdische Geometrie« (1975), den Band »Sämtliche Gedichte« (1984) sowie die Erzählung »Simsalabim« (1999).

KARIN RESCHKE, geboren 1940 in Krakau, lebt in Berlin. Sie veröffentlichte unter anderem die Prosa »Verfolgte des Glücks. Findebuch der Henriette Vogel« (1982) sowie die Bände »Das Lachen im Walde« (1993) und »Birnbaums Bilder« (1998).

HANS WERNER RICHTER, geboren 1908 in Bansin/Usedom, starb 1993 in München. Er war Gründer der Gruppe 47. Er veröffentlichte unter anderem den Roman »Die Geschlagenen« (1949), den Band »Im Etablissement der Schmetterlinge. 21 Porträts aus der Gruppe 47« (1986) und die Erinnerungen »Reisen durch meine Zeit« (1989).

CURT RIESS, geboren 1902 in Würzburg, starb 1993 in Scheuren. Emigrierte 1933 über Prag und Paris nach Washington, lebte seit 1952 in der Schweiz. Er veröffentlichte unter anderem die Biographie »Goebbels. Dämon der Macht« (1948), den Roman »Zwischenlandung in Paris« (1953), die Polemik »Theaterdämmerung oder Das Klo auf der Bühne« (1970) sowie die Erinnerungen »Das war ein Leben!« (1986).

ALBERT RIETHMÜLLER, geboren 1947 in Stuttgart, ist Direktor des Instituts für Musikwissenschaft an der FU Berlin. Er veröffentlichte unter anderem »Walhalla und ihre Musiker« (1993) und »Beethoven. Interpretation seiner Werke« (1994).

LUISE RINSER, geboren 1911 in Pitzling/Bayern, lebt in Rom. Sie veröffentlichte unter anderem den Prosaband »Jan Lobel aus Warschau« (1948), die autobiographischen Bände »Den Wolf umarmen« (1981) und

»Saturn auf der Sonne« (1994) sowie das Tagebuch »Kunst des Schattenspiels« (1997).

Herbert Rosendorfer, geboren 1934 in Bozen, lebt in Taufkirchen. Er veröffentlichte unter anderem die Romane »Deutsche Suite« (1972), »Stephanie oder Das vorige Leben« (1977), »Das Messingherz« (1979) und »Die Schönschreibübungen des Gilbert Hasdrubel Koch« (1999).

Peter Rühmkorf, geboren 1929 in Dortmund, lebt in Hamburg. Er veröffentlichte unter anderem die Essays »Über das Volksvermögen« (1967), »Die Jahre, die ihr kennt« (1972) und »Bleib erschütterbar und widersteh« (1984), das Diarium »Tabu I. Tagebücher 1989–1991« (1995) sowie die Gedichtbände »Einmalig wie wir alle« (1989) und »Haltbar bis Ende 99« (1999).

Jean Rodolphe von Salis, geboren 1901 in Bern, starb 1996 in Brunegg/Aargau. Er veröffentlichte unter anderem »Rainer Maria Rilkes Schweizer Jahre« (1936), »Grenzüberschreitungen. Ein Lebensbericht« (zwei Bände, 1978) und »Notizen eines Müßiggängers« (1983).

Michael Schneider, geboren 1943 in Königsberg, lebt in Hünfelden-Nauheim. Er veröffentlichte unter anderem die Essays »Die lange Wut zum langen Marsch« (1975) und »Nur tote Fische schwimmen mit dem Strom« (1984) sowie die Novellen »Das Spiegelkabinett« (1980) und »Die Traumfalle« (1987).

Wolfdietrich Schnurre, geboren 1920 in Frankfurt am Main, starb 1989 in Kiel. Er veröffentlichte unter anderem die Erzählung »Die Rohrdommel ruft jeden Tag« (1950), den Gedichtband »Kassiber« (1956), den Roman »Als Vaters Bart noch rot war« (1958) sowie die autobiographischen Aufzeichnungen »Der Schattenfotograf« (1978).

Rolf Schroers, geboren 1919 in Neuss/Rhein, starb 1981 in Altenberge bei Münster. Er veröffentlichte unter anderem die Romane »Die Feuerschwelle« (1952) und »Jacob und die Sehnsucht« (1953), die Studie »Der Partisan« (1961) sowie die politischen Aufsätze »Aus gegebenem Anlaß« (1964).

Gerhard Schulz, geboren 1928 in Löbau/Sachsen, ist emeritierter Professor für Deutsche Sprache und Literatur der Universität von Melbourne. Er veröffentlichte unter anderem »Novalis« (1969), »Die deutsche Literatur zwischen Französischer Revolution und Restauration« (zwei Bände, 1983 und 1989) und »Romantik« (1996).

Anna Seghers, geboren 1900 in Mainz, starb 1983 in Berlin. Emigrierte 1933 nach Frankreich, 1941 nach Mexiko, kehrte 1947 zurück. Zu ihren

Hauptwerken zählen unter anderem die Erzählbände »Der Aufstand der Fischer von St. Barbara« (1928) und »Die Überfahrt« (1971) sowie die Romane »Das siebte Kreuz« (1942) und »Transit« (1948).

Günter Seuren, geboren 1932 in Wickrath, lebt in München. Er veröffentlichte unter anderem die Romane »Lebeck« (1966), »Die fünfte Jahreszeit« (1979) und »Der Krötenküsser« (2000).

Hilde Spiel, geboren 1911 in Wien, starb dort 1990. Sie war von 1963 bis 1984 Kulturkorrespondentin der F.A.Z. in Wien. Sie veröffentlichte unter anderem »Fanny von Arnstein oder Die Emanzipation« (1962), »Die hellen und die finsteren Zeiten« (1989) und »Welche Welt ist meine Welt« (1990).

Emil Staiger, geboren 1908 in Kreuzlingen, starb 1987 in Horgen/Schweiz. Zu den Publikationen des Germanisten gehören unter anderem »Grundbegriffe der Poetik« (1946), »Goethe« (3 Bände, 1952, 1956, 1959), »Die Kunst der Interpretation« (1955) und »Vor drei Bildern« (1983).

Carola Stern, geboren 1925 in Ahlbeck bei Swinemünde, lebt in Köln. Sie veröffentlichte unter anderem »Ulbricht. Eine politische Biographie« (1964), »Sergej Jessenin und Isadora Duncan« (1996) sowie die Autobiographie »In den Netzen der Erinnerung« (1986).

Dolf Sternberger, geboren 1907 in Wiesbaden, starb 1989 in Frankfurt am Main. Er veröffentlichte unter anderem »Panorama oder Ansichten vom 19. Jahrhundert« (1938), »Aus dem Wörterbuch des Unmenschen« (1957), »Machiavellis ›Principe‹ und der Begriff des Politischen« (1974), »Über den Tod« (1977) und »Gang zwischen Meistern« (1987).

Dieter Stolte, geboren 1934 in Köln, ist seit 1981 Intendant des ZDF. Er veröffentlichte unter anderem »Fernsehen am Wendepunkt« (1992, mit Emil Kettering).

Friedrich Torberg, geboren 1908 in Wien, starb dort 1979. Emigrierte 1938 über Frankreich in die Vereinigten Staaten, kehrte 1951 zurück. Er veröffentlichte unter anderem die Romane »Der Schüler Gerber« (1930) und »Süßkind von Trimberg« (1972) sowie die Erzählbände »Die Tante Jolesch« (1975) und »Die Erben der Tante Jolesch« (1977).

Siegfried Unseld, geboren 1924 in Köln, ist seit 1959 Leiter des Suhrkamp Verlags in Frankfurt am Main. Er schrieb unter anderem die Bücher »Das Werk von Hermann Hesse« (1952), »Der Autor und sein Verleger« (1978) und »Goethe und seine Verleger« (1991).

John Updike, geboren 1932 in Shillington/Pennsylvania, lebt Beverly Farms/Massachusetts. Er veröffentlichte auf deutsch unter anderem die Erzählbände »Der verwaiste Swimmingpool« (1987), »Der Mann, der ins Sopranfach wechselte« (1997) sowie die Romane »Hasenherz« (1962), »Unter dem Astronautenmond« (1972), »Bessere Verhältnisse« (1982) und »Gott und die Wilmots« (1998).

Hans Rudolf Vaget, geboren 1938 in Marienbad, lehrt Deutsche Literatur und Komparatistik am Smith College, Northampton, Massachusetts. Die Goethezeit, Richard Wagner sowie Thomas Mann und dessen amerikanisches Exil sind seine besonderen Interessen. Er gab 1992 den Briefwechsel zwischen Thomas Mann und Agnes E. Meyer heraus.

Klaus Wagenbach, geboren 1930 in Berlin, ist seit 1964 Leiter des Wagenbach Verlags. Er selbst schrieb unter anderem die Bücher »Franz Kafka in Selbstzeugnissen und Bilddokumenten« (1964) und »Eintritt frei« (1982).

Waldemar Wahren, geboren 1921 in Gera, war bis zu seinem Tod im Jahr 1988 Chefarzt der Neurologischen Klinik des Nordwest-Krankenhauses Sanderbusch in Sande. Er veröffentlichte unter anderem »Atlas for Stereotaxy of the Human Brain« (1977).

Martin Walser, geboren 1927 in Wasserburg, lebt in Nußdorf am Bodensee. Zu seinen Hauptwerken zählen die Romane »Ehen in Philippsburg« (1957), »Brandung« (1985), »Die Verteidigung der Kindheit« (1991), »Ohne einander« (1993) und »Der springende Brunnen« (1998), die Novelle »Ein fliehendes Pferd« (1978) sowie die Essaysammlungen »Liebeserklärungen« (1983) und »Vormittag eines Schriftstellers« (1994).

Peter Wapnewski, geboren 1922 in Kiel, ist emeritierter Professor der Germanistik und Gründungsrektor des Wissenschaftskollegs zu Berlin. Er veröffentlichte neben mediävistischen Arbeiten unter anderem »Der traurige Gott. Richard Wagner und seine Helden« (1978), »Zumutungen. Essay zur Literatur des 20. Jahrhunderts« (1979) und »Zuschreibungen. Gesammelte Schriften« (1994).

Hans Weigel, geboren 1908 in Wien, starb dort 1991. Er emigrierte 1938 in die Schweiz, kehrte 1945 zurück.
Der Literatur- und Theaterkritiker veröffentlichte unter anderem »Karl Kraus oder Die Macht der Ohnmacht« (1968), »Vorschläge für den Weltuntergang« (1969), »Tausend und eine Premiere« (2 Bde., 1983), »Nach wie vor Wörter« (1985).

Peter Weiss, geboren 1916 in Nowawes bei Berlin, starb 1982 in Stockholm. Er emigrierte 1934 nach Prag, 1938 nach Schweden. Er veröffentlichte unter anderem die Theaterstücke »Die Verfolgung und Ermordung Jean Paul Marats« (1964) und »Die Ermittlung« (1965) sowie die Romane »Der Schatten des Körpers des Kutschers« (1952), »Abschied von den Eltern« (1962) und »Die Ästhetik des Widerstands« (3 Bde., 1975, 1978, 1981).

Benno von Wiese, geboren 1903 in Frankfurt am Main, starb 1987 in München. Der Germanist veröffentlichte unter anderem »Der Mensch in der Dichtung« (1958), »Friedrich Schiller« (1959), »Literatur für Leser« sowie die Autobiographie »Ich erzähle mein Leben« (1982).

Gabriele Wohmann, geboren 1932 in Darmstadt, lebt dort. Sie veröffentlichte unter anderem die Erzählbände »Das Salz, bitte!« (1992), »Erzählen Sie mir was vom Jenseits« (1994) sowie die Romane »Bitte nicht sterben« (1993) und »Aber das war noch nicht das Schlimmste« (1995).

Dieter E. Zimmer, geboren 1934 in Berlin, seit 1959 Redakteur, von 1973 bis 1976 Feuilletonchef, seither Reporter bei der Wochenzeitung »Die Zeit« in Hamburg. Er veröffentlichte unter anderem »Tiefenschwindel« (1986) und »Deutsch und anders« (1997).

Carl Zuckmayer, geboren 1896 in Nackenheim am Rhein, starb 1977 in Visp/Schweiz. Er emigrierte 1938 in die Schweiz, 1939 in die Vereinigten Staaten, kehrte 1958 in die Schweiz zurück. Er veröffentlichte unter anderem die Theaterstücke »Der fröhliche Weinberg« (1925), »Der Hauptmann von Köpenick« (1930) und »Des Teufels General« (1946), die Sammlung »Die Erzählungen« (1952) sowie die Autobiographie »Als wär's ein Stück von mir« (1966).

Arnold Zweig, geboren 1887 in Groß-Glogau, starb 1968 in Berlin. Er emigrierte 1933 nach Haifa, kehrte 1948 nach Berlin zurück. Er veröffentlichte unter anderem die Romane »Der Streit um den Sergeanten Grischa« (1927), »Erziehung vor Verdun« (1935) und »Das Beil von Wandsbeck« (1947), die Novellen »Frühe Fährten« (1925) sowie den Essay »Bilanz der deutschen Judenheit« (1933).

Beatrice Zweig, geboren 1892, starb 1971 in Berlin. Sie war jahrzehntelang mit Arnold Zweig verheiratet.

NACHWORT

Einen wie ihn hat es noch nicht gegeben in der deutschen Literatur. Marcel Reich-Ranicki, der 1958 im Alter von achtunddreißig Jahren aus Polen in das Land zurückkehrte, aus dem man ihn zwanzig Jahre zuvor deportiert hatte, hat in den vergangenen gut vier Jahrzehnten etwas ganz und gar Ungewöhnliches, ja Einzigartiges erreicht: Wenn man an deutsche Literatur denkt, denkt man sofort an ihn, wenn man darüber spricht, wer unsere gegenwärtige Literatur repräsentiere, fällt neben, meist sogar noch vor einigen wenigen anderen Namen – etwa denen von Günter Grass oder Martin Walser – sogleich auch seiner. Dabei hat er, wie er ein ums andere Mal und durchaus glaubhaft versicherte, nie in seinem Leben ein Gedicht, ein Drama oder einen Roman geschrieben.

Ein Kritiker als Repräsentant der Literatur: Das ist, gerade in Deutschland, etwas Ungeheuerliches. Weshalb? Vor nicht ganz zweihundertfünfzig Jahren, zwischen 1767 und 1769, erschien Gotthold Ephraim Lessings »Hamburgische Dramaturgie«, die zum Grundbuch der Kritik in Deutschland wurde und mit der ihre Geschichte als eigenständige Disziplin beginnt. Aber schon fünf Jahre später veröffentlichte just der Dichter, der Deutschlands größter werden sollte, Johann Wolfgang von Goethe also, ein Gedicht über den unangenehmen Typus eines Zeitgenossen, der, statt selber Bücher zu schreiben, über die Bücher der anderen nicht nur schreibt, sondern auch noch urteilt: über den Rezensenten. »Schlagt ihn tot, den Hund! Es ist ein Rezensent«, so enden die Verse. An Verwünschungen und Beschimpfungen der Kritiker hat es im obrigkeitsstaatlich geprägten Deutschland nie gemangelt. Kritiker galten als Querulanten, Störenfriede, als ewige Besserwisser und Nörgler. Daß die Nationalsozialisten die Kritik schließlich ganz verboten und sie durch die sogenannte »Kunstbetrachtung« ersetzten: Das war der Tiefpunkt der im großen und ganzen eher traurigen Geschichte der Literaturkritik in Deutschland. Diese Geschichte übrigens ist nirgendwo besser und bündiger zusammengefaßt als in Reich-Ranickis Aufsatz mit dem Titel »Nicht nur in eigener Sache«, der sein Buch »Lauter Verrisse« (1970) einleitet.

Reich-Ranicki als Repräsentant. Das ist ein Rang, für den er seit 1958 die Grundlagen gelegt hatte, den er sich jedoch erst in den vergangenen zwölf Jahren wirklich erwarb. Damals, am 26. März 1988, wurde vom Zweiten Deutschen Fernsehen zum ersten Mal »Das Literarische Quartett« ausgestrahlt. Vier Kritiker reden, debattieren und streiten fünfundsiebzig Minuten lang über fünf Neuerscheinungen der erzählenden Literatur: Das Konzept ist so einfach wie effektvoll, immerhin schalten nach wie vor etwa eine Million Zuschauer auf dieses Programm. Die Sendung machte Reich-Ranicki, den Primus inter pares der Kritikerrunde, zunächst weit über sein Metier hinaus berühmt, dann populär und schließlich repräsentativ. Im vergangenen Jahr erschien seine Autobiographie »Mein Leben« und behauptet sich seither an der Spitze der Bestsellerliste. Sie hat ihn zum Gipfel des Ruhmes geführt – und zugleich die Wahrnehmung seiner Person verändert. Zum ersten Mal erfährt der stets heftig Umstrittene fast ungeteilte Zustimmung, zum ersten Mal so etwas wie Verehrung. Auf emphatische Weise ist Marcel Reich-Ranicki in seinem achtzigsten Lebensjahr angekommen in Deutschland – angekommen, weil man, lesend, sein Leben angenommen hat. »Erkenne die Lage, so sind Sie, und so dieses Land«, hatte ihm der Schriftsteller und Publizist Horst Krüger im April 1968 geschrieben und hinzugefügt: »So ganz paßt das nicht – Gott sei Dank.« Zweiunddreißig Jahre danach scheint sich, gottlob, auch dies verändert zu haben.

Am Ende des vorletzten Kapitels von »Mein Leben« erinnert sich der Autor an eine Begegnung mit Willy Brandt im Januar

1990 in Nürnberg. Er, Reich-Ranicki, habe ihm damals erzählt, daß seine Frau Tosia und er selbst »im September 1942 von deutschen Soldaten zusammen mit Tausenden anderer Juden auf ebenjenen Warschauer Platz geführt worden waren, auf dem heute das Ghetto-Denkmal steht. Dort hätte ich zum letzten Mal meinen Vater und meine Mutter gesehen, bevor sie zu den Zügen nach Treblinka getrieben wurden.« Es ist das Denkmal, vor dem Willy Brandt 1970 niedergekniet war. Und das Foto des knienden deutschen Bundeskanzlers habe ihn, schreibt der Autobiograph, denken lassen, »daß meine Entscheidung, 1958 nach Deutschland zurückzukehren und mich in der Bundesrepublik niederzulassen, doch nicht falsch, doch richtig war.«

In dieser erweiterten Neuausgabe des Bandes »Lieber Marcel« findet sich ein einziger Brief eines Politikers. Er stammt von Willy Brandt und enthält einen im Original von Hand geschriebenen Glückwunsch zu Reich-Ranickis siebzigstem Geburtstag, wenige Monate nach der Begegnung in Nürnberg – und erinnernd an sie. Die anderen 260 Briefe dieser Sammlung haben 139 Verfasser geschrieben, Autoren zumeist und Kritikerkollegen, Literaturwissenschaftler, Philosophen, Künstler und persönliche Freunde des Adressaten. 72 Briefe von 52 Absendern sind gegenüber der ersten Ausgabe, die im Frühjahr 1995 erschien, hinzugekommen. Um den neuen Band nicht über die Maßen umfangreich werden zu lassen, habe ich schweren Herzens auf einige wenige Briefe des alten Bestandes verzichten müssen: auf eine der fünf Episteln von Joseph Breitbach, auf je einen Brief von Herbert Eisenreich und Peter Maiwald. Einzig im Fall Golo Manns war es möglich, sieben der einst zehn Briefe wegzulassen, ist doch vor wenigen Wochen, unter dem Titel »Enthusiasten der Literatur« und herausgegeben von Volker Hage, der vollständige Briefwechsel zwischen Golo Mann und Marcel Reich-Ranicki im Frankfurter S. Fischer Verlag veröffentlicht worden. Zehn Briefe der Erstausgabe also fehlen, um 72 bisher noch nicht publizierten ihren Platz zu geben. Ziel der erweiterten Neuausgabe ist, den repräsentativen

Rang Reich-Ranickis auch im Spiegel der an ihn gerichteten Sendschreiben erkennbar zu machen.

Die frühesten Briefe des Bandes »Lieber Marcel« stammen aus den Jahren 1957 und 1958. Reich-Ranicki, dessen Lage im kommunistischen Warschau äußerst schwierig war und unerträglich zu werden drohte, spielte insgeheim längst mit dem Gedanken, das Land zusammen mit seiner Frau und seinem Sohn zu verlassen. Daß es dabei nicht nur polnische Probleme gab, zeigt Heinrich Bölls ungehaltener Brief vom Juni 1957 über das Verhalten deutscher Behörden. Neben Böll waren es vor allem Hans Werner Richter und Siegfried Lenz, die sich brieflich in Warschau meldeten und die, nach Reich-Ranickis geglückter Flucht im Sommer 1958, die ersten beruflichen Schritte in der Bundesrepublik unterstützten und förderten.

Es war eine denkwürdige, mit höchst zwiespältigen Gefühlen verbundene Rückkehr. Was Wunder, wenn Nazi-Herrschaft und Holocaust den Inhalt der Briefe an Reich-Ranicki prägen, wenn über die Exilautoren debattiert und über die deutsche Verdrängungsakrobatik nachgedacht wird. Auch sein 1973 erschienenes Buch »Über Ruhestörer. Juden in der deutschen Literatur« führte zu zahlreichen brieflichen Reaktionen: sie geben ein Stück bundesdeutscher Mentalitätsgeschichte wieder. Zuletzt war die Kontroverse zwischen Martin Walser und Ignatz Bubis, die sich im Oktober 1998 an Walsers »Sonntagsrede« zur Verleihung des Friedenspreises des deutschen Buchhandels entzündet hatte, Anlaß, sich in Briefen an Reich-Ranicki zu wenden.

Im Gegensatz zu den meisten Mitgliedern seiner Familie der nationalsozialistischen Vernichtungsmaschine entkommen und belehrt von den Mechanismen kommunistischer Herrschaft, hat Reich-Ranicki das politische System der Bundesrepublik trotz aller Unvollkommenheiten stets entschieden verteidigt – und nicht zuletzt seine eher linksstehenden Schriftsteller- und Kritikerkollegen mit der lakonischen Sentenz »Aber dies, mein Lieber, ist ein freies Land« zu wortmächtigen Attacken gereizt.

Dabei ist er selbst keineswegs der Typus des Konservativen – schon sein ungeduldiges, stets vorwärtsdrängendes Temperament steht jedem beharrenden Prinzip entgegen.

Natürlich hat ihm auch dies Angriffe eingetragen. Ende 1973 wurde er Redakteur der F.A.Z. und öffnete den Literaturteil alsbald für Mitarbeiter und Beiträger wie Heinrich Böll, Peter Rühmkorf, Peter Weiss, Peter Härtling, Walter Jens und Erich Fried, die in den politischen Spalten des Blatts nicht selten heftig kritisiert wurden. In der F.A.Z. selbst hat ihm dies nicht geschadet. Im Gegenteil, an ihrem Literaturchef hat sich die innere Liberalität einer Zeitung bewährt, die das Wort »liberal« nach außen oft unmutig verwendet. Gestandene Marxisten wie etwa der unbotmäßige, im März 1995 gestorbene Ostberliner Philosoph Wolfgang Harich witterten just darin den eigentlichen Skandal. Voll dialektischen Ingrimms schrieb Harich in einem Brief von 1985, die »liberale Kulturrepräsentanz«, auf die Reich-Ranicki achte, sei nichts anderes als bloße »Kulturfassadenbauerei« und mache letztlich »die Sache um so schlimmer«.

Gewiß, die eineinhalb Jahrzehnte, in denen er den Literaturteil der F.A.Z. leitete, waren eine zentrale Epoche seiner Biographie. Für die Laufbahn als Kritiker aber ist die Hamburger Phase von 1959 bis 1973 fast wichtiger. Schnell hatte er sich nach seinem Weggang aus Polen hierzulande publizistisch etabliert. In der Tageszeitung »Die Welt« etwa machte er die bundesrepublikanischen Leser mit einem ihnen fremden Land vertraut: mit der DDR und ihren Autoren. Und er wurde sogleich von Hans Werner Richter zu den Tagungen der »Gruppe 47« eingeladen: Die erste der berühmten Richterschen Postkarten, die er Anfang Oktober 1958 erhielt, ist kein ganz unwichtiges Dokument in Reich-Ranickis Laufbahn. Erst in Hamburg jedoch, wo er ab 1960 freier Mitarbeiter der Wochenzeitung »Die Zeit« und dann deren festangestellter Kritiker war, konnten sich Schreibenergie und Urteilslust ganz entfalten.

Beinahe Woche für Woche schrieb er im Feuilleton, neben umfangreichen Rezensionen regelmäßig auch Glossen in der

Rubrik »Hüben und drüben« sowie Kommentare zum literarischen Leben. Innerhalb weniger Jahre erschienen mehrere Bücher, die ihn rasch zum wichtigsten Chronisten unserer Nachkriegsliteratur werden ließen: von »Deutsche Literatur in West und Ost« (1963) über »Literarisches Leben in Deutschland« (1965) und »Wer schreibt, provoziert« (1965) bis zu »Literatur der kleinen Schritte« (1967) und »Lauter Verrisse«.

Daneben stellte er Anthologien zusammen, fünf Bände mit deutschsprachigen Erzählungen des 20. Jahrhunderts, zudem das Buch »In Sachen Böll« (1968) – Anlaß war der fünfzigste Geburtstag des damals wirkungsmächtigen deutschen Autors. Ihm hielt Reich-Ranicki, allen ästhetischen Zweifeln zum Trotz, stets die Treue, stand Böll doch entschieden gegen die politische Restauration, die sich in der Bundesrepublik, etwa in den Büchern eines Gerd Gaiser, auch literarisch Gehör und Publikum verschaffte.

Die Briefe an Reich-Ranicki spiegeln das Panorama seiner publizistischen Interessen und Leidenschaft wider. Die Korrespondenzpartner antworten auf einzelne Kritiken und auf grundsätzliche Positionen des Kritikers – etwa auf die nimmermüde Verteidigung des, wie es Richard Alewyn nennt, »Prinzips Unterhaltung«. Sie rechten mit ihm über die »Gruppe 47« und über das politische Engagement in der Literatur. Sie reagieren auf seine Polemiken mit Polemik, nutzen die Einladung, sich an einer seiner Anthologien zu beteiligen, zu poetologischen Bemerkungen und privaten Bekenntnissen. Immer wieder sind die Figuren und das Werk seines Lieblingsautors Thomas Mann in den Briefen präsent, Reich-Ranickis Band »Thomas Mann und die Seinen« (1987) zudem, der noch 1998, also elf Jahre nach seinem ersten Erscheinen, den Schriftsteller Thorsten Becker zu Begeisterungsstürmen hinreißt.

Und natürlich reflektieren die Briefe der vergangenen sechs Jahre all jene bisweilen schwierigen, bisweilen skandalträchtigen, aber eben auch triumphalen Situationen, die Reich-Ranicki durchlief. Die Affäre also um seine Zugehörigkeit zum polnischen Auslandsgeheimdienst, die heftigen Zuspitzungen im Streit um Günter Grass' Roman »Ein weites Feld«, seine Polemik gegen die publikumsfernen Intendanten von hochsubventionierten Musik- und Sprechtheatern und schließlich der Siegeszug der Autobiographie »Mein Leben«. Kaum ein Thema jedenfalls, kaum ein Problem der Gegenwartsliteratur und des kulturellen Lebens, das in den Briefen keinen Niederschlag fände.

Den Band gleichwohl nicht chronologisch, sondern alphabetisch zu gliedern hat einen guten Grund. Das Hin und Her zwischen den Zeiten und Themen, das dieses Prinzip notwendig mit sich bringt, ist so verwirrend nicht: Bei aller Vielfalt der Aspekte bleiben die gut vier Jahrzehnte, die »Lieber Marcel« umschließt, überschaubar genug. Die alphabetische Ordnung besitzt demgegenüber einen entscheidenden Vorteil: Sie läßt das je individuelle Verhältnis erkennen, das Reich-Ranicki mit dem einzelnen Briefpartner verbindet. Sie läßt zugleich die unterschiedlichen Temperamente, Idiosynkrasien und, gelegentlich auch, Monomanien sichtbar werden, die ihrerseits auf einen Briefleser trafen, der keineswegs gewillt ist, in müder Toleranz für alles und für jeden Verständnis aufzubringen.

Vor allem jedoch eignet sich die Gliederung nach Briefautoren, das zentrale Thema der Episteln an Reich-Ranicki anschaulich zu machen. Naturgemäß sind es die vielen Facetten im Verhältnis von Autor und Kritiker, von Mitarbeiter und Redakteur, die sich in ihnen spiegeln. Weshalb aber dann nur Briefe an und nicht auch von Reich-Ranicki? Mit Bedacht wurde hier für Ungerechtigkeit gesorgt – oder, um es milder auszudrücken, für etwas ausgleichende Gerechtigkeit.

Es ist die Regel, daß ein öffentlich kritisierter Schriftsteller nicht öffentlich antwortet. Seine Antwort ist das nächste Buch. Bis dahin freilich ist es oft ein langer, mühevoller Weg. Selbstverständlich schmerzen Verrisse, ja bisweilen kann nicht einmal ein Lob besänftigen, hat doch der Rezensent, trotz aller Freundlichkeit, in den Augen des Autors gerade den Kern des jüngsten

Buchs übergangen oder gar nicht erst erkannt. Der Brief an den Kritiker, das Zornschreiben an den Redakteur ist dann ein Ventil, das die Schmerzen lindert.

Heinrich Bölls Brief vom 27. April 1981 etwa: eine Philippika gegen die Kürzungen seines Beitrags für die Reihe »Meine Schulzeit im Dritten Reich«. Stellte man sie neben Reich-Ranickis Antwort, bekäme man ein objektiveres Bild. Aber man verlöre zugleich die Unmittelbarkeit des Böllschen Verdikts, in dem sich auch die Ohnmacht des Autors vor dem Redakteur Luft macht. Solche Unmittelbarkeit aber war das Ziel dieser Sammlung: ein Porträt des führenden, einflußreichsten, deshalb mächtigsten Kritikers dieses Landes sollte erkennbar werden, bestehend aus lauter subjektiven Außenansichten.

Zugleich ist er mehr als ein Kritiker – und zwar zunächst durch seine Kritiken selbst. In vielen Bänden gesammelt, sind sie inzwischen zum Gedächtnis unserer Literatur geworden. Was sich in ihren Gefilden abgespielt hat in unserer Epoche, man wird es einst aus seinen Büchern erfahren. Darüber hinaus aber hat er, Pädagoge und Entertainer aus Enthusiasmus, seine Leidenschaft zumindest als Interesse weckendes Stimulans an Menschen weiterzugeben vermocht, die ohne ihn freiwillig nie ein belletristisches Buch in die Hand genommen hätten. Gewiß, er hat das Fernsehen als Medium vorgefunden wie alle anderen auch. Aber er versteht es wie kein anderer seines Metiers auch zu nutzen, zu nutzen letztlich zugunsten der Literatur. Daß sich unter den Auszeichnungen, die er bisher erhielt, sowohl der »Bambi« und die »Goldene Kamera« als auch der Thomas-Mann- und der Friedrich-Hölderlin-Preis befinden, daß er sich in Talkshows ebenso zu Hause fühlt wie in Hörsälen und am Schreibtisch, daß er mit Elias Canetti ebenso selbstverständlich korrespondiert wie mit Thomas Gottschalk: Das ist, neben der ungeheuren Disziplin, mit der er seinem Beruf nachgeht, wohl das Geheimnis des Erfolgs, wohl der Grund für den Ruhm. Widerstand und Trotz hat er mehrfach als Quellen seiner Energie benannt. Es ist sicher wahr, daß sie ihn gegen die Schrecknisse seines Lebens ebenso wappneten wie sie ihn andererseits zum unermüdlichen Fleiß anstachelten. Sie haben ihn, nicht zuletzt, die vielen Jahre durchstehen lassen, die von der Autobiographie beansprucht wurden. Aber es könnte sein, daß die enorme Anerkennung, die Marcel Reich-Ranicki jetzt durch sie erfährt, ihn auch vom Stachel des Dennoch befreit. So könnte es sein, so sollte es sein, vielleicht ist es so. Dann hätte der Repräsentant der Literatur auch für sich das Höchste erreicht.

Stornfels, 14. April 2000 *Jochen Hieber*

PERSONENREGISTER

Bei den fettgedruckten Seitenangaben ist die angeführte Person Verfasser des Briefes.

NACHWEIS DER RECHTE UND DANK

Wir danken allen Autoren und Rechteinhabern für die freundliche Genehmigung des Abdrucks. In folgenden Fällen wurde die Abdruckgenehmigung nicht von den Verfassern der Briefe selbst erteilt:

Abdruck der Briefe von *Theodor W. Adorno*: mit Genehmigung des Theodor W. Adorno Archivs; *Richard Alewyn*: mit Genehmigung von Michael Schroeter; von *Jean Améry*: mit freundlicher Genehmigung des Verlages Klett-Cotta, Stuttgart; von *Alfred Andersch*: mit Genehmigung des Diogenes Verlags, © Diogenes Verlag AG Zürich; von *Hannah Arendt*: mit Genehmigung des Hannah Arendt Literary Trust; von *Rose Ausländer*: mit Genehmigung der Rose Ausländer-Stiftung; von *Ingeborg Bachmann*: mit Genehmigung von Isolde Moser; von *Ulrich Becher*: mit Genehmigung von Martin Roda Becher; von *Horst Bienek*: mit Genehmigung des Hanser Verlags und der Bayerischen Akademie der Schönen Künste; von *Heinrich Böll*: mit Genehmigung des Verlages Kiepenheuer & Witsch Köln; von *Willy Brandt*: mit Genehmigung von Dr. Brigitte Seebacher-Brandt; von *Felix Braun*: mit Genehmigung von Tatjana Popovic; von *Joseph Breitbach*: mit Genehmigung von Wolfgang Mettmann; von *Hermann Burger*: mit Genehmigung von Anne Marie Carrel Burger; von *Elias Canetti*: mit freundlicher Genehmigung der Liepman AG, Zürich; von *Herbert Eisenreich*: mit Genehmigung von Christine Fritsch, © Christine Fritsch; von *August Everding*: mit Genehmigung von Dr. Gustava Everding; von *Erich Fried*: mit Genehmigung der Erich-Fried-Erben und des Wagenbach Verlages; von *Max Frisch*: mit Genehmigung der Max-Frisch-Stiftung Zürich, alle Rechte vorbehalten; von *Franz Fühmann*: mit Genehmigung des Hinstorff Verlags; von *Georges-Arthur Goldschmidt*: mit Genehmigung des Ammann Verlags. Die Werke von G.-A. Goldschmidt erscheinen im Ammann Verlag; von *Martin Heidegger*: mit Genehmigung von Dr. Hermann Heidegger; von *Stephan Hermlin*: mit Genehmigung des Wagenbach Verlags; von *Wolfgang Hildesheimer*: mit Genehmigung von Silvia Hildesheimer und des Suhrkamp Verlages, alle Rechte vorbehalten; von *Horst Janssen*: mit Genehmigung des Verlags St. Gertrude; von *Karl Jas-*

pers: mit Genehmigung von Hans Saner; von *Marie Luise Kaschnitz*: mit Genehmigung von Iris Schnebel; von *Erhart Kästner*: mit Genehmigung von Anita Kästner und des Insel Verlages, alle Rechte vorbehalten; von *Wolfgang Koeppen*: mit Genehmigung des Suhrkamp Verlags; von *René Kollo*: mit Genehmigung von CREATIVE MEDIA; von *Ernst Krawehl*: mit Genehmigung von Prof. Dr. Irmgard Roetling; von *Karl Krolow*: mit Genehmigung von Luzie Krolow; von *Alexander Lernet-Holenia*: mit Genehmigung von Alexander Dreihann-Holenia; von *Friedrich Luft*: mit Genehmigung des Gustav Kiepenheuer Bühnenvertriebs GmbH; von *Katia Mann*, *Golo Mann* und *Monika Mann*: mit Genehmigung von Elisabeth Mann Borgese; von *Ludwig Marcuse*: mit Genehmigung des Diogenes Verlags, die Briefe: [März 1962], 31. 12. 1964, 17. 6. 1966, 4. 7. 1966 aus: Ludwig Marcuse: Briefe von und an Ludwig Marcuse, © 1975 Diogenes Verlag AG Zürich; für die übrigen Briefe von Ludwig Marcuse: © Diogenes Verlag AG Zürich; von *Yehudi Menuhin*: mit Genehmigung von Diana Menuhin; von *Robert Minder*: mit Genehmigung von Irène Minder; von *Robert Neumann*: mit Genehmigung der Agentur Liepmann AG; von *Hans Erich Nossack*: mit Genehmigung der Akademie der Wissenschaften und der Literatur, Klasse Literatur, und des Suhrkamp Verlages, alle Rechte vorbehalten; von *Benno Reifenberg*: mit Genehmigung von Jan Reifenberg; von *Hans Werner Richter*: mit Genehmigung von Toni Richter; von *Curt Riess*: mit Genehmigung von Dr. Jürg Kaestlin; von *Wolfdietrich Schnurre*: mit Genehmigung von Marina Schnurre; von *Rolf Schroers*: mit Genehmigung von Ilse Schroers; von *Anna Seghers*: mit Genehmigung des Aufbau-Verlags; von *Hilde Spiel*: mit Genehmigung von Hans A. Neunzig; von *Emil Staiger*: mit Genehmigung von Sibylle Staiger; von *Dolf Sternberger*: mit Genehmigung der Erben Dolf Sternberger und des Insel Verlages, alle Rechte vorbehalten; von *Friedrich Torberg*: mit Genehmigung des Verlages Langen-Müller, © Langen Müller in der F. A. Herbig Verlagsbuchhandlung GmbH, München; von *Waldemar Wahren*: mit Genehmigung von Sieglinde Wahren; von *Hans Weigel*: mit Genehmigung von Elfriede Ott; von *Benno von Wiese*: mit Genehmigung von Peter von Wiese; von *Peter Weiss*: mit Genehmigung von Gunilla Palmstjerna-Weiss und des Suhrkamp Verlages, alle Rechte vorbehalten; von *Arnold Zweig*: mit Genehmigung des Aufbau-Verlags; von *Beatrice Zweig*: mit Genehmigung von Dr. Adam Zweig; von *Carl Zuckmayer*: mit Genehmigung des S. Fischer Verlages.

Die übrigen Briefe wurden mit freundlicher Genehmigung der Verfasser gedruckt.

Für Hinweise und Unterstützung beim Lesen der Korrekturfahnen oder beim Erstellen des Kommentars dankt der Herausgeber Astrid Böning, Gisela Faller, Robert Karl, Lucius Keller, Ingeburg de Klaczko, Stefanie Körner, Annelore Koulen, Werner Löcher-Lawrence, Dieter Luippold, Gabriele Markmann, Sabine Mayer, Wolfgang Mettmann, Georgia Preussler, Thomas Rietzschel, Claudius Seidl, Gerhard Stadelmaier, Hannes Stein und Ulrich Weinzierl. Er dankt Hinrich Schaer für seine Geduld, Übersicht und kompetente Sorgfalt. Er dankt Marcel Reich-Ranicki, der sein privates Archiv und viele Stunden seiner Zeit zur Verfügung stellte.